পদার্থ বিজ্ঞান || চতুর্থ খন্ড

অমিত গরাঁই

First Edition : 2025

ভূমিকা

"পদার্থ বিজ্ঞান || চতুর্থ খণ্ড" বইটি হল দ্বাদশ শ্রেণির শিক্ষার্থীদের কাছে তাদের পদার্থবিদ্যার বিষয়বস্তু পরিষ্কার এবং সমন্বিত পদ্ধতিতে উপস্থাপন করার একটি প্রয়াস। বইটি যত্ন সহকারে তৈরি করা হয়েছে যাতে পদার্থবিদ্যা শেখা যতটা সম্ভব সহজ হয়ে ওঠে। বইটি ১৫ বছরেরও বেশি সময় ধরে শিক্ষার্থীদের সঙ্গে শ্রেণিকক্ষে আমার ধারাবাহিক যোগাযোগের ফলাফল। মাধ্যমিক ও উচ্চ-মাধ্যমিক স্তরের পাঠ্যক্রমের মধ্যে বিস্তৃত ব্যবধান লক্ষ করে আমি প্রাঞ্জল ভাষায় পদার্থবিদ্যার মূল নীতিগুলি থেকে বিষয়বস্তু তৈরি ও পরিবেশন করেছি। এতে শিক্ষার্থীরা বিজ্ঞানমনস্ক ও বিজ্ঞান বিষয়ে উৎসাহী হবে আশা করা যায়।

বইটিতে আলোক বিজ্ঞান ও অধুনিক পদার্থবিজ্ঞানের বিষয়বস্তু সবিস্তারে সহজ স্পষ্ট ভাষায় উপস্থাপন করা হয়েছে। বইটিতে বিভিন্ন অংশে আলোক চিত্র এবং রেখাচিত্র সংযোজিত রয়েছে, এতে শিক্ষার্থীদের মনে সংশ্লিষ্ট ধারণা স্পষ্ট হবে। বইটি বিভিন্ন সর্বভারতীয় প্রতিযোগিতামূলক পরীক্ষাগুলির ক্ষেত্রেও বিশেষ সহায়ক। উল্লেখ্য এটি কোনো পর্ষদ বা দপ্তর নির্দেশিত পাঠ্যক্রম অনুসরণ করে রচিত বই নয় – এটি বিজ্ঞান শিক্ষার্থীদের জন্য একটি সহায়ক বইমাত্র।

এই বইটি তৈরি করতে আমি যে সময় ও শ্রম দিয়েছি তার জন্য আমি যথেষ্ট পুরস্কৃত বোধ করব, যদি শিক্ষার্থীরা এটি তাদের প্রয়োজনীয়তার জন্য পর্যাপ্ত মনে করে। বইটির উন্নতির জন্য যে কেউ পরামর্শ দান এবং গঠনমূলক সমালোচনা করলে আমি কৃতজ্ঞ থাকব এবং তা সাদরে গ্রহণ করে পরবর্তী সংস্করণে অন্তর্ভূক্ত করব।

সকলকে ধন্যবাদ ও শুভেচ্ছা জানিয়ে, সকলের মঙ্গলকামনায় –

অমিত গরাঁই

Contents	Pages
1 আলোক বিজ্ঞান (Optics)	6 – 103
2 পদার্থের দ্বৈত প্রকৃতি (Dual Nature of Matter)	104 – 109
3 পারমাণবিক পদার্থবিজ্ঞান (Atomic Physics)	110 – 135
4 নিউক্লিয় পদার্থবিজ্ঞান (Nuclear Physics)	136 – 155
5 বৈদ্যুতিক যন্ত্রাদি (Electronic Devices)	156 – 179

(1) আলোক বিজ্ঞান (Optics)

1	জ্যামিতিক আলোক বিজ্ঞান বা রশ্মি আলোক বিজ্ঞান (Geometrical Optics or Ray Optics)
2	আলোর প্রকৃতি বিশ্লেষণ (Analysis of Nature of the Light)

জ্যামিতিক আলোক বিজ্ঞান বা রশ্মি আলোক বিজ্ঞান

(Geometrical Optics or Ray Optics)

(1) আলোর প্রতিফলন (Reflection of Light)

(A) আলোর প্রতিফলন	(B) সমতলে দর্পণে আলোর প্রতিফলন
(C) গোলীয় দর্পণে আলোর প্রতিফলন	

(A) আলোর প্রতিফলন (Reflection of Light)

(1) আলোর প্রতিফলন

সংজ্ঞা : আলো যখন কোনো মাধ্যমের মধ্য দিয়ে যেতে যেতে অন্য কোনো মাধ্যমের উপরিতলে আপতিত হয়, তখন ওই আপতিত আলোর কিছু অংশ অভিমুখ পরিবর্তন করে প্রথম মাধ্যমে ফিরে আসে । এই ঘটনাকে আলোর প্রতিফলন বলে ।

রশ্মি চিত্রের সাহায্যে আলোর প্রতিফলন :	আলোর প্রতিফলন সংক্রান্ত গুরুত্বপূর্ণ তথ্য :
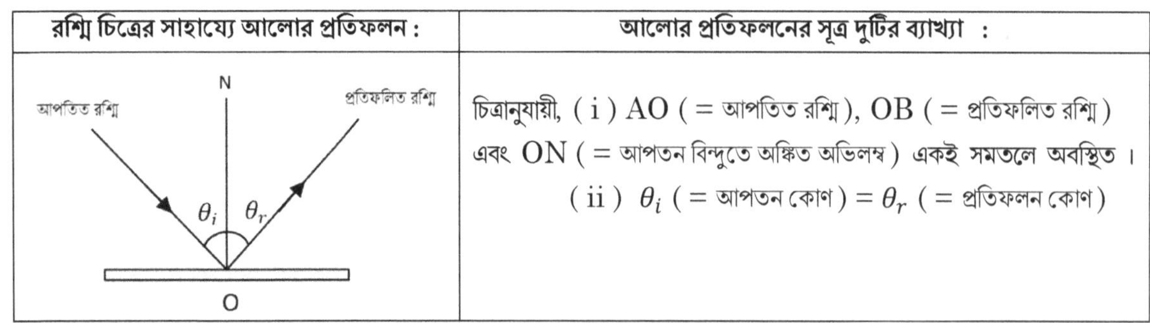	● প্রতিফলনের ফলে আলোক রশ্মির গতিপথের অভিমুখ পরিবর্তিত হয় । ● আলোকরশ্মি কোনো প্রতিফলক তলে লম্বভাবে আপতিত হলে তা প্রতিফলিত হয়ে আবার সেই পথে ফিরে যায় । ● প্রতিফলনে আলোর কম্পাঙ্ক, তরঙ্গদৈর্ঘ্য ও বেগের কোনো পরিবর্তন হয় না । কিন্তু আলোর তীব্রতা হ্রাস পায় ।

(2) আলোর প্রতিফলনের সূত্র (Laws of Reflection)

প্রথম সূত্র : আপতিত রশ্মি ও প্রতিফলিত রশ্মি এবং আপতন বিন্দুতে প্রতিফলকের ওপর অঙ্কিত অভিলম্ব একই সমতলে অবস্থিত।
দ্বিতীয় সূত্র : প্রতিফলন কোণ আপতন কোণের সমান ।

রশ্মি চিত্রের সাহায্যে আলোর প্রতিফলন :	আলোর প্রতিফলনের সূত্র দুটির ব্যাখ্যা :
	চিত্রানুযায়ী, (i) AO (= আপতিত রশ্মি), OB (= প্রতিফলিত রশ্মি) এবং ON (= আপতন বিন্দুতে অঙ্কিত অভিলম্ব) একই সমতলে অবস্থিত । (ii) θ_i (= আপতন কোণ) $= \theta_r$ (= প্রতিফলন কোণ)

(4) প্রতিফলনে আলোর চ্যুতি (Daviation of Ray due to Reflection)

● আলোক রশ্মি প্রতিফলনের পর মূলপথ থেকে যে কোণে ঘুরে যায়, তাকে আলোর চ্যুতি বলে।

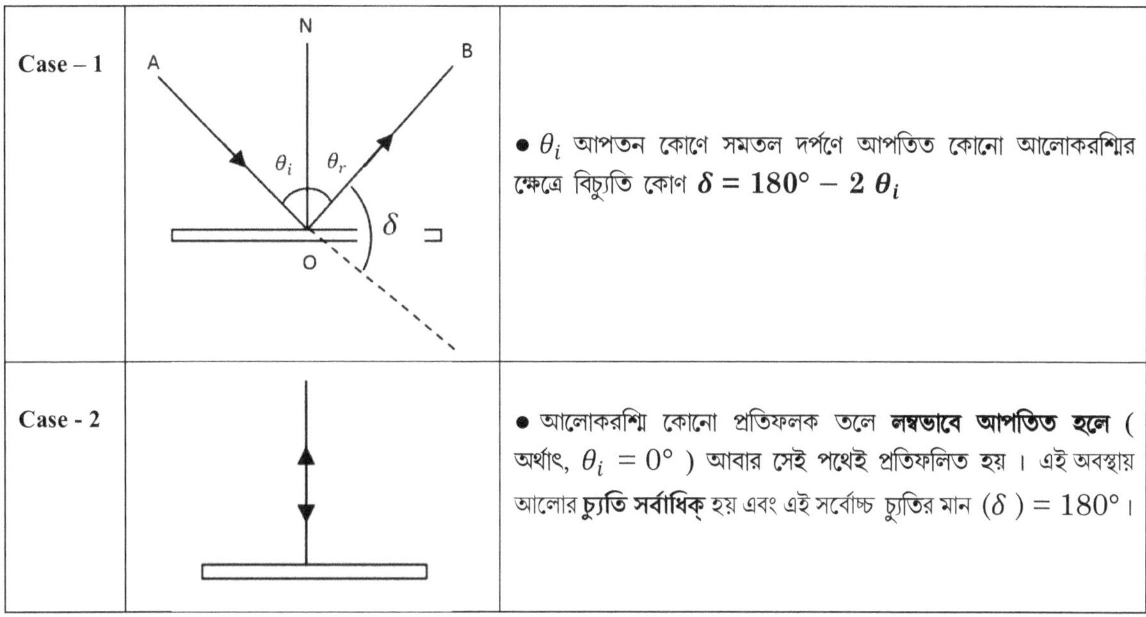

Case – 1	● θ_i আপতন কোণে সমতল দর্পণে আপতিত কোনো আলোকরশ্মির ক্ষেত্রে বিচ্যুতি কোণ $\delta = 180° - 2\,\theta_i$
Case - 2	● আলোকরশ্মি কোনো প্রতিফলক তলে **লম্বভাবে আপতিত হলে** (অর্থাৎ, $\theta_i = 0°$) আবার সেই পথেই প্রতিফলিত হয়। এই অবস্থায় আলোর **চ্যুতি সর্বাধিক** হয় এবং এই সর্বোচ্চ চ্যুতির মান $(\delta) = 180°$।

(5) প্রতিফলকের ঘূর্ণন :

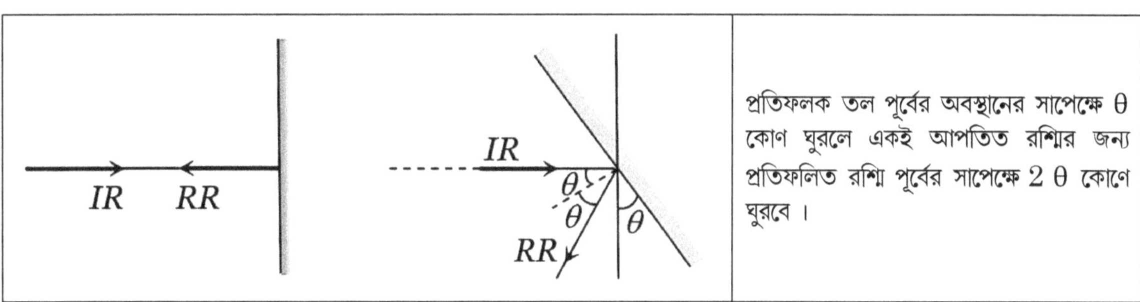

প্রতিফলক তল পূর্বের অবস্থানের সাপেক্ষে θ কোণ ঘুরলে একই আপতিত রশ্মির জন্য প্রতিফলিত রশ্মি পূর্বের সাপেক্ষে $2\,\theta$ কোণে ঘুরবে।

(6) প্রতিবিম্ব :

● কোনো বিন্দু উৎস থেকে আগত অপসারী আলোক রশ্মিগুচ্ছ প্রতিফলিত বা প্রতিসৃত হয়ে যখন কোনো বিন্দুতে মিলিত হয় বা অন্য কোনো বিন্দু থেকে অপসৃত হচ্ছে বলে মনে হয়, তখন ওই দ্বিতীয় বিন্দুটিকে ওই বিন্দু উৎসের প্রতিবিম্ব বলে।

● **প্রতিবিম্বের প্রকারভেদ :** প্রতিবিম্ব মূলত দুই প্রকার। যথা – সদ্‌বিম্ব এবং অসদ্‌বিম্ব।

| **(a) সদ্‌বিম্ব :** | (i) আলোকরশ্মি প্রতিফলিত বা প্রতিসৃত হয়ে মিলিত হলে গঠিত হয়।
(ii) পর্দায় ফেলা যায়
(iii) অবশীর্ষ | অবতল দর্পণ দ্বারা গঠিত সদ্‌বিম্বের রশ্মিচিত্র :
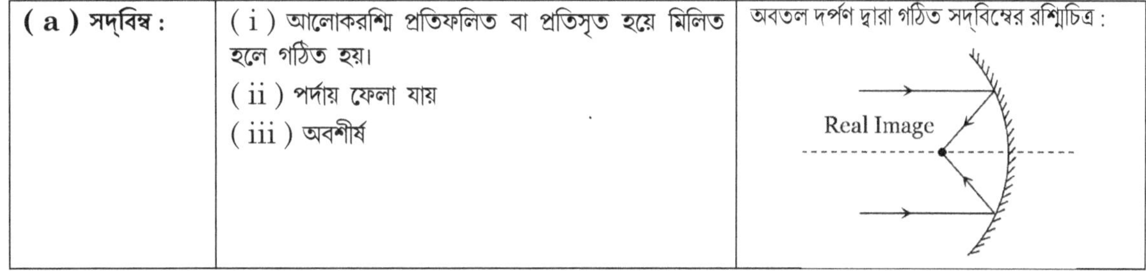 |

<table>
<tr>
<td>(b) অসদবিম্ব :</td>
<td>(i) আলোকরশ্মি প্রতিফলিত বা প্রতিসৃত হয়ে কোনো বিন্দু থেকে অপসৃত হচ্ছে বলে মনে হলে গঠিত হয়
(ii) পর্দায় ফেলা যায় না ।
(iii) সমশীর্ষ</td>
<td>উত্তল দর্পণ দ্বারা গঠিত অসদবিম্বের রশ্মিচিত্র :

(Virtual Image)</td>
</tr>
</table>

(7) সদ্‌বিম্ব ও অসদ্‌বিম্বের মধ্যে পার্থক্য :

সদ্‌বিম্ব	অসদ্‌বিম্ব
(i) কোনো বিন্দু উৎস থেকে আগত আলোকরশ্মিগুচ্ছ প্রতিফলন বা প্রতিসরণের পর দ্বিতীয় কোনো বিন্দুতে মিলিত হয়ে সদ্‌বিম্ব সৃষ্টি করে।	(i) কোনো বিন্দু উৎস থেকে আগত আলোকরশ্মিগুচ্ছ প্রতিফলন বা প্রতিসরণের পর দ্বিতীয় কোনো বিন্দু থেকে অপসৃত হচ্ছে বলে মনে হলে সেই বিন্দুতে অসদ্‌বিম্ব হয়।
(ii) সদ্‌বিম্ব বস্তুর সাপেক্ষে অবশীর্ষ অর্থাৎ উলটো হয়।	(ii) অসদ্‌বিম্ব বস্তুর সাপেক্ষে সমশীর্ষ অর্থাৎ সোজা হয়।
(iii) সদ্‌বিম্ব যেখানে গঠিত হয় সেখানে একটি পর্দা ধরলে পার্দার উপর সদ্‌বিম্ব গঠিত হয়।	(iii) অসদ্‌বিম্ব পর্দায় ধরা যায় না।

(B) সমতল দর্পণে আলোর প্রতিফলন

(1) সমতল দর্পণ দ্বারা গঠিত প্রতিবিম্ব (Images Formed by a Plane Mirror) :

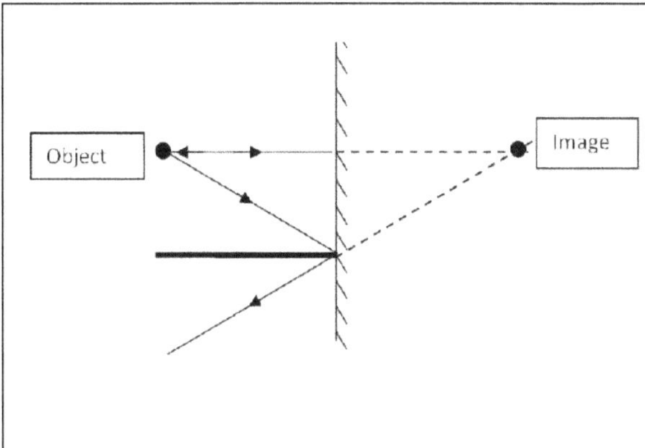

বৈশিষ্ট্য :

(a) প্রতিবিম্বটি অসৎ প্রকৃতির এবং সমশীর্ষ ।

(b) প্রতিবিম্বের পার্শ্বীয় পরিবর্তন হয় ।

(c) বস্তুর আকার ও প্রতিবিম্বের আকার সমান । অর্থাৎ রৈখিক বিবর্ধনের মান 1 ।

(d) বস্তু ও তার প্রতিবিম্বের সংযোজক সরলরেখা দর্পণকে লম্বভাবে ছেদ করে ।

(e) সমতল দর্পণের ক্ষেত্রে, দর্পণ থেকে বস্তু দূরত্ব = দর্পণ থেকে প্রতিবিম্ব দূরত্ব ।

(2) পরস্পরের সঙ্গে আনত দুটি সমতল দর্পণ দ্বারা গঠিত প্রতিবিম্বের সংখ্যা :

দুটি সমতল দর্পণ পরস্পরের সঙ্গে θ কোণে আনত থাকলে তাদের মধ্যবর্তী একটি বিন্দু উৎসের জন্য ওই দর্পণ দুটি দ্বারা গঠিত প্রতিবিম্বের সংখ্যা নির্ণয় করতে প্রথমে $\dfrac{360°}{\theta}$ নির্ণয় করতে হবে। এখন

শর্ত		প্রতিবিম্বের সংখ্যা
$\dfrac{360°}{\theta}$ মানটি যুগ্ম পূর্ণসংখ্যা		$n = \dfrac{360°}{\theta} - 1$
$\dfrac{360°}{\theta}$ মানটি অযুগ্ম পূর্ণসংখ্যা এবং বস্তুটি প্রতিসমভাবে অবস্থিত	Object $\theta/2$ $\theta/2$	$n = \dfrac{360°}{\theta} - 1$
$\dfrac{360°}{\theta}$ মানটি অযুগ্ম পূর্ণসংখ্যা এবং বস্তুটি অপ্রতিসমভাবে অবস্থিত	Object α β	$n = \dfrac{360°}{\theta}$

(3) দুটি সমতল দর্পণ পরস্পর সঙ্গে সমকোণে থাকলে আলোকরশ্মি প্রতিটি দর্পণ দ্বারা একবার প্রতিফলিত হয়ে প্রতিফলিত রশ্মি আপতিত রশ্মির বিপরীত সমান্তরাল হয় ।

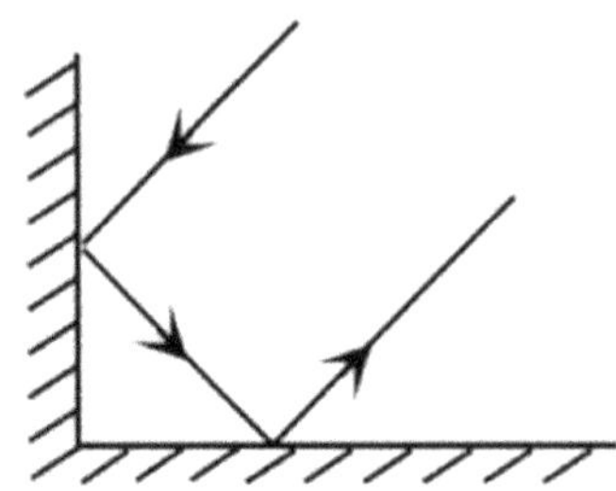

(৪) উল্লম্বভাবে অবস্থিত কোনো স্থির দর্পণের দিকে কোনো ব্যক্তি v অনুভূমিক বেগে এগোতে থাকলে ব্যক্তির সাপেক্ষে প্রতিবিম্বের বেগ $2v$ হবে ।

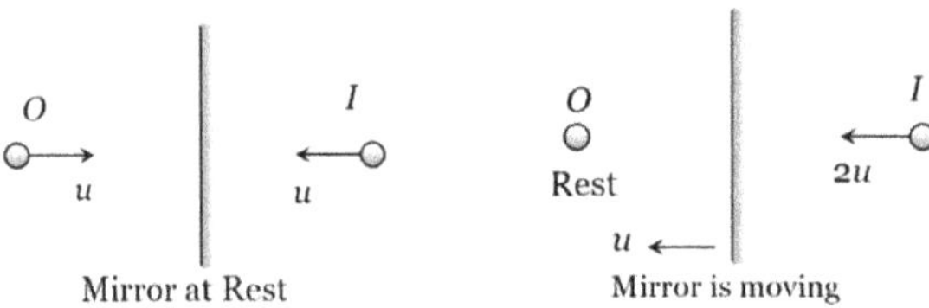

(৫) কোনো ব্যক্তি কমপক্ষে নিজ দৈর্ঘ্যের অর্ধেক দৈর্ঘ্যসম্পন্ন কোনো দর্পণে তার দেহের পূর্ণ প্রতিবিম্ব দেখতে পারে।

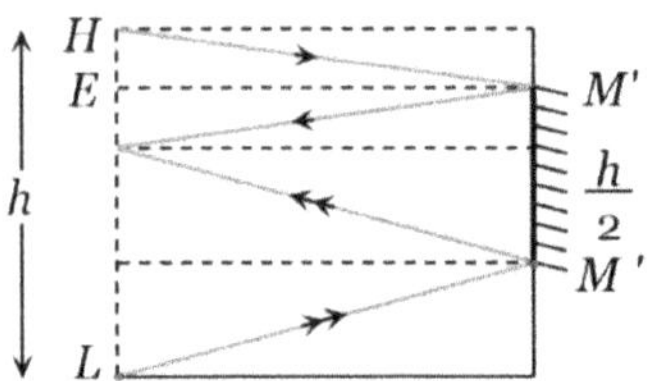

(C) গোলীয় দর্পণে আলোর প্রতিফলন

(1) গোলীয় দর্পণ :

যে মসৃণ প্রতিফলক তল কোনো গোলকের অংশ, যার ওপর আলোকরশ্মি আপতিত হলে আপতিত আলোর উত্তম প্রতিফলন হয় এবং এর ফলে উৎসের প্রতিবিম্ব গঠিত হয়, সেই গোলীয় মসৃণ তলকে গোলীয় দর্পণ বলে ।

(2) গোলীয় দর্পণের প্রকারভেদ :

গোলীয় দর্পণ দুই প্রকার । যথা -

অবতল দর্পণ : যে গোলীয় দর্পণের ভেতরের পৃষ্ঠ মসৃণ প্রতিফলক হিসেবে কাজ করে অর্থাৎ বক্রতা কেন্দ্র প্রতিফলক তলের সমানে থাকে, সেই গোলীয় দর্পণকে অবতল দর্পণ বলে।

উত্তল দর্পণ : যে গোলীয় দর্পণের বাইরের পৃষ্ঠ মসৃণ প্রতিফলক হিসেবে কাজ করে অর্থাৎ বক্রতা কেন্দ্র প্রতিফলক তলের পেছনে থাকে, সেই গোলীয় দর্পণকে উত্তল দর্পণ বলে ।

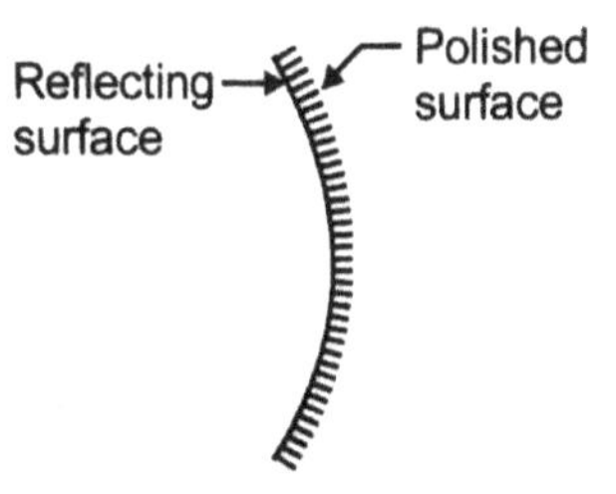

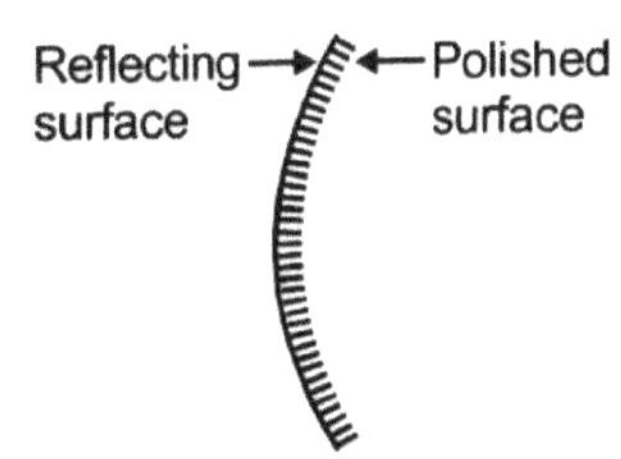

(3) গোলীয় দর্পণ সংক্রান্ত কয়েকটি সংজ্ঞা :

- **মেরু (P) :** গোলীয় দর্পণের প্রতিফলক তলের মধ্যবিন্দু
- **বক্রতা কেন্দ্র (C) :** গোলীয় দর্পণ যে গোলকের অংশ তার কেন্দ্র
- **বক্রতা ব্যাসার্ধ (R) :** গোলীয় দর্পণ যে গোলকের অংশ তার তার ব্যাসার্ধ
- **প্রধান অক্ষ :** গোলীয় দর্পণের বক্রতা কেন্দ্র ও মেরু সংযোজক বর্ধিত সরলরেখা

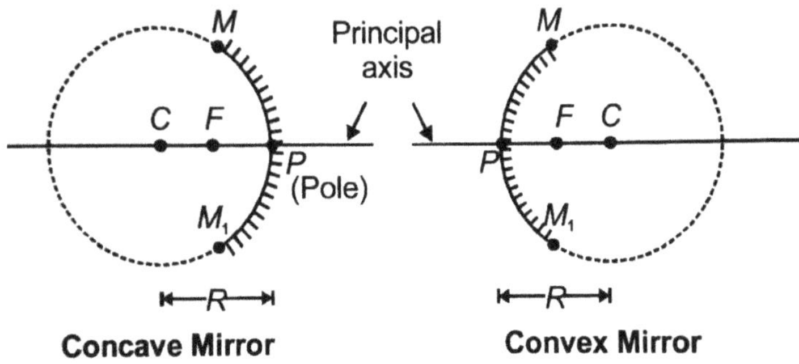

Note : গোলীয় দর্পণের বক্রতা ব্যাসার্ধের তুলনায় উন্মেষ খুব ক্ষুদ্র। এক্ষেত্রে ক্ষুদ্র উন্মেষ বলতে বোঝায় $10°$ অপেক্ষা কম।

(4) গোলীয় দর্পণের ক্ষেত্রে চিহ্নের নিয়ম : New Cartesian Sign Convention

● আপতিত রশ্মি সর্বদা বাম দিক থেকে ডান দিকে নেওয়া হবে।

● গোলীয় দর্পণের ক্ষেত্রে যেকোনো দূরত্ব মেরু বা মধ্যবিন্দু থেকে পরিমাপ করতে হবে।

● মেরু থেকে পরিমাপ করা কোনো দূরত্ব যদি আপতিত রশ্মির অভিমুখে হয় তাহলে সেই দূরত্বটি ধনাত্মক হবে, আবার মেরু থেকে পরিমাপ করা কোনো দূরত্ব যদি আপতিত রশ্মির অভিমুখের বিপরীতে হয় তাহলে সেই দূরত্বটি ঋণাত্মক হবে। অন্যভাবে বললে, মেরু থেকে যে দূরত্ব বাম দিকে পরিমাপ করা হয় তা ঋণাত্মক এবং যে দূরত্ব মেরু থেকে ডান দিকে পরিমাপ করা হয় তা ধনাত্মক হয়।

● দর্পণের প্রধান অক্ষের সঙ্গে লম্বভাবে উপরের দিকে পরিমাপ করা কোনো দৈর্ঘ্য ধনাত্মক হয় আবার প্রধান অক্ষের সঙ্গে লম্বভাবে নিচের দিকে

পরিমাপ করা কোনো দৈর্ঘ্য ঋণাত্মক হয়।

এই নিয়মানুসারে, উত্তল দর্পণের ক্ষেত্রে বক্রতা ব্যাসার্ধ ও ফোকাস দৈর্ঘ্য উভয়েই ধনাত্মক এবং অবতল দর্পণের ক্ষেত্রে বক্রতা ব্যাসার্ধ ও ফোকাস দৈর্ঘ্য উভয়েই ঋণাত্মক।

(5) উপাক্ষীয় ও অক্ষাপসারী রশ্মি :

যে সকল রশ্মি গোলীয় দর্পণের প্রধান অক্ষের সঙ্গে খুব ক্ষুদ্র কোণে এবং দর্পণের মেরুর খুব নিকটবর্তী অঞ্চলে আপতিত হয়, তাদের উপাক্ষীয় রশ্মি বলে। আবার যে সকল রশ্মি দর্পণের প্রধান অক্ষের সঙ্গে বৃহৎ কোণে এবং মেরু থেকে দূরে দর্পণের প্রান্তে আপতিত হয় তাদের অক্ষাপসারী রশ্মি বা প্রান্তিক রশ্মি বলে।

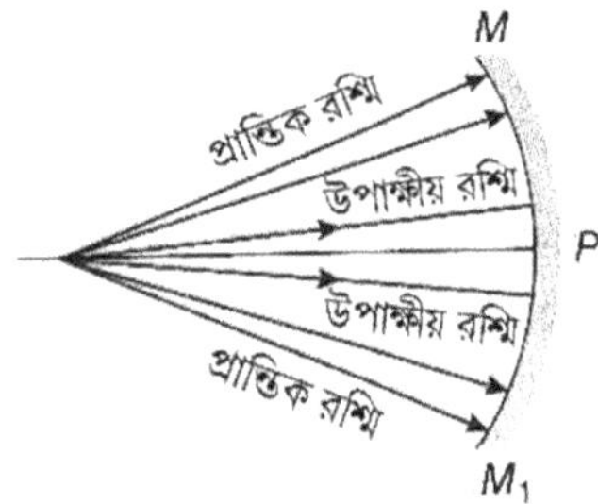

[উল্লেখ্য গোলীয় দর্পণ সংক্রান্ত সমীকরণ নির্ণয়ের ক্ষেত্রে কেবলমাত্র উপাক্ষীয় রশ্মি বিবেচনা করা হয়। অর্থাৎ দর্পণের উন্মেষ ক্ষুদ্র (কৌণিক উন্মেষ $< 10°$) ধরা হয় কারণ দর্পণের উন্মেষ বেশি হলে আপতিত রশ্মিগুচ্ছের বাইরের অংশ অক্ষাপসারী রশ্মি হিসেবে বিবেচিত হবে।]

অবতল দর্পণ

(6) অবতল দর্পণের মুখ্য ফোকাস ও ফোকাস দৈর্ঘ্য :

● ক্ষুদ্র উন্মেষযুক্ত একটি উত্তল দর্পণের ওপর দর্পণটির প্রধান অক্ষের সমান্তরাল আলোকরশ্মিগুচ্ছ আপতিত হলে, প্রতিফলনের পর তারা প্রধান অক্ষের ওপর যে নির্দিষ্ট বিন্দুতে মিলিত হয়, তাকে অবতল দর্পণের মুখ্য ফোকাস বা প্রধান ফোকাস বা ফোকাস বিন্দু বা সংক্ষেপে ফোকাস বলে।

● অবতল দর্পণটির মেরু বা মধ্যবিন্দু থেকে মুখ্য ফোকাস পর্যন্ত দূরত্বকে ওই দর্পণের ফোকাস দৈর্ঘ্য বা ফোকাস দূরত্ব বলে।

● অবতল দর্পণটির মুখ্য ফোকাসের মধ্য দিয়ে দর্পণের প্রধান অক্ষের সঙ্গে লম্বভাবে কল্পিত কোনো তলকে ফোকাস তল বলে।

● ক্ষুদ্র উন্মেষযুক্ত একটি অবতল দর্পণের ওপর দর্পণটির প্রধান অক্ষের সঙ্গে আনতভাবে কোনো সমান্তরাল আলোকরশ্মিগুচ্ছ আপতিত হলে, প্রতিফলনের পর তারা দর্পণটির ফোকাসতলের ওপর যে নিদিষ্ট বিন্দুতে মিলিত হয়, তাকে অবতল দর্পণের গৌণ ফোকাস বলে।

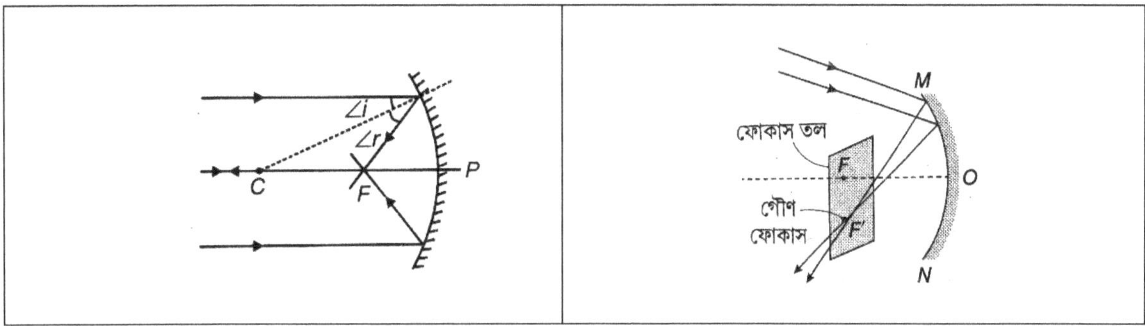

(7) অবতল দর্পণে প্রতিবিম্ব গঠনের ক্ষেত্রে ব্যবহৃত রশ্মির গতিপথ :

(i) প্রধান অক্ষের সঙ্গে সমান্তরালভাবে আগত আলোকরশ্মি অবতল দর্পণ থেকে প্রতিফলনের পর ফোকাসের মধ্য দিয়ে যায়।	
(ii) ফোকাস বিন্দু দিয়ে আগত আলোকরশ্মি অবতল দর্পণে প্রতিফলনের পর প্রধান অক্ষের সমান্তরালভাবে যায় ।	
(iii) বক্রতা কেন্দ্রের মধ্য দিয়ে আগত আলোকরশ্মি যে পথে অবতল দর্পণের ওপর আপতিত হয়, প্রতিফলনের পর সেই পথেই ফিরে আসে।	
(iv) কোনো আলোক রশ্মি অবতল দর্পণের মেরুতে আপতিত হলে আপতন কোণের সমান প্রতিফলন কোণ করে প্রতিফলিত হয়।	

(8) অবতল দর্পণ দ্বারা গঠিত প্রতিবিম্বের অবস্থান ও প্রকৃতি :

বস্তুর অবস্থান	প্রতিবিম্বের		
	অবস্থান	আকার	প্রকৃতি
অবতল দর্পণ থেকে অসীমে	ফোকাস দূরত্বে	বস্তুর আকারের তুলনায় অত্যন্ত ক্ষুদ্র	সদ্‌ ও অবশীর্ষ
অবতল দর্পণের বক্রতা কেন্দ্রের চেয়ে বেশি দূরত্বে	ফোকাস দূরত্ব ও বক্রতা কেন্দ্রের মধ্যে	বস্তুর চেয়ে ছোটো	সদ্‌ ও অবশীর্ষ
অবতল দর্পণের বক্রতা কেন্দ্রে	বক্রতা কেন্দ্রে	বস্তুর আকারের সমান	সদ্‌ ও অবশীর্ষ
অবতল দর্পণের বক্রতা কেন্দ্র ও ফোকাসের মধ্যে	বক্রতা কেন্দ্র ও অসীমের মধ্যে	বস্তুর চেয়ে বড়ো	সদ্‌ ও অবশীর্ষ
অবতল দর্পণের ফোকাসে	অসীমে	বস্তুর আকারের তুলনায় বড়ো	সদ্‌ ও অবশীর্ষ
অবতল দর্পণের ফোকাস দূরত্বের মধ্যে অথবা, অবতল দর্পণের মেরু ও ফোকাসে মধ্যে	দর্পণের পেছনে অবস্থিত	বস্তুর তুলনায় চেয়ে অনেক বড়ো	অসদ্‌ ও সমশীর্ষ

(9) অবতল দর্পণ দ্বারা গঠিত প্রতিবিম্বের রশ্মি চিত্র :

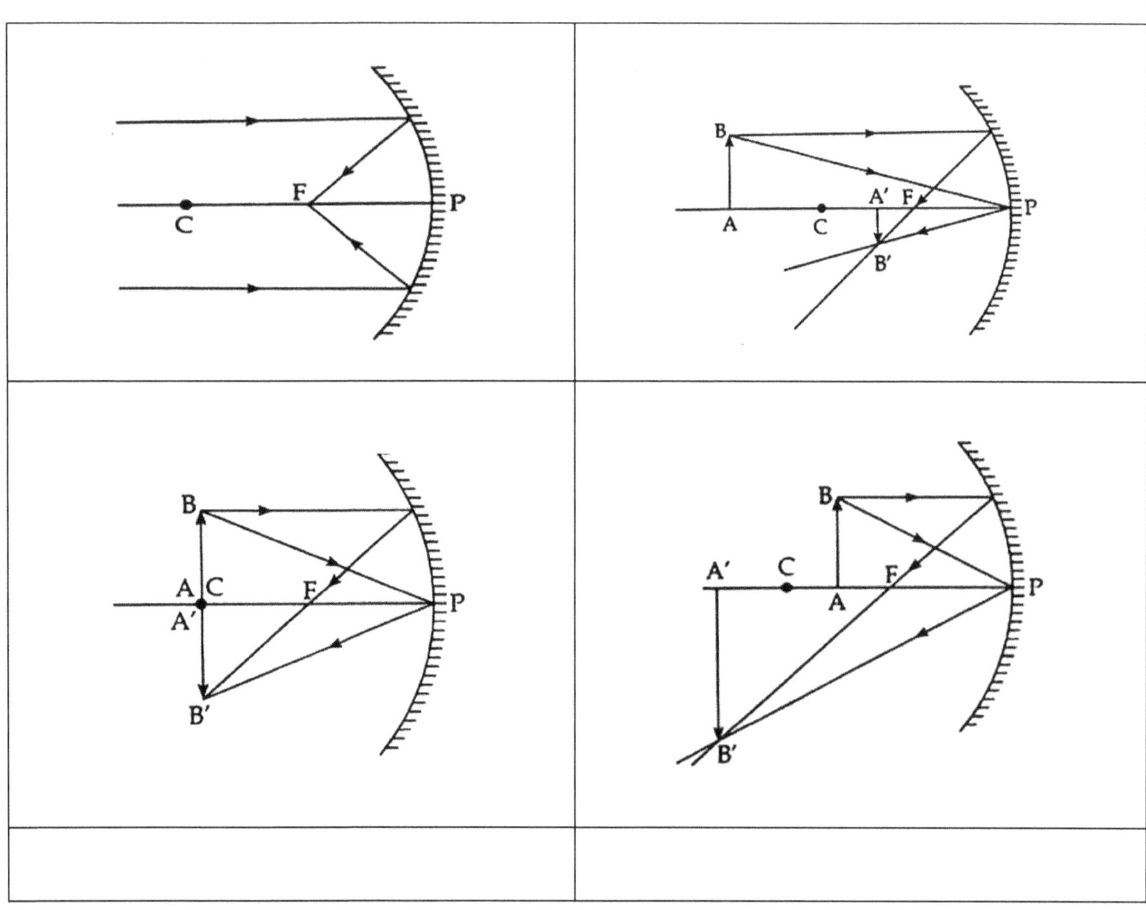

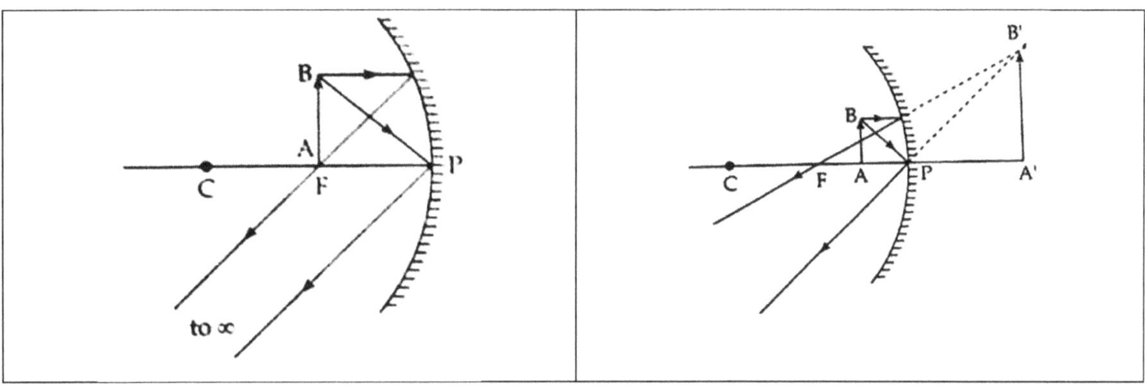

(10) অবতল দর্পণের ব্যবহার :

(i) দন্ত চিকিৎসকের দর্পণ : অবতল দর্পণ
ব্যাখ্যা : অবতল দর্পণের মেরু ও ফোকাসের মধ্যে কোনো বস্তু অবস্থিত হলে প্রতিবিম্বটি সমশীর্ষ ও বস্তু অপেক্ষা বড় আকারের হয়। তাই ওই দর্পণটিকে ডাক্তাররা মুখের কাছে নিয়ে গেলে পরীক্ষিত বস্তুর বড়ো প্রতিবিম্ব গঠিত হয় এবং রোগ নির্ণয়ে ডাক্তারদের সুবিধা হয়।

(ii) সেভিং মিরর : অবতল দর্পণ
ব্যাখ্যা : অবতল দর্পণের মেরু ও ফোকাসের মধ্যে কোনো বস্তু অবস্থিত হলে প্রতিবিম্বটি সমশীর্ষ ও বস্তু অপেক্ষা বড় আকরের হয়। তাই অবতল দর্পণকে গালের কাছে নিয়ে গেলে দাড়িগুলি আরো সূক্ষ্মভাবে দেখা যায় ফলে দাড়ি কাটতে সুবিধা হয়।

(iii) মোটর গাড়ির হেডলাইট : অবতল দর্পণ
ব্যাখ্যা : গাড়ির হেড লাইটে পালিশ করা ধাতব অবতল তল ব্যবহার করা হয় যা অবতল দর্পণ হিসেবে কাজ করে। হেড লাইটে বাতি দর্পণের ফোকাসে থাকে তাই বাতি থেকে নির্গত আলো অবতল প্রতিফলক থেকে প্রতিফলিত হয়ে সমান্তরাল রশ্মিগুচ্ছ হিসেবে নির্গত হয়। তাই আলোক রশ্মি অনেক দূর পর্যন্ত যেতে পারে ফলে চালকের সুবিধা হয়।

(iv) সার্চ লাইট বা টর্চ : অবতল দর্পণ
ব্যাখ্যা : টর্চ বা সার্চ লাইটে প্রতিফলক হিসেবে একটি অবতল দর্পণ ব্যবহার করা হয় এবং আলোক উৎস দর্পণের ফোকাসে রাখা হয়। ফলে উৎস থেকে নির্গত আলো অবতল দর্পণ থেকে প্রতিফলিত হয়ে সমান্তরাল রশ্মিগুচ্ছ হিসেবে নির্গত হয়। ফলে নির্গত আলোর তীব্রতা অনেক বেশি হয় ও অনেকদূর পর্যন্ত অন্ধকার ভেদ করে যেতে পারে।

(v) অণুবিক্ষণ যন্ত্র : অবতল দর্পণ

(vi) প্রতিফলক দূরবীক্ষণ : অবতল দর্পণ (প্রতিফলক তল হিসেবে)

উত্তল দর্পণ

(11) উত্তল দর্পণের মুখ্য ফোকাস ও ফোকাস দৈর্ঘ্য :

● ক্ষুদ্র উন্মেষযুক্ত একটি উত্তল দর্পণের ওপর দর্পণটির প্রধান অক্ষের সমান্তরাল আলোকরশ্মিগুচ্ছ আপতিত হলে, প্রতিফলনের পর তারা প্রধান অক্ষের ওপর যে নিদিষ্ট বিন্দু থেকে অপসৃত হচ্ছে বলে মনে হয়, তাকে উত্তল দর্পণটির মুখ্য ফোকাস বা প্রধান ফোকাস বা ফোকাস বিন্দু বা সংক্ষেপে ফোকাস বলে।

● উত্তল দর্পণের মেরু বা মধ্যবিন্দু থেকে মুখ্য ফোকাস পর্যন্ত দূরত্বকে ওই উত্তল দর্পণের ফোকাস দৈর্ঘ্য বা ফোকাস দূরত্ব বলে।

● উত্তল দর্পণের মুখ্য ফোকাসের মধ্য দিয়ে দর্পণের প্রধান অক্ষের সঙ্গে লম্বভাবে কল্পিত কোনো তলকে ফোকাস তল বলে।

● ক্ষুদ্র উন্মেষযুক্ত একটি উত্তল দর্পণের ওপর দর্পণটির প্রধান অক্ষের সঙ্গে আনতভাবে কোনো সমান্তরাল আলোকরশ্মিগুচ্ছ আপতিত হলে, প্রতিফলনের পর তারা দর্পণটির ফোকাসতলের ওপর যে নির্দিষ্ট বিন্দু থেকে অপসৃত হচ্ছে বলে মনে হয়, তাকে উত্তল দর্পণের গৌণ ফোকাস বলে ।

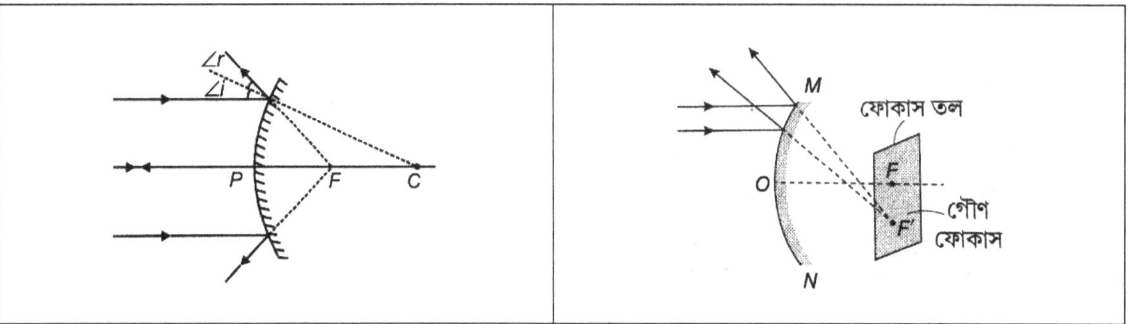

Knowledge Plus : ● গোলীয় দর্পণের মুখ্য ফোকাস প্রধান অক্ষস্থিত একটি নির্দিষ্ট বিন্দু ।

● একটি গোলীয় দর্পণকে জলে নিমজ্জিত করলে তার ফোকাসদৈর্ঘ্যের কোনো পরিবর্তন হবে না ।

● গৌণ ফোকাসের অবস্থান নির্দিষ্ট নয় । আপতিত সমান্তরাল আলোকরশ্মিগুচ্ছের নতির পরিমাণের ওপর গৌণ ফোকাসের অবস্থান নির্ভর করে ।

● গোলীয় দর্পণের গৌণ ফোকাস বিন্দু অসংখ্য ।

(12) উত্তল দর্পণে প্রতিবিম্ব গঠনের ক্ষেত্রে ব্যবহৃত রশ্মির গতিপথ :

(i) প্রধান অক্ষের সঙ্গে সমান্তরালভাবে আগত আলোকরশ্মি উত্তল দর্পণ থেকে প্রতিফলনের পর ফোকাস বিন্দু থেকে অপসৃত হচ্ছে বলে মনে হয় ।	
(ii) যে আলোকরশ্মি ফোকাস বিন্দু অভিমুখী তা উত্তল দর্পণে প্রতিফলনের পর প্রধান অক্ষের সমান্তরালভাবে যায় ।	
(iii) যে আলোকরশ্মি বক্রতা কেন্দ্র অভিমুখী তা উত্তল দর্পণে প্রতিফলনের পর যে পথে দর্পণের ওপর আপতিত হয়, সেই পথেই ফিরে আসে ।	
(iv) কোনো আলোক রশ্মি উত্তল দর্পণের মেরুতে আপতিত হলে আপতন কোণের সমান প্রতিফলন কোণ করে প্রতিফলিত হয় ।	

(13) উত্তল দর্পণ দ্বারা গঠিত প্রতিবিম্বের অবস্থান ও প্রকৃতি :

বস্তুর অবস্থান	প্রতিবিম্বের		
	অবস্থান	আকার	প্রকৃতি
উত্তল দর্পণ থেকে অসীমে ($u = \infty$)	ফোকাস দূরত্বে ($v = f$)	বস্তুর আকারের তুলনায় অত্যন্ত ক্ষুদ্র (m<1)	অসদ্ ও সমশীর্ষ
অসীম ও দর্পণের মেরুর মধ্যবর্তী যে কোনো অবস্থানে	মেরু ও ফোকাসের মধ্যবর্তী স্থানে	বস্তুর চেয়ে ছোটো ($m < 1$)	অসদ্ ও সমশীর্ষ

(14) উত্তল দর্পণ দ্বারা গঠিত প্রতিবিম্বের রশ্মি চিত্র :

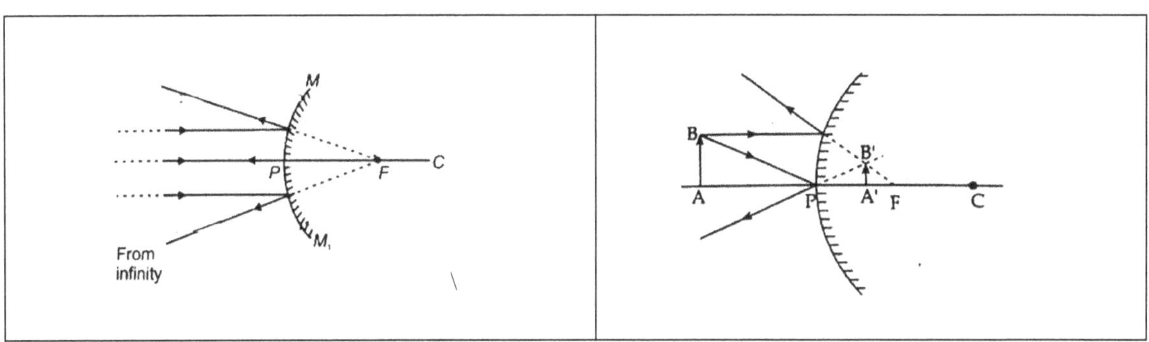

Knowledge Plus : বস্তুর অবস্থান যাই হোক না কেন, একটি উত্তল দর্পণ সর্বদাই অসদ্বিম্ব গঠিত হয়। উত্তল দর্পণ দ্বারা গঠিত অসদ্বিম্বের আকার সর্বদাই ক্ষুদ্র হয় এবং অবস্থান মেরু এবং ফোকাসের মধ্যবর্তী হয়।

(15) উত্তল দর্পণের ব্যবহার :

(i) রিয়ার ভিউ মিরর : উত্তল দর্পণ
ব্যাখ্যা : উত্তল দর্পণে সর্বদা বস্তুর চেয়ে আকারে ছোটো সমশীর্ষ ও অসদ্ প্রতিবিম্ব সৃষ্টি হয় তাই দর্পণটি ছোটো হলেও দর্পণের দৃষ্টিক্ষেত্র অনেক বড়ো হয়। ফলে পেছনের অনেকটা জায়গার প্রতিবিম্ব ওই ছোটো দর্পণে একসঙ্গে চালক দেখতে পান এবং তার পক্ষে গাড়ি চালানো সুবিধা হয়।

(ii) আলোক স্তম্ভে প্রতিফলক : উত্তল দর্পণ
ব্যাখ্যা : রাস্তার আলোর প্রতিফলক হিসেবে উত্তল দর্পণ ব্যবহার করা হয়, যাতে প্রতিফলক আলো বিস্তৃত অঞ্চলে ছড়িয়ে পড়ে।

(16) গোলীয় দর্পণের সমীকরণ

● গোলীয় দর্পণের বক্রতা ব্যাসার্ধ ও ফোকাস দৈর্ঘ্যের মধ্যে সম্পর্ক :	$f = \dfrac{R}{2}$	$u = $ বস্তু দূরত্ব $v = $ প্রতিবিম্ব দূরত্ব
● গোলীয় দর্পণের সাধারণ সমীকরণ :	$\dfrac{1}{v} + \dfrac{1}{u} = \dfrac{1}{f} = \dfrac{2}{R}$	$f = $ ফোকাস দৈর্ঘ্য $R = $ বক্রতা ব্যাসার্ধ $x = $ ফোকাস থেকে বস্তুর দূরত্ব

● গোলীয় দর্পণের ক্ষেত্রে নিউটনের সমীকরণ :	$x\,y = f^2$	y = ফোকাস থেকে প্রতিবিম্ব দূরত্ব
● গোলীয় দর্পণের রৈখিক বিবর্ধন :	$m = -\dfrac{v}{u}$	

Knowledge Plus : বস্তুর অবস্থান যাই হোক না কেন, একটি উত্তল দর্পণ সর্বদাই অসদ্বিম্ব গঠিত হয়। উত্তল দর্পণ দ্বারা গঠিত অসদ্বিম্বের আকার সর্বদাই ক্ষুদ্র হয় এবং অবস্থান মেরু এবং ফোকাসের মধ্যবর্তী হয়।

(17) গোলীয় দর্পণের ক্ষেত্রে রৈখিক বিবর্ধন :

গোলীয় দর্পণের প্রধান অক্ষের সঙ্গে লম্বভাবে অবস্থিত প্রতিবিম্বের আকার বা দৈর্ঘ্য এবং বস্তুর আকার বা দৈর্ঘ্যের অনুপাতকে প্রতিবিম্বের রৈখিক বিবর্ধন (Linear Magnification) বলে।

$\therefore$ রৈখিক বিবর্ধন $(m_{linear}) = \dfrac{\text{Image height}}{\text{Object height}}$

গোলীয় দর্পণের ক্ষেত্রে রৈখিক বিবর্ধনের ব্যঞ্জক বা রাশিমালা প্রতিষ্ঠা :

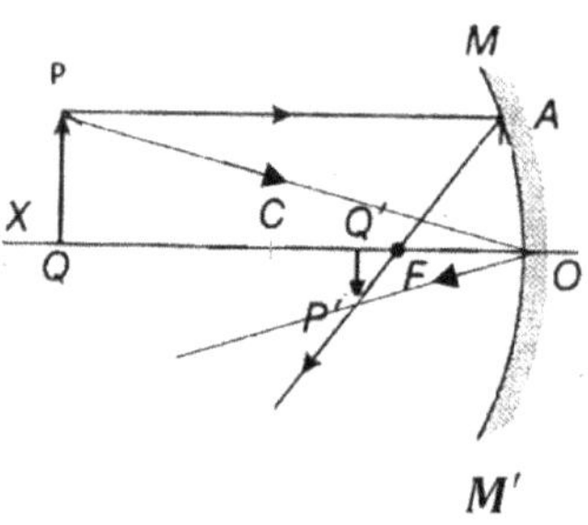

(a) বস্তু দূরত্ব ও প্রতিবিম্ব দূরত্বের সাপেক্ষে :	(b) বস্তু দূরত্ব ও ফোকাস দূরত্বের সাপেক্ষে :	(c) প্রতিবিম্ব দূরত্ব ও ফোকাস দূরত্বের সাপেক্ষে :
প্রদর্শিত চিত্রানুযায়ী, MOM' অবতল দর্পণের সামনে প্রধান অক্ষের উপর লম্বভাবে অবস্থিত PQ বস্তুর একটি সদ্বিম্ব P'Q'। এখন ΔPOQ ও $\Delta P'OQ'$ পরস্পর সদৃশ। $\therefore \dfrac{PQ}{P'Q'} = \dfrac{OQ}{OQ'}$ চিহ্নের প্রথা অনুযায়ী, $\dfrac{h_o}{-h_i} = \dfrac{-u}{-v}$ or, $\dfrac{h_i}{h_o} = -\dfrac{v}{u}$	বস্তু দূরত্ব u, প্রতিবিম্ব দূরত্ব v এবং ফোকাস দূরত্ব f হলে গোলীয় দর্পণের সাধারণ সমীকরণ অনুযায়ী, $\dfrac{1}{v} + \dfrac{1}{u} = \dfrac{1}{f}$ উভয় পক্ষকে দিয়ে u গুণ করে পাই, $\dfrac{u}{v} + 1 = \dfrac{u}{f}$ or, $\dfrac{u}{v} = \dfrac{u}{f} - 1$ or, $\dfrac{u}{v} = \dfrac{u-f}{f}$	বস্তু দূরত্ব u, প্রতিবিম্ব দূরত্ব v এবং ফোকাস দূরত্ব f হলে গোলীয় দর্পণের সাধারণ সমীকরণ অনুযায়ী, $\dfrac{1}{v} + \dfrac{1}{u} = \dfrac{1}{f}$ উভয় পক্ষকে দিয়ে v গুণ করে পাই, $1 + \dfrac{v}{u} = \dfrac{v}{f}$ or, $\dfrac{v}{u} = \dfrac{v}{f} - 1$ $\therefore \dfrac{v}{u} = \dfrac{v-f}{f}$

$\therefore$ গোলীয় দর্পণ দ্বারা গঠিত প্রতিবিম্বের রৈখিক বিবর্ধন : $$m = -\frac{\text{প্রতিবিম্ব দূরত্ব (v)}}{\text{বস্তু দূরত্ব (u)}}$$	$\therefore \dfrac{v}{u} = \dfrac{f}{u-f}$ $\therefore$ রৈখিক বিবর্ধন $m = -\dfrac{v}{u} = \dfrac{f}{f-u}$ $$m = \frac{\text{ফোকাস দূরত্ব}}{\text{ফোকাস দূরত্ব (f) – বস্তু দূরত্ব (u)}}$$	$\therefore$ রৈখিক বিবর্ধন $m = -\dfrac{v}{u} = \dfrac{f-v}{f}$ $$m = \frac{\text{ফোকাস দূরত্ব (f) – প্রতিবিম্ব দূরত্ব (v)}}{\text{ফোকাস দূরত্ব (f)}}$$
Knowledge Plus	$h_i = \left(\dfrac{f}{f-u}\right) h_o$	$h_i = \left(\dfrac{f-v}{f}\right) h_o$

Golden Key Point :

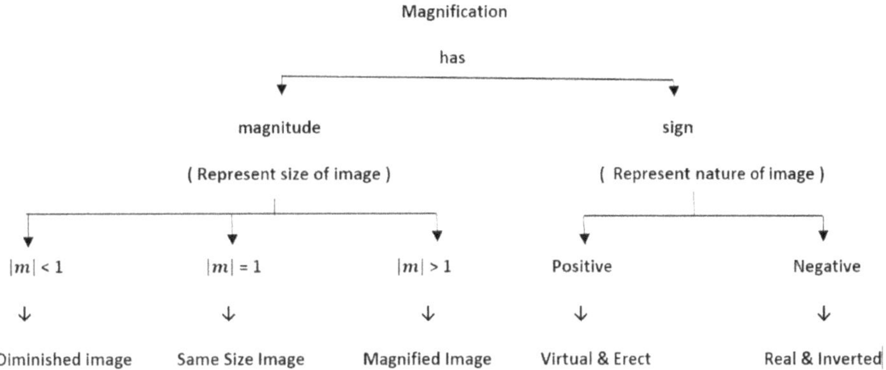

(19) গোলীয় দর্পণের শণাক্তকরণ

পরীক্ষাধীন দর্পণের খুব নিকটে একটি বিস্তৃত বস্তুকে খাড়া ভাবে রেখে তার প্রতিবিম্ব লক্ষ করা হল ।

পর্যবেক্ষণ	সিদ্ধান্ত
সমশীর্ষ ও বস্তুর সমান আকারের প্রতিবিম্ব গঠিত হল এবং দর্পণের বিভিন্ন অবস্থানেও প্রতিবিম্বের আকার অপরিবর্তিত থাকে।	দর্পণটি সমতল
সমশীর্ষ ও বস্তুর চেয়ে আকারে বড়ো প্রতিবিম্ব গঠিত হল এবং দর্পণটিকে বস্তুর কাছ থেকে দূরে সরালে প্রতিবিম্বটি উল্টে যায়।	দর্পণটি অবতল
সমশীর্ষ ও বস্তুর চেয়ে আকারে ছোটো প্রতিবিম্ব গঠিত হল এবং দর্পণটিকে বস্তুর কাছ থেকে দূরে সরালে প্রতিবিম্বটি সোজাই থাকে।	দর্পণটি উত্তল

(3) আলোর প্রতিসরণ

(A) আলোর প্রতিসরণ	(B) আলোর প্রতিসরণের প্রয়োগ
(C) সমান্তরাল কাচফলকের মধ্য দিয়ে আলোর প্রতিসরণ	(D) প্রিজমের মধ্য দিয়ে আলোর প্রতিসরণ
(E) বক্রতলে আলোর প্রতিসরণ	(F) লেন্সের দ্বারা আলোর প্রতিসরণ

(A) আলোর প্রতিসরণ

(1) আলোর প্রতিসরণ :

● সংজ্ঞা : আলোক রশ্মি যখন কোনো সমসত্ত্ব স্বচ্ছ মাধ্যম থেকে ভিন্ন আলোকীয় ঘনত্বের অন্য কোনো সমসত্ত্ব স্বচ্ছ মাধ্যমে তির্যকভাবে প্রবেশ করে, তখন মাধ্যমদ্বয়ের বিভেদতল থেকে ঐ রশ্মির গতির অভিমুখ পরিবর্তিত হয় । দ্বিতীয় মাধ্যমে আলোকরশ্মির গতিপথের এইরূপ অভিমুখ পরিবর্তনের ঘটনাকে আলোর প্রতিসরণ বলে ।

● রশ্মি চিত্রের সাহায্যে আলোর প্রতিসরণ :

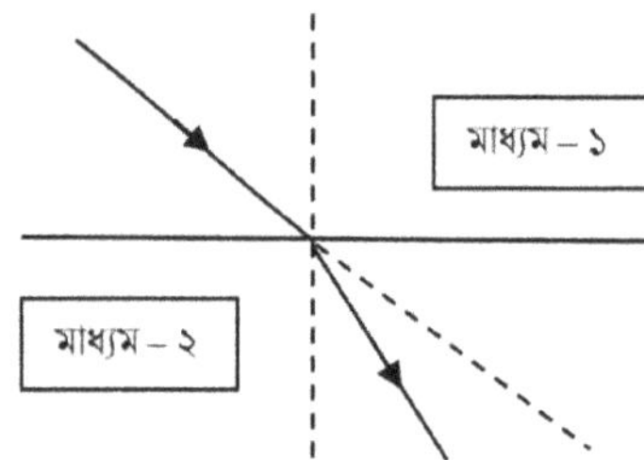

● প্রতিসরণের কারণ : ভিন্ন অলোকীয় ঘনত্বের মাধ্যমে আলোকরশ্মির গতিবেগের বিভিন্নতাই হল প্রতিসরণের কারণ ।

(2) লঘু মাধ্যম থেকে ঘন মাধ্যমে আলোর প্রতিসরণে অভিমুখ পরিবর্তন :

● আলোক রশ্মি লঘু মাধ্যম থেকে ঘন মাধ্যমে (যেমন - বায়ু থেকে কাঁচে) প্রবেশ করলে প্রতিসৃত রশ্মি মাধ্যমদ্বয়ের বিভেদতলের আপতন বিন্দুতে অঙ্কিত অভিলম্বের দিকে সরে যায় ।

● আপতন কোণ $(i) >$ প্রতিসরণ কোণ (r)

● চ্যুতিকোণ $(\delta) = i - r$

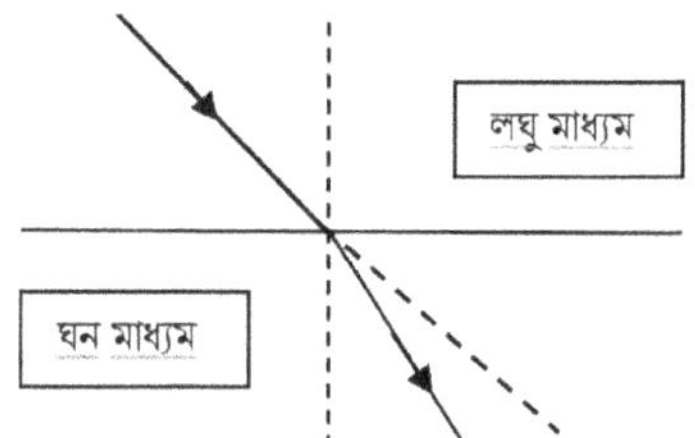

(৩) **ঘন মাধ্যম থেকে লঘু মাধ্যমে আলোর প্রতিসরণে অভিমুখ পরিবর্তন :**

● <u>আলোক রশ্মি ঘন মাধ্যম থেকে লঘু মাধ্যমে</u> (যেমন - কাঁচ থেকে বায়ুতে) প্রবেশ করলে প্রতিসৃত রশ্মি মাধ্যমদ্বয়ের বিভেদতলের আপতন বিন্দুতে অঙ্কিত অভিলম্ব থেকে দূরে সরে যায় ।

● আপতন কোণ $(i) <$ প্রতিসরন কোণ (r)

● চ্যুতিকোণ $(\delta) = r - i$

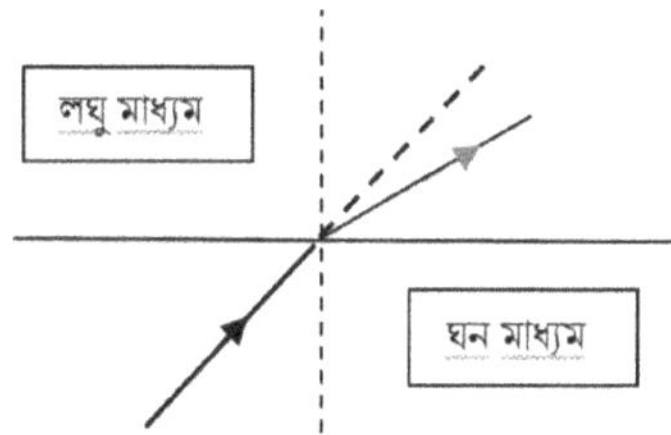

(৪) **দুটি মাধ্যমের বিভেদতলে আলোক রশ্মির লম্ব আপতন :**

আলোকরশ্মি লঘু মাধ্যম থেকে ঘন মাধ্যমে বা ঘন মাধ্যম থেকে লঘু মাধ্যমে প্রবেশ করার সময় মাধ্যমদ্বয়ের বিভেদতলের উপর লম্বভাবে আপতিত হলে ঐ রশ্মি অভিমুখ পরিবর্তন না করে দ্বিতীয় মাধ্যমে প্রবেশ করে ।
এক্ষেত্রে, আপতন কোণ $(i) =$ প্রতিসরন কোণ $(r) = 0$

∴ চ্যুতিকোণ $(\delta) = 0$

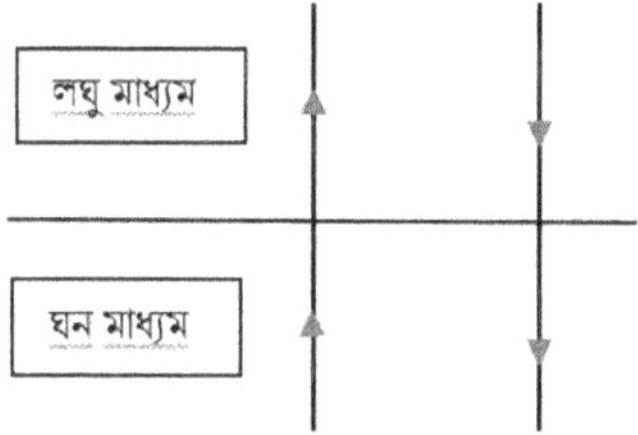

(৫) কোনো মাধ্যমের আলোকীয় ঘনত্ব ও সাধারণ ঘনত্ব সমার্থক **নয়**। দুটি মাধ্যমের মধ্যে যে মাধ্যমের পরম প্রতিসরাঙ্কের মান বেশি হয়, সেই মাধ্যমটি অপর মাধ্যম অপেক্ষা বেশি আলোকীয় ঘনত্বযুক্ত বলা হয়। যেমন – জলের ঘনত্ব (1 g cm^{-3}) তার্পিন তেলের ঘনত্বের (0.87 g cm^{-3}) তুলনায় বেশি। কিন্তু জলের আলোকীয় ঘনত্ব তার্পিন তেলের আলোকীয় ঘনত্বের তুলনায় কম। কারণ জলের প্রতিসরাঙ্ক (1.33) তার্পিন তেলের (1.47) তুলনায় কম।

Note : প্রতিসরণের ফলে আলোর বেগ, তীব্রতা ও তরঙ্গদৈর্ঘ্যের পরিবর্তন ঘটলেও শক্তি, কম্পাঙ্ক ও দশা অপরিবর্তিত থাকে।

(6) আলোর প্রতিসরণের সূত্র :

বিবৃতি	(i) আপতিত রশ্মি, প্রতিসৃত রশ্মি এবং আপতন বিন্দুতে ওই দুই মাধ্যমের বিভেদতলের উপর অঙ্কিত অভিলম্ব একই সমতলে অবস্থিত । (ii) দুটি নির্দিষ্ট মাধ্যমে নির্দিষ্ট বর্ণের আলোকরশ্মির প্রতিসরণে আপতন কোণের sine ও প্রতিসরণ কোণের sine এর অনুপাত ধ্রুবক হয় । [স্নেলের সূত্র]
ব্যাখ্যা	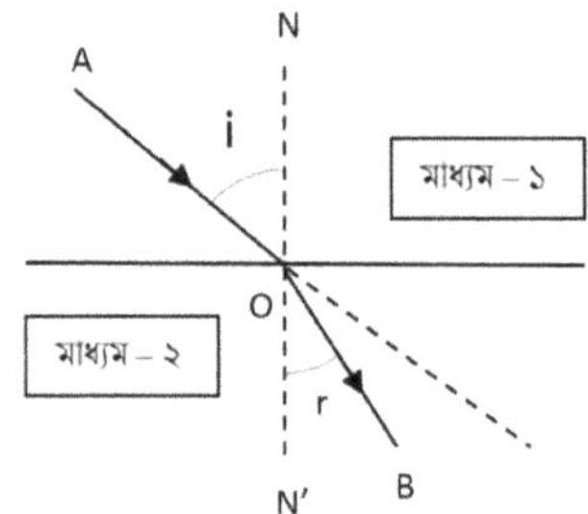 আলোর প্রতিসরণের সূত্রানুযায়ী, (i) AO (আপতিত রশ্মি), OB (প্রতিসৃত রশ্মি) এবং NON' (আপতন বিন্দুতে মাধ্যমদ্বয়ের বিভেদতলের উপর অঙ্কিত অভিলম্ব) একই সমতলে অবস্থিত । (ii) $\frac{\sin i}{\sin r} = \mu$ (ধ্রুবক) কে প্রথম মাধ্যম সাপেক্ষে দ্বিতীয় মাধ্যমের প্রতিসরাঙ্ক বলে ।
সীমাবদ্ধতা	আলোকরশ্মির লম্ব আপতনের ক্ষেত্রে স্নেলের সূত্র প্রযোজ্য নয়।

(7) আপেক্ষিক প্রতিসরাঙ্ক :

● সংজ্ঞা :	একটি নির্দিষ্ট বর্ণের আলোকরশ্মি এক মাধ্যম থেকে অপর কোনো মাধ্যমে প্রতিসৃত হলে প্রথম মাধ্যমের আপতন কোণের (i) sine ও দ্বিতীয় মাধ্যমের প্রতিসরণ কোণের (r) sine এর অনুপাতকে প্রথম মাধ্যম সাপেক্ষে দ্বিতীয় মাধ্যমের প্রতিসরাঙ্ক বা আপেক্ষিক প্রতিসরাঙ্ক (μ_{21}) বলে।
● গাণিতিক রূপ :	প্রথম মাধ্যমে আলোর আপতন কোণ i এবং দ্বিতীয় মাধ্যমে আলোর প্রতিসরণ কোণের মান r হলে প্রথম মাধ্যম সাপেক্ষে দ্বিতীয় মাধ্যমের প্রতিসরাঙ্ক : $$\mu_{21} = \frac{\sin i}{\sin r}$$
● মাত্রাসূত্র ও একক :	মাধ্যমের (আপেক্ষিক) প্রতিসরাঙ্ক একটি মাত্রাহীন ও এককবিহীন রাশি ।
● নির্ভরতা :	আপেক্ষিক প্রতিসরাঙ্কের মান - (i) সংশ্লিষ্ট মাধ্যমদ্বয়ের প্রকৃতি (ii) আপতিত আলোর বর্ণ (অর্থাৎ তরঙ্গদৈর্ঘ্যের) (iii) উষ্ণতার ওপর নির্ভর করে ।(সাধারণত মাধ্যমের উষ্ণতা বাড়লে মাধ্যমের প্রতিসরাঙ্ক কমে)

(8) পরম প্রতিসরাঙ্ক :

● একটি নির্দিষ্ট বর্ণের আলোকরশ্মি যখন <u>শূন্য মাধ্যম থেকে অপর কোনো মাধ্যমে প্রতিসৃত হয়</u> তখন শূন্য মাধ্যমের আপতন কোণের (i) sine ও দ্বিতীয় মাধ্যমের প্রতিসরণ কোণের (r) sine এর অনুপাতকে ওই নির্দিষ্ট মাধ্যমের পরম প্রতিসরাঙ্ক বলে ।

$$\therefore \mu_{medium} = \frac{\sin i}{\sin r}$$

● বিভিন্ন মাধ্যমের জন্য পরম প্রতিসরাঙ্কের মান :

মাধ্যম	পরম প্রতিসরাঙ্ক
শূন্য মাধ্যম	1
বায়ু মাধ্যম	1.0002918
জল	1.33
কাচ	1.458

● **শূন্য মাধ্যম ও বায়ু মাধ্যমের পরম প্রতিসরাঙ্ক :** শূন্যস্থানের প্রতিসরাঙ্কের মান 1 এবং প্রমাণ উষ্ণতায় ও চাপে বায়ুর পরম প্রতিসরাঙ্কের মান 1.0002918 ; এই মান প্রায় 1 এর সমান বলে বায়ু সাপেক্ষে কোনো মাধ্যমের প্রতিসরাঙ্ককে মাধ্যমটির পরম প্রতিসরাঙ্ক বলে।

● <u>কোনো মাধ্যমের পরম প্রতিসরাঙ্কের মান 1 অপেক্ষা কম হতে পারে না।</u>

Knowledge Plus : কাঁচের প্রতিসরাঙ্ক লাল বর্ণের আলোর থেকে বেগুনি বর্ণের আলোর জন্য বেশি। অর্থাৎ, $\mu_v > \mu_r$ ।

(9) দুটি মাধ্যমের আপেক্ষিক প্রতিসরাঙ্কের মধ্যে সম্পর্ক :

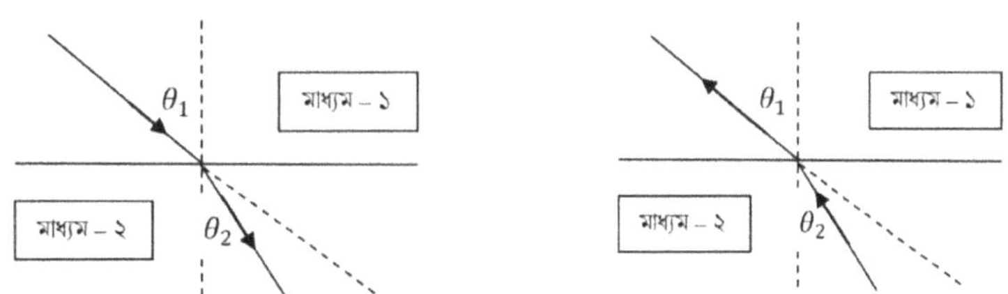

প্রদর্শিত (1 নং) চিত্রানুযায়ী, প্রথম মাধ্যম সাপেক্ষে দ্বিতীয় মাধ্যমের প্রতিসরাঙ্ক : $\mu_{21} = \frac{\sin \theta_1}{\sin \theta_2}$

আলোক রশ্মির গতিপথ উল্টে দিলে, আলোর প্রত্যাবর্তনশীল ধর্ম অনুযায়ী, দ্বিতীয় মাধ্যম সাপেক্ষে প্রথম মাধ্যমের প্রতিসরাঙ্ক :

$$\mu_{12} = \frac{\sin \theta_2}{\sin \theta_1}$$

$$\therefore \mu_{21} \times \mu_{12} = \frac{\sin \theta_1}{\sin \theta_2} \cdot \frac{\sin \theta_2}{\sin \theta_1} = 1$$

$$\therefore \mu_{21} = \frac{1}{\mu_{21}}$$

● ক্রমবর্ধমান আলোকীয় ঘনত্ব অনুযায়ী সাজানো n সংখ্যক মাধ্যমের ক্ষেত্রে প্রথম ও শেষ মাধ্যম অভিন্ন হলে,

$$\mu_{21} \times \mu_{32} \times \ldots\ldots\ldots \times \mu_{1n} = 1$$

(10) আপেক্ষিক প্রতিসরাঙ্ক ও পরম প্রতিসরাঙ্কের মধ্যে সম্পর্ক :

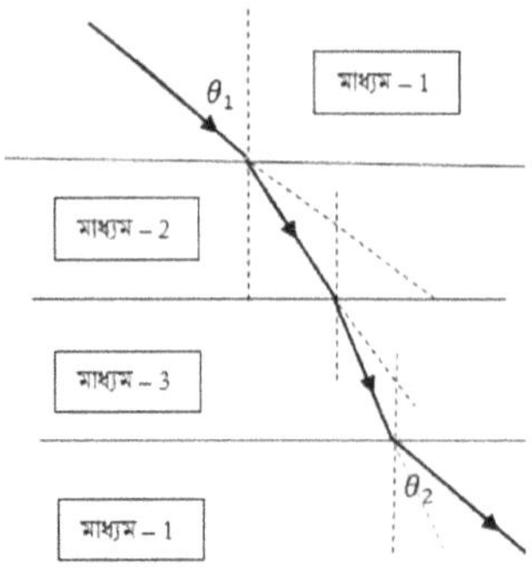

মনে করি, ক্রমবর্ধমান আলোকীয় ঘনত্ব অনুযায়ী সাজানো তিনটি মাধ্যম যথাক্রমে মাধ্যম - 1, মাধ্যম - 2, মাধ্যম - 3 ।

$$\therefore \mu_{21} \times \mu_{32} \times \mu_{13} = 1$$

এখন মাধ্যম - 1 বায়ু বা শূন্য মাধ্যম হলে, $\mu_2 \times \mu_{32} \times \mu_{vacuum\,3} = 1$

$$\text{or, } \mu_{32} = \frac{1}{\mu_2 \times \mu_{vacuum\,3}}$$

$$\text{or, } \mu_{32} = \frac{\mu_3}{\mu_2}$$

যেখানে, μ_3 এবং μ_2 যথাক্রমে মাধ্যম - 3 ও মাধ্যম – 2 এর পরম প্রতিসরাঙ্ক ।

(11) মাধ্যমের পরম প্রতিরাঙ্কের সাপেক্ষে প্রতিসরণের দ্বিতীয় সূত্র বা স্নেলের সূত্রের সাধারণ রূপ :

প্রথম মাধ্যমে আলোর আপতন কোণ i এবং দ্বিতীয় মাধ্যমে আলোর প্রতিসরণ কোণের মান r হলে স্নেলের সূত্রানুসারে,

$$\frac{\sin i}{\sin r} = \mu_{21}$$

$$\text{or, } \frac{\sin i}{\sin r} = \frac{\mu_2}{\mu_1}$$

$$\therefore \mu_1 \sin i = \mu_2 \sin r$$

যেখানে, μ_1 ও μ_2 যথাক্রমে প্রথম মাধ্যম ও দ্বিতীয় মাধ্যমের পরম প্রতিসরাঙ্ক

(12) সংকট কোণের সংজ্ঞা :

● সংজ্ঞা	আলোক রশ্মি ঘন মাধ্যম থেকে লঘু মাধ্যমে প্রতিসৃত হওয়ার সময় ঘন মাধ্যমে আপতন কোণের যে নির্দিষ্ট মানের জন্য প্রতিসরণ কোণের মান 90° হয় অর্থাৎ প্রতিসৃত রশ্মি মাধ্যমদ্বয়ের বিভেদতল স্পর্শ করে যায়, ঘন মাধ্যমের সেই আপতন কোণকে মাধ্যমদ্বয়ের সংকট কোণ বলে ।
● রশ্মিচিত্র :	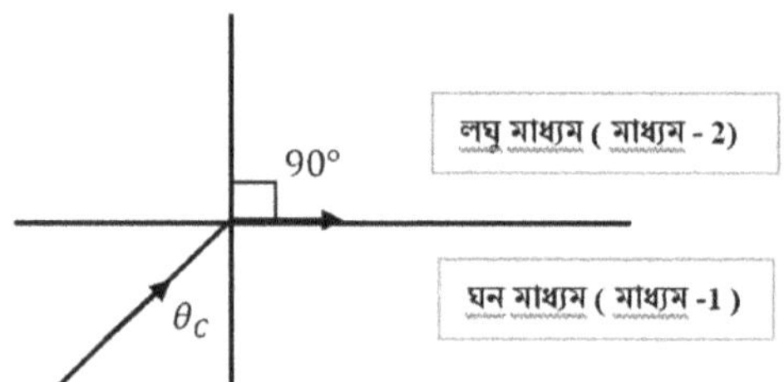
● উদাহরণসহ ব্যাখ্যা:	হিরকের মধ্য থেকে আলোকরশ্মি হিরক ও বায়ুর বিভেদতলে $24.4°$ কোণে আপতিত হলে প্রতিসৃত রশ্মি মাধ্যমদ্বয়ের বিভেদতল বরাবর যায় অর্থাৎ প্রতিসরণ কোণ $90°$ হয়, সুতরাং বায়ু সাপেক্ষে হিরকের সংকট কোণ $24.4°$ ।

● শর্ত :	আলোক রশ্মিকে ঘন মাধ্যম থেকে ঘন ও লঘু মাধ্যমের বিভেদতলে আপতিত হতে হবে ।
● নির্ভরতা :	সংকট কোণের মান - (1) আপতিত আলো বর্ণ এবং (2) মাধ্যমদ্বয়ের প্রকৃতির উপর নির্ভর করে । যেমন - বায়ুর সাপেক্ষে কাঁচের সংকট কোণ $42°$ কিন্তু বায়ুর সাপেক্ষে জলের সংকট কোণ $49°$ । আবার দুটি নির্দিষ্ট মাধ্যমের ক্ষেত্রে লাল বর্ণের আলোকরশ্মির সংকট কোণ বেগুনী বা সবুজ বর্ণের আলোকরশ্মির সংকট কোণ অপেক্ষা বড়ো।

(13) আলোর অভ্যন্তরীণ পূর্ণ প্রতিফলন :

● সংজ্ঞা	আলোক রশ্মি ঘন মাধ্যম থেকে লঘু মাধ্যমে প্রতিসৃত হওয়ার সময় মাধ্যমদ্বয়ের সংকট কোণ অপেক্ষা বৃহত্তর কোণে আপতিত হলে ঐ রশ্মি লঘু মাধ্যমে প্রতিসৃত না হয়ে মাধ্যমদ্বয়ের বিভেদতল থেকে সম্পূর্ণরূপে প্রতিফলিত হয়ে আবার ঘন মাধ্যমে ফিরে আসে, এই ঘটনাকে আলোর অভ্যন্তরীণ পূর্ণ প্রতিফলন বলে ।
● রশ্মিচিত্র :	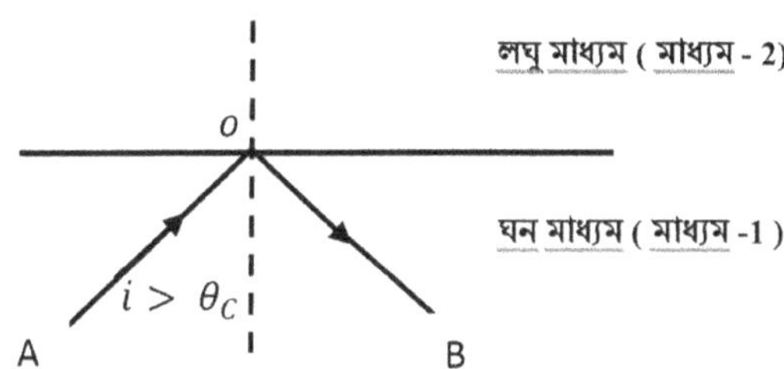
	প্রদর্শিত চিত্রানুসারে ঘন মাধ্যমে আপতন কোণের মান ($\angle AON' = i$) সংকট কোণ (θ_C) অপেক্ষা বেশি হওয়ায় AO রশ্মি মাধ্যমদ্বয়ের বিভেদতলে আপতিত হয়ে OB পথে ঘনমাধ্যমে ফিরে আসে । এক্ষেত্রে AO রশ্মির অভ্যন্তরীণ পূর্ণ প্রতিফলন হয় ।
● প্রয়োজনীয় শর্ত	(i) আলোকরশ্মিকে ঘন মাধ্যম থেকে ঘন ও লঘু মাধ্যমের বিভেদতলে আপতিত হতে হবে । (ii) ঘন মাধ্যমে আপতন কোণের মান মাধ্যমদ্বয়ের সংকট কোণের মান অপেক্ষা বেশি হতে হবে ।
● আলোর অভ্যন্তরীণ প্রতিফলনকে পূর্ণ বলার কারণ :	সাধারণ প্রতিফলনের সময় দুই মাধ্যমের বিভেদতলে আপতিত আলোর কিছু অংশ প্রতিফলিত হয় এবং অবশিষ্ট অংশ দ্বিতীয় মাধ্যমে প্রতিসৃত বা মাধ্যম দ্বারা শোষিত হয় । কিন্তু আলোর অভ্যন্তরীণ প্রতিফলনে আপতিত আলোকরশ্মির কোনো অংশই শোষিত বা প্রতিসৃত হয় না, আপতিত আলোকরশ্মির সম্পূর্ণ অংশই প্রতিফলিত হয়ে প্রথম মাধ্যমে ফিরে আসে, তাই এই প্রতিফলনকে 'পূর্ণ' বলা হয় ।

● আলোক রশ্মি লঘু মাধ্যম থেকে ঘন মাধ্যমে প্রতিসৃত হওয়ার সময় অভ্যন্তরীণ পূর্ণ প্রতিফলন হয় না কেন ?

আলোক রশ্মি লঘু মাধ্যম থেকে ঘন মাধ্যমে প্রবেশ করলে অভ্যন্তরীণ প্রতিফলন হয় না । কারণ আলোকরশ্মি লঘু মাধ্যম থেকে ঘন মাধ্যমে প্রতিসৃত হলে প্রতিসরণ কোণের মান সর্বদা আপতন কোণের মান অপেক্ষা ছোটো হয় । ফলে আপতন কোণের মান সবোচ্চ $90°$ হলেও প্রতিসরণ কোণের মান $90°$-এর কম হয় অর্থাৎ আলোর প্রতিসরণ হয় । আবার আপতন কোণের মান $90°$ অপেক্ষা বেশি হতে পারে না বলে আলোকরশ্মি লঘু মাধ্যম থেকে ঘন মাধ্যমে প্রতিসৃত হলে পূর্ণ প্রতিফলন হয় না।

● সাধারণ প্রতিফলন ও আলোর অভ্যন্তরীণ প্রতিফলনের মধ্যে পার্থক্য :

সাধারণ প্রতিফলন	অভ্যন্তরীণ পূর্ণ প্রতিফলন
(১) আলোকরশ্মি কোনো মাধ্যম থেকে এসে অন্য কোনো মাধ্যমে আপতিত হলে সাধারণ প্রতিফলন হয় ।	(১) অভ্যন্তরীণ পূর্ণ প্রতিফলনে আলোকরশ্মিকে অবশ্যই ঘন মাধ্যম থেকে লঘু মাধ্যমের বিভেদতলে আপতিত হতে হবে ।
(২) যে কোনো আপতন কোণেই আলোকরশ্মির সাধারণ প্রতিফলন হয় ।	(২) অভ্যন্তরীণ পূর্ণ প্রতিফলনের জন্য ঘন মাধ্যমে আপতন কোণের মান মাধ্যমদ্বয়ের সংকট কোণ অপেক্ষা বেশি হতে হবে।
(৩) সাধারণ প্রতিফলনের জন্য প্রতিফলকের প্রয়োজন ।	(৩) অভ্যন্তরীণ পূর্ণ প্রতিফলনে মাধ্যমদ্বয়ের বিভেদতল প্রতিফলকের কাজ করে ।
(৪) সাধারণ প্রতিফলনে আপতিত আলোকরশ্মির কিছু অংশ প্রতিফলক দ্বারা শোষিত হয়, কিছু অংশ প্রতিসৃত হয় এবং বাকি অংশ প্রতিফলিত হয় । তাই সাধারণ প্রতিফলনে গঠিত প্রতিবিম্বের ঔজ্জ্বল্য কম ।	(৪) অভ্যন্তরীণ পূর্ণ প্রতিফলনে আলোক রশ্মির কোনো অংশই শোষিত বা প্রতিসৃত হয় না । ফলে প্রতিবিম্ব বেশি ঔজ্জ্বল্যের হয়।

(১৪) সংকট কোণ ও ঘন মাধ্যমের প্রতিসরাঙ্কের মধ্যে সম্পর্ক :

যে কোনো দুটি মাধ্যমের জন্য :

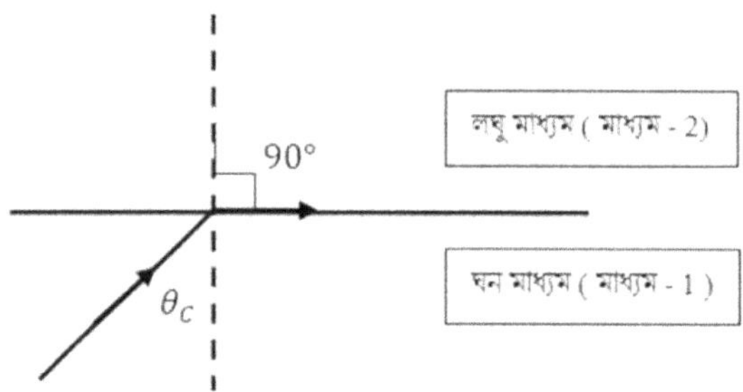

ঘন মাধ্যম (মাধ্যম - 1) সাপেক্ষে লঘু মাধ্যমের (মাধ্যম - 2) প্রতিসরাঙ্ক : $\mu_{21} = \dfrac{\sin \theta_c}{\sin 90°}$

$$\text{or, } \mu_{21} = \sin \theta_c$$
$$\text{or, } \frac{\mu_2}{\mu_1} = \sin \theta_c$$

আবার, লঘু মাধ্যম (মাধ্যম - 2) সাপেক্ষে ঘন মাধ্যমের (মাধ্যম - 1) প্রতিসরাঙ্ক : $\mu_{12} = \dfrac{1}{\sin \theta_c}$

আলোক রশ্মি কোনো ঘন মাধ্যম থেকে বায়ুতে প্রবেশ করলে :

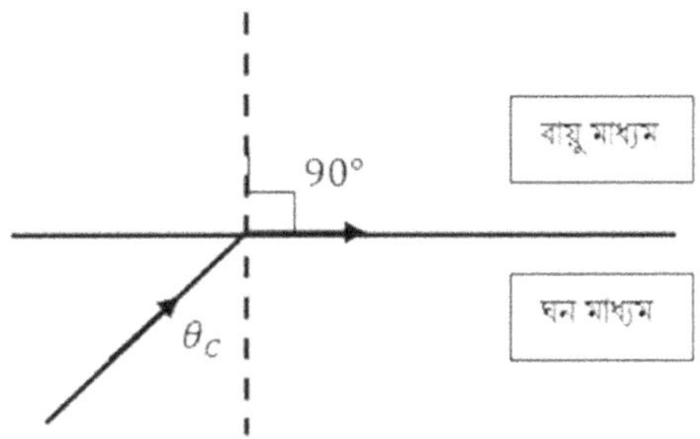

আলোক রশ্মি কোনো ঘন মাধ্যম থেকে বায়ুতে প্রবেশ করলে ঘন মাধ্যমের পরম প্রতিসরাঙ্ক $\mu_m = \dfrac{1}{\sin\theta_c}$

$$\text{or, } \sin\theta_c = \dfrac{1}{\mu_m}$$

$\therefore$ সংকট কোণ : $\theta_c = \sin^{-1}\left(\dfrac{1}{\mu_m}\right)$

(15) আলোর অভ্যন্তরীণ পূর্ণ প্রতিফলনের ব্যবহারিক প্রয়োগ : আলোকবাহী তন্তু

(a) আলোকবাহী তন্তুর সংজ্ঞা : আলোকীয় তন্তু হল উচ্চ প্রতিসরাঙ্কবিশিষ্ট স্বচ্ছ পলিমার, কাচ বা প্লাস্টিকের তৈরি অত্যন্ত সূক্ষ্ম ও নমনীয় তন্তু, যাদের ব্যাস প্রায় 10^{-6} m। এদের বাইরের দিকে অপেক্ষাকৃত কম প্রতিসরাঙ্কের একটি পাতলা প্রলেপ থাকে।

বারবার অভ্যন্তরীণ পূর্ণ প্রতিফলন ঘটিয়ে আলোকরশ্মিকে বক্রপথে আলোকীয় তন্তুর মধ্য দিয়ে এক স্থান থেকে অন্য স্থানে পাঠানো সম্ভব হয়।

(b) আলোকবাহী তন্তুর কার্যনীতি :

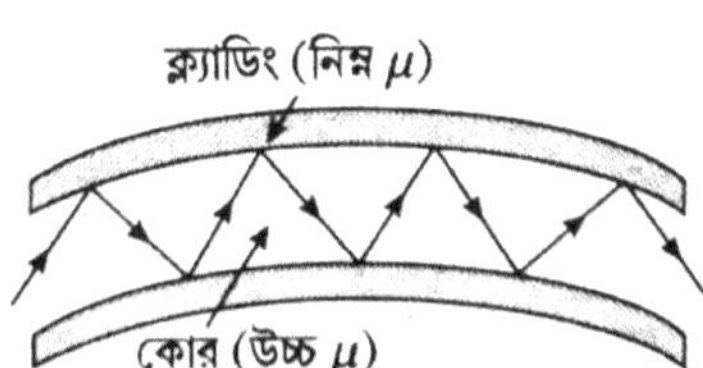

আলোকীয় তন্তুর মূলত দুটি অংশ। আলোকীয় তন্তুর ভেতরের উচ্চ প্রতিসরাঙ্কবিশিষ্ট সরু অংশকে কোর (core) এবং এর ওপর অপেক্ষাকৃত কম প্রতিসরাঙ্কের কোনো পদার্থের পাতলা প্রলেপকে ক্ল্যাডিং (cladding) বলে। কোরের ব্যাসার্ধ কম হওয়ায় এই নলের ভেতরে আলোকরশ্মি প্রবেশ করলে তার আপতন কোণ কোর ও ক্ল্যাডিং মাধ্যমদ্বয়ের সংকট কোণের থেকে বেশি হয়। কোরের পর ক্ল্যাডিং থাকার জন্য আলোকরশ্মি কোর ও ক্ল্যাডিং-এর বিভেদতল থেকে বারবার পূর্ণ প্রতিফলন হয়। অভ্যন্তরীণ পূর্ণ প্রতিফলনের সাহায্যে আলোকরশ্মি তীব্রতা প্রায় একই রেখে তন্তুর মধ্য দিয়ে এক স্থান থেকে অন্য স্থানে সঞ্চালিত হয়।

(c) আলোকবাহী তন্তুর ব্যবহার :

(i) এক স্থান থেকে বহুদূরবর্তী অপর কোনো স্থানে নিখুঁতভাবে ডিজিটাল তথ্য সম্প্রচারের জন্য আলোকীয় তন্তু ব্যবহার করা হয়।

(ii) মানব দেহের ভেতরের বিভিন্ন অংশের তথ্য বা চিত্র সংগ্রহের কাজে আলোকীয় তন্তুগুচ্ছ দিয়ে তৈরি অত্যন্ত সংবেদী ক্যামেরা ব্যবহার করা হয়। এর সাহায্যে মূলত রোগ নির্ণয় করা যায়।

(C) সমান্তরাল কাচফলকে আলোর প্রতিসরণ

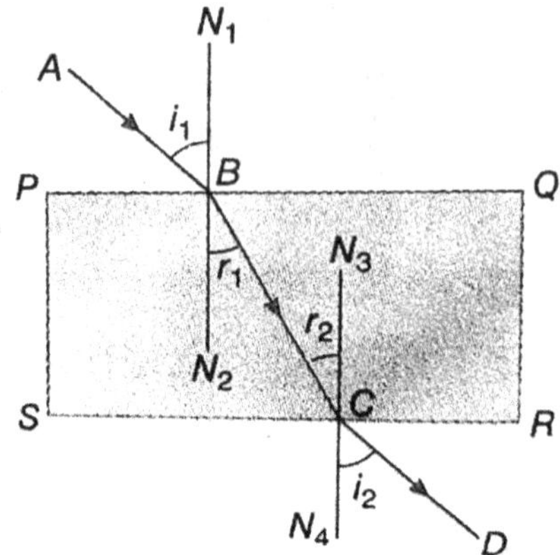

(1) আয়তাকার কাচের ফলকের মধ্য দিয়ে আলোকরশ্মি প্রতিসরণের সময় -

(i) আপতিত রশ্মি ও নির্গত রশ্মি পরস্পরের সমান্তরাল হয়। তাই এদের চ্যুতির মান শূন্য।

(ii) নির্গত রশ্মি আপতিত রশ্মি থেকে কিছুটা পাশের দিকে সরে যায় (এই ঘটনাকে পার্শ্বসরণ বলে)। আপতিত রশ্মি ও নির্গত রশ্মি বা তাদের বর্ধিতাংশের মধ্যে লম্ব দুরত্বই হল পার্শ্ব সরণের পরিমাণ।

(2) সমান্তরাল কাচফলকে আলোর প্রতিসরণের সময় আপতিত রশ্মি ও নির্গত রশ্মি পরস্পর সমান্তরাল হয়

– প্রমাণ :

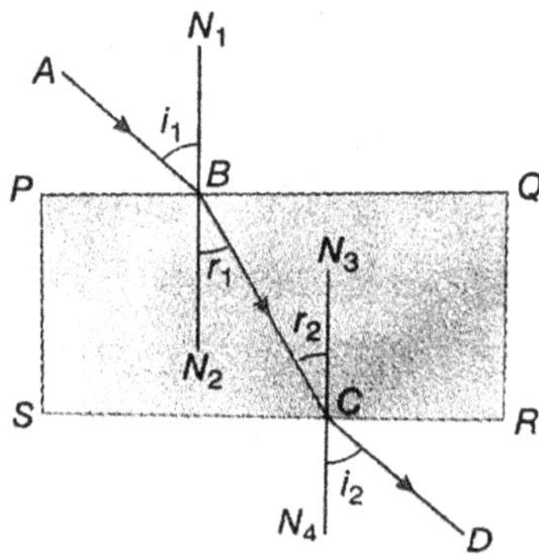

মনে করি, AB আলোক রশ্মি কাচ ফলকে B ও C বিন্দুতে দুই বার প্রতিসৃত হয়ে CD রশ্মিরূপে নির্গত হয়।

এখন B বিন্দুতে আলোর প্রতিসরণের ক্ষেত্রে আপতন কোণ i_1 এবং প্রতিসরণ কোণ r_1, তাই স্নেলের সূত্রানুসারে, বায়ু মাধ্যম সাপেক্ষে কাচ মাধ্যমের প্রতিসরাঙ্ক : $\mu_{ga} = \dfrac{sin\, i_1}{sin\, r_1}$

আবার, C বিন্দুতে আলোর প্রতিসরণের ক্ষেত্রে আপতন কোণ r_2 এবং প্রতিসরণ কোণ i_2, তাই স্নেলের সূত্রানুসারে, কাচ মাধ্যম সাপেক্ষে বায়ু মাধ্যমের প্রতিসরাঙ্ক : $\mu_{ag} = \dfrac{sin\, r_2}{sin\, i_2}$

$\because \mu_{ga} = \dfrac{1}{\mu_{ag}}$

$\therefore \dfrac{sin\, i_1}{sin\, r_1} = \dfrac{sin\, i_2}{sin\, r_2}$

or, $sin\, i_1 = sin\, i_2$ [$\because r_1 = r_2$ (একান্তর কোণ)]

$$\therefore i_1 = i_2$$

অর্থাৎ, আপতিত আলোক রশ্মি ও কাচ ফলক থেকে নির্গত আলোক রশ্মি পরস্পর সমান্তরাল ।

(৩)   পার্শ্ব সরণের মান :

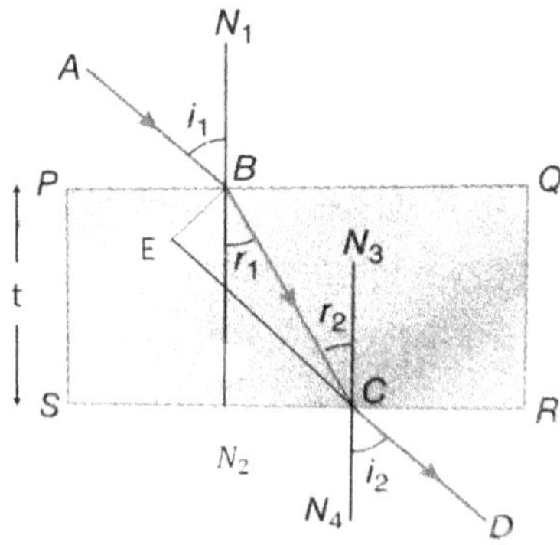

(i) যে-কোনো আপতন কোণের জন্য পার্শ্বীয় সরণ $= t \sin i_1 \left(1 - \dfrac{\cos i_1}{\sqrt{\mu^2 - \sin^2 i_1}} \right)$

(ii) ক্ষুদ্র আপতন কোণের জন্য পার্শ্বীয় সরণ $= \dfrac{t\, i_1\, (\mu - 1)}{\mu}$

যেখানে, $t =$ আয়তাকার কাচ ফলকটির বেধ

$\qquad i_1 =$ আপতন কোণ

$\qquad \mu =$ পারিপার্শ্বিক মাধ্যমের সাপেক্ষে কাচ ফলকের উপাদানের প্রতিসরাঙ্ক

(iii) পার্শ্ব সরণের মান নির্ভর করে -(a) আয়তাকার কাচ ফলকটির বেধ,

$\qquad\qquad\qquad\qquad\qquad$ (b) আপতন কোণ,

$\qquad\qquad\qquad\qquad\qquad$ (c) পারিপার্শ্বিক মাধ্যমের সাপেক্ষে কাচ ফলকের উপাদানের প্রতিসরাঙ্কের ওপর ।

(iv) পার্শ্ব সরণের সর্বোচ্চ মান : আলোক রশ্মি কাচ ফলকের তল ঘেষে আপতিত হলে (অর্থাৎ আপতন কোণ $i_1 = 90°$ হলে) আলোক রশ্মির পার্শ্বীয় সরণের মান সর্বোচ্চ হয় এবং পার্শ্ব সরণের এই সর্বোচ্চ মান আয়তাকার কাচ ফলকটির বেধের সমান।

(v) পার্শ্ব সরণ না হওয়ার শর্ত : সমান্তরাল কাচফলকের এক পার্শ্বে আলোক রশ্মি লম্বভাবে আপতিত হলে রশ্মি কোনো পার্শ্ব সরণ ছাড়াই বিপরীত তল থেকে নির্গত হয়।

(D) প্রিজম মধ্য দিয়ে আলোর প্রতিসরণ

(1)   প্রিজমের জ্যামিত :

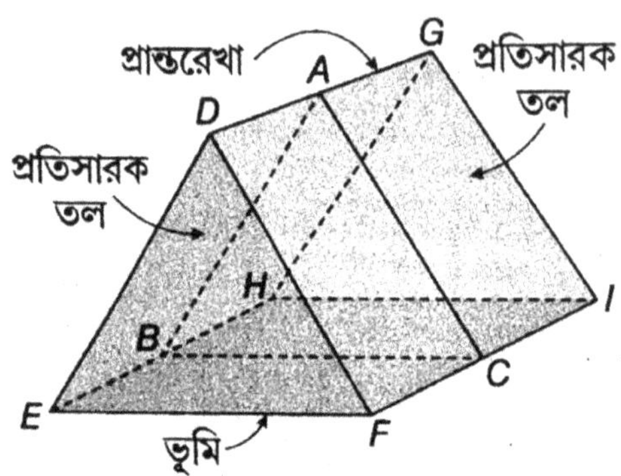

(a) প্রতিসারক তল : আলোকরশ্মি প্রিজমের যে তলে আপতিত হয় এবং প্রতিসরণের পর যে তল থেকে নির্গত হয়, তাকে প্রতিসারক তল বলে । চিত্রানুযায়ী, DEHG, DFIG হল প্রতিসারক তল ।

(b) প্রতিসারক ধার বা প্রান্তরেখা : কোনো প্রিজমের প্রতিসারক তল দুটি যে সরলরেখা বরাবর মিলিত হয়, সেই সরলরেখাটিকে প্রিজমের প্রতিসারক ধার বলে ।চিত্রানুযায়ী, DG হল প্রতিসারক ধার ।

(c) প্রধান ছেদ : কোনো প্রিজমের প্রান্ত রেখার সঙ্গে সমকোণে অবস্থিত যে কোনো সমতল ত্রিভুজাকৃতি ছেদকে প্রিজমের প্রধান ছেদ বলে। চিত্রানুযায়ী, ABC হল প্রধান ছেদ ।

(d) প্রতিসারক কোণ : কোনো প্রিজমের প্রতিসারক তল দুটি পরস্পরের সঙ্গে যে কোণে আনত থাকে, সেই কোণকে প্রতিসারক কোণ বা প্রিজমের কোণ বলে । চিত্রানুযায়ী, $\angle$ BAC হল প্রতিসারক কোণ ।

(e) পার্শ্ব তল : কোনো প্রিজমের প্রতিসারক তল দুটি ছাড়া আরোও যে তিনটি তল থাকে, তার মধ্যে যে দুটি ত্রিভুজাকৃতি তল প্রতিসারক ধার বা প্রান্তরেখার সঙ্গে লম্বভাবে থাকে, সেই তল দুটিকে পার্শ্বতল বলে । চিত্রানুযায়ী, EDF ও GHI হল পার্শ্বতল ।

(f) ভূমি : কোনো প্রিজমের প্রতিসারক কোণের বিপরীত তলটিকে প্রিজমের ভূমি বলে । চিত্রানুযায়ী, EFIG হল ভূমি ।

(2)   প্রিজমের চ্যুতি :

আলোক রশ্মি প্রিজমের কোনো একটি প্রতিসারক তলে আপতিত হয়ে প্রিজমের মধ্য দিয়ে প্রতিসৃত হওয়ার পর অপর প্রতিসারক তল থেকে প্রতিসৃত হয়ে নির্গত হওয়ার সময় তার গতিপথের অভিমুখের পরিবর্তন হয়, প্রিজম দ্বারা আলোক রশ্মির গতিপথের এই অভিমুখ পরিবর্তনকে প্রিজমের চ্যুতি বলে । এই সময় আপতিত রশ্মির অভিমুখ ও নির্গত রশ্মির অভিমুখের অন্তর্বতী কোণকে, প্রিজমের চ্যুতিকোণ বলে ।

● A প্রতিসারক কোণবিশিষ্ট কোনো প্রিজমে আপতণ কোণ i_1 ও নির্গমন কোণ i_2 হলে চ্যুতিকোণ $\delta = i_1 + i_2 - A$

(3)   প্রিজমের চ্যুতি কোণের রাশিমালা নির্ণয় :

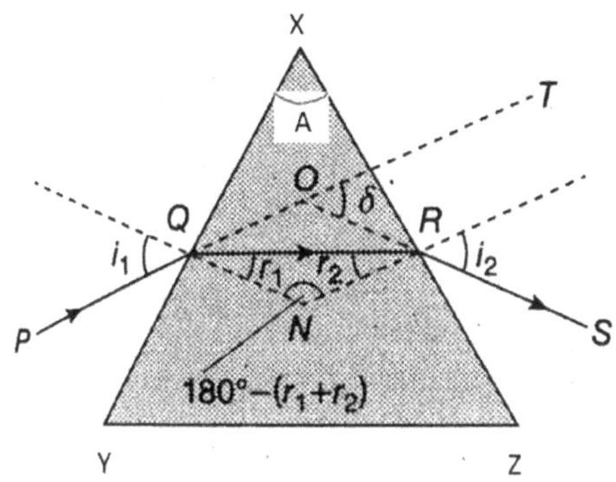

মনে করি, A প্রতিসারক কোণবিশিষ্ট কোনো একটি প্রিজমের প্রধান ছেদ XYZ এবং প্রিজমের উপাদানের প্রতিসরাঙ্ক μ । প্রিজমটির XY ও XZ প্রতিসারক তলে আপতন কোণ ও প্রতিসরণ কোণ যথাক্রমে i_1 ও r_1 এবং r_2 ও i_2 ।

চিত্রানুসারে $PQRS$ হল আলোকরশ্মির গতিপথ এবং আপতিত ও নির্গত রশ্মির অভিমুখের অন্তর্বর্তী কোণ $\angle TOR = \delta$ (= চ্যুতি কোণ)

$\delta = \angle TOR$

or, $\delta = \angle OQR + \angle ORQ$ [ΔOQR এর বিপরীত অন্তঃকোণদ্বয়ের সমষ্টি]

or, $\delta = (i_1 - r_1) + (i_2 - r_2)$

or, $\delta = i_1 + i_2 - (r_1 + r_2)$

আবার $XQNR$ চতুর্ভুজ থেকে পাওয়া যায়, $A + \angle XQN + \angle QNR + \angle NRX = 360°$

$$or, \ A + 90° + 180° - (r_1 + r_2) + 90° = 360°$$

[$\because NQ \perp XY$, $NR \perp XZ$ এবং ΔNQR এ $r_1 + r_2 + \angle QNR = 180°$]

or, $A = r_1 + r_2$

$\therefore \delta = i_1 + i_2 - A$

(4) আপতন কোণের পরিবর্তনের সঙ্গে চ্যুতি কোণের পরিবর্তন :

আপতিত রশ্মি স্থির রেখে প্রিজমের অবস্থান পরিবর্তন করলে আপতন কোণের বিভিন্ন মান পাওয়া যায় । বিভিন্ন আপতন কোণের জন্য চ্যুতি কোণের মানও বিভিন্ন হয় । আপতন কোণ (i) ও চ্যুতি কোণের (δ) পরিবর্তনের লেখচিত্রকে প্রিজমের i-δ লেখ বলে।

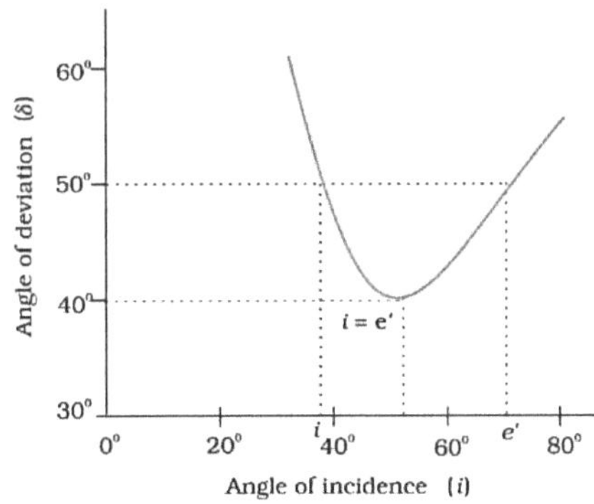

লেখচিত্রে দেখা যায়, আপতন কোণের মান $0°$ থেকে ক্রমশ বাড়ালে চ্যুতি কোণের মান ক্রমশ কমে । এভাবে কমতে কমতে আপতন কোণের একটি নির্দিষ্ট মানের (চিত্রানুযায়ী i) জন্য চ্যুতি কোণের মান সর্বনিম্ন (δ_{min}) হয় (চিত্রানুযায়ী, যেখানে i = e')। এরপর আপতন কোণের মান বাড়লে চ্যুতির মান ক্রমশ বাড়তে থাকে ।

(5)   প্রিজমের ন্যূনতম চ্যুতি কোণ :

● প্রিজমের মধ্য দিয়ে আলোক রশ্মি যাওয়ার সময় আপতন কোণের একটি নির্দিষ্ট মানের জন্য আলোকরশ্মির চ্যুতি কোণের মান সর্বনিম্ন অর্থাৎ ন্যূনতম হয়। চ্যুতি কোণের এই ন্যূনতম মানকেই প্রিজমের ন্যূনতম চ্যুতিকোণ বলে ।

● ন্যূনতম চ্যুতিকোণের মান পারিপার্শ্বিক মাধ্যমের সাপেক্ষে প্রিজমের উপাদানের প্রতিসরাঙ্ক ও আপতন কোণের ওপর নির্ভর করে।

● **ন্যূনতম চ্যুতিকোণের শর্ত হল -**
প্রথম প্রতিসারক তলে আপতন কোণ (i_1) = দ্বিতীয় প্রতিসারক তলে প্রতিসরণ কোণ (i_2)

● **ন্যূনতম চ্যুতির অবস্থান** : প্রিজমকে একটি নির্দিষ্ট অবস্থানে রাখলে প্রিজমটির মধ্য দিয়ে যাওয়া কোনো আলোকরশ্মির চ্যুতিকোণের মান ন্যূনতম বা সর্বনিম্ন হয় । ওই নির্দিষ্ট অবস্থানটিকে প্রিজমটির ন্যূনতম চ্যুতির অবস্থান বলে ।

$$\text{প্রিজমের ন্যূনতম চ্যুতি কোণ ও প্রতিসরাঙ্কের মধ্যে সম্পর্ক :} \quad _{air}\mu_{prism} = \frac{\sin\frac{A+\delta_m}{2}}{\sin\frac{A}{2}}$$

(6)   প্রিজমের ন্যূনতম চ্যুতি কোণ ও প্রিজমের প্রতিসরাঙ্কের মধ্যে সম্পর্ক :

মনে করি, A প্রতিসারক কোণবিশিষ্ট কোনো একটি প্রিজমের প্রথম ও দ্বিতীয় প্রতিসারক তলে আপতন কোণ ও প্রতিসরণ কোণ যথাক্রমে i_1 ও r_1 এবং r_2 ও i_2।

∴ প্রিজমের চ্যুতিকোণ $\delta = i_1 + i_2 - A$ এবং প্রিজমের প্রতিসারক কোণ $A = r_1 + r_2$

এখন চ্যুতি ন্যূনতম ($\delta = \delta_{min}$) হলে $i_1 = i_2$ এবং $r_1 = r_2$

∴ $\delta_{min} = i_1 + i_1 - A$

or, $i_1 = \dfrac{A + \delta_{min}}{2}$

এবং $A = r_1 + r_2$

$\therefore r_1 = \dfrac{A}{2} \; [\because r_1 = r_2]$

এখন প্রিজমের প্রথম প্রতিসারক তলে প্রতিসরণের ক্ষেত্রে স্নেলের সূত্রানুসারে, $\mu_{pa} = \dfrac{\sin i_1}{\sin r_1}$

$$\text{or,} \; \mu_{pa} = \frac{\sin\frac{A+\delta_{min}}{2}}{\sin\frac{A}{2}}$$

(7)   ন্যূনতম চ্যুতির অবস্থানে সমবাহু বা সমদ্বিবাহু প্রিজমের মধ্য দিয়ে আলোক রশ্মির গতিপথ প্রজমটির ভূমির সমান্তরাল হয় - প্রমাণ :

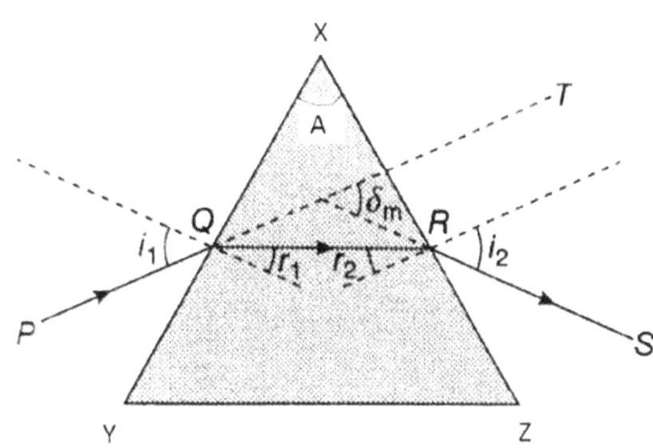

মনে করি, A প্রতিসারক কোণবিশিষ্ট কোনো একটি প্রিজমের প্রধান ছেদ XYZ এবং প্রিজমের উপাদানের প্রতিসরাঙ্ক μ_{pa} (>1) । প্রিজমটির XY ও XZ প্রতিসারক তলে আপতন কোণ ও প্রতিসরণ কোণ যথাক্রমে i_1 ও r_1 এবং r_2 ও i_2 ।

এখন প্রিজমটির ন্যূনতম চ্যুতির অবস্থানে $PQRS$ হল একটি আলোকরশ্মির গতিপথ । আলোক রশ্মির XY ও XZ প্রতিসারক তলে প্রতিসরণের ক্ষেত্রে স্নেলের সূত্রানুসারে যথাক্রমে

$$\mu_{pa} = \frac{\sin i_1}{\sin r_1} \quad \text{এবং} \quad \mu_{ap} = \frac{\sin r_2}{\sin i_2}$$

$\because \mu_{pa}\ \mu_{ap} = 1$

$\therefore \dfrac{\sin i_1}{\sin r_1} \cdot \dfrac{\sin r_2}{\sin i_2} = 1$

or, $\sin r_1 = \sin r_2$ [$\because$ ন্যূনতম চ্যুতির শর্তানুসারে, $i_2 = i_1$]

$\therefore r_1 = r_2$

ΔXQR এর $\angle XQR = 90 - r_1$ এবং $\angle XRQ = 90 - r_2$

এখন $r_1 = r_2$ হওয়ায় $\angle XQR = \angle XRQ$

$\therefore \Delta XQR$ একটি সমদ্বিবাহু ত্রিভুজ, যেখানে $XQ = XR$

$\therefore$ ন্যূনতম চ্যুতির অবস্থানে প্রিজমের শীর্ষবিন্দু X থেকে রশ্মির আপতন বিন্দু Q ও নির্গমণ বিন্দু R এর দূরত্বের সমান । আবার প্রিজমটি সমবাহু বা সমদ্বিবাহু হলে, $XY = XZ$

$$\therefore \frac{XQ}{XY} = \frac{XR}{XZ}$$

অর্থাৎ QR ও YZ সরলরেখা সমান্তরাল ।

সুতরাং ন্যূনতম চ্যুতির অবস্থানে সমবাহু বা সমদ্বিবাহু প্রিজমের মধ্য দিয়ে আলোকরশ্মি গতিপথ প্রিজমটির ভূমির সমান্তরাল ।

পাতলা প্রিজমের চ্যুতি কোণ : $\delta = (\ \mu_p - 1\ )\, A$

(৪) পাতলা প্রিজমে প্রায় লম্ব আপতনের ক্ষেত্রের চ্যুতির রাশিমালা নির্ণয় :

কোনো প্রিজমের প্রতিসারক কোণের মান খুব কম (সাধারণত $10°$ অপেক্ষা কম) হলে, তাকে পাতলা প্রিজম বলে ।

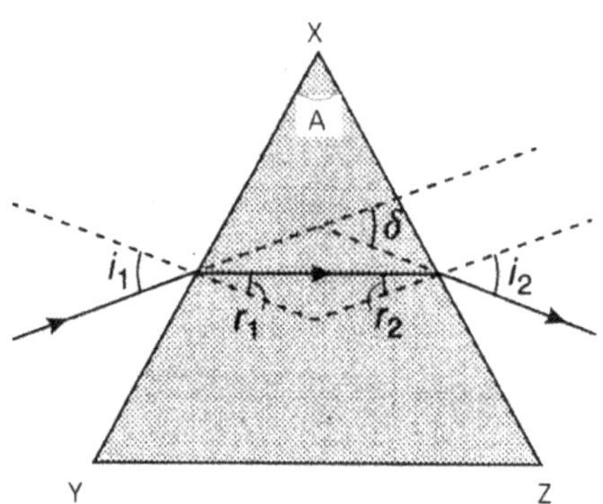

মনে করি, μ_p (>1) পরম প্রতিসরাঙ্ক ও A প্রতিসারক কোণবিশিষ্ট কোনো একটি পাতলা প্রিজমের XY ও XZ প্রতিসারক তলে আপতন কোণ ও প্রতিসরণ কোণ যথাক্রমে i_1 ও r_1 এবং r_2 ও i_2 ।

প্রায় লম্ব আপতনের জন্য i_1 এর মান খুব কম হওয়ায় r_1 এর মানও খুব কম হয় । আবার পাতলা প্রিজমে A খুব কম হওয়ায় r_2 ও i_2 এর মানও খুব কম ।

এখন XY তলে প্রতিসরণের ক্ষেত্রে স্নেলের সূত্রানুসারে, $\mu_p = \dfrac{\sin i_1}{\sin r_1}$

i_1 ও r_1 এর মান খুব কম হওয়ায়, $\mu_p = \dfrac{i_1}{r_1}$

$$\therefore i_1 = \mu_p \times r_1$$

আবার XZ তলে প্রতিসরনের ক্ষেত্রে স্নেলের সূত্রানুসারে, $\mu_{ap} = \dfrac{\sin r_2}{\sin i_2}$

$$or, \mu_{ap} = \dfrac{r_2}{i_2} \ [\because r_2 \text{ ও } i_2 \text{ এর মান খুব কম }]$$

$$\therefore i_2 = \mu_p \times r_2$$

এখন প্রিজমটির চ্যুতি কোণ : $\delta = i_1 + i_2 - A$

$$or, \delta = \mu_p \times r_1 + \mu_p \times r_2 - A$$

$$or, \delta = = \mu_p (\ r_1 + r_2) - A$$

$$or, \delta = \mu_p A - A$$

$$\therefore \delta = (\ \mu_p - 1) A$$

(E) বক্রতলে আলোর প্রতিসরণ

(1) গোলীয় প্রতিসারক তল :

● কোনো প্রতিসারক তল কোনো গোলকের অংশ হলে তাকে গোলীয় প্রতিসারক তল বলা হয়।

● গোলীয় প্রতিসারক তল দুই ধরণের হয়। যথা – (i) উত্তল গোলীয় প্রতিসারক তল (প্রতিসারক তল লঘু মাধ্যমের দিকে উত্তল)

এবং (ii) অবতল গোলীয় প্রতিসারক তল (প্রতিসারক তল লঘু মাধ্যমের দিকে অবতল)

● গোলীয় তলের আলোর প্রতিসরণের আলোচনায় নিম্নলিখিত **অঙ্গীকারগুলি** করা হয়ে থাকে –

(i) বস্তুটি বিন্দুর ন্যায় এবং এই বিন্দু-বস্তুটি গোলীয় তলের প্রধান অক্ষের উপর অবস্থিত হবে।

(ii) গোলীয় প্রতিসারক তলের উন্মেষ ক্ষুদ্র হবে।

(iii) আপতন কোণ ও প্রতিসরণ কোণ ক্ষুদ্র হবে।

(2) গোলীয় প্রতিসারক তলে প্রতিসরণের জন্য বিভিন্ন সমীকরণ :

(i) গোলীয় প্রতিসারক তলে প্রতিসরণের জন্য গাউসের সমীকরণ : $\dfrac{\mu_2}{v} - \dfrac{\mu_1}{u} = \dfrac{\mu_2 - \mu_1}{R}$

(উত্তল বা অবতল যে-কোনো গোলীয় প্রতিসারক তলে প্রতিবিম্ব গঠনের ক্ষেত্রে এই সূত্র প্রযোজ্য)

যেখানে, u = বস্তু দূরত্ব

v = প্রতিবিম্ব দূরত্ব

R = বক্রতা ব্যাসার্ধ

μ_1 ও μ_2 = মাধ্যমদ্বয়ের প্রতিসরাঙ্ক

(ii) গোলীয় প্রতিসারক তলে প্রতিসরণের জন্য প্রতিবিম্বের বিবর্ধন : $m = \dfrac{v\,\mu_1}{u\,\mu_2}$

যেখানে, u = বস্তু দূরত্ব

v = প্রতিবিম্ব দূরত্ব

μ_1 = বস্তু যে মাধ্যমে অবস্থিত সেই মাধ্যমের প্রতিসরাঙ্ক

ও μ_2 = প্রতিবিম্ব যে মাধ্যমে অবস্থিত সেই মাধ্যমের প্রতিসরাঙ্ক

(iii) গোলীয় প্রতিসারক তলের মুখ্য ফোকাস ও ফোকাস দূরত্ব :

গোলীয় তলের প্রথম মুখ্য ফোকাস দৈর্ঘ্য $F_1 = -\dfrac{\mu_1}{\mu_2 - \mu_1}\, R$

গোলীয় তলের প্রথম মুখ্য ফোকাস দৈর্ঘ্য $F_2 = -\dfrac{\mu_2}{\mu_2 - \mu_1}\, R$

ফোকাস দৈর্ঘ্যদ্বয়ের মধ্যে সম্পর্ক : $\dfrac{F_1}{\mu_1} + \dfrac{F_2}{\mu_2} = 0$

$$\text{or, } \mu_2 F_1 + \mu_1 F_2 = 0$$

উত্তল তলে আলোর **প্রতিসরণের জন্য গাউসের সমীকরণ** :

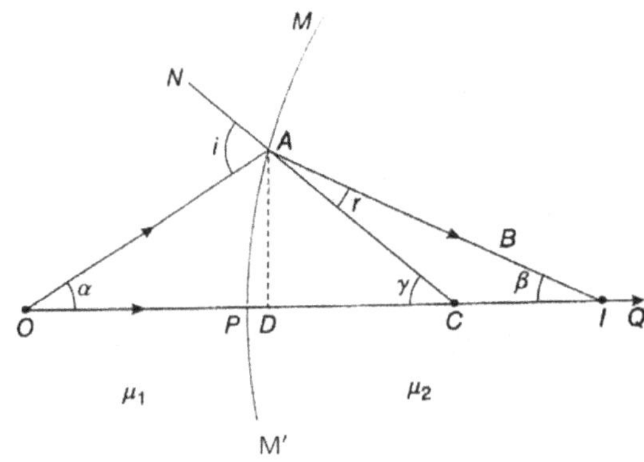

মনে করি, $\mathrm{MM'}$ গোলীয় তলটি μ_1 ও μ_2 পরম প্রতিসরাঙ্কের দুটি মাধ্যমকে পৃথক করে।

চিত্রানুযায়ী, $\mathrm{C} = $ গোলীয় তলের বক্রতা কেন্দ্র

$\qquad \mathrm{P} = $ গোলীয় তলের মেরু

$\qquad \mathrm{O} = $ প্রধান অক্ষের উপর অবস্থিত একটি বিন্দুবস্তু

$\qquad \mathrm{I} = $ বিন্দুবস্তুর একটি সদ্বিম্ব

এখন A বিন্দুর প্রতিসরণের জন্য স্নেলের সূত্রানুসারে, $\mu_1 \sin i = \mu_2 \sin r \cdots (1)$

ΔAOC থেকে পাই, $\dfrac{\sin(180° - i)}{OC} = \dfrac{\sin \gamma}{AO}$

$$\text{or, } \dfrac{\sin i}{\sin \gamma} = \dfrac{OC}{AO}$$

একইভাবে ΔAIC থেকে পাই, $\dfrac{\sin r}{CI} = \dfrac{\sin(180° - \gamma)}{AI}$

$$\text{or, } \dfrac{\sin r}{\sin \gamma} = \dfrac{CI}{AI}$$

$\therefore \mu_1 \dfrac{OC}{AO} \sin \gamma = \mu_2 \dfrac{CI}{AI} \sin \gamma$

$\text{Or, } \mu_1 \dfrac{OC}{AO} = \mu_2 \dfrac{CI}{AI}$

উপাক্ষীয় রশ্মির ক্ষেত্রে, $\mathrm{AO} = \mathrm{PO}$ এবং $\mathrm{AI} = \mathrm{PI}$

$\therefore \mu_1 \dfrac{OC}{PO} = \mu_2 \dfrac{CI}{PI}$

$\text{or, } \mu_1 \dfrac{PO + PC}{PO} = \mu_2 \dfrac{PI - PC}{PI}$

চিহ্নের প্রথা অনুযায়ী, $PO = $ বস্তুদূরত্ব $= -u$

$$PI = \text{প্রতিবিম্ব দূরত্ব} = +v$$

$$PC = \text{বক্রতা ব্যাসার্ধ} = +R$$

$$\therefore \mu_1 \frac{-u+(+R)}{-u} = \mu_2 \frac{(+v)-(+R)}{+v}$$

$$\text{or, } \mu_1\left(1-\frac{R}{u}\right) = \mu_2\left(1-\frac{R}{v}\right)$$

$$\text{or, } \mu_1 - \frac{\mu_1 R}{u} = \mu_2 - \frac{\mu_2 R}{v}$$

$$\text{or, } \frac{\mu_2 R}{v} - \frac{\mu_1 R}{u} = \mu_2 - \mu_1$$

$$\text{or, } R\left(\frac{\mu_2}{v} - \frac{\mu_1}{u}\right) = \mu_2 - \mu_1$$

$$\therefore \frac{\mu_2}{v} - \frac{\mu_1}{u} = \frac{\mu_2 - \mu_1}{R}$$

অবতল তলে আলোর প্রতিসরণের জন্য গাউসের সমীকরণ :

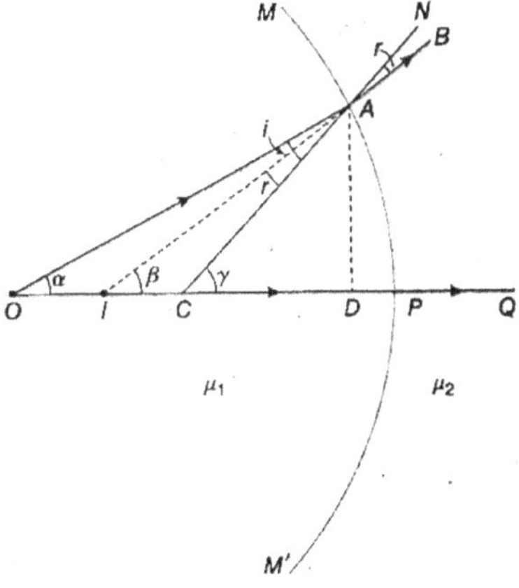

মনে করি, MM' গোলীয় (অবতল) তলটি μ_1 ও μ_2 পরম প্রতিসরাঙ্কের দুটি মাধ্যমকে পৃথক করে।

চিত্রানুযায়ী, $C = $ গোলীয় তলের বক্রতা কেন্দ্র

$$P = \text{গোলীয় তলের মেরু}$$

$$O = \text{প্রধান অক্ষের উপর অবস্থিত একটি বিন্দুবস্তু}$$

$$I = \text{বিন্দুবস্তুর একটি সদবিম্ব}$$

এখন A বিন্দুর প্রতিসরণের জন্য স্নেলের সূত্রানুসারে, $\mu_1 \sin i = \mu_2 \sin r \cdots (1)$

ΔAOC থেকে পাই, $\dfrac{\sin i}{OC} = \dfrac{\sin(180° - \gamma)}{AO}$

$$\text{or, } \frac{\sin i}{\sin \gamma} = \frac{OC}{AO}$$

একইভাবে ΔAIC থেকে পাই, $\dfrac{\sin r}{CI} = \dfrac{\sin(180° - \gamma)}{AI}$

$$\text{or,} \quad \frac{\sin r}{\sin \gamma} = \frac{CI}{AI}$$

$$\therefore \mu_1 \frac{OC}{AO} \sin \gamma = \mu_2 \frac{CI}{AI} \sin \gamma$$

$$\text{Or,} \quad \mu_1 \frac{OC}{AO} = \mu_2 \frac{CI}{AI}$$

উপাক্ষীয় রশ্মির ক্ষেত্রে, $AO = PO$ এবং $AI = PI$

$$\therefore \mu_1 \frac{OC}{PO} = \mu_2 \frac{CI}{PI}$$

$$\text{or,} \quad \mu_1 \frac{OP - PC}{PO} = \mu_2 \frac{PI - PC}{PI}$$

চিহ্নের প্রথা অনুযায়ী, $PO = $ বস্তুদূরত্ব $= -u$

$$PI = \text{প্রতিবিম্ব দূরত্ব} = -v$$

$$PC = \text{বক্রতা ব্যাসার্ধ} = -R$$

$$\therefore \mu_1 \frac{-u - (-R)}{-u} = \mu_2 \frac{(-v) - (-R)}{-v}$$

$$\text{or,} \quad \mu_1 \left(1 - \frac{R}{u} \right) = \mu_2 \left(1 - \frac{R}{v} \right)$$

$$\text{or,} \quad \mu_1 - \frac{\mu_1 R}{u} = \mu_2 - \frac{\mu_2 R}{v}$$

$$\text{or,} \quad \frac{\mu_2 R}{v} - \frac{\mu_1 R}{u} = \mu_2 - \mu_1$$

$$\text{or,} \quad R \left(\frac{\mu_2}{v} - \frac{\mu_1}{u} \right) = \mu_2 - \mu_1$$

$$\therefore \frac{\mu_2}{v} - \frac{\mu_1}{u} = \frac{\mu_2 - \mu_1}{R}$$

(F) লেন্স দ্বারা আলোর প্রতিসরণ

(1)   লেন্সের সংজ্ঞা :

নির্দিষ্ট জ্যামিতিক আকার বিশিষ্ট দুটি গোলীয় তল অথবা একটি গোলীয় তল এবং একটি সমতল দ্বারা সীমাবদ্ধ কোনো সমসত্ত্ব,, স্বচ্ছ প্রতিসারক মাধ্যমকে লেন্স বলে ।

(2)   লেন্সের প্রকারভেদ :

(i) উত্তল লেন্স (convex lens) বা অভিসারী লেন্স (converging lens) (যে লেন্সের মধ্যভাগ মোটা ও দুই প্রান্ত অপেক্ষাকৃত সরু, তাকে উত্তল লেন্স বলে ।)

(ii) অবতল লেন্স (concave lens) বা অপসারী লেন্স (diverging lens) (যে লেন্সের মধ্যভাগ সরু ও দুই প্রান্ত অপেক্ষাকৃত মোটা, তাকে উত্তল লেন্স বলে ।)

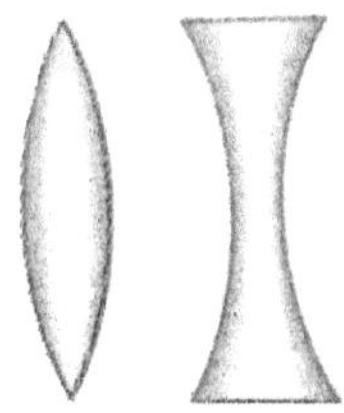

■ প্রতিসারকে তলের আকারের ভিত্তিতে উত্তল লেন্সের প্রকারভেদ :

উভোত্তল	সমতলোত্তল	অবতলোত্তল
যে লেন্সের দুটি প্রতিসারক তলই উত্তল, তাকে উভোত্তল লেন্স বলে ।	যে লেন্সের একটি প্রতিসারক তল সমতল এবং অপর প্রতিসারক তলটি উত্তল, তাকে সমতলোত্তল লেন্স বলে।	যে উত্তল লেন্সের একটি তল অবতল এবং অপরটি উত্তল তাকে অবতলোত্তল লেন্স বলে।

■ প্রতিসারকে তলের আকারের ভিত্তিতে অবতল লেন্সের প্রকারভেদ :

উভাবতল	সমতলাবতল	উত্তলাবতল
যে লেন্সের উভয় তলই অবতল তাকে উভাবতল লেন্স বলে।	যে লেন্সের একটি তল সমতল এবং অপরটি অবতল তাকে সমতলাবতল লেন্স বলে।	যে অবতল লেন্সের একদিকে উত্তল এবং অপরদিক অবতল তাকে উত্তলাবতল লেন্স বলে।

(3) **লেন্সের জ্যামিতি :**

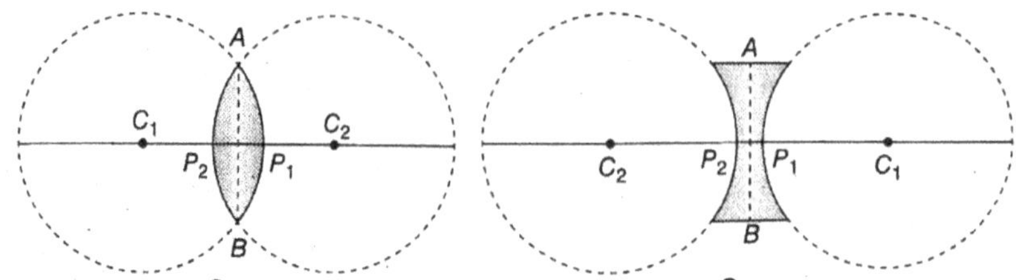

- **বক্রতা কেন্দ্র :** লেন্সের গোলীয় তলদুটি যে গোলকদ্বয়ের অংশ তাদের বক্রতা কেন্দ্র বলে। [চিত্রানুযায়ী, C_1 ও C_2 হল বক্রতা কেন্দ্র।]
- **বক্রতা ব্যাসার্ধ :** লেন্সের গোলীয় তলদুটি যে গোলকদ্বয়ের অংশ তাদের ব্যাসার্ধকে লেন্সের ব্যক্রতা ব্যাসার্ধ বলে। [চিত্রানুযায়ী, $C_1 P_1$ ও $C_2 P_2$ হল বক্রতা ব্যাসার্ধ।]
- **প্রধান অক্ষ :** লেন্সের গোলীয় তলের বক্রতাকেন্দ্র সংযোজক বর্ধিত সরলরেখাকে প্রধান অক্ষ বলা হয়। [চিত্রানুযায়ী, $C_1 C_2$ ও বর্ধিত $C_1 C_2$ হল লেন্সের প্রধান অক্ষ।]
- **বেধ :** লেন্সের প্রধানঅক্ষ বরাবর গোলীয় তলদুটির মধ্যবর্তী দূরত্বকে লেন্সের বেধ বলে। [চিত্রানুযায়ী, $P_1 P_2$ হল লেন্সের বেধ।]
- **পাতলা লেন্স :** কোনো লেন্সের বেধ লেন্সটির গোলীয় তলদুটির বক্রতা ব্যাসার্ধের তুলনায় উপেক্ষণীয় হলে লেন্সটিকে পাতলা লেন্স বলে।
- লেন্সের কোনো একটি তল সমতল হলে, সেই তলটির বক্রতা কেন্দ্র অসীমে থাকে এবং সেক্ষেত্রে বক্রতা ব্যাসার্ধ অসীম হবে।
- লেন্সের কোনো একটি তল সমতল হলে অপর গোলীয় তলটির বক্রতা কেন্দ্র থেকে সমতলটির ওপর অঙ্কিত লম্ব রেখা হবে লেন্সটির প্রধান অক্ষ ।

উত্তল লেন্স

(4) **উত্তল লেন্সের অভিসারী ক্রিয়া :**

কোনো একটি উত্তল লেন্সকে লেন্সের মাধ্যম অপেক্ষা লঘু মাধ্যমে (যেমন - বায়ু মাধ্যমে) রাখলে, লেন্সটির ওপর আপতিত সমান্তরাল আলোকরশ্মিগুচ্ছ লেন্স দ্বারা প্রতিসরণের পর একটি নির্দিষ্ট বিন্দু অভিমুখে অভিসারী রশ্মিগুচ্ছ হিসেবে নির্গত হয় । তাই উত্তল লেন্সকে অভিসারী লেন্স বলে ।

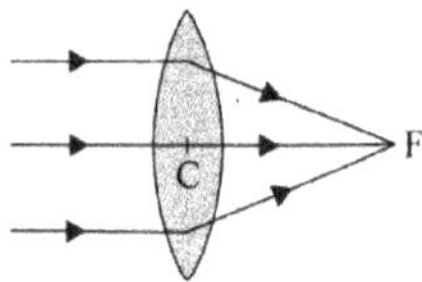

(5) **উত্তল লেন্সের প্রথম মুখ্য ফোকাস :**

উত্তল লেন্সের প্রধান অক্ষের উপর অবস্থিত যে নির্দিষ্ট বিন্দু থেকে অপসৃত আলোকরশ্মিগুচ্ছ লেন্স দ্বারা প্রতিসরণের পর প্রধান অক্ষের সমান্তরাল ভাবে নির্গত হয়, সেই বিন্দুটিকে উত্তল লেন্সের প্রধান বা মুখ্য ফোকাস বলে ।

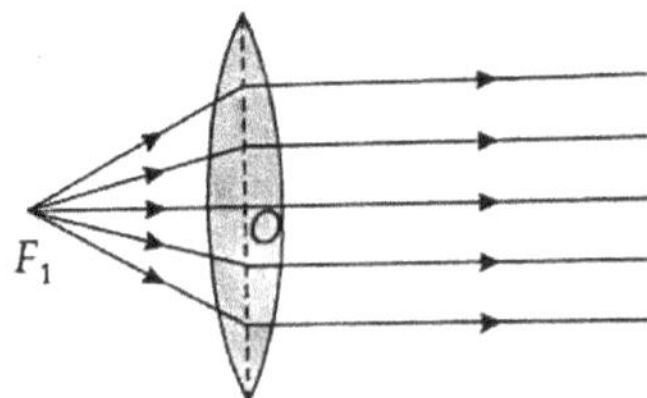

সংশ্লিষ্ট চিত্রে, F_1 হল উত্তল লেন্সটির প্রথম মুখ্য ফোকাস ।

(6) **উত্তল লেন্সের দ্বিতীয় মুখ্য ফোকাস :**

উত্তল লেন্সের প্রধান অক্ষের সমান্তরাল আলোকরশ্মিগুচ্ছ লেন্স দ্বারা প্রতিসরণের পর প্রধান অক্ষের ওপর যে বিন্দুতে মিলিত হয়, সেই বিন্দুটিকে উত্তল লেন্সের দ্বিতীয় প্রধান বা মুখ্য ফোকাস বলে ।

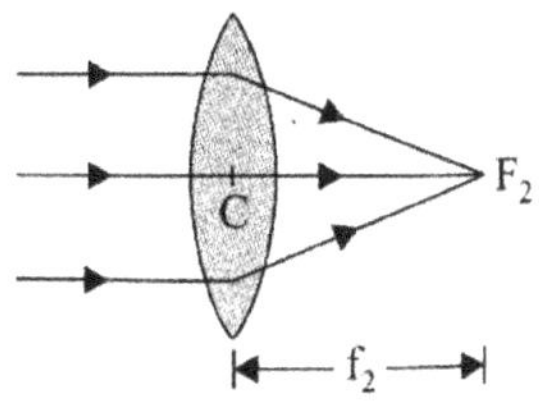

সংশ্লিষ্ট চিত্রে, F_2 হল উত্তল লেন্সটির দ্বিতীয় মুখ্য ফোকাস ।

Note : সাধারণ অর্থে লেন্সের মুখ্য ফোকাস বলতে দ্বিতীয় মুখ্য ফোকাসকেই বোঝান হয় ।

(7)   উত্তল লেন্সের ফোকাস দৈর্ঘ্য :

উত্তল লেন্সের প্রধান অক্ষের সমান্তরাল আলোকরশ্মিগুচ্ছ লেন্স দ্বারা প্রতিসরণের পর প্রধান অক্ষের ওপর যে বিন্দুতে মিলিত হয়, সেই বিন্দুটিকে উত্তল লেন্সের প্রধান বা মুখ্য ফোকাস বলে । লেন্সের আলোককেন্দ্র থেকে প্রধান ফোকাস পর্যন্ত দৈর্ঘ্যকে উত্তল লেন্সটির প্রধান ফোকাস দৈর্ঘ্য বলে ।

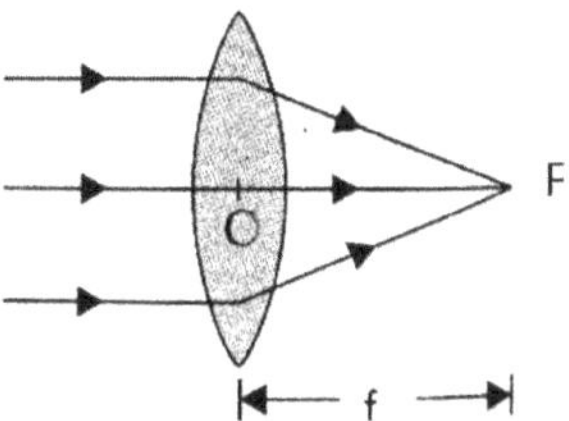

(8)   উত্তল লেন্সের ফোকাস দৈর্ঘ্যের নির্ভরতা :

কোনো লেন্সের ফোকাস দৈর্ঘ্য নিম্নলিখিত বিষয়গুলির উপর নির্ভর করে - (a) লেন্সটির উপাদানের প্রতিসরাঙ্ক
(b) লেন্সটির বক্রপৃষ্ঠ দুটির বক্রতা ব্যাসার্ধ
(c) লেন্সটির পারিপার্শ্বিক মাধ্যমের প্রতিসরাঙ্ক
(d) ব্যবহৃত আলোর বর্ণ অর্থাৎ আলোর তরঙ্গদৈর্ঘ্য

Knowledge Plus : দৃশ্যমান আলোর মধ্যে লাল আলোর জন্য কোনো লেন্সের ফোকাস দূরত্ব সবচেয়ে বেশি এবং বেগুনি আলোর জন্য কোনো লেন্সের ফোকাস দূরত্ব সবচেয়ে কম ।

(9)   উত্তল লেন্সের ফোকাস তল ও গৌণ ফোকাস :

লেন্সের মুখ্য ফোকাসের মধ্য দিয়ে প্রধান অক্ষের সঙ্গে লম্বভাবে অবস্থিত কোনো কাল্পনিক তলকে ঐ লেন্সের ফোকাস তল বলে।

উত্তল লেন্সের প্রধান অক্ষের সঙ্গে ক্ষুদ্র কোণে আনত কোনো সমান্তরাল আলোকরশ্মিগুচ্ছ লেন্স দ্বারা প্রতিসরণের পর ফোকাস তলের ওপর যে নির্দিষ্ট বিন্দুতে মিলিত হয়, সেই বিন্দুকে উত্তল লেন্সটির গৌণ ফোকাস বলে ।

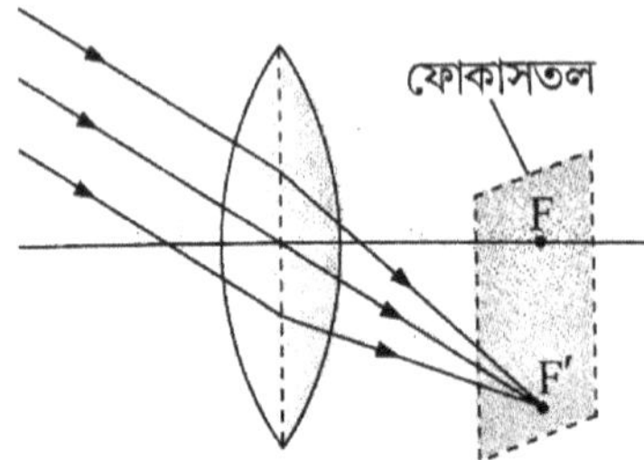

প্রদর্শিত চিত্রে, F' হল গৌণ ফোকাস

 লেন্সের গৌণ ফোকাস কোনও স্থির বিন্দু নয়, কিন্তু লেন্সের মুখ্য ফোকাস একটি স্থির বিন্দু।

(10) উত্তল লেন্সের আলোক কেন্দ্র :

কোনো আলোক রশ্মি লেন্সের একটি তলে আপতিত হয়ে লেন্সের মধ্য দিয়ে প্রতিসরণের পরে আপতিত রশ্মির সমান্তরাল হিসেবে দ্বিতীয় প্রতিসারক তল থেকে নির্গত হয়। এখন লেন্সের মধ্য দিয়ে আলোক রশ্মি যাওয়ার সময় লেন্সের প্রধান অক্ষকে একটি নির্দিষ্ট বিন্দুতে ছেদ করে, এই নির্দিষ্ট বিন্দুটিকে লেন্সের আলোক কেন্দ্র বলে।

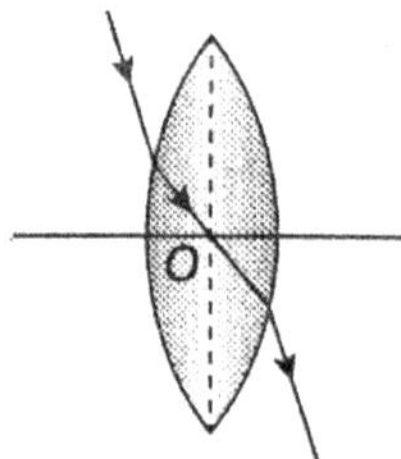

 ● লেন্সের আলোক কেন্দ্র লেন্স সাপেক্ষে একটি স্থির বিন্দু। ● লেন্সের আলোক কেন্দ্র লেন্সের বাইরেও থাকতে পারে।

(11) উত্তল লেন্স দ্বারা প্রতিবিম্ব গঠনের ক্ষেত্রে ব্যবহৃত রশ্মির গতিপথ : :

(i) প্রধান অক্ষের সঙ্গে সমান্তরালভাবে আগত আলোকরশ্মি উত্তল লেন্সে প্রতিসরণের পর (দ্বিতীয়) ফোকাস বিন্দু দিয়ে যায়।

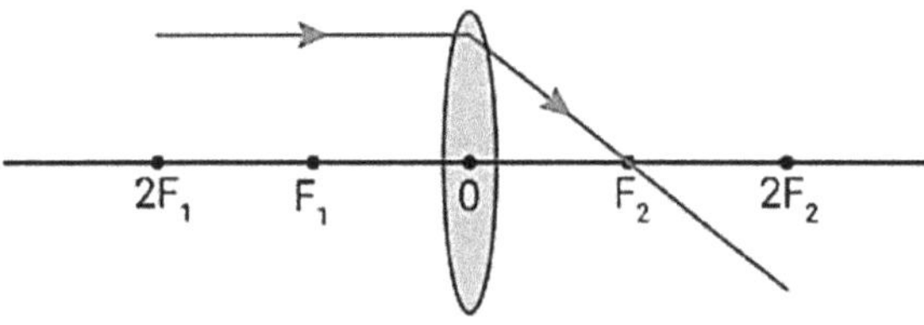

(ii) কোনো আলোক রশ্মি উত্তল লেন্সের আলোক কেন্দ্রের মধ্য দিয়ে গেলে তার কোনো বিচ্যুতি হয় না।

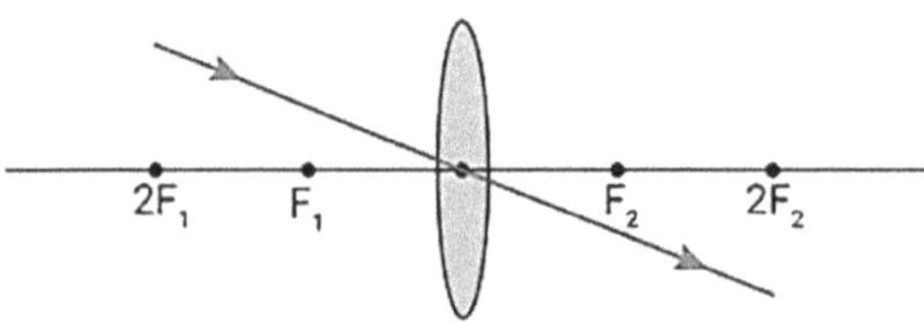

(iii) উত্তল লেন্সের প্রথম মুখ্য ফোকাসের মধ্য দিয়ে আগত কোনো আলোকরশ্মি লেন্স দ্বারা প্রতিসরণের পর প্রধান অক্ষের সমান্তরাল নির্গত হয়।

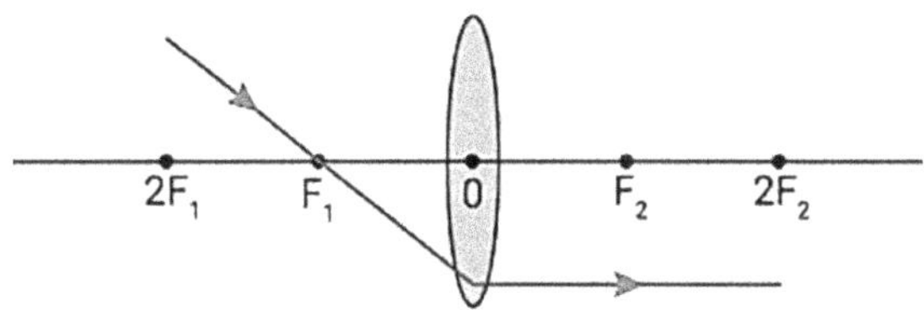

(12) **উত্তল লেন্স দ্বারা বিস্তৃত বস্তুর প্রতিবিম্ব গঠন :**

বস্তুর অবস্থান	প্রতিবিম্বের অবস্থান	প্রতিবিম্বের আকার	প্রতিবিম্বের প্রকৃতি
উত্তল লেন্স থেকে অসীম দূরত্বে	লেন্সের অপরদিকে ফোকাস দূরত্বে	বস্তুর আকারের তুলনায় অত্যন্ত ক্ষুদ্র	সদ্ ও অবশীর্ষ
উত্তল লেন্স থেকে দ্বিগুণ ফোকাস দূরত্বের চেয়ে বেশি দূরত্বে	লেন্সের অপরদিকে লেন্স থেকে ফোকাস দূরত্ব ও দ্বিগুণ ফোকাস দূরত্বের মধ্যে	বস্তুর চেয়ে ছোট	সদ্ ও অবশীর্ষ
উত্তল লেন্স থেকে দ্বিগুণ ফোকাস দূরত্বে	লেন্সের অপরদিকে লেন্স থেকে দ্বিগুণ ফোকাস দূরত্বে	বস্তুর আকারের সমান	সদ্ ও অবশীর্ষ
উত্তল লেন্সের থেকে ফোকাস দূরত্ব ও দ্বিগুণ ফোকাস দূরত্বের মধ্যে	লেন্সের অপর দিকে লেন্স থেকে দ্বিগুণ ফোকাস দূরত্বের চেয়ে বেশি দূরত্বে	বস্তুর চেয়ে বড়ো	সদ্ ও অবশীর্ষ
উত্তল লেন্স থেকে ফোকাস দূরত্বে	লেন্সের অসীমে	বস্তুর চেয়ে অনেক বড়ো	সদ্ ও অবশীর্ষ
উত্তল লেন্স থেকে ফোকাস দূরত্বের মধ্যে	লেন্সের যে-দিকে বস্তুটি অবস্থিত প্রতিবিম্বও সেইদিকে অবস্থিত	বস্তুর চেয়ে অনেক বড়ো	অসদ্ ও সমশীর্ষ

(13) **উত্তল লেন্স দ্বারা গঠিত প্রতিবিম্বের রশ্মি চিত্র :**

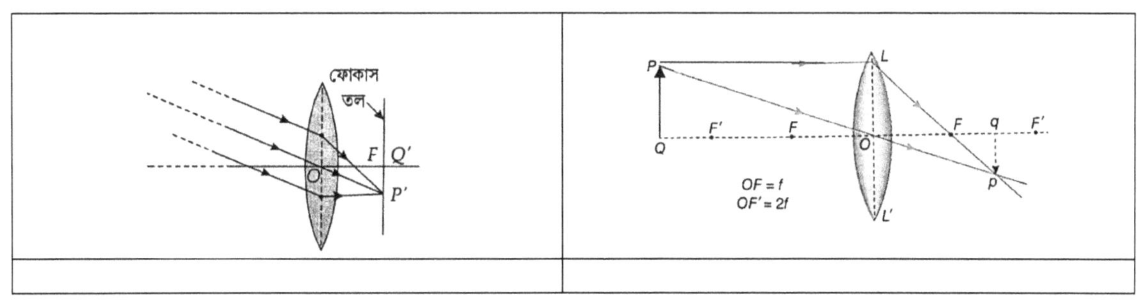

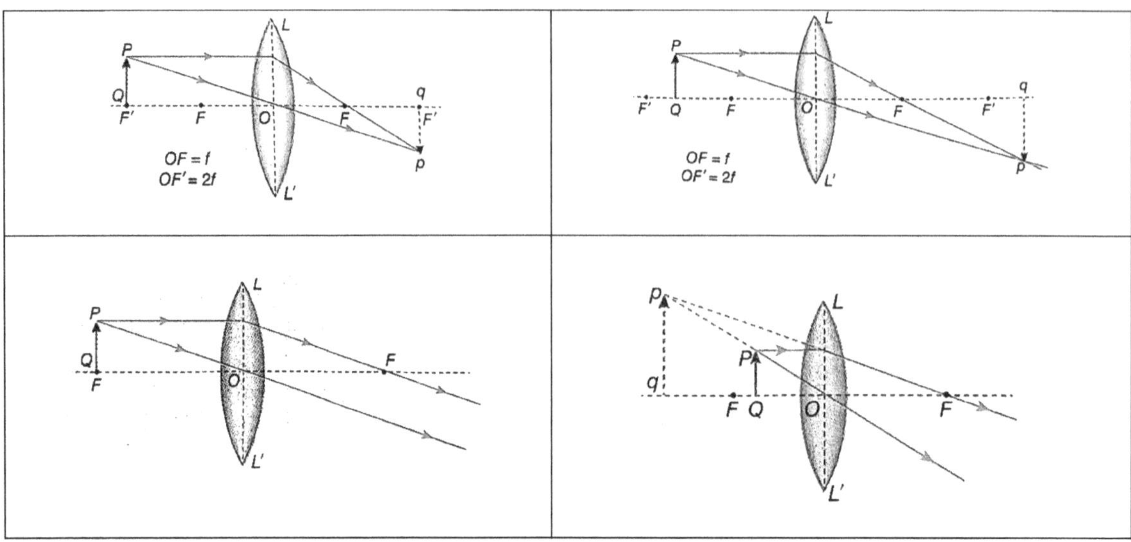

অবতল লেন্স

(14)   অবতল লেন্সের অপসারী ক্রিয়া :

কোনো একটি অবতল লেন্সকে লেন্সের মাধ্যম অপেক্ষা লঘু মাধ্যমে (যেমন - বায়ু মাধ্যমে) রাখলে, লেন্সটির ওপর আপতিত সমান্তরাল আলোকরশ্মিগুচ্ছ লেন্স দ্বারা প্রতিসরণের পর একটি নির্দিষ্ট বিন্দু থেকে অপসারী রশ্মিগুচ্ছ হিসেবে নির্গত হয় । তাই অবতল লেন্সকে অপসারী লেন্স বলে।

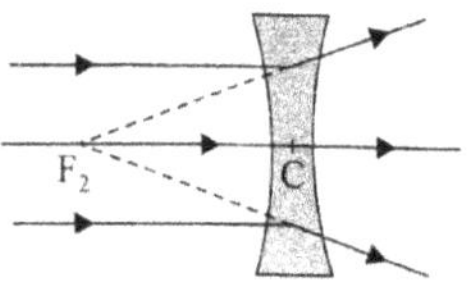

Knowledge Plus : উত্তল এবং অবতল লেন্স দুটি যখন এমন একটি মাধ্যমের মধ্যে থাকে যার প্রতিসরাঙ্ক লেন্সের উপাদানের প্রতিসরাঙ্ক অপেক্ষা বেশি তখন উত্তল লেন্স অপসারী লেন্সের মতো এবং অবতল লেন্স অভিসারী লেন্সের মতো আচরণ করে।

(15)   অবতল লেন্সের প্রথম মূখ্য ফোকাস :

অবতল লেন্সের প্রধান অক্ষের উপর অবস্থিত যে নির্দিষ্ট বিন্দু অভিমুখে আগত অভিসারী আলোকরশ্মিগুচ্ছ লেন্স দ্বারা প্রতিসরণের পর প্রধান অক্ষের সমান্তরাল ভাবে নির্গত হয়, সেই বিন্দুটিকে অবতল লেন্সের প্রথম প্রধান বা মূখ্য ফোকাস বলে ।

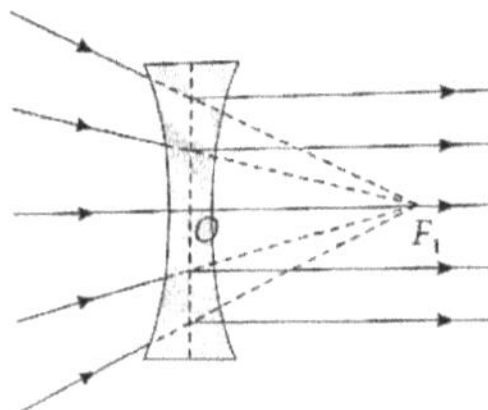

সংশ্লিষ্ট চিত্রে, F_1 হল অবতল লেন্সটির প্রথম মূখ্য ফোকাস ।

(16)   অবতল লেন্সের ক্ষেত্রে দ্বিতীয় মূখ্য ফোকাস :

অবতল লেন্সের প্রধান অক্ষের সমান্তরাল আলোকরশ্মিগুচ্ছ লেন্স দ্বারা প্রতিসরণের পর প্রধান অক্ষের ওপর যে নিদিষ্ট বিন্দু থেকে অপসৃত হচ্ছে বলে মনে হয়, সেই বিন্দুটিকে অবতল লেন্সটির দ্বিতীয় প্রধান ফোকাস বা মুখ্য ফোকাস বলে।

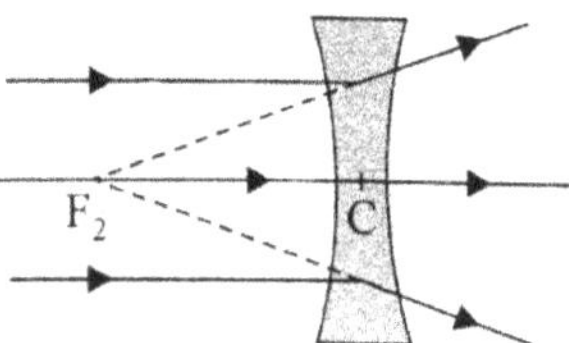

সংশ্লিষ্ট চিত্রে, F_2 হল অবতল লেন্সটির দ্বিতীয় মুখ্য ফোকাস।

[সাধারণ অর্থে লেন্সের মুখ্য ফোকাস বলতে দ্বিতীয় মুখ্য ফোকাসকেই বোঝান হয়।]

(17)   অবতল লেন্সের প্রধান ফোকাস দৈর্ঘ্য :

লেন্সের আলোককেন্দ্র থেকে প্রধান ফোকাস পর্যন্ত দৈর্ঘ্যকে উত্তল লেন্সটির প্রধান ফোকাস দৈর্ঘ্য বলে।

কোনো লেন্সের ফোকাস দৈর্ঘ্য নিম্নলিখিত বিষয়গুলির উপর নির্ভর করে -
(a) লেন্সটির উপাদানের প্রতিসরাঙ্ক
(b) লেন্সটির বক্রপৃষ্ঠ দুটির বক্রতা ব্যাসার্ধ
(c) লেন্সটির পারিপার্শ্বিক মাধ্যমের প্রতিসরাঙ্ক
(d) ব্যবহৃত আলোর বর্ণ অর্থাৎ আলোর তরঙ্গদৈর্ঘ্য

Knowledge Plus : দৃশ্যমান আলোর মধ্যে লাল আলোর জন্য কোনো লেন্সের ফোকাস দূরত্ব সবচেয়ে বেশি এবং বেগুনি আলোর জন্য কোনো লেন্সের ফোকাস দূরত্ব সবচেয়ে কম।

(18)   অবতল লেন্সের ফোকাস তল :

লেন্সের মুখ্য ফোকাসের মধ্য দিয়ে প্রধান অক্ষের সঙ্গে লম্বভাবে অবস্থিত কোনো কাল্পনিক তলকে ঐ লেন্সের ফোকাস তল বলে।

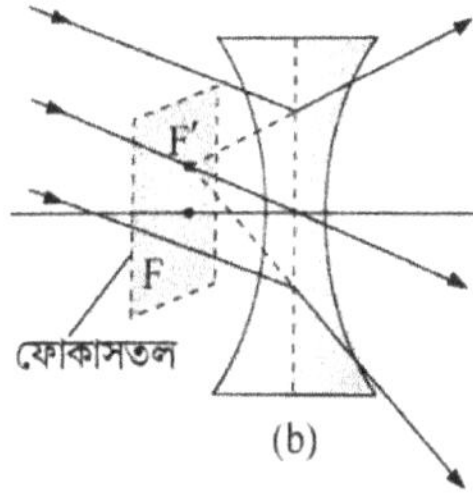

(19)   অবতল লেন্সের গৌণ ফোকাস :

অবতল লেন্সের প্রধান অক্ষের সঙ্গে ক্ষুদ্র কোণে আনত কোনো সমান্তরাল আলোকরশ্মিগুচ্ছ লেন্স দ্বারা প্রতিসরণের পর ফোকাস তলের ওপর যে নিদিষ্ট বিন্দু থেকে অপসৃত হচ্ছে বলে মনে হয়, সেই বিন্দুটিকে অবতল লেন্সের গৌণ ফোকাস বলে।

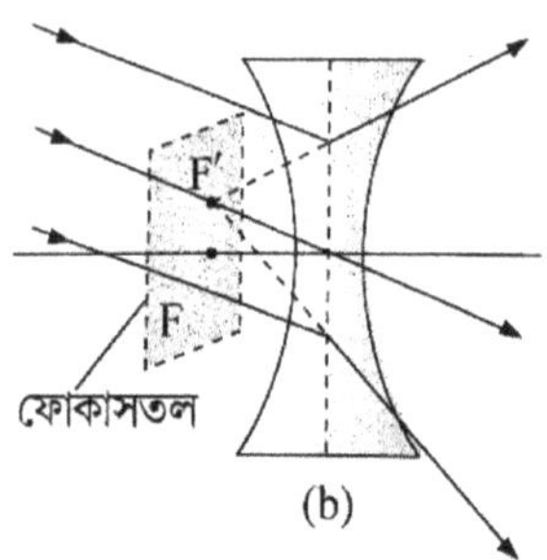

প্রদর্শিত চিত্রে, F' হল গৌণ ফোকাস

Knowledge Plus : লেন্সের গৌণ ফোকাস কোনও স্থির বিন্দু নয়, কিন্তু লেন্সের মুখ্য ফোকাস একটি স্থির বিন্দু।

(20) অবতল লেন্স দ্বারা প্রতিবিম্ব গঠনের ক্ষেত্রে ব্যবহৃত রশ্মির গতিপথ :

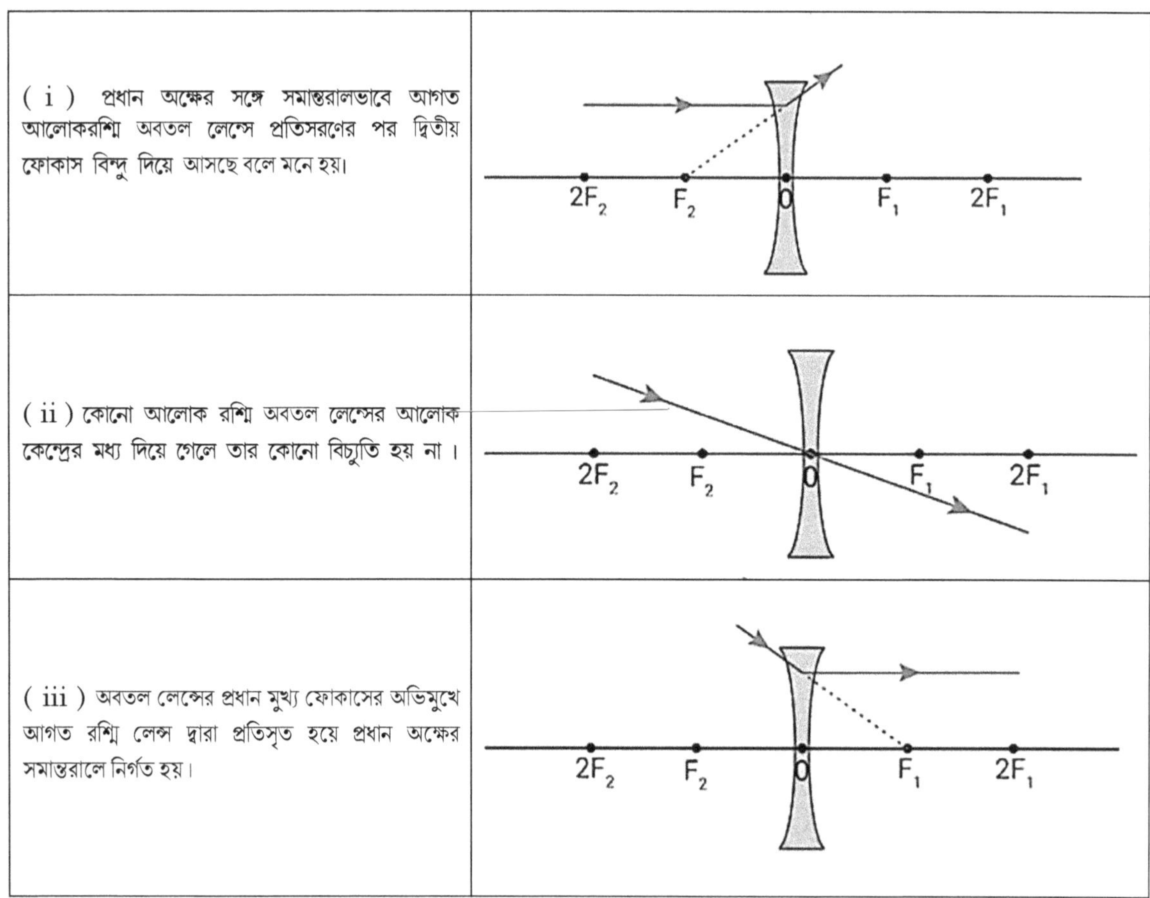

(i) প্রধান অক্ষের সঙ্গে সমান্তরালভাবে আগত আলোকরশ্মি অবতল লেন্সে প্রতিসরণের পর দ্বিতীয় ফোকাস বিন্দু দিয়ে আসছে বলে মনে হয়।	
(ii) কোনো আলোক রশ্মি অবতল লেন্সের আলোক কেন্দ্রের মধ্য দিয়ে গেলে তার কোনো বিচ্যুতি হয় না।	
(iii) অবতল লেন্সের প্রধান মুখ্য ফোকাসের অভিমুখে আগত রশ্মি লেন্স দ্বারা প্রতিসৃত হয়ে প্রধান অক্ষের সমান্তরালে নির্গত হয়।	

(21) অবতল লেন্স দ্বারা বিস্তৃত বস্তুর প্রতিবিম্ব গঠন :

বস্তুর অবস্থান	প্রতিবিম্বের অবস্থান	প্রতিবিম্বের আকার	প্রতিবিম্বের প্রকৃতি
লেন্স থেকে অসীম দূরত্বে	ফোকাস দূরত্বে	বস্তুর আকারের তুলনায় অত্যন্ত ক্ষুদ্র	অসদ্ ও সমশীর্ষ

অসীম ও আলোককেন্দ্রের মধ্যে	লেন্সের ফোকাস ও আলোককেন্দ্রের মধ্যে	বস্তুর আকারের তুলনায় ক্ষুদ্র	অসদ্ ও সমশীর্ষ

(22) অবতল লেন্স দ্বারা গঠিত প্রতিবিম্বের রশ্মি চিত্র :

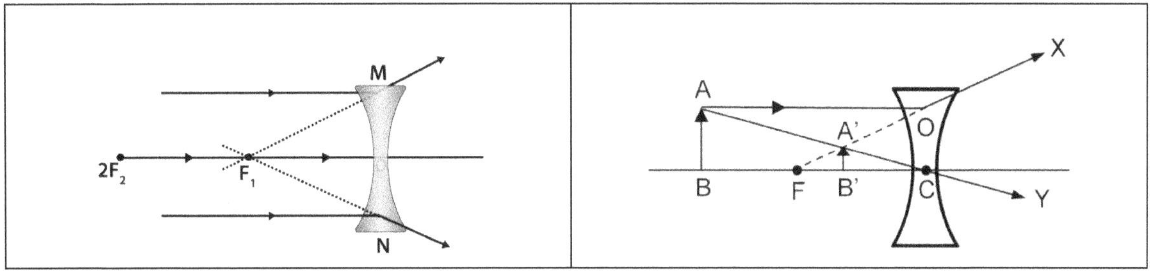

(23) লেন্সের সমীকরণ :

● লেন্সের সাধারণ সমীকরণ বা পাতলা লেন্সের সূত্র :	$\dfrac{1}{v} - \dfrac{1}{u} = \dfrac{1}{f}$	u = বস্তু দূরত্ব v = প্রতিবিম্ব দূরত্ব f = ফোকাস দৈর্ঘ্য R = বক্রতা ব্যাসার্ধ
● লেন্সের ক্ষেত্রে নিউটনের সমীকরণ :	$x\,y = f^2$	
● লেন্সে নির্মাতার সমীকরণ :	$\dfrac{1}{f} = (\mu - 1)\left(\dfrac{1}{R_1} - \dfrac{1}{R_2}\right)$	x = প্রথম ফোকাস থেকে বস্তুর দূরত্ব y = দ্বিতীয় ফোকাস থেকে প্রতিবিম্ব দূরত্ব
● লেন্সের ক্ষেত্রে রৈখিক বিবর্ধন :	$m = \dfrac{v}{u}$	

(24) লেন্সের ক্ষমতা :

সংজ্ঞা : কোনো লেন্সের ক্ষমতা বলতে লেন্সটি তার উপর আপতিত রশ্মিগুচ্ছকে কতটা অভিসারী বা অপসারী করতে পারে তার পরিমাণ বোঝায় ।

সমান্তরাল রশ্মিগুচ্ছ উত্তল বা অবতল লেন্সে প্রতিসরণের পর যে বিন্দুতে মিলিত হয় বা যে বিন্দু থেকে অপসৃত হচ্ছে বলে মনে হয়, সেই বিন্দু লেন্স থেকে যত কাছে থাকে তার ক্ষমতা তত বেশি হয় । অর্থাৎ, কোনো উত্তল বা অবতল লেন্সের ফোকাস দূরত্ব যত কমে তার অপসারী বা অভিসারী ক্ষমতা তত বাড়ে । তাই লেন্সের ক্ষমতা হল তার ফোকাস দূরত্বের অন্যোন্যক ।

$\therefore$ লেন্সের ক্ষমতা $(P) = \dfrac{1}{f\,(in\,m)} = \dfrac{100}{f\,(in\,cm)}$

একক : ডায়াপ্টার $(dioptre\ or,\ D)$

ডায়াপ্টারের সংজ্ঞা : $1\ m$ ফোকাস দূরত্ববিশিষ্ট কোনো লেন্সের ক্ষমতাকে 1 ডায়াপ্টর বলে ।

$$1\ D = 1\ m^{-1}$$

ধনাত্মক ও ঋণাত্মক ক্ষমতা : অভিসারী লেন্সের ক্ষেত্রে লেন্সের ক্ষমতা ধনাত্মক; আবার অপসারী লেন্সের ক্ষেত্রের লেন্সের ক্ষমতা ঋণাত্মক।

Knowledge Plus :

● যখন কোনো চক্ষুরোগ বিশেষজ্ঞ কোনো ব্যক্তিকে + $2.5\ D$ ক্ষমতাসম্পন্ন সংশোধক লেন্স ব্যবহার করার পরামর্শ দেন ; তখন প্রয়োজনীয় লেন্সটি হল + $40\ cm$ ফোকাস দৈর্ঘ্যের একটি উত্তল লেন্স।

● কোনো লেন্সের ক্ষমতা – $4.0\ D$ এর অর্থ হল লেন্সটি – $25\ cm$ ফোকাস দৈর্ঘ্যসম্পন্ন একটি অবতল লেন্স।

● একটি সমান্তরাল কাচ ফলকের ক্ষমতা শূন্য হয়।

(25)   লেন্সের শণাক্তকরণ :

পরীক্ষাধীন লেন্সের একপাশে খুব নিকটে একটি কলম বা হাতের আঙুল খাড়া ভাবে রেখে অপর পাশ থেকে লেন্সের ভেতর দিয়ে প্রতিবিম্ব লক্ষ করা হল।

পর্যবেক্ষণ	সিদ্ধান্ত
সমশীর্ষ ও বস্তুর চেয়ে আকারে বড়ো প্রতিবিম্ব গঠিত হল	লেন্সটি উত্তল
সমশীর্ষ ও বস্তুর চেয়ে আকারে ছোটো প্রতিবিম্ব গঠিত হল	লেন্সটি অবতল

(26)   লেন্সের ব্যবহার:

লেন্সের ব্যবহারগুলি হল –

(i) চোখের দীর্ঘ দৃষ্টিজনিত ত্রুটি থাকলে উপযুক্ত ফোকাস দৈর্ঘ্যের উত্তল লেন্স ব্যবহার করা হয়।

(ii) বিবর্ধক কাঁচ হিসেবে উত্তল লেন্স ব্যবহার করা হয়।

(iii) অণুবীক্ষণ যন্ত্র, দূরবীক্ষণ যন্ত্রে উত্তল লেন্স ব্যবহার করা হয়।

(iv) চোখের স্বল্প দৃষ্টিজনিত ত্রুটি থাকলে উপযুক্ত ফোকাস দৈর্ঘ্যের অবতল লেন্স ব্যবহার করা হয়।

(v) গ্যালিলিওর দূরবীক্ষণ যন্ত্রে অবতল লেন্স ব্যবহৃত হয়।

Subjective Questions

সমতলে আলোর প্রতিফলন

(1) আলোর প্রতিফলনের সূত্রগুলি লেখো ।

(2) i আপতন কোণে সমতল দর্পণে আপতিত কোনো আলোকরশ্মির ক্ষেত্রে বিচ্যুতি কোণ নির্ণয় করো ।

(3) দেখাও যে, সমতল দর্পণের ক্ষেত্রে দর্পণ থেকে বস্তু দূরত্ব = দর্পণ থেকে প্রতিবিম্ব দূরত্ব ।

(4) সমতল দর্পণের ফোকাস দৈর্ঘ্য কত ?

(5) প্রতিফলক তল পূর্বের অবস্থানের সাপেক্ষে θ কোণ ঘুরলে একই আপতিত রশ্মির জন্য প্রতিফলন কোণ কত কোণে ঘুরবে তা নির্ণয় করো ।

(6) পরস্পরের সঙ্গে θ কোণে আনত দুটি সমতল দর্পণের মধ্যে রাখা কোনো বস্তুর কয়টি প্রতিবিম্ব গঠিত হবে?

(7) উল্লম্বভাবে অবস্থিত কোনো স্থির দর্পণের দিকে কোনো ব্যক্তি v অনুভূমিক বেগে এগোতে থাকলে ব্যক্তির সাপেক্ষে প্রতিবিম্বের বেগ কত হবে তা নির্ণয় করো।

(8) দুটি সমতল দর্পণ এমন কোণে আনত আছে যে একটি আলোকরশ্মি প্রতি দর্পণ থেকে একবার করে প্রতিফলনের ফলে শেষ প্রতিফলিত রশ্মিটি প্রথম আপতিত রশ্মির সমান্তরাল হয় । দর্পণ দুটির মধ্যবর্তী কোণ নির্ণয় করো।

(9) কোনো ব্যক্তি দর্পণে নিজ দেহের সম্পূর্ণ প্রতিবিম্ব দেখতে চায়লে দর্পণে দৈর্ঘ্য কমপক্ষে কত হতে হবে ?

বক্রতলে আলোর প্রতিফলন

(10) উপাক্ষীয় রশ্মি কাকে বলে ?

(11) গোলীয় দর্পণের ক্ষেত্রে গৌণ ফোকাস কাকে বলে ?

(12) ক্ষুদ্র উন্মেষযুক্ত দর্পণের ক্ষেত্রে ফোকাস দূরত্ব ও দর্পণের বক্রতা ব্যাসার্ধের মধ্যে সম্পর্কটি লেখো ।

(13) ক্ষুদ্র উন্মেষযুক্ত উত্তল দর্পণের ক্ষেত্রে প্রমাণ করো যে, ফোকাস দূরত্ব দর্পণের বক্রতা ব্যাসার্ধের অর্ধেক ।

(14) ক্ষুদ্র উন্মেষযুক্ত অবতল দর্পণের ক্ষেত্রে দেখাও যে, $r = 2f$ যেখানে, সংকেতগুলি প্রচলিত অর্থ বহন করে।

(15) একটি অবতল দর্পণের ক্ষেত্রে প্রমাণ করো, $\frac{1}{u} + \frac{1}{v} = \frac{1}{f}$ এখানে u, v ও f প্রচলিত অর্থে ব্যবহৃত হয়েছে।

এই সূত্র থেকে দেখাও যে, সমতল দর্পণের ক্ষেত্র প্রতিবিম্ব দূরত্ব = বস্তু দূরত্ব এবং প্রতিবিম্বটি দর্পণের অপরদিকে হয়।

অথবা, দিক চিহ্ন সংক্রান্ত নিয়ম এবং আরোপিত শর্ত উল্লেখ করে, অবতল দর্পণের ক্ষেত্রে $\frac{1}{u} + \frac{1}{v} = \frac{1}{f}$ সম্পর্কটি প্রতিষ্ঠা করো। (3) [H.S. – 2023]

(16) একটি উত্তল দর্পণের জন্য প্রমাণ করো : $\frac{1}{v} + \frac{1}{u} = \frac{2}{r}$ এখানে u, v এবং r প্রচলিত অর্থে ব্যবহৃত হয়েছে । দর্পণটির ফোকাস দূরত্ব নির্ণয় করো ।

(17) অবতল দর্পণের ক্ষেত্রে কোন্ অবস্থানে বস্তুর সদ্ ও বিবর্ধিত প্রতিবিম্ব গঠিত হয় ? রেখাচিত্রের সাহায্যে দেখাও ।

(18) অবতল দর্পণের ক্ষেত্রে অসীমে থাকা কোনো বস্তুর প্রতিবিম্বের আকৃতি ও প্রকৃতি উল্লেখ করো । প্রতিবিম্বের গঠন রশ্মি চিত্রের সাহায্যে দেখাও।

(19) একটি আয়না উত্তল, অবতল না সমতল কীভাবে নির্ণয় করবে?

(20) দেখাও যে, উত্তল দর্পণে বাস্তব বস্তুর সর্বদা অসদবিম্ব গঠিত হয় ।

(21) দেখাও যে, উত্তল দর্পণে বাস্তব বস্তুর সর্বদা বস্তু অপেক্ষা ছোটো প্রতিবিম্ব গঠিত হয় ।

(22) দেখাও যে, উত্তল দর্পণে গঠিত প্রতিবিম্ব দর্পণের মেরু ও ফোকাসের মধ্যে গঠিত হয় ।

(23) একটি উত্তল দর্পণের ফোকাস দৈর্ঘ্য f । দর্পণটির মেরু থেকে f দূরত্বে কোনো বস্তু থাকলে তার প্রতিবিম্ব কোথায় গঠিত হবে?

(24) একটি উত্তল দর্পণের ফোকাস দৈর্ঘ্য f । দর্পণের সমানে কোনো বস্তু রাখলে তার বিবর্ধন হয় $\frac{1}{n}$ । বস্তু দূরত্ব কত ?

(25) দেখাও যে, কোনো বস্তুকে অবতল দর্পণের মেরু ও ফোকাসের মধ্যবর্তী স্থানে রাখলে বস্তুটির একটি অসদ্ ও বিবর্ধিত প্রতিবিম্ব গঠিত হয়?

(26) দেখাও যে, কোনো বস্তু কোনো অবতল দর্পণের f ও $2f$ এর মধ্যে অবস্থিত হলে বস্তুটির একটি সদবিম্ব গঠিত হয় ও প্রতিবিম্বটি এর বেশী দূরত্বে অবস্থিত ।

(27) কোনো বস্তুকে অবতল দর্পণের ফোকাস ও মেরুর ঠিক মাঝখানে রাখলে প্রতিবিম্বের রৈখিক বিবর্ধন কত হবে ?

(28) দেখাও যে, বস্তু কোনো অবতল দর্পণের দ্বিগুণ ফোকাসে অবস্থিত হলে দ্বিগুণ ফোকাসেই বস্তুর সমান প্রতিবিম্ব গঠিত হবে ।

(29) দন্ত চিকিৎসকরা যে দর্পণ ব্যবহার করেন তা কোন প্রকারের?

আলোর প্রতিসরণ

(30) আলোর প্রতিসরণের সূত্রগুলি লেখো ।

(31) আলোর প্রতিসরণ সংক্রান্ত স্নেলের সূত্রটি লেখো । এর সীমাবদ্ধতা কী ?

(32) প্রতিসরাঙ্কের সংজ্ঞা দাও ।

(33) প্রতিসরাঙ্ক কীসের ওপর নির্ভর করে ?

(34) আলোর প্রতিসরণের সূত্র থেকে প্রতিফলনের সূত্রটি প্রতিষ্ঠা করো।

(35) আপাত গভীরতা, প্রকৃত গভীরতা ও প্রতিসরাঙ্কের মধ্যে সম্পর্কটি নির্ণয় করো ।

(36) দেখাও যে, আলোক রশ্মির গতিপথে কোনো সমান্তরাল ফলক থাকলে রশ্মির কোনো চ্যুতি ঘটে না ; কেবল পার্শ্বসরণ ঘটে।

(37) একটি সমান্তরাল কাচ ফলকের ভিতর দিয়ে আলোকরশ্মির প্রতিসরণ হলে রশ্মির পার্শ্বীয় সরণের রাশিমালা নির্ণয় করো ।

(38) একটি আলোক রশ্মি θ ক্ষুদ্র কোণে একটি কাচ ফলকের ওপর আপতিত হলে দেখাও যে, ফলকটি থেকে নিষ্ক্রান্ত রশ্মির পার্শ্বসরণের মান হয় $\dfrac{t\,\theta\,(\mu-1)}{\mu}$। যেখানে, t = কাচফলকের বেধ, μ = কাচের প্রতিসরাঙ্ক

(39) একটি দীপ্ত বস্তুকে μ প্রতিসরাঙ্কের মাধ্যমে h গভীরতায় রাখা হয়েছে। দেখাও যে, শঙ্কুর যে বৃত্তাকার ভূমি দিয়ে আলো নির্গত হবে সেটির ব্যাসার্ধ হবে $r = \dfrac{h}{\sqrt{\mu^2-1}}$ ।

(40) দেখাও যে, জলের মধ্যে থাকা মাছের দৃষ্টিক্ষেত্রের ব্যাসার্ধ $r = \dfrac{h}{\sqrt{\mu^2-1}}$ হয়। μ = জলের প্রতিসরাঙ্ক এবং h = মাছের গভীরতা।

অভ্যন্তরীণ পূর্ণ প্রতিফলন

(41) সংকট কোণ কাকে বলে ? [H.S. – 2016]

(42) অভ্যন্তরীণ পূর্ণ প্রতিফলন কাকে বলে ? কোন শর্তে এই রূপ প্রতিফলন হয় ?

(43) হীরক কী কারণে অত্যুজ্জ্বল ?

(44) প্রতিসরণের ক্ষেত্রে সংকট কোণ ও ঘন মাধ্যমের প্রতিসরাঙ্কের মধ্যে সম্পর্কটি লেখো / নির্ণয় করো ।

(45) কোনো মাধ্যমের পরম μ ও সংকট কোণের মান θ_C হলে প্রমাণ করো, $\sin\theta_C = \dfrac{1}{\mu}$

(46) আলোকবাহী তন্তু (optical fiber) কাকে বলে ? এর কার্যপ্রণালী ব্যাখ্যা করো ।

(47) আলোকবাহী তন্তুর দুটি ব্যবহারিক প্রয়োগের উল্লেখ করো । [1] [H.S. – 2015]

(48) ঘনতর মাধ্যম থেকে আগত একটি আলোক রশ্মি লঘুতর একটি মাধ্যমে i কোণে আপতিত হল। প্রতিফলিত ও প্রতিসৃত রশ্মির অন্তর্ভুক্ত কোণ $90°$ হলে দেখাও যে, মাধ্যমদ্বয়ের সংকট কোণ হবে $\theta_C = \sin^{-1}(\tan i\,)$

প্রিজম

(49) প্রিজমের চ্যুতি বলতে কীবোঝ ?

(50) প্রিজমের ন্যূনতম চ্যুতি কাকে বলে ? এর শর্তটি লেখো।

(51) প্রিজমের ন্যূনতম চ্যুতির অবস্থান বলতে কীবোঝ ?

(52) দেখাও যে, কোনো প্রিজমের মধ্য দিয়ে একটি আলোক রশ্মি যাওয়ার সময় চ্যুতির পরিমাণ $\delta = i_1 + i_2 - A$; i_1, i_2 এবং A প্রচলিত অর্থে ব্যবহৃত হচ্ছে। ন্যূনতম চ্যুতির জন্য $i_1 = i_2$ ধরে দেখাও যে, প্রিজমটির উপাদানের প্রতিসরাঙ্ক $\mu = \dfrac{\sin\frac{A+\delta_m}{2}}{\sin\frac{A}{2}}$ ।

অথবা, সমবাহুবিশিষ্ট কোনো প্রিজমের প্রতিসারক কোণের মান A । ঐ প্রিজমের একটি প্রতিসরণ তলের উপর আপতিত রশ্মির জন্য চ্যুতি কোণের মান নির্ণয় করো। [2] [H.S. – 2015]

অথবা, ন্যূনতম চ্যুতিকোণ এবং প্রিজমের প্রতিসারক কোণের সঙ্গে প্রিজমের উপাদানের প্রতিসরাঙ্কের সম্পর্কটি প্রতিষ্ঠা করো।

অথবা, প্রদত্ত সম্পর্কটি $\mu = \dfrac{\sin\frac{A+\delta_m}{2}}{\sin\frac{A}{2}}$ প্রতিষ্ঠা করো, যেখানে চিহ্নগুলি প্রচলিত অর্থবহ। (2) [XII – 2022]

(53) আপতিত রশ্মির আপতন কোণের মানের পরিবর্তনের সাথে চ্যুতি কোণের মানের পরিবর্তন লেখচিত্রের সাহায্যে দেখাও ।[1] [H.S. – 2015]

অথবা, আপতন কোণের পরিবর্তনের সঙ্গে চ্যুতিকোণের কীরূপ পরিবর্তন হয় তা লেখচিত্রের সাহায্যে দেখাও এবং তা থেকে কীভাবে প্রিজমের ন্যূনতম চ্যুতির শর্ত নির্ণয় করো ।

(**54**)   পাতলা প্রিজমে আলোর প্রতিসরণের ক্ষেত্রে চ্যুতিকোণের রাশিমালা নির্ণয় করো ।

অথবা, দেখাও যে, একটি পাতলা প্রিজমের মধ্য দিয়ে আলোর গমনে বিচ্যুতি $\delta = (\mu - 1)A$ যেখানে, μ ও A প্রচলিত অর্থ বহন করে ।

অথবা, দেখাও যে, পাতলা প্রিজমের ক্ষেত্রে চ্যুতি কোণ আপতন কোণের উপর নির্ভর করে না ।

(**55**)   পূর্ণ প্রতিফলক প্রিজম কাকে বলে ? এর একটি ব্যবহার লেখো।

(**56**)   কোনো একটি কাচের প্রিজমকে এমন কোনো একটি তরলে নিমজ্জিত করা হল যার প্রতিসরাঙ্ক অপেক্ষা বেশি । সেক্ষেত্রে প্রিজমটির চ্যুতিকোণের কী পরিবর্তন হবে ?

(**57**)   সমকোণী প্রিজম থেকে নির্গত রশ্মি পেতে হলে প্রিজমের উপাদানটির প্রতিসরাঙ্কের সর্বাধিক মান কত হবে?

লেন্স

(**58**)   লেন্সের আলোক কেন্দ্র কাকে বলে ?

লেন্সের সাধারণ সমীকরণ সংক্রান্ত

(**59**)   উত্তল বা অবতল লেন্সের ক্ষেত্রে সাধারণ সমীকরণটি প্রতিষ্ঠা করো ।

অথবা, একটি অবতল লেন্সের ক্ষেত্রে প্রমাণ করো, $\frac{1}{v} - \frac{1}{u} = \frac{1}{f}$ এখানে u, v ও f প্রচলিত অর্থে ব্যবহৃত হয়েছে।

অথবা, একটি উত্তল লেন্সের জন্য প্রমাণ করো : $\frac{1}{v} - \frac{1}{u} = \frac{1}{f}$ এখানে u, v এবং r প্রচলিত অর্থে ব্যবহৃত হয়েছে ।

(**60**)   অনুবন্ধী ফোকাস যুগল বলতে কীবোঝ ?

(**61**)   লেন্সের সমীকরণকে অনুবন্ধী ফোকাস যুগলের সমীকরণ বলা হয় কেন ?

(**62**)   কোনো উত্তল লেন্সের প্রথম ও দ্বিতীয় মুখ্য ফোকাস থেকে বস্তু ও প্রতিবিম্বের দূরত্ব যথাক্রমে U ও V হলে প্রমাণ করো যে, $UV = f^2$ যেখানে f হল লেন্সটির ফোকাস দৈর্ঘ্য ।

(**63**)   বস্তু অসীমে থাকলে একটি উত্তল লেন্স দ্বারা গঠিত প্রতিবিম্বের অবস্থান, প্রকৃতি ও আকার কীরূপ হবে রশ্মিচিত্রের সাহায্যে দেখাও ।

(**64**)   উত্তল লেন্স দ্বারা গঠিত প্রতিবিম্ব কখন অসৎ হবে ? রশ্মিচিত্র অঙ্কন করে দেখাও ।

(**65**)   পরস্পর সমাক্ষভাবে স্থাপিত দুটি পাতলা লেন্স সমবায়ের তুল্যাঙ্ক ফোকাস দূরত্ব নির্ণয় করো ।

(**66**) f_1 এবং f_2 ফোকাস দৈর্ঘ্যের দুটি উত্তল লেন্সকে সংস্পর্শে রাখা হল । তাদের তুল্য লেন্সের ক্ষমতা কত হবে ?

(**67**)   লেন্স নির্মাতার সমীকরণটি লেখো এবং এর প্রতিটি পদ ব্যাখ্যা করো ।

(**68**)   কোন্ শর্তে উত্তল লেন্স অবতল লেন্সের মতো কাজ করে?

অথবা, উত্তল লেন্সের আচরণ কখন অপসারী হয় ? (1) [H.S. – 2023]

(**69**)   লেন্সের ক্ষমতা বলতে কী বোঝ ? এর একক কী ?

(**70**)   একটি লেন্সের ক্ষমতা $P = - 4\,D$, এর অর্থ কী ?

(**71**)   কীভাবে বিভিন্ন প্রকার লেন্সকে শনাক্ত করবে ?

(**72**)   সমান ফোকাস দূরত্বের একটি উত্তল লেন্স এবং একটি অবতল লেন্স সংস্পর্শে থাকলে সমবায়টির ফোকাস দূরত্ব এবং ক্ষমতা কত?

(**73**)   কোনো উত্তল লেন্সকে জলে নিমজ্জিত করলে সেটির ফোকাস দৈর্ঘ্যের কী পরিবর্তন হবে ?

অথবা, জলে ডোবালে একটি লেন্সের ফোকাসদৈর্ঘ্যের মান কমে। (সত্য / মিথ্যা) লেখো। (1) (H.S. – 2023)

(**74**)   দেখাও যে, উত্তল লেন্সকে জলে ডোবালে এর ক্ষমতা কমে।

(**75**)   একটি উভোত্তল লেন্সের অর্ধাংশ কালো কাগজে মুড়ে দেওয়া হলে, কোনো বস্তুর পূর্ণ প্রতিবিম্ব গঠিত হবে কি ?

(**76**)   একটি বস্তু ও একটি পর্দা নির্দিষ্ট দূরত্ব D ব্যবধানে রাখা আছে। দেখাও যে, সাধারণভাবে এদের মধ্যবর্তী একটি উত্তল লেন্সের দুটি নির্দিষ্ট অবস্থানের জন্য পর্দায় বস্তুর স্পষ্ট প্রতিবিম্ব গঠিত হয় । অবস্থান দুটি নির্ণয় করো ।

(**77**)   বস্তু ও পর্দার নির্দিষ্ট অবস্থানের অবস্থানে ওদের দূরত্ব যদি কোনো উত্তল লেন্সের ফোকাস দৈর্ঘ্যের চারগুণের বেশি হয় তবে দেখাও যে, লেন্সটি দুটি অবস্থানে পর্দার ওপর প্রতিবিম্ব প্রক্ষেপ করে।

(**78**)   বস্তু ও পর্দার নির্দিষ্ট অবস্থানে ওদের দূরত্ব যদি কোনো উত্তল লেন্সের ফোকাস দৈর্ঘ্যের চারগুণের সমান হয় তবে দেখাও যে, লেন্সটি একটি মাত্র নির্দিষ্ট অবস্থানে পর্দার ওপর প্রতিবিম্ব প্রক্ষেপ করে ।

(**79**)   দেখাও যে, বস্তু ও পর্দা স্থির থাকলে, এদের মধ্যবর্তী স্থানে একটি উত্তল লেন্সের দুটি অবস্থানের জন্য পর্দায় বস্তুটির সদ্‌বিম্ব গঠনের ক্ষেত্রে লেন্সটির ফোকাস দৈর্ঘ্য হবে $f = \dfrac{D^2 - x^2}{4D}$ যেখানে, x = লেন্সের দুটি অবস্থানের মধ্যবর্তী দূরত্ব এবং D = বস্তু ও পর্দার দূরত্ব ।

(80) বস্তু ও পর্দা স্থির থাকলে, এদের মধ্যবর্তী স্থানে উত্তল লেন্সের দুটি নির্দিষ্ট অবস্থানের জন্য পর্দায় গঠিত প্রতিবিম্ব দুটির আকার যথাক্রমে I_1 ও I_2 হলে, দেখাও যে, বস্তুটির আকার হবে $o = \sqrt{I_1 I_2}$ ।

অথবা, একটি বস্তু ও একটি পর্দার মধ্যে একটি উত্তল লেন্স রাখা হয়েছে । লেন্সের দুটি অবস্থানে পর্দার ওপর বস্তুর দুটি সদবিম্ব গঠিত হল । যদি সদবিম্ব দুটির দৈর্ঘ্য L_1 ও L_2 হয় এবং বস্তুর দৈর্ঘ্য হয় তাবে প্রমাণ করো যে, $L = \sqrt{L_1 L_2}$ ।

(81) একটি বস্তু পর্দা থেকে D দূরত্বে অবস্থিত । একটি উত্তল লেন্স পর্দায় ওপর বস্তুটির একটি প্রতিবিম্ব গঠন করে । লেন্সটিকে x পরিমাণ সরালে আবার পর্দায় ওপর একটি প্রতিবিম্ব গঠিত হয় । দেখাও যে, পর্দার ওপর গঠিত ওই দুই প্রতিবিম্বের আকারের অণুপাত $(D+x)^2 : (D-x)^2$ ।

(82) বস্তু ও পর্দার নির্দিষ্ট অবস্থানে এদের মধ্যে লেন্সের দুটি অবস্থানের ব্যবধান x । ওই দুটি অবস্থানে উৎপন্ন বিবর্ধন যথাক্রমে m_1 ও m_2 হলে লেন্সের ফোকাস দৈর্ঘ্য f এবং m_1, m_2 ও x এর সম্পর্কটি প্রতিষ্ঠা করো ।

অথবা, একটি লক্ষ্যবস্তুকে উত্তল লেন্স থেকে কিছুদূরে রেখে যে সদবিম্ব গঠিত হল তার বিবর্ধন m_1 । বস্তুকে x দূরত্ব সরিয়ে যে সদবিম্ব গঠিত হল তার বিবর্ধন m_2। প্রমাণ করো যে, লেন্সের ফোকাস দৈর্ঘ্য $f = \dfrac{x}{\frac{1}{m_1} - \frac{1}{m_2}}$

আলোকীয় যন্ত্র ও মানুষের চোখ

(83) কোনো ক্যামেরা লেন্সের সংখ্যা f - 11- এর অর্থ কী?

(84) ফোটোগ্রাফিক ক্যামেরায় ক্ষেত্রের গভীরতা বলতে কীবোঝ ?

(85) একটি ক্যামেরা লেন্সের f সংখ্যা কাকে বলে ?

(86) স্টপ মাত্রা কী ?

(87) একটি সরল অণুবিক্ষণ যন্ত্রে কীভাবে প্রতিবিম্ব গঠিত হয় তা রশ্মিচিত্রের সাহায্যে দেখাও ।

(88) যৌগিক অণুবীক্ষণ যন্ত্রে কী ভাবে প্রতিবিম্ব গঠিত হয় তা রশ্মিচিত্রের সাহায্যে দেখাও ।

অথবা, যৌগিক অণুবীক্ষণ যন্ত্রের প্রতিবিম্ব গঠনের রেখাচিত্র অঙ্কন করো। এই যন্ত্রের বিবর্ধনের রাশিমালাটি লেখো। (3) [XII – 2022]

(89) প্রতিফলক ধরনের দূরবীক্ষণ যন্ত্রের রেখাচিত্র অঙ্কন করো। প্রতিসারক ধরনের দূরবীক্ষণ অপেক্ষা এইরূপ দূরবীক্ষণ যন্ত্রের দুটি সুবিধা লেখো। (3) [XII – 2022]

(90) দূরবীক্ষণ যন্ত্রের বিশ্লেষণী ক্ষমতা কীভাবে বাড়ানো যায় ?

(91) দীর্ঘদৃষ্টি ত্রুটি কী ? এই ত্রুটির কারণগুলি লেখো এবং কীভাবে এই ত্রুটির সংশোধন করা যায় ? সঠিক চিত্রসহ ব্যাখ্যা করো। (3) [H.S. – 2023]

(92) চিত্রসহ হ্রস্বদৃষ্টির কারণ ও প্রতিকার লেখো।

Numerical Problems

■ **দর্পণদ্বারা গঠিত প্রতিবিম্ব সংক্রান্ত সমস্যা**

(1) 3 cm উচ্চতাবিশিষ্ট একটি বস্তু 30 cm ফোকাস দৈর্ঘ্যসম্পন্ন একটি উত্তল দর্পণের 60 cm সমানে রাখা হল। গঠিত প্রতিবিম্বটির অবস্থান, আকার ও প্রকৃতি নির্ণয় করো।

(2) একটি উত্তল দর্পণের মেরু থেকে 2 f দূরে অবস্থিত একটি বস্তুর বিবর্ধন কত ?

(3) একটি উত্তল দর্পণে কোনো বস্তুর অর্ধেক আকারের অসৎ প্রতিবিম্ব বস্তু থেকে 30 cm দূরে গঠিত হল । দর্পণটির বক্রতা ব্যাসার্ধ কত?

(4) 20 cm ফোকাস দৈর্ঘ্যসম্পন্ন একটি অবতল দর্পণের সামনে একটি বস্তু রাখলে দ্বিগুণ বিবর্ধিত একটি অসদবিম্ব গঠিত হয়। বস্তুটির অবস্থান নির্ণয় করো ।

■ **আলোর প্রতিসরণ সংক্রান্ত সমস্যা**

(5) একটি আলোক রশ্মি কাচের ওপর $45°$ কোণে আপতিত হয়ে $30°$ কোণে প্রতিসৃত হয় । কাচের প্রতিসরাঙ্ক কত?

(6) কোনো তরলের উপরিপৃষ্ঠে বায়ু থেকে $45°$ কোণে আপতিত আলোকরশ্মি ওই তরলে প্রতিসরণে $15°$ বিচ্যুত হয় । তরলের প্রতিসরাঙ্ক নির্ণয় করো।

(7) কোনো প্রতিসারক মাধ্যমে আলোকরশ্মি আপতনের পর প্রতিসৃত হওয়ায় $15°$ চ্যুতিকোণ সৃষ্টি করে । যদি আপতন কোণ প্রতিসরণ কোণের $\frac{4}{3}$ গুণ হয় তবে ওই মাধ্যমের প্রতিসরাঙ্ক কত ?

(8) জল থেকে একটি আলোক রশ্মি জল ও বায়ুর বিভেদ তলে $30°$ কোণে আপতিত হল । বায়ুতে প্রতিসরণ কোণ কত হবে? (জলের প্রতিসরাঙ্ক $= \frac{4}{3}$ এবং $\sin 30° = \frac{1}{2}$ ও $\sin^{-1} \frac{2}{3} = 41.8$)

(9) বায়ু সাপেক্ষে জলের প্রতিসরাঙ্ক $\frac{4}{3}$ এবং বায়ুর সাপেক্ষে কাচের প্রতিসরাঙ্ক $\frac{3}{2}$ । কাচের সাপেক্ষে জলের প্রতিসরাঙ্ক নির্ণয় করো।

(10) একটি পাত্রের উচ্চতা 15 cm । এমনভাবে পাত্রে তরল ঢালা হল যেন পাত্রে তরলের তল পাত্রের ওপর থেকে 5

cm নীচে থাকে। ওপর থেকে দেখলে মনে হয় তরলের তল অর্ধেক গভীরতায় আছে । তরলের প্রতিসরাঙ্ক কত ?

(11)   একটি ট্যাংকের গভীরতা $2\,d$ এবং ট্যাংকের তরলের আপাত গভীরতা প্রকৃত গভীরতার $60\,\%$ । বায়ু সাপেক্ষে তরলের প্রতিসরাঙ্ক কত ?

■ আলোর অভ্যন্তরিণ পূর্ণ প্রতিফলন সংক্রান্ত সমস্যা

(12)   বায়ু সাপেক্ষে কোনো একটি মধ্যমের সংকট কোণ $60°$। এই মাধ্যমটির প্রতিসরাঙ্ক কত ? ব্যবহৃত সূত্রটি প্রমাণ করো ।

(13)   বায়ুতে একটি কাচের স্ল্যাবের সংকট কোণ $30°$ । একে $\sqrt{2}$ প্রতিসরাঙ্কবিশিষ্ট মাধ্যমে রাখলে সংকট কোণ কত হবে ?

(14) $\sqrt{3}$ প্রতিসরাঙ্কের একটি স্বচ্ছ তরল একটি বিকারে ঢালা হল এবং তার ওপর $\frac{3}{2}$ প্রতিসরাঙ্কের একটি তেল ঢালা হল । ওই তরল দুটির মধ্যে সংকট কোণ কত ?

(15)   কোনো প্রিজমের প্রতিসারক কোণ A এবং উপাদানের প্রতিসরাঙ্ক $\cot\frac{A}{2}$ হলে, ন্যূনতম চ্যুতিকোণের মান কত ?

(16)   একটি সমবাহু প্রিজমের ($\mu = 1.5$) মধ্যে দিয়ে একটি আলোকরশ্মি এমন ভাবে যায় যে আপতন কোণ নির্গমন কোণের সমান এবং কোণ দুটি চ্যুতি কোণের $\frac{3}{4}$ অংশ । চ্যুতি কোণ কত নির্ণয় করো ।

(17) 1.5 প্রতিসরাঙ্কের কাচ দিয়ে একটি সমতলাবতল লেন্স তৈরি করা হল যার বক্রতা ব্যাসার্ধ $50\ \mathrm{cm}$ । লেন্সটির ক্ষমতা কত ? [XII – 2018]

আলোর প্রকৃতি বিশ্লেষণ

(Analysis of Nature of the Light)

<table>
<tr><td colspan="2" style="background:black;color:white;text-align:center">আলোর তরঙ্গ প্রকৃতি</td></tr>
<tr><td>(1) আলোর তরঙ্গতত্ত্ব সম্পর্কিত সাধারণ ধারণা</td><td>(2) আলোর প্রতিফলন</td></tr>
<tr><td>(3) আলোর প্রতিসরণ</td><td>(4) আলোর বিচ্ছুরণ</td></tr>
<tr><td>(5) আলোর বিক্ষেপণ</td><td>(6) আলোর ব্যাতিচার</td></tr>
<tr><td>(7) আলোক অপবর্তন</td><td></td></tr>
</table>

(1) আলোর তরঙ্গতত্ত্ব সম্পর্কিত সাধারণ ধারণা :

(1) আলোর তরঙ্গ তত্ত্ব সম্পর্কে সংক্ষিপ্ত ধারণা :

1678 খ্রিস্টাব্দে বিজ্ঞানী হাইগেনস্ **আলোর তরঙ্গ তত্ত্বের** (wave theory of light) অবতারণা করেন ।

এই তত্ত্বানুসারে, আলোর উৎস থেকে তরঙ্গ সৃষ্টি হয় এবং তা ইথার নামক একটি কাল্পনিক মাধ্যমে সঞ্চালিত হয় । উল্লেখ্য হাইগেন্স আলোক তরঙ্গকে অনুদৈর্ঘ্য তরঙ্গ হিসেবে কল্পনা করেছিলেন ।

<u>**সাফল্য**</u> **:** এই তত্ত্বের সাহায্যে আলোর প্রতিফলন ও প্রতিসরণ ব্যাখ্যা করা যায় । বিজ্ঞানী ইয়ং ও ফ্রেনেল এই তত্ত্বের সাহায্যে আলোর ব্যাতিচার, অপবর্তন ব্যাখ্যা করেন ।

<u>**ব্যার্থতা :**</u>
(i) এই তত্ত্বের সাহায্যে আলোর সমবর্তন, আলোক তড়িৎক্রিয়া, কম্পটন ক্রিয়া প্রভৃতি ঘটনা ব্যাখ্যা করা যায় না ।
(ii) হাইগেন্স তরঙ্গ বিস্তারের জন্য ইথার নামে একটি কাল্পনিক সর্ব্বব্যাপী মাধ্যমের প্রস্তাব করেন । কিন্তু ইথার মাধ্যমের কোনো পরীক্ষামূলক প্রমাণ পাওয়া যায় না ।
(iii) হাইগেন্সের মতে আলোককে স্থিতিস্থাপক তরঙ্গ হিসেবে ধরা হয় কিন্তু পরবর্তীকালে জানা যায় আলো একপ্রকার তড়িৎচুম্বকীয় তরঙ্গ ।

(2) আলোর বেগ :

- আলোক তরঙ্গের তরঙ্গদৈর্ঘ্য λ হলে আলোর বেগ $v = f\lambda$
- শূন্য মাধ্যমে আলোর বেগের মান $c = 3 \times 10^8 \text{ m s}^{-1}$
- ঘনতর মাধ্যমে আলোর বেগ লঘুতর মাধ্যমের তুলনায় কম ।
- শূন্য মাধ্যমে ছাড়া অপর যে কোনো মাধ্যমে আলোর বিভিন্ন বর্ণের অর্থাৎ বিভিন্ন তরঙ্গদৈর্ঘ্যের আলোর বেগ বিভিন্ন হয় ।

(3) আলোর বেগের সাপেক্ষে মাধ্যমের আপেক্ষিক প্রতিসরাঙ্ক :

আলোর তরঙ্গতত্ত্ব অনুসারে, প্রথম মাধ্যম সাপেক্ষে দ্বিতীয় মাধ্যমের প্রতিসরাঙ্ক (μ_{21}) হল প্রথম মাধ্যমে আলোর বেগের (v_1) ও দ্বিতীয় মাধ্যমে আলোর বেগের (v_2) অনুপাত ।

$$\therefore \ \mu_{21} \ = \ \frac{v_1}{v_2}$$

(বিভিন্ন মাধ্যমে একই বর্ণের আলোর বেগ বিভিন্ন হয় ।)

(4) আলোর বেগের সাপেক্ষে পরম প্রতিসরাঙ্ক :

আলোর তরঙ্গতত্ত্ব অনুসারে কোনো মাধ্যমের পরম প্রতিসরাঙ্ক (μ_m) হল শূন্য মাধ্যমে আলোর বেগ (c) ও নির্দিষ্ট মাধ্যমে আলোর বেগের (v) অনুপাত ।

$$vacuum\mu_m \ (\text{or,} \ \mu_m) = \frac{c}{v}$$

যেহেতু সর্বদাই $c \geq v$, তাই $\mu_{medium} \geq 1$ হবে অর্থাৎ কোনো মাধ্যমের পরম প্রতিসরাঙ্কের মান 1 অপেক্ষা কম হতে পারে না ।

(5) মাধ্যমের আপেক্ষিক প্রতিসরাঙ্কের সঙ্গে আলোর তরঙ্গদৈর্ঘ্যের সম্পর্ক

● মনে করি, প্রথম মাধ্যম ও দ্বিতীয় মাধ্যম কোনো নির্দিষ্ট বর্ণের আলোকরশ্মির বেগ যথাক্রমে v_1 ও v_2 ।

এখন প্রথম মাধ্যম সাপেক্ষে দ্বিতীয় মাধ্যমের প্রতিসরাঙ্ক $\mu_{21} = \dfrac{v_1}{v_2}$

$$\text{or,} \ \mu_{21} = \frac{f\,\lambda_1}{f\,\lambda_2} = \frac{\lambda_1}{\lambda_2}$$

$$\text{or,} \ \frac{\mu_2}{\mu_1} = \frac{\lambda_1}{\lambda_2}$$

● Cauchy's formula : কোনো মাধ্যমের প্রতিসরাঙ্ক μ এবং আলোর তরঙ্গদৈর্ঘ্য λ হলে, এদের মধ্যে সম্পর্কটি হল : $\mu = A + \dfrac{B}{\lambda^2}$
[যেখানে A ও B দুটি ধ্রুবক, যা মাধ্যমে উপর নির্ভরশীল]

অনুসিদ্ধান্ত : আলোর তরঙ্গদৈর্ঘ্য বাড়লে প্রতিসরাঙ্কের মান কমে যায় ।

লেখচিত্র : তরঙ্গদৈর্ঘ্যের সাপেক্ষে প্রতিসরাঙ্কের পরিবর্তনের লেখচিত্র নিম্নরূপ :

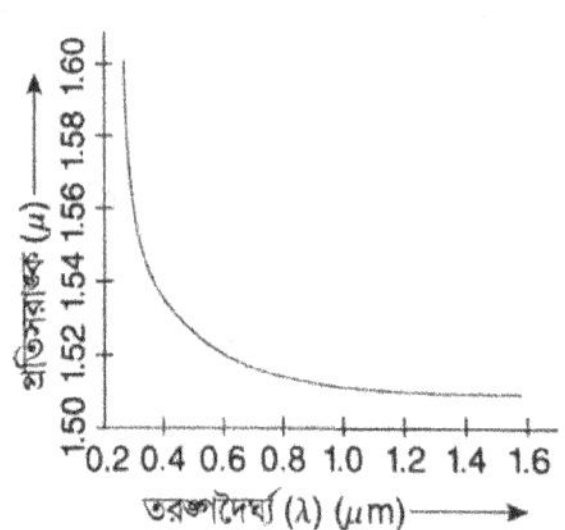

(7) আলোক তরঙ্গের বিস্তারে তরঙ্গমুখের ধারণা

(a) তরঙ্গমুখের সংজ্ঞা : কোনো উৎস থেকে উৎপন্ন তরঙ্গ কোনো একটি মাধ্যমের মধ্য দিয়ে সঞ্চালিত হলে মাধ্যমের কণাগুলি কম্পিত হতে থাকে। যে কোনো মুহূর্তে তরঙ্গের গতিপথে অবস্থিত মাধ্যমের সমদশাসম্পন্ন কণাগুলির সঞ্চার পথকে ওই তরঙ্গের তরঙ্গমুখ বলে।

(i) কোনো সমসত্ত্ব মাধ্যমে তরঙ্গমুখ সর্বদা নিজের সমান্তরালে অগ্রসর হয় এবং আলোক রশ্মি এই তরঙ্গমুখের অভিলম্ব।

(ii) তরঙ্গমুখের ওপর যে কোনো বিন্দুতে অভিলম্ব ওই নির্দিষ্ট বিন্দুতে তরঙ্গটির বেগের অভিমুখ নির্দেশ করে। কোনো তরঙ্গের বেগ প্রকৃতপক্ষে সেই তরঙ্গটির তরঙ্গমুখের বেগ।

(iii) যে কোনো তরঙ্গমুখের ক্ষেত্রে সমদশাসম্পন্ন তরঙ্গমুখের লম্বদূরত্বকে ওই তরঙ্গের তরঙ্গদৈর্ঘ্য বলে।

(b) তরঙ্গমুখের ধর্ম

(c) বিভিন্ন তরঙ্গের তরঙ্গমুখ

(i) গোলীয় তরঙ্গমুখ [spherical wavefront] :কোনো বিন্দু উৎস থেকে উৎপন্ন তরঙ্গ থেকে ।

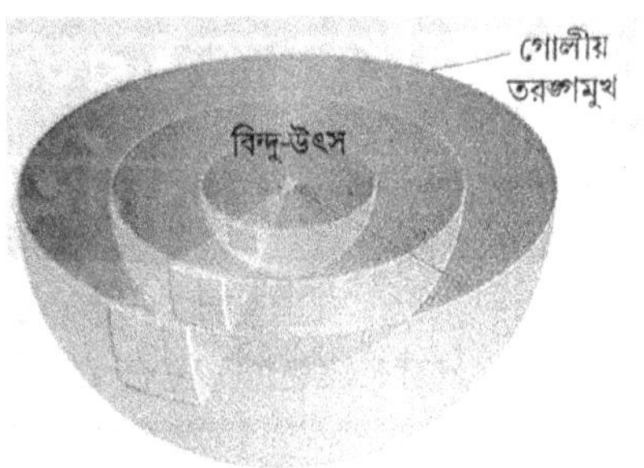

(ii) সমতল তরঙ্গমুখ [plane wavefront] : অসীম দূরত্বে অবস্থিত কোনো উৎস থেকে ।

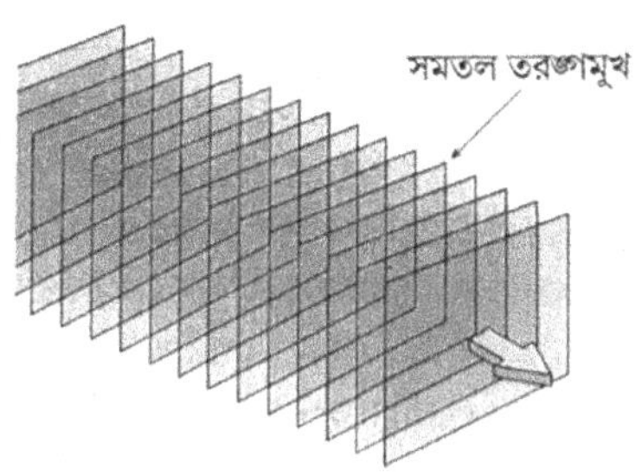

(iii) বেলনাকার তরঙ্গমুখ [cylindrical wavefront] : কোনো বেলনাকার উৎস থেকে ।

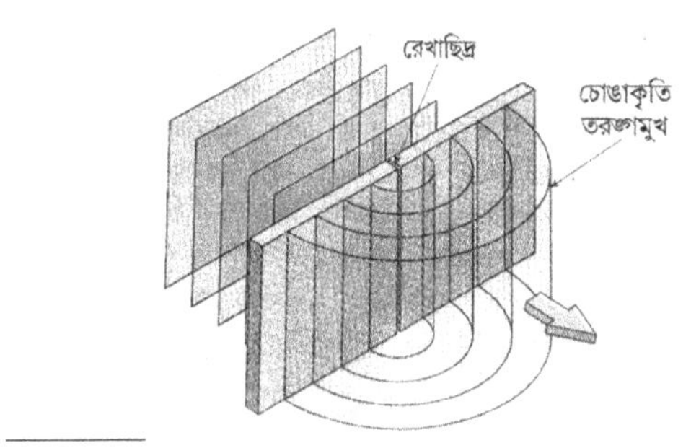

(8) তরঙ্গের বিস্তারের ক্ষেত্রে হাইগেন্সের নীতি (Huygen's Principle of Wave Propagation)

(i) তরঙ্গমুখে অবস্থিত প্রতিটি বিন্দুকে একটি নতুন উৎস হিসেবে বিবেচনা করা যায় ।

(ii) প্রতিটি নতুন উৎস বিন্দু ক্ষুদ্র ক্ষুদ্র গৌণ তরঙ্গ বা অণু তরঙ্গ উৎপন্ন করে । তরঙ্গমুখের প্রতিটি বিন্দু থেকে উৎপন্ন গৌণ তরঙ্গ তরঙ্গের বেগেই চারদিকে ছড়িয়ে পড়ে ।

(iii) গৌণ তরঙ্গমুখগুলির সামনের দিকে স্পর্শক তল হবে নির্দিষ্ট সময় পরে উৎস বিন্দুর নতুন তরঙ্গমুখ অর্থাৎ সম্মুখ তরঙ্গমুখ । গৌণতরঙ্গমুখগুলির পেছনের দিকের স্পর্শ তলগুলিকে পশ্চাদ্বর্তী তরঙ্গমুখ বলা হয় । কিন্তু হাইগেন্সের মতে পশ্চাদ্বর্তী তরঙ্গমুখের কোনো অস্তিত্ব নেই ।

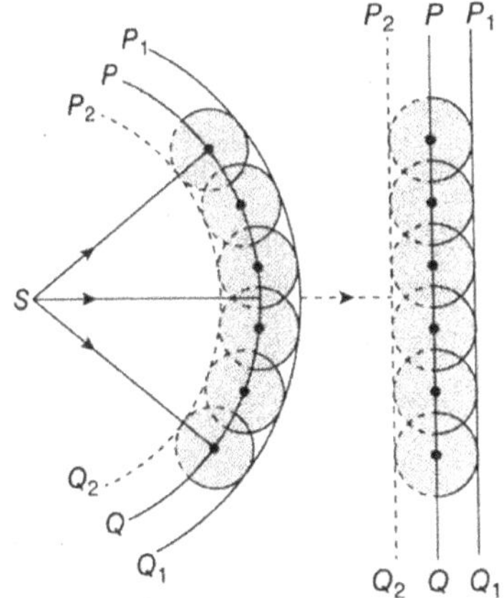

---

[2] আলোর প্রতিফলন (Reflection of Light)

আলোর তরঙ্গ প্রকৃতি থেকে আলোর প্রতিফলনের ব্যাখ্যা :

অথবা, হাইগেন্সের নীতি থেকে আলোর প্রতিফলনের সূত্রগুলির প্রমাণ :

Figure :

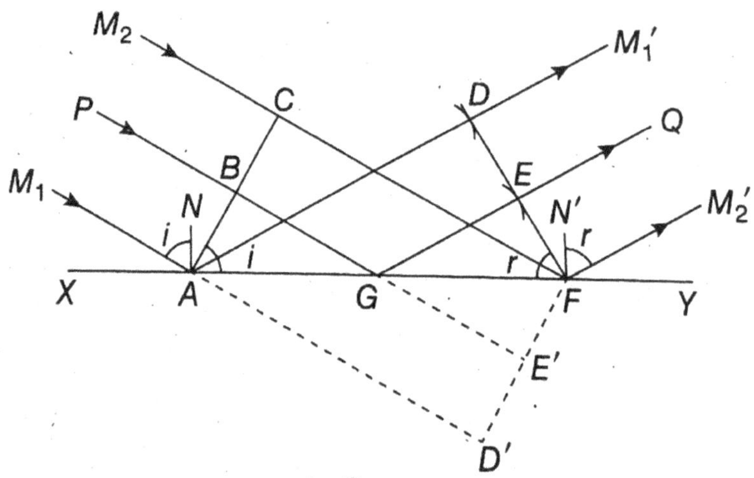

Formation of Reflected Wavefront :

মনে করি, কোনো একটি সমতল তরঙ্গমুখের AC অংশ কাগজের তলের সঙ্গে লম্বভাবে এসে সমতল প্রতিফলক তল XY এর ওপর আপতিত হয় । প্রতিফলক তলটি না থাকলে AC তরঙ্গমুখ t সময়ে D'F অবস্থানে থাকত ।

AC তরঙ্গমুখের A প্রান্ত প্রতিফলক তলকে স্পর্শ করার t সময় পরে C প্রান্ত প্রতিফলক তলের F বিন্দু পৌঁছায় । এই সময় A বিন্দু থেকে নির্গত গৌণ তরঙ্গের অবস্থান নির্ণয়ের জন্য A বিন্দুকে কেন্দ্র করে AD' ব্যাসার্ধ নিয়ে একটি বৃত্তচাপ অঙ্কন করা হল । F বিন্দু থেকে এই বৃত্তচাপের ওপর স্পর্শক FD অঙ্কন করা হল ।

Confirming the Validity of Reflected Wavefront :

এখন যদি প্রমাণ করা যায়, যেসময়ে A বিন্দুতে উৎপন্ন গৌণ তরঙ্গ D বিন্দুতে পৌঁছায় সেই সময়ে AC তরঙ্গমুখের অন্য যে কোনো বিন্দু B থেকে আগত গৌণ তরঙ্গ প্রতিফলক তলের G বিন্দুতে প্রতিফলিত হয়ে অঙ্কিত স্পর্শতলের E বিন্দুতে পৌঁছায় তাহলে FD হবে প্রতিফলিত তরঙ্গমুখ ।

এখন ΔADF ও ΔAD'F এর মধ্যে (1) AD = AD'

              (2) AF সাধারণ বাহু ।

              (3) ∠ ADF = ∠ AD'F = 90°

              ∴ ΔADF ≅ ΔAD'F

অর্থাৎ, ∠ AFD = ∠ AFD'

এখন ΔGEF ও ΔGE'F এর মধ্যে (1) ∠ GEF = ∠ GE'F = 90°

              (2) GF সাধারণ বাহু ।

              (3) ∠ GFE = ∠ GFE'

              ∴ ΔGEF ≅ ΔGE'F

অর্থাৎ, GE = GE'

∴ BE' = BG + GE' = BG + GE

অর্থাৎ B বিন্দু থেকে আগত গৌণ তরঙ্গ প্রতিফলক তলের অনুপস্থিতিতে যে সময়ে E' অবস্থানে পৌঁছায় প্রতিফলক তলের উপস্থিতিতে G বিন্দুতে প্রতিফলিত হয়ে E বিন্দুতে পৌঁছাতে একই সময় নেয় ।

আপতিত তরঙ্গমুখ AC এর প্রতিটি বিন্দুর ক্ষেত্রেই এই যুক্তি গ্রাহ্য ।

∴ AC তরঙ্গমুখের প্রতিফলিত তরঙ্গমুখ FD ।

Proof of Laws of Reflection :

[1] এখন ΔCAF ও ΔDAF এর মধ্যে (1) CF = AD
(2) AF সাধারণ বাহু ।
(3) ∠ ACF = ∠ ADF = 90°
∴ ΔCAF ≅ ΔDAF

অর্থাৎ, ∠ CAF = ∠ DFA
or, i = r

[2] আপতিত ও প্রতিফলিত তরঙ্গমুখের ছেদরেখা অর্থাৎ আপতিত, প্রতিফলিত আলোকরশ্মি এবং অভিলম্ব একই তলে অবস্থিত হওয়ায় প্রতিফলনের প্রথম সূত্রটিও প্রমাণিত ।

[3] আলোর প্রতিসরণ (Refraction of Light)

আলোর তরঙ্গ প্রকৃতি থেকে আলোর প্রতিসরণের ব্যাখ্যা :
অথবা, হাইগেন্সের নীতি থেকে আলোর প্রতিসরণের সূত্রগুলির প্রমাণ :

Figure :

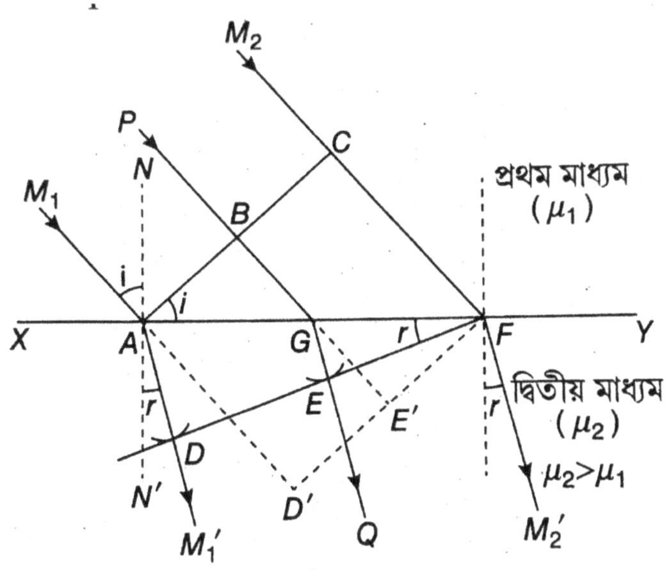

Formation of Refracted Wavefront :

মনে করি, একটি সমতল তরঙ্গমুখের AC অংশ সমতল প্রতিসারক তল XY এর ওপর আপতিত হল । প্রতিসারক তলটি না থাকলে AC তরঙ্গমুখ t সময়ে D'F অবস্থানে থাকত ।

AC তরঙ্গমুখের A প্রান্ত প্রতিসারক তলকে স্পর্শ করার t সময় পরে C প্রান্ত প্রতিসারক তলের F বিন্দুতে পৌঁছায় । এই সময় A বিন্দু থেকে নির্গত গৌণ তরঙ্গের অবস্থান নির্ণয় করতে A কে কেন্দ্র করে $v_2 t$ ব্যাসার্ধ নিয়ে একটি বৃত্তচাপ অঙ্কন করা হল । F বিন্দু থেকে ওই বৃত্তচাপের ওপর স্পর্শক FD অঙ্কন করা হল ।

Confirming the Validity of Refracted Wavefront :

এখন যদি প্রমাণ করা যায় যে, t সময়ে যদি AC তরঙ্গমুখের যে কোনো বিন্দু B থেকে আগত গৌণ তরঙ্গ যদি প্রতিসারক তলের G বিন্দুতে প্রতিসৃত হয়ে অঙ্কিত স্পর্শকতলের E বিন্দুতে পৌঁছায়, তাহলে FD হবে প্রতিসৃত তরঙ্গমুখ।

এখন ΔADF ও ΔGEF এর মধ্যে $\angle$ ADF = $\angle$ GEF = 90°

$$\angle \text{AFD} = \angle \text{GFE} \ [\ \text{সাধারণ কোণ}\ ]$$

$$\therefore \Delta \text{ADF} \ \text{ও} \ \Delta \text{GEF} \ \text{সদৃশ}।$$

$$\therefore \frac{\text{AD}}{\text{GE}} = \frac{\text{AF}}{\text{GF}} \ \cdots\cdots\cdots\cdots\cdots(1)$$

এখন ΔAD'F ও ΔGE'F এর মধ্যে $\angle$ AFD' = $\angle$ GFE' [সাধারণ কোণ]

$$\angle \text{FAD'} = \angle \text{FGE'} \ [\ \text{অনুরূপ কোণ}\ ]$$

$$\therefore \Delta \text{AD'F} \ \text{ও} \ \Delta \text{GE'F} \ \text{সদৃশ}।$$

$$\therefore \frac{\text{AD}'}{\text{GE}'} = \frac{\text{AF}}{\text{GF}} \ \cdots\cdots\cdots\cdots\cdots(2)$$

(1) ও (2) সমীকরণ তুলনা করে পাওয়া যায়, $\dfrac{\text{AD}}{\text{GE}} = \dfrac{\text{AD}'}{\text{GE}'}$

$$\text{or,} \ \frac{\text{AD}'}{\text{AD}} = \frac{\text{GE}'}{\text{GE}}$$

অর্থাৎ, A বিন্দু থেকে আগত কোনো গৌণ তরঙ্গ যে সময়ে প্রতিসরণের ফলে D' বিন্দুর পরিবর্তে D বিন্দুতে পৌঁছায় ; B বিন্দু থেকে আগত কোনো গৌণ তরঙ্গ G বিন্দুতে প্রতিসরণের ফলে E' বিন্দুর পরিবর্তে E বিন্দুতে পৌঁছাতে একই সময় নেয়। আপতিত তরঙ্গমুখ AC এর প্রতিটি বিন্দুর ক্ষেত্রেই এই যুক্তি গ্রাহ্য।

$\therefore$ AC তরঙ্গমুখের প্রতিসৃত তরঙ্গমুখ FD।

Proof Of Laws Of Refraction :

[1] এখন i + $\angle$ NAC = 90° এবং $\angle$ NAC + $\angle$ CAF = 90° [$\because$ AN অভিলম্ব]

$\therefore \angle$ CAF = i

আবার r + $\angle$ DAF = 90° এবং ΔADF এর $\angle$ DAF + $\angle$ DFA = 90°

$$\therefore \angle \text{DFA} = r$$

$$\therefore \frac{\sin i}{\sin r} = \frac{\sin \angle \text{CAF}}{\sin \angle \text{DFA}}$$

$$= \frac{\frac{\text{CF}}{\text{AF}}}{\frac{\text{AD}}{\text{AF}}} = \frac{\text{CF}}{\text{AD}}$$

$$= \frac{v_1 t}{v_2 t} = \frac{v_1}{v_2} = \text{constant} \ (= {}_1\mu_2)$$

$\therefore$ নির্দিষ্ট মাধ্যমযুগল ও নির্দিষ্ট বর্ণের আলোর ক্ষেত্রে প্রথম মাধ্যমের আপতন কোণের sine ও দ্বিতীয় মাধ্যমের প্রতিসরণ কোণের sine এর অনুপাত মাধ্যমদ্বয়ে আলোর গতিবেগের অনুপাতের সমান অর্থাৎ ধ্রুবক।

[2] এক্ষেত্রে আপতিত ও প্রতিসৃত তরঙ্গমুখের ছেদরেখা অথবা আপতিত ও প্রতিসৃত আলোকরশ্মি এবং অভিলম্ব একই তলে অবস্থিত হওয়ায় প্রতিসরণের প্রথম সূত্রটিও প্রমাণিত।

[4] আলোর বিচ্ছুরণ (Dispersion of Light)

Visible Light Spectrum :

Violate	Indigo	Blue	Green	Yellow	Orange	Red
Increasing Wavelength →						
380 − 425 nm	425 − 445 nm	445 − 500 nm	500 − 565 nm	565 − 590 nm	590 − 625 nm	625 − 740 nm

(1) **আলোর বিচ্ছুরণ (Dispersion of Light) :**

বহুবর্ণী বা মিশ্র আলো প্রিজম বা অন্য কোনো প্রতিসারক মাধ্যমের মধ্য দিয়ে প্রতিসরণের সময় বিভিন্ন বর্ণের আলোতে বিভাজিত হয়, এই ঘটনাকে আলোর বিচ্ছুরণ বলে।

(2) **বিচ্ছুরক মাধ্যম :**

যে মাধ্যমের মধ্য দিয়ে যাওয়ার সময় সাদা বা অন্য কোনো বহুবর্ণী মিশ্র আলোর বিচ্ছুরণ হয়, সেই মাধ্যমকে বিচ্ছুরক মাধ্যম বলে।

(3) **প্রিজমের মধ্য দিয়ে আলোর বিচ্ছুরণের কারণ :**

কোনো পাতলা প্রিজমের প্রতিসারক কোণ A এবং উপাদানের প্রতিসরাঙ্ক μ হলে অতিক্রান্ত কোনো রশ্মির বিচ্যুতি : $\delta = (\mu - 1)A$ শূন্য বা বায়ু মাধ্যমে সমস্ত বর্ণের আলোক রশ্মির গতিবেগ সমান হলেও কাচ মাধ্যমে বা অন্য কোনো মাধ্যমে বিভিন্ন বর্ণের আলোক রশ্মির বেগ বিভিন্ন। তাই বিভিন্ন বর্ণের আলোক রশ্মির জন্য কাচ বা বিচ্ছুরক মাধ্যমের প্রতিসরাঙ্ক বিভিন্ন এবং এই প্রতিসরাঙ্কের বিভিন্নতার জন্যই রশ্মিগুলির বিচ্যুতিও বিভিন্ন হয়। এই কারণে বহুবর্ণী বা মিশ্র আলোর বিচ্ছুরণ দেখা যায়।

(4) **প্রিজমের মধ্য দিয়ে সাদা আলোর বিচ্ছুরণ :**

কাচ মাধ্যমে লাল বর্ণের আলোর বেগ বেগুনি বর্ণের আলোর বেগ অপেক্ষা বেশী। তাই লাল বর্ণের আলোর জন্য কাঁচ মাধ্যমের প্রতিসরাঙ্ক বেগুনি বর্ণের আলোর জন্য ওই মাধ্যমের প্রতিসরাঙ্কের মান অপেক্ষা কম। এই কারণে নির্দিষ্ট প্রতিসারক কোণবিশিষ্ট কোনো প্রিজমের ক্ষেত্রে বেগুনি বর্ণের আলোর বিচ্যুতি লাল বর্ণের বিচ্যুতির থেকে বেশি। বাকি বর্ণের রশ্মিগুলির বিচ্যুতি লাল ও বেগুনি বর্ণের মধ্যে থাকে। তাই সাদা আলোতে উপস্থিত বিভিন্ন বর্ণের আলোর বিচ্যুতির পরিমাপ বিভিন্ন হওয়ায় বিচ্ছুরণ ঘটে।

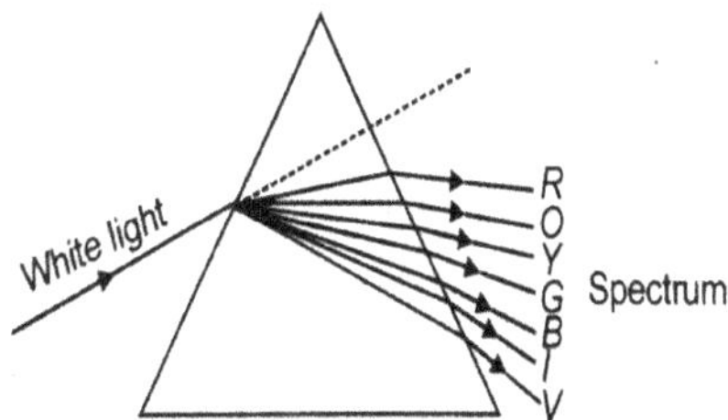

(5) **আলোর বিচ্ছুরণের প্রাকৃতিক দৃষ্টান্ত :**

আলোর বিচ্ছুরণের একটি প্রাকৃতিক দৃষ্টান্ত হল রামধনু বা রংধনু।

(6) **কৌণিক বিচ্ছুরণের সংজ্ঞা :**

প্রতিসরণের ফলে দুটি ভিন্ন বর্ণের আলোকরশ্মির যে চ্যুতি ঘটে তাদের অন্তরফলকে ওই দুই বর্ণের সাপেক্ষে আপতিত আলোকরশ্মির কৌণিক বিচ্ছুরণ বলা হয়।

(7) **লাল ও বেগুনি বর্ণের ক্ষেত্রের আলোর কৌণিক বিচ্ছুরণের মান নির্ণয় :**

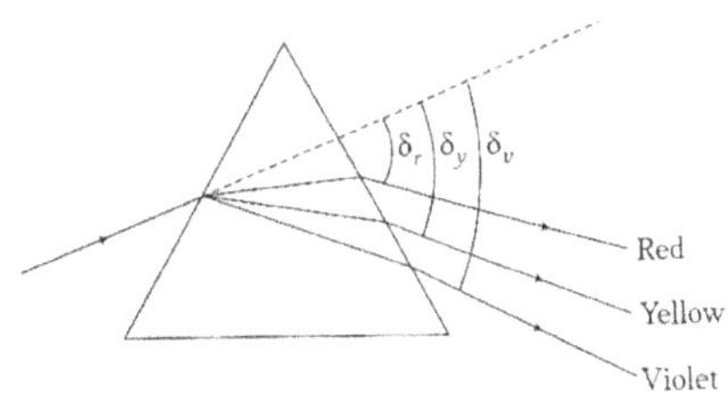

একটি পাতলা প্রিজম থেকে সাদা আলোকরশ্মির বিচ্ছুরণের সময় লাল ও বেগুনি বর্ণের আলোক রশ্মির ক্ষেত্রে চ্যুতি :

$$\delta_r = (\mu_r - 1)\,A \text{ এবং } \delta_v = (\mu_v - 1)\,A$$

উল্লেখ্য μ_r এবং μ_v যথাক্রমে লাল ও বেগুণি বর্ণের সাপেক্ষে প্রিজমের প্রতিসরাঙ্ক ।

এখন লাল ও বেগুণি বর্ণের ক্ষেত্রে আলোর কৌণিক বিচ্ছুরণ $= \delta_v - \delta_r$

$$= (\mu_v - \mu_r)\,A$$

(8)   প্রতিসারক মাধ্যমের বিচ্ছুরক ক্ষমতা :

বেগুনি ও লাল বর্ণের আলোকরশ্মির চ্যুতির অন্তরফল এবং মধ্য (অর্থাৎ হলুদ) রশ্মির চ্যুতির অনুপাতকে প্রতিসারক মাধ্যমটির বিচ্ছুরণ ক্ষমতা বলা হয় ।

বিচ্ছুরণ ক্ষমতা কেবলমাত্র মাধ্যমের প্রকৃতির ওপর নির্ভর করে ।

(9)   প্রিজমের জন্য বিচ্ছুরক ক্ষমতা নির্ণয় :

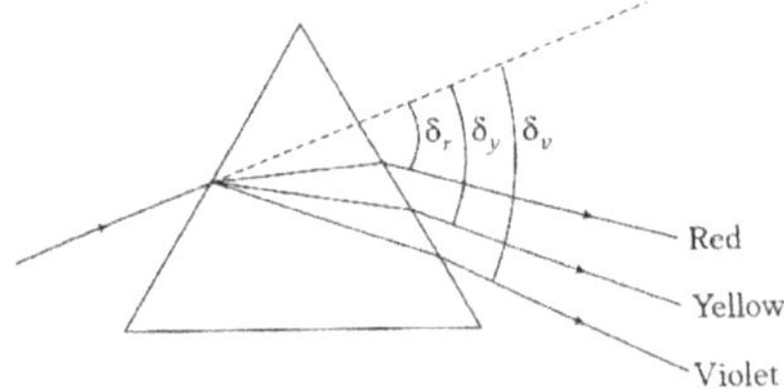

একটি পাতলা প্রিজম থেকে সাদা আলোকরশ্মির বিচ্ছুরণের সময় লাল ও বেগুনি বর্ণের আলোক রশ্মির ক্ষেত্রে চ্যুতি :

$$\delta_r = (\mu_r - 1)\,A \text{ এবং } \delta_v = (\mu_v - 1)\,A$$

উল্লেখ্য μ_r এবং μ_v যথাক্রমে লাল ও বেগুণি বর্ণের সাপেক্ষে প্রিজমের প্রতিসরাঙ্ক ।

∴ লাল ও বেগুণি বর্ণের ক্ষেত্রে আলোর কৌণিক বিচ্ছুরণ $= \delta_v - \delta_r = (\mu_v - \mu_r)\,A$

এখন মধ্যবর্তী বর্ণের রশ্মির (অর্থাৎ হলুদ বর্ণের) জন্য প্রিজমের প্রতিসরাঙ্ক হলে চ্যুতি $\delta_y = (\mu - 1)\,A$

∴ প্রতিসারক মাধ্যমটির বিচ্ছুরণ ক্ষমতা : $\omega = \dfrac{\delta_v - \delta_r}{\delta_y} = \dfrac{\mu_v - \mu_r}{\mu - 1}$

(10)   বর্ণালি (spectrum) :

● বহুবর্ণী বা মিশ্র আলো প্রিজম বা অন্য কোনো প্রতিসারক মাধ্যমের মধ্য দিয়ে প্রতিসরণের ফলে বিশ্লিষ্ট হয়ে বিভিন্ন বর্ণের আলোর ক্রমিক সজ্জার একটি পটি উৎপন্ন করে । বিভিন্ন বর্ণের ক্রমানুসারে সজ্জিত এই পটিকে বর্ণালি বলে ।

● বর্ণালির প্রকারভেদ :

(i) **শুদ্ধ বর্ণালি** : যে বর্ণালীতে উপস্থিত বিভিন্ন বর্ণের আলো একে অপরের ওপর উপরিপাতিত হয় না এবং প্রতিটি বর্ণকে সুস্পষ্ট ও পৃথকভাবে দেখা যায়, সেই বর্ণালীকে শুদ্ধ বর্ণালি(pure spectrum) বলে ।

(ii) **অশুদ্ধ বর্ণালি** : যে বর্ণালীতে উপস্থিত বিভিন্ন বর্ণের আলো একে অপরের ওপর উপরিপাতিত হওয়ার ফলে প্রতিটি বর্ণকে সুস্পষ্ট ও পৃথকভাবে দেখা যায় না, সেই বর্ণালীকে অশুদ্ধ বর্ণালি (impure spectrum)বলে ।

● শুদ্ধ ও অশুদ্ধ বর্ণালির পার্থক্য :

শুদ্ধ বর্ণালি	অশুদ্ধ বর্ণালি
(1) শুদ্ধ বর্ণালিতে প্রতিটি বর্ণকে সুস্পষ্ট ও পৃথকভাবে দেখা যায় ।	(1) অশুদ্ধ বর্ণালিতে প্রতিটি বর্ণকে সুস্পষ্ট ও পৃথকভাবে দেখা যায় না ।
(2) এই বর্ণালিতে প্রাপ্ত প্রতিটি বর্ণ বা রশ্মিগুচ্ছ খুব সরু হয়।	(2) এই বর্ণালিতে প্রাপ্ত প্রতিটি বর্ণ বা রশ্মিগুচ্ছ অপেক্ষাকৃত চওড়া হয় ।

(৩) এই বর্ণালিতে সাদা বা বহুবর্ণী মিশ্র আলোর মধ্যে উপস্থিত মৌলিক বর্ণগুলি নির্দিষ্ট ক্রমানুসারে পরপর সজ্জিত হয়।	(৩) এই বর্ণালিতে সাদা বা বহুবর্ণী মিশ্র আলোর মধ্যে উপস্থিত মৌলিক বর্ণগুলি নির্দিষ্ট ক্রমানুসারে পরপর সজ্জিত হয় না ।

(11) বিশুদ্ধ বর্ণালি গঠন :

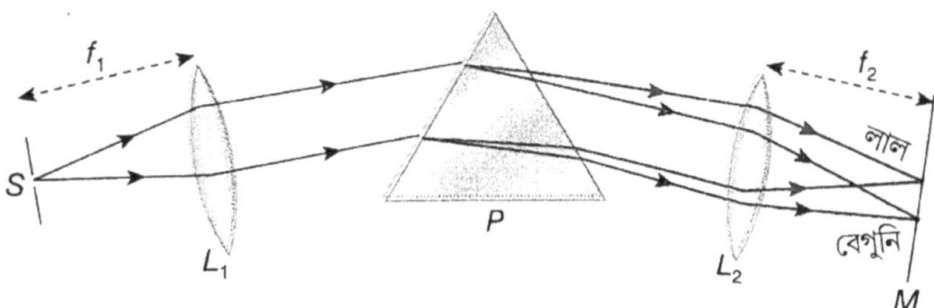

প্রদর্শিত চিত্রে, s → আলোক উৎস

L_1, L_2 → দুটি উত্তল লেন্স

P → একটি প্রিজম

M → একটি পর্দা

গঠন পদ্ধতি : আলোক উৎস থেকে আগত অপসারি সাদা বর্ণের আলোকরশ্মি L_1 লেন্স থেকে প্রতিসরণের পর সমান্তরাল রশ্মিগুচ্ছে পরিণত হয় । ওই সমান্তরাল আলোক রশ্মি P প্রিজমে এসে আপতিত হলে বিচ্ছুরিত হয় এবং ভিন্ন ভিন্ন বর্ণের সমান্তরাল আলোক রশ্মিগুচ্ছ হিসেবে নির্গত হয়। তারপর ওই সমান্তরাল আলোক রশ্মি অপর উত্তল লেন্স L_2 থেকে প্রতিসৃত হয়ে লেন্সটির ফোকাস তলে অবস্থিত সাদা পর্দার উপর পৃথক পৃথক ভাবে সজ্জিত হয় এবং শুদ্ধ বর্ণালী গঠন করে ।

বিশুদ্ধ বর্ণালী গঠনের শর্ত :

(i) আলোক উৎস থেকে আগত আলোকরশ্মি যে ছিদ্রপথের মধ্য দিয়ে নির্গত হয় তা খুব সূক্ষ্ম হওয়া প্রয়োজন। এর ফলে অনেক আলোকরশ্মি ছিদ্রের মধ্য দিয়ে এসে প্রিজমে পড়ে অশুদ্ধ বর্ণালী গঠন করতে পারে না ।

(ii) ছিদ্রপথটিকে প্রথম লেন্সের ঠিক ফোকাসে রাখতে হয়; যাতে প্রথম লেন্স থেকে নির্গত রশ্মিগুচ্ছ সমান্তরাল হয় ।

(iii) প্রিজমটিকে বর্ণালীর মধ্যবর্তী রশ্মির (হলুদ) সাপেক্ষে তার ন্যূনতম চ্যুতির অবস্থানে রাখা হয় ।

● **কোনো বস্তুর বর্ণের কারণ :** কোনো অস্বচ্ছ বস্তুর ওপর সাদা আলো ফেললে ওই বস্তুটি যে বর্ণের আলোকে প্রতিফলিত করে, বস্তুকে সেই বর্ণের বলে মনে হয় ।

● **মৌলিক বর্ণ :** লাল, সবুজ ও নীল এই তিনটি বর্ণকে উপযুক্ত অনুপাতে মিশিয়ে যে কোনো বর্ণ তৈরি করা যায়, তাই এদের মৌলিক বর্ণ বলা হয় ।

● **পরিপূরক বর্ণ :** সাদা আলোর বর্ণালির একদিকের কোনো বর্ণের সঙ্গে বিপরীত দিকের কোনো বর্ণ সঠিক অনুপাতে মিশিয়ে যদি সাদা বর্ণ পাওয়া যায়, তবে ওই দুই বর্ণকে পরিপূরক বর্ণ বলে। যেমন – নীল ও হলুদ হল পরিপূরক বর্ণ।

প্রশ্ন : সূর্যালোকে জবা ফুলকে লাল দেখায় কেন ?

উত্তর : জবা ফুলের ওপর সূর্যালোক আপতিত হলে জবা ফুল লাল আলো ছাড়া অন্যান্য বর্ণের আলোকে শোষণ করে নেয় । শুধুমাত্র লাল আলোকেই প্রতিফলিত করে। তাই জবা ফুলকে লাল দেখায় ।

প্রশ্ন : নীল কাচের ভিতর দিয়ে সাদা ফুলকে কেমন দেখাবে ?

উত্তর : সাদা ফুল থেকে আসা সাদা আলো (যা সাতটি বর্ণের আলোর মিশ্রণ) নীল কাচে প্রবেশ করলে নীল কাচ নীল রং ছাড়া সব বর্ণের আলোকে শোষণ করে নেয়। তাই দর্শকের চোখে কেবলমাত্র নীল আলোই পৌঁছাবে এবং ফুলটিকে নীল দেখাবে।

প্রশ্ন : একটি লাল ও নীল কাচকে একসঙ্গে রেখে সূর্যকে দেখলে কেমন দেখাবে ?

উত্তর : সূর্য থেকে আসা সাদা আলো (যা সাতটি বর্ণের আলোর মিশ্রণ) লাল কাচে প্রবেশ করলে লাল কাচ লাল রং ছাড়া সব বর্ণের আলোকে শোষণ করে নেয়। তাই নীল কাচের উপর কেবলমাত্র লাল আলো আপতিত হবে। কিন্তু নীল কাচ আবার লাল আলোকে শোষণ করে নেয়। তাই অপরপ্রান্তে দর্শকের চোখে কোনো আলোই পৌঁছাবে না এবং সূর্যকে কালো দেখাবে।

প্রশ্ন : রাত্রিতে নীল আলোয় আলোকিত কোনো ঘরে লাল জবা ফুলকে কেমন দেখাবে ?

উত্তর : রাত্রিতে নীল আলোয় আলোকিত কোনো ঘরে লাল জবা ফুলকে কালো দেখাবে। কারণ জবা ফুল লাল ছাড়া অন্যান্য বর্ণের আলো শোষণ করে। ঘরের নীল আলো জবা ফুলের ওপর পড়লে জবা ফুল তা শোষণ করে নেবে, কোনো আলোই প্রতিফলিত করবে না।

[5] আলোর বিক্ষেপণ

(1) আলোর বিক্ষেপণ

কোনো বস্তুকণার ওপর তার আকারের তুলনায় বেশি তরঙ্গদৈর্ঘ্যবিশিষ্ট কোনো তরঙ্গ আপতিত হলে ওই বস্তুকণা তরঙ্গ থেকে শক্তি শোষণ করে এবং গৌণ উৎসরূপে কণাটি ওই শক্তিকে তরঙ্গের আকারে চতুর্দিকে ছড়িয়ে দেয়। এই ঘটনাকে আলোর বিক্ষেপণ বলে।

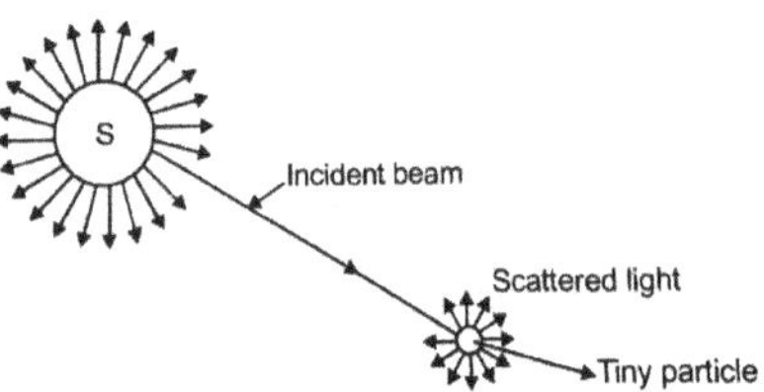

(2) আলোর বিক্ষেপণের ওপর আলোর তরঙ্গ দৈর্ঘ্যের নির্ভরতা (বিজ্ঞানী র্যালের বিক্ষেপণ সূত্র)

বিক্ষেপণ সৃষ্টিকারী কণার আকার আলোর তরঙ্গদৈর্ঘ্যের চেয়ে ক্ষুদ্র হলে বিক্ষিপ্ত আলোর তীব্রতা (I) আলোর তরঙ্গ দৈর্ঘ্যের (λ) চতুর্থ ঘাতের ব্যস্তানুপাতিক।

অর্থাৎ, $I \propto \dfrac{1}{\lambda^4}$

(3) কণার ব্যাসের ওপর আলোর বিক্ষেপণের নির্ভরতা

বিক্ষিপ্ত আলোর তীব্রতা (I) বায়ুমণ্ডলে ভাসমান ধূলিকণার ব্যাসের (d) ষষ্ঠঘাতের সমানুপাতিক।

অর্থাৎ, $I \propto d^6$

বিক্ষিপ্ত আলোর তীব্রতা অনুযায়ী বিভিন্ন বর্ণের ক্রমিক সজ্জা : বেগুনি > নীল > সবুজ > হলুদ > কমলা > লাল

(4) বিপদ সংকেতে লাল আলো ব্যবহার করার কারণ

দৃশ্যমান আলোর মধ্যে উপস্থিত বিভিন্ন বর্ণের মধ্যে লাল বর্ণের আলোর তরঙ্গদৈর্ঘ্য সর্বাধিক। তাই বায়ুমণ্ডলে ভাসমান ধূলিকণা দ্বারা লাল বর্ণের আলোর বিক্ষেপন সর্বনিম্ন (কারণ র্যালের সূত্রানুসারে বিক্ষেপনের পরিমাণ আলোর তরঙ্গদৈর্ঘ্যের চতুর্থ ঘাতের ব্যস্তানুপাতিক)। অর্থাৎ লাল বর্ণের আলো বায়ুস্তর ভেদ করা সোজা অনেকদূর চলে যেতে পারে। সেই কারণে বিপদ সংকেত হিসেবে লাল আলো ব্যবহার করা হয়।

(5) উদয় বা অস্ত যাওয়ার সময় সূর্যকে লাল দেখানোর কারণ :

সূর্যালোকের সাতটি বর্ণের মধ্যে লাল বর্ণের আলোক রশ্মির তরঙ্গদৈর্ঘ্য সর্বাধিক, তাই বায়ুমন্ডলে ভাসমান ধূলিকণা দ্বারা লাল আলোর বিক্ষেপণ সর্বনিম্ন ; কারণ র‍্যালের সূত্রানুসারে বিক্ষেপনের পরিমাণ আলোর তরঙ্গদৈর্ঘ্যের চতুর্থ ঘাতের ব্যস্তানুপাতিক ।

সূর্যোদয় বা সূর্যাস্তের সময় সূর্য দিগন্তে থাকে বলে সূর্য রশ্মিকে অনেক বেশি পথ অতিক্রম করতে হয় । এর ফলে লাল বর্ণের আলোক রশ্মি ছাড়া অন্যান্য বর্ণের রশ্মিগুলি বেশি বিক্ষিপ্ত হয়, ফলে রশ্মিগুলি আমাদের চোখে এসে পড়ে না । কেবলমাত্র লালবর্ণের আলোকরশ্মিগুলি কম বিক্ষেপণের কারণে আমাদের চোখে এসে পৌছায় । তাই উদীয়মান ও অস্তগামী সূর্যকে লাল দেখায় ।

(6) দিনের বেলায় আকাশ নীল দেখানোর কারণ :

সূর্যালোক হল সাতটি বিভিন্ন তরঙ্গদৈর্ঘ্যবিশিষ্ট তরঙ্গের মিশ্রণ । সূর্যালোকের সাতটি বর্ণের মধ্যে নীল ও বেগুনি বর্ণের আলোক রশ্মির তরঙ্গদৈর্ঘ্য সর্বনিম্ন । সেই জন্য বায়ুমন্ডলে ভাসমান ধূলিকণা দ্বারা নীল বা বেগুনি বর্ণের আলোর বিক্ষেপণ সর্বাধিক (কারণ বিক্ষেপণের পরিমাণ বা তীব্রতা আলোর তরঙ্গদৈর্ঘ্যের চতুর্থঘাতের ব্যস্তানুপাতিক)। ফলে বেশি পরিমাণে নীল বর্ণের আলো বায়ুমন্ডল ভেদ করে আমাদের চোখে এসে পৌছায় । তাই দিনের বেলায় আকাশ নীল দেখায় ।

(7) মেঘ সাধারণত সাদা দেখানোর কারণ :

বিক্ষেপণ সৃষ্টিকারী কণার আকার আলোর তরঙ্গদৈর্ঘ্যের চেয়ে ক্ষুদ্র হলে বিক্ষেপনের মাত্রা তরঙ্গদৈর্ঘ্যের চতুর্থ ঘাতের ব্যস্তানুপাতিক। কিন্তু বিক্ষেপণ সৃষ্টিকারী কণার আকার আলোর তরঙ্গদৈর্ঘ্যে চেয়ে বড়ো হলে বিক্ষেপনের নিয়ম প্রযোজ্য হয় না । মেঘের মধ্যে উপস্থিত বড়ো বড়ো জলকণা, ধূলিকণা ইত্যাদি থেকে সকল বর্ণের আলোর প্রায় সমান বিক্ষেপণ হয় বলে মেঘকে সাধারণত সাদা দেখায় ।

(8) গাড়ির কুয়াশাভেদী আলো হলুদ হওয়ার কারণ :

কুয়াশা দৃশ্যমান আলোকে চারিদিকে বিক্ষিপ্ত করে তাই দূরের জিনিস দেখা যায় না । হলুদ বর্ণের আলোর তরঙ্গদৈর্ঘ্য তুলনামূলকভাবে বেশি হওয়ায় বিক্ষেপণ কম হয় এবং কুয়াশার মধ্য দিয়ে দেখতে সুবিধা হয় । তবে লাল আলোর বিক্ষেপণ আরও কম কিন্তু চোখ লাল অপেক্ষা হলুদ আলোতে বেশি সংবেদনশীল তাই গাড়ির কুয়াশাভেদী আলো হলুদ বর্ণের হয় ।

(9) রামধণু বা বংধণু কী কারণে তৈরি হয় ?

বাতাসে ভাসমান জলকণার ওপর সূর্যরশ্মি এসে পড়লে ওই রশ্মি বিচ্ছুরণের ফলে বিভিন্ন বর্ণে বিশ্লিষ্ট হয় । জলকণার মধ্যে প্রতিফলন ও প্রতিসরণের জন্য বিচ্ছুরত বিভিন্ন বর্ণের রশ্মি বিচ্যুত হয়ে জলকণা থেকে নির্গত হয় । বিভিন্ন বর্ণের এই রশ্মিই রামধণুর সৃষ্টি হয়।

(10) দিনের বেলা চাঁদের আকাশ কী বর্ণের দেখায় ?

চাঁদে বায়ুমন্ডল না থাকায় আলোর কোনো বিক্ষেপণ হয় না । এর ফলে চন্দ্রপৃষ্ঠে দাঁড়িয়ে থাকা দর্শকের চোখে কোনো বিক্ষিপ্ত আলো এসে পৌছায় না । তাই চাঁদে দিনের আকাশ কালো রঙের হয় ।

[6] আলোর ব্যাতিচার (Interference of Light)

(1) ব্যাতিচার :

● **আলোর ব্যাতিচার :** সমকম্পাঙ্ক, সমান বা প্রায় সমান বিস্তার ও নির্দিষ্ট দশা পার্থক্যযুক্ত দুটি (আলোক) তরঙ্গ একই মাধ্যমের মধ্য দিয়ে অগ্রসর হয়ে উপরিপাতিত হলে শক্তির পুনর্বন্টনের জন্য কোনো কোনো স্থানে তারা পরস্পরের শক্তি বৃদ্ধি করে এবং কোনো কোনো স্থানে তারা পরস্পরের শক্তি সম্পূর্ণ বা আংশিকভাবে বিনিষ্ট করে । আলোক তরঙ্গের উপরিপাতনের ফলে শক্তির এই বৃদ্ধি বা হ্রাসের ঘটনাকে আলোর ব্যাতিচার বলে ।

● **গঠনমূলক ব্যাতিচার :** ব্যাতিচারের সময় ব্যাতিচার ঝালরের যেসব বিন্দুতে তরঙ্গ দুটি সমদশায় সমাপতিত হয়, সেই সব বিন্দুতে শক্তি বৃদ্ধির ফলে লব্ধি তরঙ্গের তীব্রতা বৃদ্ধি পায় । এই ঘটনাকে গঠনমূলক ব্যাতিচার বলে ।

● **ধ্বংসাত্মক ব্যাতিচার :** ব্যাতিচারের সময় ব্যাতিচার ঝালরের যেসব বিন্দুতে তরঙ্গ দুটি বিপরীত দশায় সমাপতিত হয়, সেই সব বিন্দুতে শক্তি হ্রাসের ফলে লব্ধি তরঙ্গের তীব্রতা হ্রাস পায়। এই ঘটনাকে গঠনমূলক ধ্বংসাত্মক ব্যাতিচার বলে।

● **ব্যাতিচার ঝালর :** ব্যাতিচারের সময় তরঙ্গদ্বয় যে অংশে উপরিপাতিত হয়, সেই স্থানে কোনো পর্দার ওপর পর্যায়ক্রমে উজ্জ্বল ও অন্ধকার রেখার সজ্জাবিশিষ্ট একটি পটি দেখা যায়। এই পটিকে ব্যাতিচার ঝালর বা ব্যাতিচার পটি বলে।

● **কেন্দ্রীয় চরমবিন্দু বা মধ্যবর্তী সর্বোচ্চ :** ব্যাতিচার ঝালর বা ঝালর পটির ঠিক মাঝখানে লব্ধি তরঙ্গের তীব্রতা সবচেয়ে বেশি। এই অংশকে কেন্দ্রীয় চরম বিন্দু বলে।

(2) ভিন্ন বিস্তারযুক্ত তরঙ্গের উপরিপাতের ফলে উৎপন্ন ব্যাতিচারের গাণিতিক বিশ্লেষণ :

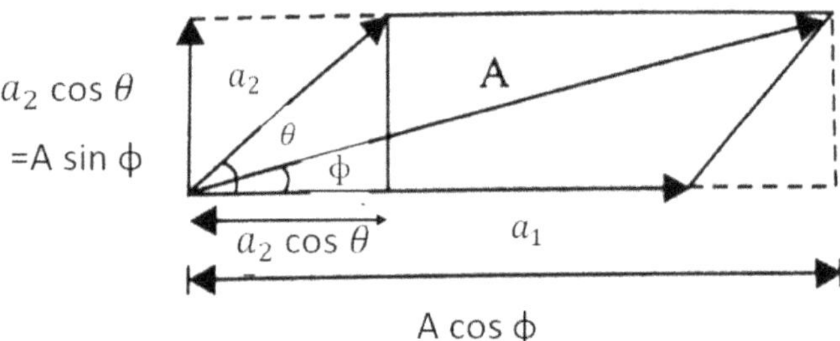

(i) লব্ধি তরঙ্গের সমীকরণ নির্ণয় :

মনে করি, সম কম্পাঙ্ক ও θ দশা পার্থক্যযুক্ত a_1 ও a_2 বিস্তারের দুটি তরঙ্গ পরস্পর উপরিপাতিত হল। এখন তরঙ্গদ্বয় t সময়ে কোনো বিন্দুতে y_1 ও y_2 সরণ উৎপন্ন করলে, $y_1 = a_1 \sin \omega t$ ও $y_2 = a_2 \sin (\omega t + \theta)$
উপরিপাতের নীতি অনুসারে ওই বিন্দুতে কণার লব্ধি সরণ :
$$y = y_1 + y_2$$
$$= a_1 \sin \omega t + a_2 \sin (\omega t + \theta)$$
$$= a_1 \sin \omega t + a_2 [\sin \omega t \cos \theta + \cos \omega t \sin \theta]$$
$$= \sin \omega t (a_1 + a_2 \cos \theta) + a_2 \cos \omega t \sin \theta$$

মনে করি, $a_1 + a_2 \cos \theta = A \cos ɸ$ ও $a_2 \sin \theta = A \sin ɸ$

$$\therefore y = A \sin \omega t \cos ɸ + A \cos \omega t \sin ɸ$$
$$= A \sin (\omega t + ɸ)$$

(ii) লব্ধি তরঙ্গের বিস্তার : $A = \sqrt{ (A \cos ɸ)^2 + (A \sin ɸ)^2 }$

$$or, A = \sqrt{ (a_2 \sin \theta)^2 + (a_1 + a_2 \cos \theta)^2 }$$

$$or, A = \sqrt{ a_2{}^2 \sin^2 \theta + (a_1)^2 + 2 a_1 a_2 \cos \theta + a_2{}^2 \cos^2 \theta }$$

$$\therefore \mathbf{A = \sqrt{ (a_1)^2 + (a_2)^2 + 2 a_1 a_2 \cos \theta }}$$

(iii) লব্ধি তরঙ্গের তীব্রতা : $I = K A^2$ [$\because$ Intensity $\propto (amplitude)^2$]

$$or, I = K [(a_1)^2 + (a_2)^2 + 2 a_1 a_2 \cos \theta]$$

$$or, I = K (a_1)^2 + K (a_2)^2 + 2 K a_1 a_2 \cos \theta$$

$$\text{or, } I = I_1 + I_2 + 2 \sqrt{I_1} \sqrt{I_2} \cos \theta$$

$$\text{or, } I = I_1 + I_2 + \text{Interference Factor}$$

(iv) গঠনমূলক ব্যতিচার (constructive interference): লব্ধি তরঙ্গের তীব্রতা বৃদ্ধি পাওয়ার ঘটনাকে গঠনমূলক ব্যতিচার বলে ।

	শর্ত	ফলাফল
দশা পার্থক্য	$\theta = (2n) \pi$	
পথ পার্থক্য	$\Delta x = n \lambda = (2n) \dfrac{\lambda}{2}$	লব্ধি তরঙ্গের বিস্তার : $A = a_1 + a_2 = A_{max}$
সময় পার্থক্য	$\Delta t = (2n) \dfrac{T}{2}$	লব্ধি তরঙ্গের তীব্রতা : $I = \left(\sqrt{I_1} + \sqrt{I_2} \right)^2$

(v) ধ্বংসমূলক ব্যতিচার (Destructive Interference) : লব্ধি তরঙ্গের তীব্রতা হ্রাস পাওয়ার ঘটনাকে ধ্বংসাত্মক ব্যতিচার বলে ।

	শর্ত	ফলাফল
দশা পার্থক্য	$\theta = (2n + 1) \pi$	
পথ পার্থক্য	$\Delta x = (2n +1) \dfrac{\lambda}{2}$	লব্ধি তরঙ্গের বিস্তার : $A = a_1 - a_2 = A_{min}$
সময় পার্থক্য	$\Delta t = (2n +1) \dfrac{T}{2}$	লব্ধি তরঙ্গের তীব্রতা : $I = \left(\sqrt{I_1} - \sqrt{I_2} \right)^2$

Golden Key Points : $\dfrac{phase\ difference}{2\pi} = \dfrac{path\ difference}{\lambda} = \dfrac{time\ difference}{T}$

(vi) লব্ধি তরঙ্গের গড় তীব্রতা (Average Intensity) :
$$
\begin{aligned}
I_{av} &= \frac{I_{max} + I_{min}}{2} \\
&= \frac{\left(\sqrt{I_1} + \sqrt{I_2}\right)^2 + \left(\sqrt{I_1} - \sqrt{I_2}\right)^2}{2} \\
&= \frac{2\left\{ \left(\sqrt{I_1}\right)^2 + \left(\sqrt{I_2}\right)^2 \right\}}{2} \\
&= I_1 + I_2
\end{aligned}
$$

Golden Key Points : $\dfrac{I_{max}}{I_{min}} = \dfrac{\left(\sqrt{I_1} + \sqrt{I_2}\right)^2}{\left(\sqrt{I_1} - \sqrt{I_2}\right)^2} = \dfrac{(a_1 + a_2)^2}{(a_1 - a_2)^2} = \dfrac{(A_{max})^2}{(A_{min})^2}$

(vii) ব্যতিচার পটির দৃশ্যতা [visibility] : দুটি তরঙ্গের উপরিপাতিত হয়ে ব্যতিচার গঠনের ক্ষেত্রে সর্বোচ্চ ও সর্বনিম্ন প্রাবল্যের রাশিমালা যথাক্রমে I_{max} ও I_{min} হলে, ব্যতিচার পটির দৃশ্যতা $V = \dfrac{I_{max} - I_{min}}{I_{max} + I_{min}}$

(a) $I_{min} = 0$ হলে $V = 1$ হয় । অর্থাৎ সর্বনিম্ন প্রাবল্যের মান শূন্য হলে দৃশ্যতার মান সর্বোচ্চ হয় ।

(b) $I_{max} = I_{min}$ হলে $V = 0$ হয় । অর্থাৎ, সর্বোচ্চ ও সর্বনিম্ন প্রাবল্যের মান সমান হলে দৃশ্যতার মান সর্বনিম্ন হয় ।

(3) সমান বিস্তারযুক্ত তরঙ্গের উপরিপাতের ফলে উৎপন্ন ব্যতিচারের গাণিতিক বিশ্লেষণ :

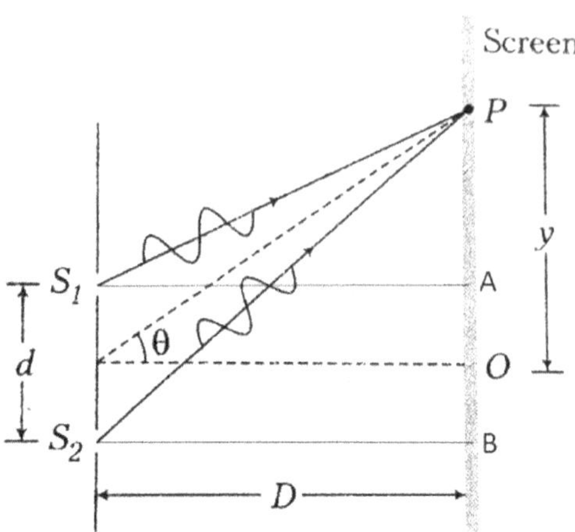

(i) লব্ধি তরঙ্গের সমীকরণ নির্ণয় :

মনে করি, λ তরঙ্গদৈর্ঘ্যের ও a বিস্তারের দুটি আলোক তরঙ্গ একই অভিমুখে অগ্রসর হয়ে পরস্পর উপরিপাতিত হল ।
এখন তরঙ্গদ্বয় t সময়ে কোনো বিন্দুতে y_1 ও y_2 সরণ উৎপন্ন করলে, $y_1 = a \sin \omega t$ ও $y_2 = a \sin (\omega t + \theta)$
উপরিপাতের নীতি অনুসারে ওই বিন্দুতে কণার লব্ধি সরণ : $y = y_1 + y_2$

$$= a \sin \omega t + a \sin (\omega t + \theta)$$
$$= a [\sin \omega t + \sin \omega t \cos \theta + \cos \omega t \sin \theta]$$
$$= \sin \omega t (a + a \cos \theta) + a \cos \omega t \sin \theta$$

মনে করি, $a + a \cos \theta = A \cos \phi$ ও $a \sin \theta = A \sin \phi$

$$\therefore y = A \sin \omega t \cos \phi + A \cos \omega t \sin \phi$$
$$= A \sin (\omega t + \phi)$$

(ii) লব্ধি তরঙ্গের বিস্তার : $A = \sqrt{ (A \cos \phi)^2 + (A \sin \phi)^2 }$

$$A = \sqrt{ (a \sin \theta)^2 + (a + a \cos \theta)^2 }$$
$$\text{or, } A = \sqrt{ a^2 \sin^2 \theta + a^2 + 2 a^2 \cos \theta + a^2 \cos^2 \theta }$$
$$\text{or, } A = \sqrt{ (a)^2 + (a)^2 + 2 a^2 \cos \theta }$$
$$\text{or, } A = \sqrt{ 2 a^2 (1 + \cos \theta) }$$
$$\text{or, } A = \sqrt{ 2 a^2 . 2 \cos^2 \frac{\theta}{2} }$$
$$\therefore A = 2 a \cos \frac{\theta}{2}$$

(iii) লব্ধি তরঙ্গের তীব্রতা : $I = 4K a^2 \cos^2 \frac{\theta}{2}$ [$\because$ Intensity $\propto$ ($amplitude$)^2]

[যেহেতু কোনো বিন্দুতে আলোক তীব্রতা ঐ বিন্দুর লব্ধ বিস্তারের বর্গের সমানুপাতিক অর্থাৎ ব্যতিচার ঝালরে আলোর তীব্রতা cosine square law অনুসারে পরিবর্তিত হয়]

(iv) গঠনমূলক ব্যতিচার (constructive interference): লব্ধি তরঙ্গের তীব্রতা বৃদ্ধি পাওয়ার ঘটনাকে গঠনমূলক ব্যতিচার বলে ।

শর্ত		ফলাফল
দশা পার্থক্য	$\theta = (2n) \pi$	
পথ পার্থক্য	$\Delta x = n \lambda = (2n) \frac{\lambda}{2}$	লব্ধি তরঙ্গের বিস্তার : $A = 2 a = A_{max}$
সময় পার্থক্য	$\Delta t = (2n) \frac{T}{2}$	লব্ধি তরঙ্গের তীব্রতা : $I = 4 a^2$

(v) ধ্বংসমূলক ব্যাতিচার (Destructive Interference) : লব্ধি তরঙ্গের তীব্রতা হ্রাস পাওয়ার ঘটনাকে ধ্বংসাত্মক ব্যাতিচার বলে ।

শর্ত		ফলাফল
দশা পার্থক্য	$\theta = (2n + 1)\, \pi$	লব্ধি তরঙ্গের বিস্তার : $A = 0 = A_{min}$ লব্ধি তরঙ্গের তীব্রতা : $I = 0$
পথ পার্থক্য	$\Delta x = (2n + 1)\, \dfrac{\lambda}{2}$	
সময় পার্থক্য	$\Delta t = (2n + 1)\, \dfrac{T}{2}$	

(vi) তীব্রতা বন্টন (Intensity Distribution) :

যে সমস্ত বিন্দুতে দশা পার্থক্য $\theta = (2n + 1)\pi$ সেই সকল বিন্দুতে তীব্রতা : $I = 0 = I_{min}$

আবার, যে সমস্ত বিন্দুতে দশা পার্থক্য $\theta = (2n)\pi$ সেই সকল বিন্দুতে তীব্রতা : $I = 4a^2 = I_{max}$

এছাড়াও অন্যান্য বিন্দুতে আলোর তীব্রতা 0 ও $4a^2$ এর মধ্যে থাকে। নিম্নে দশা পার্থক্যের সঙ্গে আলোর তীব্রতা বন্টনের লেখচিত্র অঙ্কন করা হল -

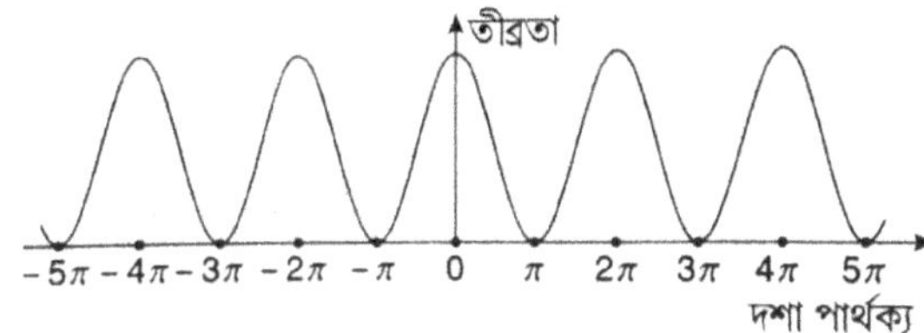

(vii) আলোর ব্যতিচার ও শক্তির সংরক্ষণ নীতি

আপাতদৃষ্টিতে ব্যতিচার সজ্জায় অন্ধকার বিন্দুতে একটি তরঙ্গের আলোকশক্তি অপর তরঙ্গের আলোকশক্তি দ্বারা সম্পূর্ণরূপে বিনষ্ট হয়েছে মনে হলেও প্রকৃতপক্ষে যেসব বিন্দুতে ধ্বংসাত্মক ব্যতিচার সৃষ্টি হয় সেই সব বিন্দুর শক্তি গঠনমূলক ব্যতিচারের বিন্দুতে অর্থাৎ উজ্জ্বল রেখার বিন্দুতে স্থানান্তরিত হয়। এক্ষেত্রে শক্তির সৃষ্টি বা ধ্বংস হয় না, **কেবলমাত্র শক্তির পুনর্বন্টন হয়** ।

গাণিতিক ব্যাখ্যা :

ব্যতিচার পটির (interference band) প্রতিটি উজ্জ্বল বিন্দুতে কণার লব্ধি সরণ $= 2a$ এবং আলোর তীব্রতা (বা আলোকশক্তি) $\propto 4a^2$

সুতরাং, দুটি উজ্জ্বল বিন্দুর মোট আলোকশক্তি $= 8\,K\,a^2$ [$K =$ আনুপাতিক ধ্রুবক]

আবার, দুটি অন্ধকার বিন্দুর মোট শক্তি $= 0$

$\therefore$ চারটি বিন্দুর মোট শক্তি $= 8\,K\,a^2 + 0 = 8\,K\,a^2$

এখন ব্যতিচার সৃষ্টিকারী আলোক তরঙ্গ যুগপৎ অগ্রসর না হয়ে পৃথক পৃথক ভাবে অগ্রসর হলে উক্ত চারটি বিন্দুই আলোকিত হবে, কারণ তখন কোনো ব্যতিচার ঘটে না। প্রতি বিন্দুতে প্রতি তরঙ্গের জন্য সরণ $= a$ এবং তীব্রতা (বা আলোকশক্তি) $\propto a^2$

চারটি বিন্দুতে একটি তরঙ্গের জন্য আলোকশক্তি $= 4\,K\,a^2$

$\therefore$ চারটি বিন্দুতে মোট আলোকশক্তি $= 4Ka^2 + 4Ka^2$

$$= 8\,K\,a^2, \text{ যা পূর্বের আলোক শক্তির সমান ।}$$

অর্থাৎ, আলোর ব্যতিচারে শক্তির পুনর্বন্টন হয় কিন্তু শক্তির সৃষ্টি বা ধ্বংস হয় না । অর্থাৎ **আলোর ব্যতিচার শক্তির সংরক্ষণসূত্র মেনে চলে।**

সুসংগত আলোক উৎস [Coherent Light Source]

সংজ্ঞা : দুটি আলোক-উৎস থেকে নির্গত তরঙ্গগুলির মধ্যে প্রাথমিক দশা পার্থক্য যদি সর্বদা একই থাকে তাহলে ওই উৎস দুটি হল সুসংগত আলোক উৎস।

বৈশিষ্ট্য :

[i] উৎসদুটি থেকে নির্গত তরঙ্গের কম্পাঙ্ক (frequency) ও তরঙ্গদৈর্ঘ্য (wavelength) একই হবে ।

[ii] উৎস দুটি থেকে নির্গত তরঙ্গ সমদশাসম্পন্ন হবে, না হয় তাদের দশাপার্থক্য সর্বদা স্থির থাকবে ।

[iii] উৎস দুটির সমবর্তনের অবস্থা (state of polarisation) একই হবে ।

[iv] উৎস দুটি একই প্রাবল্যের (intensity) আলো নিঃসরণ করবে ।

সুসংগত উৎসের সৃষ্টি : সাধারণত আলোক-উৎসে যখন একটি পরমাণু উত্তেজিত অবস্থা থেকে স্বাভাবিক অবস্থায় ফিরে আসে তখন একটি নির্দিষ্ট তরঙ দৈর্ঘ্যের আলোক নির্গত হয় । আলোক নিঃসরণের এই পদ্ধতি সম্পূর্ণ অনিয়মিত । তাই দুটি ভিন্ন উৎস বা একই উৎসের বিভিন্ন অংশ থেকে নির্গত আলোক তরঙ্গগুলির মধ্যে দশা পার্থক্য অনবরত পরিবর্তিত হয় ।

তাই আলোর ব্যতিচার উৎপন্ন করতে প্রয়োজনীয় সুসংগত উৎসদুটিকে মূলত একই উৎস থেকে সৃষ্টি করতে হয় । বিভিন্ন ব্যবহারিক পরীক্ষায় সুসংগত উৎস নিম্নলিখিত দুটি উপায়ে সৃষ্টি করা যায় :

(a) তরঙ্গমুখের বিভাজন দ্বারা [Division of Wave Front Method]

(b) তরঙ্গের বিস্তারের বিভাজন দ্বারা [Division of Amplitude Method]

তরঙ্গমুখের বিভাজন দ্বারা : এই পদ্ধতিতে একটি বিন্দু উৎস বা অত্যন্ত সরু রেখা উৎস থেকে নির্গত যথাক্রমে গোলীয় ও চোঙাকৃতি তরঙ্গমুখের প্রতিফলন বা প্রতিসরণ ঘটিয়ে সুসংগত উৎস সৃষ্টি করা হয় । এইভাবে প্রাপ্ত সুসংগত উৎস কাল্পনিক হয় ।

উদাহরণ : সুসংগত উৎস সৃষ্টির এই পদ্ধতি যে সকল ক্ষেত্রে ব্যবহার করা হয়েছে সেগুলি হল :

(i) ইয়ং-এর দ্বি-রেখাছিদ্র পরীক্ষা : এক্ষেত্রে একটি আলোক উৎস থেকে নির্দিষ্ট দূরত্বে রাখা দুটি সরু রেখাছিদ্র সুসংগত আলোক উৎস হিসেবে কাজ করে।	(ii) লয়েড একক দর্পণ পরীক্ষা [Lioyd's single mirror]: এক্ষেত্রে একটি সরু আলোকিত ছিদ্র এবং প্রতিফলনের সাহায্যে উৎপন্ন এর অসদ্ প্রতিবিম্ব দুটি সুসংগত উৎস হিসেবে কাজ করে ।	(iii) ফ্রেনেলের যুগ্ম প্রিজম পরীক্ষা [Frennel's bi-prism] : এক্ষেত্রে একটি সরু আলোকিত ছিদ্রের প্রতিসরণের সাহায্যে সৃষ্ট দুটি অসদ্ প্রতিবিম্ব সুসংগত উৎস হিসেবে কাজ করে ।

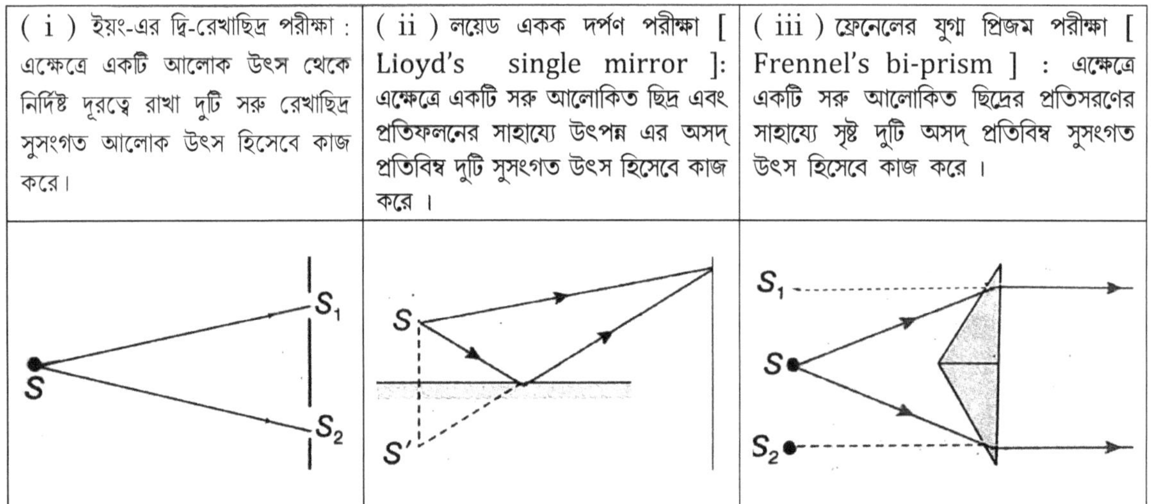

(b) তরঙ্গের বিস্তারের বিভাজন দ্বারা

এই পদ্ধতিতে আলোর একটি বিস্তৃত উৎস থেকে নির্গত আলো আংশিক প্রাতিফলন বা প্রতিসরণের ফলে দুটি অংশে বিভাজিত হয়ে সুসংগত সৃষ্টি করে । এইভাবে প্রাপ্ত সুসংগত উৎসদুটি বাস্তব হয় ।

উদাহরণ : সুসংগত উৎস গঠনে এই তরঙ্গ বিস্তার বিভাজন পদ্ধতি যে সব ক্ষেত্রে ব্যবহার করা হয়েছে সেগুলি হল :

[a] নিউটনের রিং [Newton's ring],

[b] মাইকেলসন ইন্টারফেরোমিটার [Michelson's interferometer] ।

(5) অলোর ব্যতিচার সংক্রান্ত ইয়ং-এর দ্বিরেখা ছিদ্র পরীক্ষা [Young's Double Slit Experiment]

1801 খ্রিস্টাব্দে বিজ্ঞানী টমাস ইয়ং [Thomas Young] তরঙ্গমুখের বিভাজন [division of wavefront] পদ্ধতিতে সুসংগত আলোক উৎস সৃষ্টি করে প্রথম আলোর ব্যতিচার [interference] প্রদর্শন করে ।

উপকরণ : (i) একবর্ণী আলোক উৎস

(ii) অত্যন্ত সরু রেখাছিদ্রযুক্ত অস্বচ্ছ প্রতিবন্ধক ।

(iii) দুটি খুব কাছাকাছি অবস্থিত অত্যন্ত সরু ও সমান্তরাল রেখাছিদ্রযুক্ত অপর একটি প্রতিবন্ধক ।

(iv) পর্দা ।

পরীক্ষা : একটি একবর্ণী আলোক উৎসের সমানে সরু রেখাছিদ্রযুক্ত অস্বচ্ছ প্রতিবন্ধকটি রাখা হয় । ওই রেখাছিদ্রটি [S'] একটি একবর্ণী আলোক উৎস হিসেবে কাজ করে । খুব কাছাকাছি অবস্থিত দুটি অত্যন্ত সরু ও সমান্তরাল রেখাছিদ্র S_1 ও S_2 যুক্ত অপর অস্বচ্ছ প্রতিবন্ধকটি S' রেখাছিদ্রের সামনে এমনভাবে বসানো হয় যাতে S_1 ও S_2 রেখাছিদ্র দুটি S' থেকে সমান ও সুনির্দিষ্ট দূরত্বে S' এর সঙ্গে সমান্তরালভাবে থাকে । এক্ষেত্রে S_1 ও S_2 রেখাছিদ্র দুটি S' রেখাছিদ্রের সাপেক্ষে গৌণ সুসংগত উৎস হিসেবে কাজ করে ।

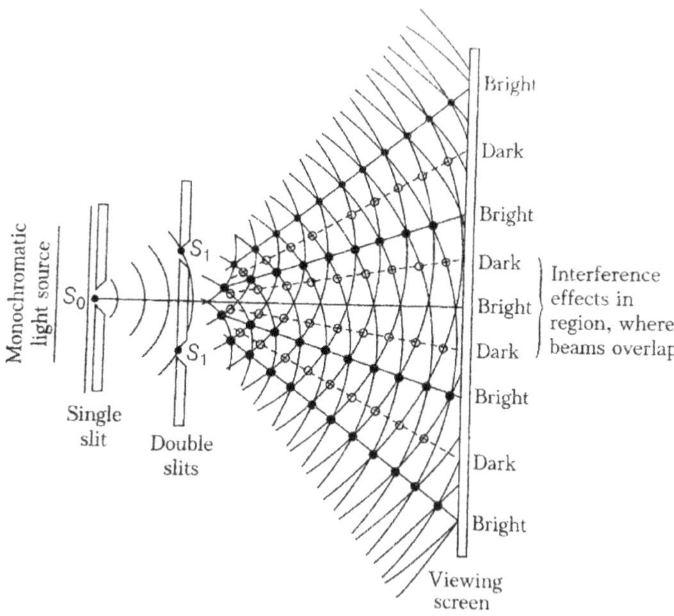

পর্যবেক্ষণ : অন্ধকার কোনো কক্ষে [dark room] S_1 ও S_2 এর সামনে উপযুক্ত দূরত্বে রাখা কোনো পর্দার ওপর রেখাছিদ্র দুটির সমান্তরালভাবে পর্যায়ক্রমে উজ্জ্বল রেখা [bright lines] ও অন্ধকার রেখার [dark lines] সুস্পষ্ট সমান্তরাল সজ্জা বা পটি দেখা যায়। এছাড়াও নিম্নলিখিত বৈশিষ্ট্যগুলি লক্ষ করা যায় -

(a) S_1 ও S_2 এর মধ্যবর্তী দূরত্ব বৃদ্ধি করলে পটির বেধ সরু হয় এবং একসময় অদৃশ্য হয় ।

(b) যে কোনো একটি ছিদ্রকে বন্ধ করলে অথবা S' ছিদ্রটিকে অপসারিত করে সরাসরি S_1 ও S_2 থেকে আলো পর্দায় ফেললে ব্যতিচার পটির সৃষ্টি হয় না।

সিদ্ধান্ত : দুটি সুসংগত উৎস থেকে নির্গত আলোর উপরিপাতের ফলে উজ্জ্বল কিংবা অন্ধকার পটির সৃষ্টি হয় । এই পরীক্ষার দ্বারা আলোর তরঙ্গ প্রকৃতি প্রতিষ্ঠিত হয়, কারণ ব্যতিচার তরঙ্গের নিজস্ব ধর্ম ।

(6) ইয়ং-এর দ্বিরেখা ছিদ্র পরীক্ষা সংক্রান্ত গুরুত্বপূর্ণ তথ্য ও ফলাফল :

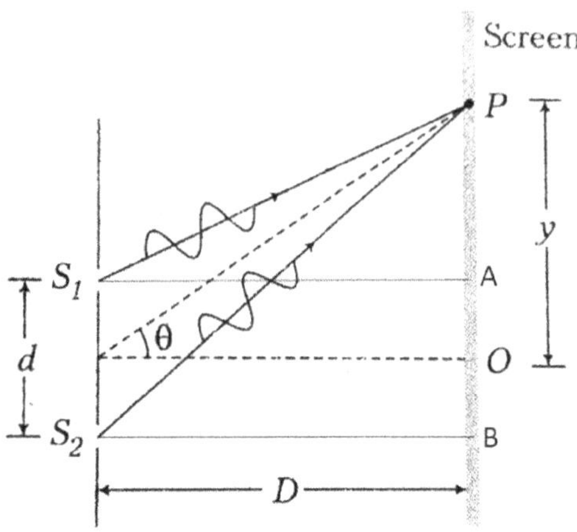

■ P বিন্দুতে তরঙ্গদ্বয়ের পথ পার্থক্য (Path difference) নির্ণয় :

চিত্রানুযায়ী, সুসংগত উৎসদ্বয়ের মধ্যবর্তী দূরত্ব = d ও উৎসদুটির তল থেকে পর্দার দূরত্ব = D

উৎসদ্বয় থেকে O বিন্দুর দূরত্ব সমান হওয়ায় O বিন্দুতে লব্ধি বিস্তার তথা তীব্রতা সর্বাধিক (একে কেন্দ্রীয় চরম বিন্দু [central maximum] বলে) কিন্তু O থেকে y দূরত্বে পর্দার উপর অবস্থিত অপর একটি বিন্দু P তে উজ্জ্বল না অন্ধকার পটির সৃষ্টি হবে তা তরঙ্গদ্বয়ের পথ পার্থক্যের উপর নির্ভর করে ।

এখন সমকোণী ΔS_1PA থেকে পাই, $(S_1P)^2 = D^2 + (y - \frac{d}{2})^2$

এবং সমকোণী ΔS_2PA থেকে পাই, $(S_2P)^{22} = D^2 + (y + \frac{d}{2})^2$

$(S_2P)^2 - (S_1P)^2 = D^2 + (y + \frac{d}{2})^2 - D^2 - (y - \frac{d}{2})^2$

or, $(S_2P - S_1P)(S_2P + S_1P) = (y + \frac{d}{2})^2 - (y - \frac{d}{2})^2$

or, $(S_2P - S_1P) 2D = 4 y \frac{d}{2}$ [$D \gg d$ হওয়ায় $S_2P = S_1P = D$]

or, $(S_2P - S_1P) = \frac{y\,d}{D}$

∴ P বিন্দুতে তরঙ্গদ্বয়ের পথ পার্থক্য $= \frac{y\,d}{D}$

$$[\text{Path difference} = \frac{(distance\ of\ the\ point\ from\ central\ bright\ )(distance\ between\ the\ two\ point\ sources)}{distance\ between\ the\ sources\ and\ screen}]$$

■ উজ্জ্বল রেখার অবস্থান [Position of the Bright Fringes]

ব্যতিচার সজ্জায় দুটি তরঙ্গের পথ পার্থক্য $(2n) \frac{\lambda}{2}$ হলে গঠনমূলক ব্যতিচার সৃষ্টি হয় । [λ = ব্যবহৃত আলোর তরঙ্গদৈর্ঘ্য]

∴ P বিন্দুতে n তম উজ্জ্বল পটি তৈরি হলে, $\frac{y\,d}{D} = (2n) \frac{\lambda}{2}$ [n কে পটী ক্রম [fringe order] বলা হয়ে থাকে]

$$\therefore y = \frac{n\,D\,\lambda}{d}$$

Fringe order	Position	Name
n = 0	$y_0 = 0$	মধ্যবিন্দুতে অবস্থিত উজ্জ্বলরেখা [the central bright fringe]
n = 1	$y_1 = \frac{D\lambda}{d}$	y_1 = মধ্যবিন্দু থেকে প্রথম উজ্জ্বল রেখার দূরত্ব [first bright fringe]
n = 2	$y_2 = \frac{2D\lambda}{d}$	y_2 = মধ্যবিন্দু থেকে দ্বিতীয় উজ্জ্বল রেখার দূরত্ব [second bright fringe]
n = N	$y_N = \frac{ND\lambda}{d}$	y_N = মধ্যবিন্দু থেকে N তম উজ্জ্বল রেখার দূরত্ব [N_{th} bright fringe]

■ অন্ধকার রেখার অবস্থান [Positions of the Dark Fringes]

ব্যতিচার সজ্জায় দুটি তরঙ্গের পথ পার্থক্য $(2n + 1) \frac{\lambda}{2}$ হলে ধ্বংসাত্মক ব্যতিচার সৃষ্টি হয় । [λ = ব্যবহৃত আলোর তরঙ্গদৈর্ঘ্য]

∴ P বিন্দুতে n তম অন্ধকার পটি তৈরি হলে, $\frac{y\,d}{D} = (2n + 1) \frac{\lambda}{2}$

$$\therefore y = \frac{(2n + 1) D \lambda}{2d}$$

Fringe order	Position	Name
n = 0	$y'_0 = \frac{D \lambda}{2 d}$	y'_0 = মধ্যবিন্দু থেকে প্রথম অন্ধকার রেখার দূরত্ব [first dark fringe]
n = 1	$y'_1 = \frac{3D \lambda}{2d}$	y'_1 = মধ্যবিন্দু থেকে দ্বিতীয় অন্ধকার রেখার দূরত্ব [second dark fringe]
n = 2	$y'_2 = \frac{5 D \lambda}{2 d}$	y'_2 = মধ্যবিন্দু থেকে তৃতীয় অন্ধকার রেখার দূরত্ব [third dark fringe]
n = N	$y'_N = \frac{(2N + 1)D \lambda}{2 d}$	y'_N = মধ্যবিন্দু থেকে (N + 1) তম অন্ধকার রেখার দূরত্ব [(N +1)th dark fringe]

■ ব্যতিচার ঝালরের প্রস্থ [Width of Interference Fringes]

ব্যতিচারের সময় যে অংশে তরঙ্গদ্বয় উপরিপাতিত হয় সেই স্থানে কোনো পর্দার ওপর পর্যায়ক্রমে উজ্জ্বল ও অন্ধকার পটির সৃষ্টি হয় । এদের একত্রে ব্যতিচার ঝালর [interference fringes] বলে ।

(i) **ব্যতিচার ঝালর প্রস্থের সংজ্ঞা :** ব্যতিচার সজ্জায় একটি অন্ধকার পটি থেকে পরের অন্ধকার পটি পর্যন্ত বা একটি উজ্জ্বল পটি থেকে ঠিক পরের উজ্জ্বল পটি পর্যন্ত দূরত্বকে পটি বেধ বা ঝালর প্রস্থ [fring width] বলে ।

(ii) **ব্যতিচার ঝালর প্রস্থের বেধ নির্ণয় :** পরপর দুটি উজ্জ্বল রেখার মধ্যবর্তী ব্যবধান :
$$\beta_1 = y_N - y_{N-1}$$
$$= \frac{N D \lambda}{d} - \frac{(N - 1) D \lambda}{d}$$
$$= \frac{D \lambda}{d}$$

পরপর দুটি অন্ধকার রেখার মধ্যবর্তী ব্যবধান :
$$\beta_2 = y'_N - y'_{N-1}$$
$$= \frac{(2 N + 1) D \lambda}{2 d} - \frac{[2 (N - 1) + 1]D \lambda}{2 d}$$
$$= \frac{D \lambda}{d}$$
$$\therefore \beta_1 = \beta_2$$

অর্থাৎ, ব্যতিচার সজ্জায় উজ্জ্বল ও অন্ধকার রেখার বেধ সমান । একেই ব্যতিচার ঝালর বা ঝালর প্রস্থ বা ঝালর পটিবেধ বলে ।

(iii) **ব্যতিচার ঝালর প্রস্থের বেধের নির্ভরতা :**

ব্যতিচার ঝালর প্রস্থ
(i) আলোর তরঙ্গদৈর্ঘ্যের সমানুপাতিক । [দৃশ্যমান আলোর মধ্যে লাল আলোর তরঙ্গদৈর্ঘ্যের মান সর্বাপেক্ষা বেশি হওয়ায় লাল আলো ব্যবহার করলে ঝালর প্রস্থ সর্বাপেক্ষা বেশি হয় । অর্থাৎ, $\beta_r > \beta_v$]
(ii) উৎসদ্বয়ের তল থেকে পর্দার দূরত্বের (D) সমানুপাতিক অর্থাৎ পর্দার দূরত্ব বৃদ্ধি পেলে ঝালর প্রস্থ বৃদ্ধি পায় ।
(iii) উৎসদ্বয়ের মধ্যবর্তী দূরত্বের (d) ব্যস্তানুপাতিক । উৎসদ্বয়ের মধ্যবর্তী দূরত্ব বৃদ্ধি পেলে ঝালর প্রস্থের বেধ হ্রাস পায়।

■ ঝালর প্রস্থ পটি ক্রমের [order of the fringe] উপর নির্ভর করে না । একবর্ণী আলোর ক্ষেত্রে এক পটি থেকে পরবর্তী পটির ব্যবধান সমান ।

■ **একদেশাবিহীন ব্যতিচার ঝালর** (Non-localised fringes) : সুসংগত উৎসদ্বয়ের সামনে যে-কোনো অবস্থানে পর্দা রাখলেই তাতে ব্যতিচার ঝালরের সৃষ্টি হয়, এই কারণে এইরূপ ব্যতিচার ঝালরকে একদেশাবিহীন ব্যতিচার ঝালর বলে।

■ ব্যতিচার সজ্জার কৌণিক বেধ [Angular width of the fringes] :

(a) ব্যতিচার ঝালরের কৌণিক বেধ নির্ণয় : ব্যতিচার সজ্জার n তম পটির বেধ β_n হলে কৌণিক অবস্থান $\theta_n = \dfrac{\beta_n}{D}$

আবার, n তম পটির বেধ $\beta_n = \dfrac{n\,D\,\lambda}{d}$

যেখানে, D = সুসংগত উৎসদ্বয়ের তল থেকে পর্দার দূরত্ব

$\qquad \lambda$ = ব্যবহৃত আলোর তরঙ্গদৈর্ঘ্য

এবং d = সুসংগত উৎসদ্বয়ের মধ্যবর্তী দূরত্ব

$$\theta_n = \dfrac{n\lambda}{d}$$

অনুরূপ ভাবে, ব্যতিচার সজ্জার (n + 1) তম পটির কৌণিক অবস্থান $\theta_{n+1} = \dfrac{(n+1)\lambda}{d}$

পরপর দুটি পটির কৌণিক অবস্থানে ব্যবধান অর্থাৎ পটির কৌণিক বেধ $\theta = \theta_{n+1} - \theta_n$

$$= \dfrac{(n+1)\lambda}{d} - \dfrac{n\,\lambda}{d}$$

$$= \dfrac{\lambda}{d}$$

(b) ব্যতিচার ঝালরের কৌণিক বেধের নির্ভরতা :

ব্যতিচার ঝালরের কৌণিক বেধ নির্ভর করে আলোর তরঙ্গদৈর্ঘ্য এবং সুসংগত উৎসদ্বয়ের মধ্যবর্তী দূরত্বের উপর।

(i) ব্যতিচার ঝালরের কৌণিক বেধ আলোর তরঙ্গদৈর্ঘ্যের সমানুপাতিক। [দৃশ্যমান আলোর মধ্যে লাল আলোর তরঙ্গদৈর্ঘ্যের মান সর্বাপেক্ষা বেশি হওয়ায় লাল আলো ব্যবহার করলে ঝালরের কৌণিক বেধ সর্বাপেক্ষা বেশি হয়। অর্থাৎ, $\theta_r > \theta_v$]

(ii) ব্যতিচার ঝালরের কৌণিক বেধ সুসংগত উৎসদ্বয়ের মধ্যবর্তী দূরত্বের (d) ব্যস্তানুপাতিক। উৎসদ্বয়ের মধ্যবর্তী দূরত্ব বৃদ্ধি পেলে ঝালরের কৌণিক বেধ হ্রাস পায়।

(c) ব্যতিচার ঝালরের কৌণিক বেধ পর্দার অবস্থানের ওপর নির্ভর করে না।

ব্যতিচার ঝালর প্রস্থ বা পটি বেধ (fringe width) : $\beta = \dfrac{(\,Separation\ between\ slits\ and\ screen\,)\,(\,wavelength\,)}{Separation\ between\ two\ slits}$

ঝালরের কৌণিক বেধ (Angular fringe width) : $\theta = \dfrac{(\,wavelength\,)}{Separation\ between\ two\ slits}$

(7) ভালো (পরিষ্কার) ব্যতিচার সজ্জা গঠনের শর্ত [Conditions for Formation of Distinct Fringe Pattern]

ব্যতিচারের সময় তরঙ্গদ্বয় যে অংশে উপরিপাতিত হয়, সেইস্থানে কোনো পর্দার ওপর পর্যায়ক্রমে উজ্জ্বল ও অন্ধকার রেখা দেখা যায়। একেই ব্যতিচার সজ্জা বলে। ভালো (পরিষ্কার) ব্যতিচার সজ্জা গঠনের শর্তগুলি হল :

(i) আলোক উৎসদুটি অত্যন্ত সরু (সাধারণত প্রস্থ $\leq$ 0.2 mm) হতে হবে এবং তাদের মধ্যবর্তী দূরত্ব অত্যন্ত কম (সাধারণত $\leq$ 2 mm) হওয়া প্রয়োজন।

(ii) আলোক উৎসদুটি থেকে পর্দার দূরত্ব বেশি হতে হবে।

(iii) সর্বনিম্ন প্রাবল্যের মান শূন্য হতে হবে।

(8) স্থায়ী ব্যতিচার :

সংজ্ঞা : সমান কম্পাঙ্ক, সমান বা প্রায় সমান বিস্তার ও সমদশা বা সব সময় স্থির দশা পার্থক্যযুক্ত দুটি তরঙ্গের উপরিপাতনের ফলে গঠিত ব্যতিচার সজ্জায় সর্বোচ্চ ও সর্বনিম্ন প্রাবল্যের অর্থাৎ উজ্জ্বল ও অন্ধকার রেখার অবস্থান নির্দিষ্ট থাকলে, সেই ব্যতিচারকে স্থায়ী ব্যতিচার এবং সেই রূপ সজ্জাকে স্থায়ী ব্যতিচার সজ্জা বলে।

শর্ত :

(i) আলোক উৎসদ্বয় থেকে নির্গত তরঙ্গদুটি একবর্ণী [monochromatic] ও একই তরঙ্গদৈর্ঘ্যবিশিষ্ট হতে হবে।

(ii) আলোক তরঙ্গদ্বয়ের বিস্তার সমান বা প্রায় সমান হতে হবে।

(iii) আলোক উৎসদ্বয় থেকে নির্গত তরঙ্গ দুটির দশাপার্থক্য শূন্য বা সর্বদা ধ্রুবক হতে হবে। অর্থাৎ আলোক উৎসদ্বয় সুসংগত হতে হবে।

(iv) আলোক তরঙ্গদ্বয়ের সমবর্তন অবস্থা একই হতে হবে।

---

[7] আলোর অপবর্তন (Diffraction of light)

(1) আলোর অপবর্তন (Diffraction) :

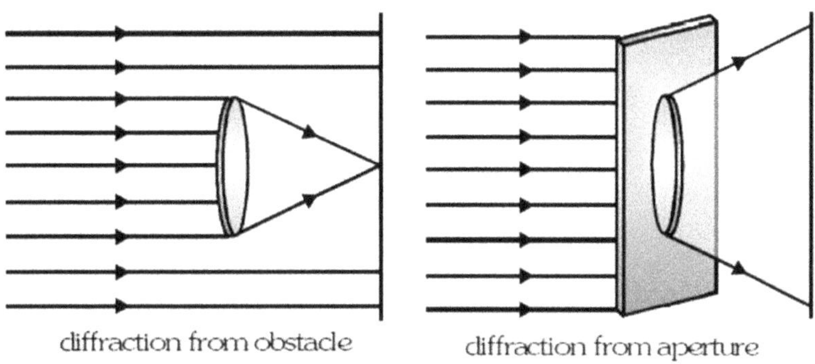

(i) **সংজ্ঞা** : কোনো প্রতিবন্ধক বা ছিদ্রের ধার ঘেঁষে যাওয়ার সময় আলো সরলরেখায় না গিয়ে সামান্য বেঁকে যায় । এই ঘটনাকে আলোর অপবর্তন (diffraction) বলে ।

বিকল্প সংজ্ঞা : আলোক রশ্মি যখন তার তরঙ্গদৈর্ঘ্যের সঙ্গে তুলনীয় কোনো অত্যন্ত সরু ছিদ্রের মধ্য দিয়ে গমন করে অথবা তীক্ষ্ণ ধারযুক্ত কোনো বাধা বা প্রতিবন্ধকের প্রান্ত অতিক্রম করে, তখন আলোকরশ্মি নিজের গতিপথ থেকে বেঁকে গিয়ে জ্যামিতিক ছায়ার অঞ্চলে পড়ে। এই ঘটনাকে আলোর ব্যতিচার বলে।

(ii) **আলোর অপবর্তনের কারণ** : উৎস থেকে সরু রেখাছিদ্র বা প্রতিবন্ধকের উপর আপতিত তরঙ্গমুখ থেকে নিঃসারিত গৌণ অনুতরঙ্গের মধ্যে ব্যতিচারের ফলে অপবর্তন হয় ।

(iii) **নির্ভরতা** : অপবর্তন মূলত নির্ভর করে দুটি বিষয়ের ওপর : (i) প্রতিবন্ধক বা ছিদ্রের আকার
(ii) তরঙ্গের তরঙ্গদৈর্ঘ্য

(iv) **প্রয়োজনীয় শর্ত** : রেখাছিদ্রের প্রস্থ বা প্রতিবন্ধকের আকার আলোর তরঙ্গদৈর্ঘ্যে সঙ্গে একই ক্রমে থাকতে হবে ।

$$\lambda \approx a$$

$$\text{or,} \frac{\lambda}{a} \approx 1$$

আলোর তরঙ্গদৈর্ঘ্যের মান 10^{-7} m তাই সাধারণ প্রতিবন্ধকের আকার আলোর তরঙ্গদৈর্ঘ্যের তুলনায় অনেক বেশী হয়, তাই আলোর ক্ষেত্রে অপবর্তন প্রায় ঘটে না । কিন্তু শব্দের তরঙ্গদৈর্ঘ্য অনেক বেশি হওয়ায়, সাধারণ প্রতিবন্ধক থেকে শব্দের অপবর্তনের ঘটনা ঘটতে দেখা যায় ।

(v) **শ্রেণিবিভাগ** (Classification of diffraction): অপবর্তন মূলত দুই প্রকার - (i) ফ্রেনেলের অপবর্তন এবং (ii) ফ্রনহফার অপবর্তন ।

(i) আলোক উৎস বা পর্যবেক্ষণ বিন্দু (বা পর্দা) উভয়েই অপবর্তনের কেন্দ্র বা অপবর্তন সৃষ্টিকারী অত্যন্ত সরু ছিদ্র বা তীক্ষ্ণ ধারযুক্ত প্রতিবন্ধক থেকে সসীম দূরত্বে থাকলে যে প্রকার অপবর্তন সংগঠিত হয়, তাকে ফ্রেনেলের অপবর্তন বা ফ্রেনেল শ্রেণির অপবর্তন বলে।

(ii) আলোক উৎস বা পর্যবেক্ষণ বিন্দু (বা পর্দা) উভয়েই অপবর্তনের কেন্দ্র বা অপবর্তন সৃষ্টিকারী অত্যন্ত সরু ছিদ্র বা তীক্ষ্ণ ধারযুক্ত প্রতিবন্ধক থেকে কার্যত অসীম দূরত্বে থাকলে যে প্রকার অপবর্তন সংগঠিত হয়, তাকে ফ্রনহফার অপবর্তন বা ফ্রনহফার শ্রেণির অপবর্তন বলে।

(vi) **অপবর্তন ঝালর বা অপবর্তন সজ্জা :** আলোকরশ্মির অপবর্তনের ফলে পর্যবেক্ষণ বিন্দু বা পর্দা অথবা অভিনেত্রের ফোকাসতলে পর্যায়ক্রমে অধিক উজ্জ্বল ও অনুজ্জ্বল বা কৃষ্ণবর্ণের একটি বিশেষ আলোর পটি গঠিত হয়। এই বিশেষ আলোর পটি বা সজ্জাকে অপবর্তন ঝালর বা অপবর্তন নকশা বলে।

(2) ফ্রেনেলের অপবর্তন এবং ফ্রনহফার অপবর্তনের মধ্যে পার্থক্য :

ফ্রেনেলের অপবর্তন	ফ্রনহফার অপবর্তন
(i) অপবর্তন সৃষ্টিকারী ছিদ্র বা তীক্ষ্ণ ধারযুক্ত প্রতিবন্ধক থেকে আলোক উৎস বা পর্দা অথবা উভয়েই সসীম দূরত্বে থাকলে ফ্রেনেলের অপবর্তন ঘটে।	(i) অপবর্তন সৃষ্টিকারী ছিদ্র বা তীক্ষ্ণ ধারযুক্ত প্রতিবন্ধক থেকে আলোক উৎস এবং পর্দা উভয়েই অসীম দূরত্বে থাকলে ফ্রনহফার অপবর্তন হয়।
(ii) ফ্রেনেলের অপবর্তনের ক্ষেত্রে আপতিত তরঙ্গমুখ গোলীয় বা চোঙাকৃতি হয়।	(ii) ফ্রনহফার অপবর্তনের ক্ষেত্রে আপতিত তরঙ্গমুখ সমতল হয়।
(iii) ফ্রেনেলের অপবর্তন সজ্জা পেতে দর্পণ বা লেন্সের ব্যবহার করা হয় না।	(iii) ফ্রনহফার অপবর্তনের ক্ষেত্রে অপবর্তন সজ্জা পেতে লেন্সের ব্যবহার করা হয়।
(iv) তীক্ষ্ণ ধারযুক্ত প্রতিবন্ধক, সরু তার, সরু রেখাছিদ্র, ছোটো বৃত্তাকার ছিদ্র প্রভৃতি এই শ্রেণির অপবর্তন ঘটায়।	(iv) একক রেখাছিদ্র, যুগ্ম রেখাছিদ্র, অপবর্তন গ্রেটিং প্রভৃতি এই শ্রেণির অপবর্তন ঘটায়।

<table>
<tr><td>

</td><td>

</td></tr>
</table>

(3) একক রেখা ছিদ্র দ্বারা ফ্রনহফার অপবর্তন :

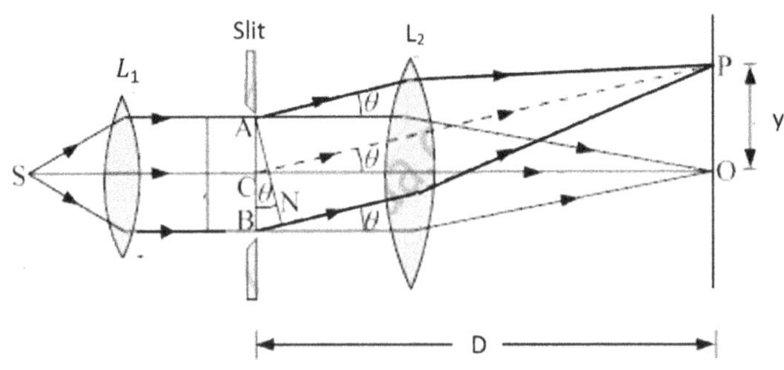

একবর্ণী আলোক উৎস S থেকে আগত আলোকরশ্মি লেন্স দ্বারা প্রতিসৃত হয়ে সমান্তরাল রশ্মিগুচ্ছরূপে নির্গত হয় এবং সমতল তরঙ্গমুখ AB রূপে রেখাছিদ্রে আপতিত হয় । এখন AB রেখা ছিদ্রের প্রত্যেক বিন্দু গৌণ উৎস হিসেবে গৌণ তরঙ্গ উৎপন্ন করে এবং অসীম দূরত্বে অপবর্তন ঝালর তৈরি করে । যদিও একটি লেন্স ও লেন্সটির ফোকাস দৈর্ঘ্যে অবস্থিত একটি পর্দা দ্বারা এই অপবর্তন ঝালর পর্যবেক্ষণ করা হয় ।

পর্যবেক্ষণ : সরু একক রেখাছিদ্র দ্বারা অপবর্তিত আলো পর্দায় একটি বিশেষ সজ্জা গঠন করে। এই বিশেষ সজ্জার ঠিক মাঝের অংশে অপেক্ষাকৃত চওড়া ও তীব্র আলোর একটি পটি দেখা যায় । একে <u>কেন্দ্রীয় বা মধ্যবর্তী সর্বোচ্চ রেখা</u> বলা হয়। মধ্যবর্তী সর্বোচ্চের ওপরে ও নীচে নির্দিষ্ট ক্রমানুসারে ক্রমহ্রাসমান তীব্রতার কয়েকটি আলোর রেখা দেখা যায়। এদের <u>গৌণ সর্বোচ্চ রেখা</u> বলা হয়। মধ্যবর্তী সর্বোচ্চ ও প্রথম গৌণ সর্বোচ্চ রেখার মধ্যবর্তী এবং অন্যান্য গৌণ সর্বোচ্চ রেখাগুলির মধ্যবর্তী যথেষ্ট কম আলোকিত বা অন্ধকারাচ্ছন্ন রেখাকে <u>গৌণ সর্বনিম্ন</u> বলা হয়। মধ্যবর্তী সর্বোচ্চ রেখার বেধ গৌণ সর্বোচ্চ রেখার বেধ-এর দ্বিগুণ হয়।

■ কেন্দ্রীয় বা মুখ্য চরম বিন্দু (Central Maxima or Principle Maxima):

A ও B বিন্দু থেকে নির্গত গৌণ তরঙ্গ সমদশায় O বিন্দুতে মিলিত হয়। তাই O বিন্দুতে গঠনমূলক ব্যতিচার ঘটে এবং ওই বিন্দুতে আলোর তীব্রতা সর্বাধিক।

(a) গৌণ অবম বিন্দুর সৃষ্টি (Formation of Secondary Minimum)

অপবর্তন ঝালরে কেন্দ্রীয় বা মুখ্য চরম বিন্দুর দুপাশে মধ্যবর্তী সর্বোচ্চ ও প্রথম গৌণ সর্বোচ্চ (বা গৌণ চরম বিন্দু)-এর মধ্যবর্তী স্থানে এবং অন্যান্য গৌণ সর্বোচ্চ বিন্দুগুলির মধ্যবর্তী স্থানে সমান দূরত্বে অবস্থিত যথেষ্ট কম আলোকিত বা অন্ধকারাচ্ছন্ন কতকগুলি বিন্দু দেখা যায়, এদের গৌণ অবম বিন্দু বলে।

<u>প্রথম গৌণ অবম বিন্দু :</u>

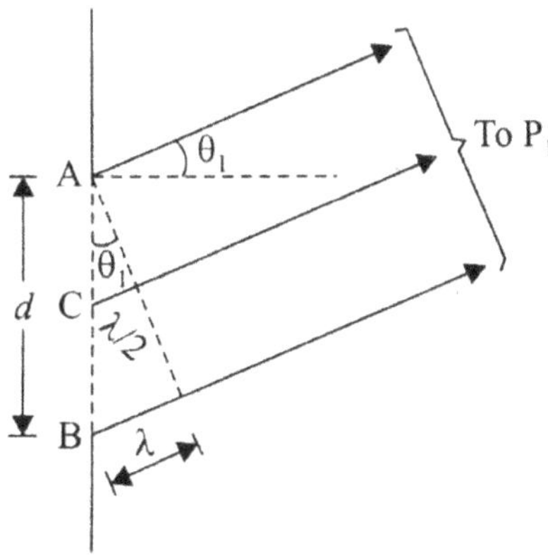

রেখাছিদ্র থেকে অনুতরঙ্গ θ_1 কোণে আপবর্তিত হওয়ায় A ও B বিন্দু থেকে উৎপন্ন গৌণ তরঙ্গের মধ্যে পথ পার্থক্য = $d \sin \theta_1$

যেখানে, d = রেখাছিদ্রের প্রস্থ

এখন এই পথ পার্থক্য λ হলে AB রেখাছিদ্রের মধ্যবিন্দু C থেকে নির্গত অনুতরঙ্গ এবং A বিন্দু থেকে নির্গত অনুতরঙ্গ বিপরীত দশায় P_1 বিন্দুতে মিলিত হয় এবং তারা পরস্পরের প্রভাবকে বিনষ্ট করে। একইভাবে AC অংশের প্রত্যেক বিন্দুর জন্য অংশে একটি আনুষঙ্গিক বিন্দু পাওয়া সম্ভব এবং ওই বিন্দুদ্বয় থেকে নির্গত গৌণতরঙ্গ P_1 বিন্দুতে একই ঘটনা ঘটায়।

অর্থাৎ, P_1 বিন্দুতে প্রথম গৌণ অবম বিন্দু গঠিত হওয়ায় শর্ত হল : $d \sin \theta_1 = \lambda$

$$\text{or}, \sin \theta_1 = \frac{\lambda}{d}$$

θ_1 অতিক্ষুদ্র হওয়ায় $\theta_1 = \frac{\lambda}{d}$

<u>দ্বিতীয় গৌণ অবম বিন্দু :</u>

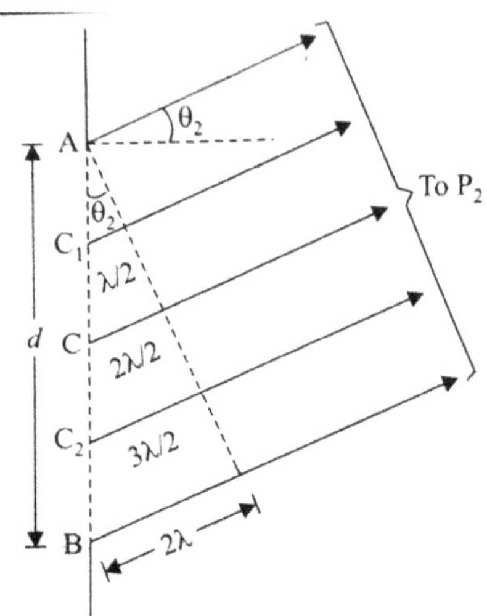

রেখাছিদ্র থেকে অণুতরঙ্গ θ_2 কোণে আপবর্তিত হওয়ায় A ও B বিন্দু থেকে উৎপন্ন গৌণ তরঙ্গের মধ্যে পথ পার্থক্য $= d \sin \theta_2$

এখন এই পথ পার্থক্য 2λ হলে AC_1 থেকে নির্গত গৌণতরঙ্গ $C_1\ C$ থেকে নির্গত গৌণ তরঙ্গের উপর প্রভাবকে বিনিষ্ট করে আবার CC_2 থেকে নির্গত তরঙ্গ C_3B থেকে নির্গত গৌণ তরঙ্গের প্রভাবকে বিনিষ্ট করে এবং পর্দার উপর অবস্থিত P_2 বিন্দুতে দ্বিতীয় গৌণ অবম বিন্দু গঠিত হয়।

অর্থাৎ, P_1 বিন্দুতে দ্বিতীয় গৌণ অবম বিন্দু গঠিত হওয়ায় শর্ত হল : $d \sin \theta_2 = 2\lambda$

$$or,\ \sin \theta_2 = \frac{2\lambda}{d}$$

θ_2 অতিক্ষুদ্র হওয়ায় $\theta_2 = \frac{2\lambda}{d}$

সাধারণ শর্ত :

n তম গৌণ অবম বিন্দু গঠিত হওয়ার শর্ত হল $\boldsymbol{d \sin \theta_n = n\lambda}$ [n = 1,2,3,...; n ≠ 0 কারণ n = 0 কেন্দ্রীয় চরম বিন্দুকে নির্দেশ করে]

$$or,\ d\ \sin \theta_n = (\ 2\ n\ ) \frac{\lambda}{2}$$

$$or,\ \sin \theta_n = (\ 2\ n\ ) \frac{\lambda}{2} \frac{1}{d}$$

$$\therefore\ \theta_n = \frac{n\lambda}{d}\ [\ \text{যখন}\ \theta_n\ \text{এর মান অতিক্ষুদ্র}\ ]$$

অপবর্তন সজ্জায় গৌণ অবম বিন্দু গঠিত হওয়ার শর্ত হল রেখাছিদ্রের প্রান্ত বিন্দুদ্বয় থেকে নির্গত তরঙ্গদ্বয়ের মধ্যে পথপার্থক্য $\frac{\lambda}{2}$ -এর যুগ্ম গুণিতক। যেখানে, $\lambda =$ আলোক তরঙ্গের তরঙ্গদৈর্ঘ্য

[n তম গৌণ অবম বিন্দু গঠনের ক্ষেত্রে রেখাছিদ্রকে $2n$ সংখ্যক অংশে বিভক্ত মনে করা হয়]

কেন্দ্রীয় চরম বিন্দু থেকে n তম গৌণ অবম বিন্দুর দূরত্ব :

n তম গৌণ অবম বিন্দু গঠিত হওয়ার শর্ত হল $d \sin \theta_n = n\lambda$

$$or,\ \sin \theta_n = \frac{n\lambda}{d}$$

$$or,\ \theta_n = \frac{n\lambda}{d}\ [\ \text{যখন}\ \theta_n\ \text{অতিক্ষুদ্র}\ ]$$

এখন রেখা ছিদ্র থেকে পর্দার দূরত্ব D হলে কেন্দ্রীয় চরম বিন্দু থেকে n তম গৌণ অবম বিন্দুর দূরত্ব $y_n = D\ \theta_n$

$$or,\ \boldsymbol{y_n = n\ \frac{\lambda}{d}\ D}$$

$$\therefore\ \boldsymbol{y_n = n\ \frac{\lambda}{d}\ f}$$

[যখন f ফোকাস দৈর্ঘ্যের লেন্সটি রেখা ছিদ্রের খুব কাছে অবস্থিত]

অণুসিদ্ধান্ত : অবম বিন্দুগুলি সমদূরবর্তী হয়।

(b) গৌণ চরম বিন্দুর গঠন :

অপবর্তন ঝালরের কেন্দ্রীয় বা মুখ্য চরম বিন্দুর দুপাশে অবম বিন্দুগুলির মধ্যবর্তী স্থানে সমান দূরত্বে অবস্থিত ক্রমহ্রাসমান তীব্রতার কতকগুলি অলোকিত বিন্দু বা রেখা দেখা যায়, এদের গৌণ চরম বিন্দু বলে।

প্রথম গৌণ চরম বিন্দু :

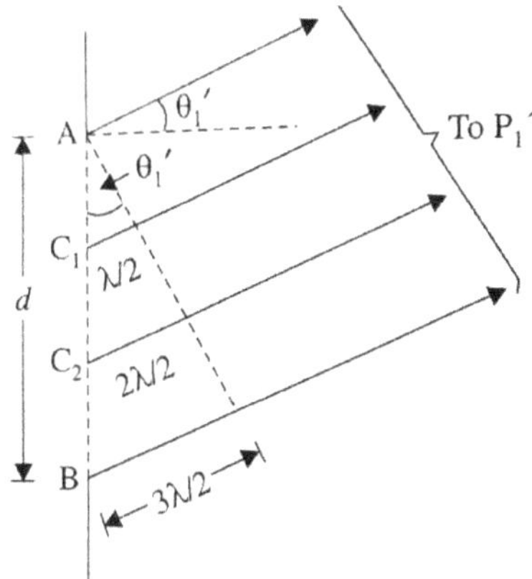

রেখাছিদ্র থেকে অণুতরঙ্গ θ_1' কোণে অপবর্তিত হওয়ায় A ও B বিন্দু থেকে উৎপন্ন গৌণ তরঙ্গের মধ্যে পথ পার্থক্য $= d\ \sin\theta_1'$

এখন এই পথ পার্থক্য $\frac{3\lambda}{2}$ হলে AC_1 থেকে নির্গত গৌণ তরঙ্গ C_1C_2 থেকে নির্গত গৌণ তরঙ্গের প্রভাব নষ্ট করে এবং পর্দাতে C_2B গৌণ তরঙ্গের জন্য প্রথম গৌণ চরম বিন্দুটি গঠিত হয়।

অর্থাৎ এই প্রথম গৌণ চরম বিন্দু সৃষ্টি হওয়ার শর্ত হল : $d\sin\theta_1' = \dfrac{3\lambda}{2}$

$$\text{or, } \sin\theta_1' = \frac{3\lambda}{2d}$$

θ_1' অতিক্ষুদ্র হওয়ায় $\theta_1' = \dfrac{3\lambda}{2d}$

দ্বিতীয় গৌণ চরম বিন্দু :

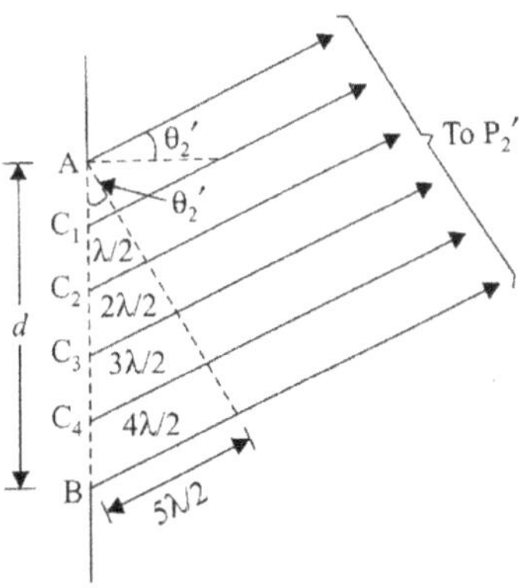

রেখাছিদ্র থেকে অণুতরঙ্গ θ_2' কোণে অপবর্তিত হওয়ায় A ও B বিন্দু থেকে উৎপন্ন গৌণ তরঙ্গের মধ্যে পথ পার্থক্য $= d\sin\theta_2'$

এখন এই পথ পার্থক্য $\frac{5\lambda}{2}$ হলে AC_1 থেকে নির্গত গৌণ তরঙ্গ C_1C_2 থেকে নির্গত গৌণ তরঙ্গের প্রভাব নষ্ট করে। আবার, C_2C_3 থেকে নির্গত গৌণ তরঙ্গ C_3C_4 থেকে নির্গত গৌণ তরঙ্গের প্রভাবকে বিনিষ্ট করে এবং পর্দাতে C_4B গৌণ তরঙ্গের জন্য দ্বিতীয় গৌণ চরম বিন্দুটি গঠিত হয়।

অর্থাৎ এই দ্বিতীয় গৌণ চরম বিন্দু সৃষ্টি হওয়ার শর্ত হল : $d\sin\theta_1' = \dfrac{5\lambda}{2}$

$$\text{or, } \sin \theta_2{}' = \frac{5\,\lambda}{2d}$$

$\theta_2{}'$ অতিক্ষুদ্র হওয়ায় $\theta_2{}' = \frac{5\lambda}{2d}$

সাধারণ শর্ত :

n তম গৌণ চরম বিন্দু গঠিত হওয়ার শর্ত হল $d \sin \theta_n{}' = (2n + 1)\frac{\lambda}{2}$ [n = 1,2,3]

$$\text{or, } d \ \sin \theta_n{}' = (2\,n + 1 \ )\frac{\lambda}{2}$$
$$\text{or, } \sin \theta_n{}' = (2\,n + 1 \ )\frac{\lambda}{2}\ \frac{1}{d}$$
$$\therefore \theta_n{}' = (2n + 1)\frac{\lambda}{2d} \ [\text{ যখন } \theta_n{}' \text{ এর মান অতিক্ষুদ্র}]$$

অপবর্তন সজ্জায় গৌণ চরম বিন্দু গঠিত হওয়ার শর্ত হল রেখাছিদ্রের প্রান্ত বিন্দুদ্বয় থেকে নির্গত তরঙ্গদ্বয়ের মধ্যে পথপার্থক্য $\frac{\lambda}{2}$ -এর যুগ্ম গুণিতক । যেখানে, $\lambda = $ আলোক তরঙ্গের তরঙ্গদৈর্ঘ্য

[n তম গৌণ অবম বিন্দু গঠনের ক্ষেত্রে রেখাছিদ্রকে $(2n+1)$ সংখ্যক অংশে বিভক্ত মনে করা হয়]

<u>কেন্দ্রীয় চরম বিন্দু থেকে n তম গৌণ চরম বিন্দুর রৈখিক দূরত্ব :</u>

n তম গৌণ চরম বিন্দু গঠিত হওয়ার শর্ত হল $a \sin \theta_n{}' = (2n + 1)\frac{\lambda}{2}$

$$\text{or, } \sin \theta_n{}' = (2n + 1)\frac{\lambda}{2d}$$
$$\text{or, } \theta_n{}' = (2n + 1)\frac{\lambda}{2d} \ [\text{ যখন } \theta_n{}' \text{ অতিক্ষুদ্র}]$$

এখন রেখা ছিদ্র থেকে পর্দার দূরত্ব D হলে কেন্দ্রীয় চরম বিন্দু থেকে n তম গৌণ চরম বিন্দুর দূরত্ব $y_n{}' = D\,\theta_n{}'$

$$\text{or, } y_n{}' = (2n + 1)\frac{\lambda}{2d}\ D$$
$$\therefore y_n{}' = (2n + 1)\frac{\lambda}{2d}\ f$$

[যখন f ফোকাস দৈর্ঘ্যের লেন্সটি রেখা ছিদ্রের খুব কাছে অবস্থিত]

(c) অপবর্তন সজ্জার পটিবেধ নির্ণয় :

(i) <u>গৌণ চরম পটির বেধ</u> : একক রেখা ছিদ্র থেকে পর্দার দূরত্ব D হলে কেন্দ্রীয় চরম বিন্দু থেকে n তম গৌণ অবম বিন্দুর দূরত্ব $y_n = n\,\frac{\lambda}{d}\ D$

$\therefore$ গৌণ চরম বিন্দুর বেধ : $\beta = y_{n+1} - y_n$

$$\text{or, } \beta = (n + 1)\ \frac{\lambda}{d}\ D - n\ \frac{\lambda}{d}\ D$$
$$\therefore \beta = \frac{\lambda}{d}\ D$$

(ii) <u>গৌণ অবম পটির বেধ</u> : একক রেখা ছিদ্র থেকে পর্দার দূরত্ব D হলে কেন্দ্রীয় চরম বিন্দু থেকে n তম গৌণ চরম বিন্দুর দূরত্ব $y_n{}' = (2n + 1)\frac{\lambda}{2d}\ D$

$\therefore$ গৌণ চরম বিন্দুর বেধ : $\beta' = y_{n+1}{}' - y_n{}'$

$$\text{or, } \beta' = \{2(n + 1) + 1\}\ \frac{\lambda}{2d}\ D - (2n + 1)\ \frac{\lambda}{2d}\,D$$
$$\text{or, } \beta' = (2\,n + 2 + 1 - 2n - 1)\ \frac{\lambda}{2d}\ D$$
$$\text{or, } \beta' = 2\,\frac{\lambda}{2d}\ D$$

$$\therefore \beta' = \frac{\lambda}{d} D$$

অর্থাৎ, $D \gg d$ হলে $\beta = \beta' = \frac{\lambda}{d} D$

(iii) মুখ্য চরম বিন্দু বা কেন্দ্রীয় চরম পটির বেধ :

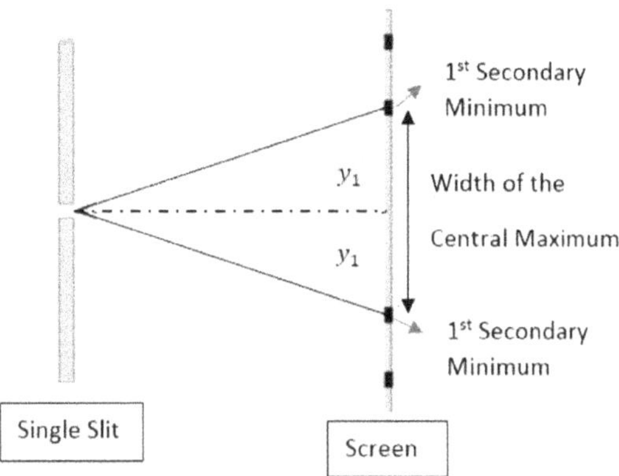

কেন্দ্রীয় সর্বোচ্চ রেখা থেকে প্রথম গৌণ অবম রেখার রৈখিক দূরত্ব : $y_1 = \frac{\lambda}{d} D$ [$y_n = n \frac{\lambda}{d} D$ সূত্রানুসারে]

কেন্দ্রীয় বা মুখ্য চরম বিন্দুর উভয় পার্শ্ব ধরে কেন্দ্রীয় বা মধ্যবর্তী সর্বোচ্চ অংশের বেধ : $\beta_0 = 2 y_1$

$$\beta_0 = 2 \frac{\lambda}{d} D = 2 \frac{\lambda}{d} f$$

[যখন f ফোকাস দৈর্ঘ্যের লেন্সটি রেখা ছিদ্রর খুব কাছে অবস্থিত]

গুরুত্বপূর্ণ তথ্য :

(i) একক রেখাছিদ্রে পর্দায় মুখ্য চরম বিন্দুর উভয় পাশে অবম বিন্দু এবং গৌণ চরম বিন্দু সৃষ্টি হয়। অর্থাৎ অপবর্তনজনিত সজ্জা কেন্দ্রীয় মুখ্য চরম বিন্দুর সাপেক্ষে প্রতিসম।

(ii) কেন্দ্রীয় মুখ্য চরম বিন্দুর বেধ গৌণ চরম বিন্দুর বেধের দ্বিগুণ হয়।

(iii) রেখাছিদ্রের বেধকে বর্ধিত করলে অপবর্তন পটিগুলি ক্রমশ সরু হতে থাকে। অর্থাৎ, অপবর্তন সজ্জা অস্পষ্ট হবে।

(iv) কেন্দ্রীয় বা মুখ্য চরম পটির বেধ তরঙ্গদৈর্ঘ্যের সমানুপাতিক। সুতরাং, লাল বর্ণের আলোর তরঙ্গদৈর্ঘ্য বেগুনি বর্ণের আলোর তরঙ্গদৈর্ঘ্য অপেক্ষা বেশি হওয়ায় লাল বর্ণের ক্ষেত্রে মুখ্য বা কেন্দ্রীয় চরম পটির বেধ বেশি হয়।

(d) ফ্রনহফার অপবর্তনের ক্ষেত্রে আলোর তীব্রতা বন্টন :

মুখ্য চরম পটির তীব্রতা I_0 হলে n তম চরম পটির তীব্রতা $I_n = \left[\frac{2}{(2n+1)\pi} \right]^2 I_0$

প্রথম চরম পটির তীব্রতা : $I_1 = \left[\frac{2}{(2 \times 1 + 1)\pi} \right]^2 I_0$

$$\text{or, } I_1 = \left[\frac{2}{3\pi} \right]^2 I_0$$

$$\text{or, } I_1 = \frac{4}{9\pi^2} I_0$$

$$\therefore I_1 = \frac{I_0}{22}$$

দ্বিতীয় চরম পট্টির তীব্রতা : $I_2 = \left[\dfrac{2}{(2 \times 2 + 1)\,\pi}\right]^2 I_0$

$$\text{or, } I_2 = \left[\dfrac{2}{5\,\pi}\right]^2 I_0$$

$$\text{or, } I_2 = \dfrac{4}{25\,\pi^2}\, I_0$$

$$\therefore I_2 = \dfrac{I_0}{61}$$

অনুসিদ্ধান্ত : একক রেখা ছিদ্রে অপবর্তনের ক্ষেত্রে গৌণ চরম বিন্দুর উজ্জ্বলতা ক্রমশ হ্রাস পায়। একক রেখাছিদ্রের অপবর্তনে আলোর তীব্রতা বন্টন নিম্নরূপ -

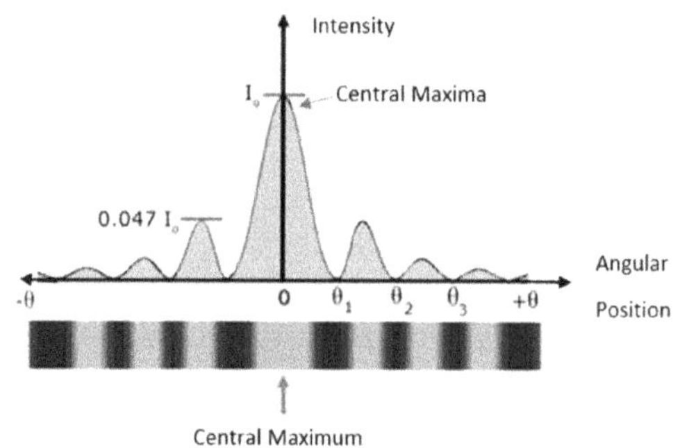

(4) আলোর ব্যতিচার ও অপবর্তনের মধ্যে পার্থক্য (Difference between interference and diffraction)

আলোর ব্যতিচার	আলোর অপবর্তন
(i) দুটি সুসংগত উৎস থেকে নিঃসৃত আলোকতরঙ্গের উপরিপাতের ফলে ব্যতিচার সৃষ্টি হয়।	(i) একই তরঙ্গমুখের বিভিন্ন বিন্দু থেকে আগত গৌণ তরঙ্গসমূহের উপরিপাতের ফলে অপবর্তন সৃষ্টি হয়।
(ii) ব্যতিচার ঝালর প্রস্থগুলি সাধারণত সমান হয়।	(ii) অপবর্তন ঝালর প্রস্থগুলি কখনোই সমান হয় না।
(iii) ব্যতিচার ঝালরে উজ্জ্বল পট্টিগুলির তীব্রতা সমান হয়।	(iii) অপবর্তন ঝালরে উজ্জ্বল পট্টিগুলির তীব্রতা সমান হয় না।
(iv) ব্যতিচার ঝালরে অন্ধকার পট্টিগুলি সম্পূর্ণ অন্ধকারাচ্ছন্ন থাকে।	(iv) অপবর্তন ঝালরে অন্ধকার পট্টিগুলি সম্পূর্ণ অন্ধকারাচ্ছন্ন নয়, এগুলি আংশিক অন্ধকারাচ্ছন্ন।

Subjective Questions

■ **আলোর তরঙ্গতত্ত্ব ও তরঙ্গের বিস্তার**

(1) তরঙ্গমুখ কাকে বলে ? [H.S. – 2012]

(2) তরঙ্গমুখ কয় প্রকার ও কী কী ? প্রতিক্ষেত্রে উৎসের প্রকৃতি উল্লেখ করো ।

(3) সরলরৈখিক রেখাছিদ্রের আকারে উৎস থেকে নির্গত আলোর তরঙ্গমুখ কীরকম হবে ?

(4) তরঙ্গমুখের দুটি ধর্ম উল্লেখ করো ।

(5) তরঙ্গমুখে অবস্থিত যে-কোনো দুটি বিন্দুর মধ্যে দশা পার্থক্য কত ? [H.S. – 2014]

(6) পথ পার্থক্য ও দশা পার্থক্যের মধ্যে সম্পর্ক কী ?

(7) তরঙ্গের প্রাবল্য ও বিস্তারের মধ্যে সম্পর্ক কী ?

(8) মাধ্যমের পরম প্রতিসরাঙ্ক 1 অপেক্ষা ছোটো হতে পারে না কেন ?

(9) আলোর গতিবেগের সাপেক্ষে মাধ্যমের আপেক্ষিক প্রতিসরাঙ্কের সংজ্ঞা দাও ।

(10) আলোর তরঙ্গদৈর্ঘ্যের সঙ্গে প্রতিসরাঙ্কের পরিবর্তনের লেখচিত্র আঁকো ।

(11) আলোক তরঙ্গের বিস্তার সংক্রান্ত হাইগেনসের তরঙ্গ তত্ত্বটি বিবৃত করো । (1)[H.S. – 2014, 2016]

■ **আলোর প্রতিফলন**

(12) হাইগেনসের নীতির সাহায্যে আলোর প্রতিফলনের সূত্রাবলি প্রমাণ করো ।[H.S. – 2017]

অথবা, হাইগেনসের নীতি ব্যবহার করে সমতল দর্পণে আলোর প্রতিফলন ব্যাখ্যা করো । [H.S. – 2014]

■ **আলোর প্রতিসরণ**

(13) আলোক বিস্তারের ক্ষেত্রে হাইগেনসের নীতিটি ব্যবহার করে আলোর প্রতিসরণের সূত্রগুলি প্রমাণ করো ।

অথবা, হাইগেনসের তরঙ্গে নির্মাণ কৌশল ব্যবহার করে, কোনো সমতল তল দ্বারা পৃথকীকৃত দুটি মাধ্যমের মধ্যে দিয়ে সমতল তরঙ্গের প্রতিসরণের জন্য বিস্তারের রেখাচিত্র অঙ্কন করো। এর থেকে প্রতিসরণের স্নেলের সূত্রটি যাচাই করো। (1+2) [H.S. – 2023]

(14) হাইগেনসের তরঙ্গ তত্ত্বের সাহায্যে প্রতিসৃত তরঙ্গমুখের অবস্থান চিত্রের সাহায্যে দেখাও । [H.S. – 2012]

(15) হাইগেনসের তরঙ্গ তত্ত্বের একটি ত্রুটি উল্লেখ করো।[H.S. – 2017]

■ **আলোর বিচ্ছুরণ**

(16) আলোর বিচ্ছুরণ কাকে বলে ?

(17) আলোর বিচ্ছুরণের কারণ কী ?

(18) কৌণিক বিচ্ছুরণ কাকে বলে ?

(19) বিচ্ছুরণ ক্ষমতা কাকে বলে ?

(20) কৌণিক বিচ্ছুরণ ও বিচ্ছুরণ ক্ষমতার মধ্যে সম্পর্কটি নির্ণয় করো।

(21) শুদ্ধ ও অশুদ্ধ বর্ণালীর মধ্যে দুটি পার্থক্য লেখো ।

(22) ফ্রাউনহফার রেখা কাকে বলে ?

(23) ফ্রাউনহফার রেখাগুলির উৎপত্তির কারণ কী ?

অথবা, সৌর বর্ণালিতে কালো রেখার উৎপত্তির কারণ কী ?

■ **আলোর বিক্ষেপণ**

(24) আলোর বিক্ষেপন কাকে বলে ?

(25) আলোর বিক্ষেপণ সংক্রান্ত র্যালের সূত্রটি লেখো ।

(26) বিপদসংকেতে লাল আলো ব্যবহার করা হয় কেন ?

(27) উদয় বা অস্ত যাওয়ার সময় সূর্যকে লাল দেখায় কেন?

(28) দিনের বেলায় আকাশ নীল দেখায় কেন ?

(29) রামধনু কীভাবে গঠিত হয় সংক্ষেপে লেখো ।

■ **আলোর ব্যতিচার**

(30) আলোর ব্যতিচার কাকে বলে ? [H.S. –2014, 2016]

(31) ব্যতিচারের শর্তগুলি লেখো । [H.S. – 2014]

(32) দুটি একই রকমের বাতি ব্যতিচার ঝালর সৃষ্টি করতে পারে না কেন ?

(33) ব্যতিচারের ঘটনায় শক্তি সংরক্ষণ নীতি মান্য হয় কি? [H.S. – 2014]

(34) স্থায়ী ব্যতিচারের শর্তগুলি লেখো । [H.S. – 2013]

(35) সুসংগত উৎস কাকে বলে ? [1] [H.S.– 2012, 2015]

(36) সুসংগত উৎস কীভাবে তৈরি করা যায়? [H.S. – 2012]

(37) আলোর ব্যতিচারের ক্ষেত্রে সুসংগত উৎসের গুরুত্ব কী? কীভাবে সুসংগত উৎস তৈরি করা যায় ? [XII – 2018]

(38) সংক্ষেপে ইয়ং-এর দ্বি-রেখাছিদ্র পরীক্ষাটি বর্ণনা করো । পর্দায় আলোর তীব্রতার বিন্যাস কীরূপ হবে উল্লেখ করো । যদি যে-কোনো একটি ছিদ্র ঢেকে দেওয় হয় তাহলে তীব্রতার বিন্যাসের কী ঘটবে ? [H.S. – 2014]

(39) ইয়ং-এর দ্বি রেখাছিদ্র পরীক্ষায়, পর্দার উপর গঠিত কোনো বিন্দুতে গঠনমূলক এবং ধ্বংসাত্মক ব্যতিচারের শর্তগুলি প্রতিষ্ঠা করো । [H.S. – 2023]

(40) পর্দার উপর অবস্থানের সাপেক্ষে ব্যতিচার নকশায় লব্ধি প্রাবল্যের পরিবর্তনের লেখচিত্র অঙ্কন করো । [H.S. – 2023]

(41) আলোর ব্যতিচার পর্যবেক্ষণের জন্য দুটি অত্যাবশ্যকীয় শর্ত লেখো ।

(42) ইয়ং-এর দ্বি-রেখাছিদ্র পরীক্ষার সমগ্র ব্যবস্থাটিকে জলের মধ্যে রেখে পরীক্ষা করলে তুমি কী পরিবর্তন লক্ষ করবে ?

(43) ইয়ং-এর দ্বি-রেখাছিদ্র পরীক্ষায় একবর্ণী আলোর পরিবর্তে সাদা আলো ব্যবহার করলে ব্যতিচার ঝালরের কীরূপ পরিবর্তন হবে ?

(44) দুটি সুসংগত একবর্ণী আলো গঠনমূলক ব্যতিচার সৃষ্টি করলে তাদের দশা-পার্থক্য কী হবে ?

(45) গঠনমূলক ব্যতিচার সৃষ্টির জন্য গাণিতিক শর্তটি লেখো।

(46) দেখাও যে, ব্যতিচার ঝালর শক্তির নিত্যতার পরিপন্থী নয় ।

(47) ব্যতিচারের কেন্দ্রীয় পটি কীরূপ হয় ?

(48) ইয়ং-এর দ্বি-রেখাছিদ্র পরীক্ষায় নিম্নোক্ত প্রক্রিয়াগুলি ঘটানো হল। ব্যতিচার ঝালরের কী পরিবর্তন লক্ষ করা যাবে সংক্ষেপে লেখো ।
(1) ছিদ্র দুটি একটিকে ঈষৎ স্বচ্ছ কাগজ দিয়ে ঢেকে দেওয়া হল।
(2) ছিদ্র দুটির একটিকে অস্বচ্ছ ফলক দিয়ে ঢেকে দেওয়া হল।

(49) ইয়ং-এর দ্বি-রেখাছিদ্র পরীক্ষায় যে ব্যতিচার ঝালর পাওয়া যায়, তার তীব্রতা-দশা পার্থক্য লেখচিত্রটি আঁকো।

(50) আপতিত তরঙ্গের তরঙ্গদৈর্ঘ্য, রেখাছিদ্র দুটির ব্যবধান এবং উৎস ও পর্দার মধ্যবর্তী দূরত্বের সাহায্যে ফ্রিঞ্জ-বিস্তারের রাশিমালাটি নির্ণয় করো ।

■ আলোর অপবর্তন

(51) আলোর অপবর্তন কাকে বলে ? [1] [H.S. – 2015]

(52) ব্যতিচার ও অপবর্তনের মধ্যে দুটি পার্থক্য লেখো ।

(53) আলোর অপবর্তন কয় প্রকার ও কী কী ? এদের মধ্যে পার্থক্য কী ?

(54) একক রেখাছিদ্রের ক্ষেত্রে ফ্রনহফার অপবর্তনে চরম ও অবম বিন্দু গঠনের শর্ত কী ?

(55) একক রেখাছিদ্র দ্বারা ফ্রানহফার অপবর্তন পটির কীরূপ পরিবর্তন হবে (a) যদি রেখাছিদ্রের প্রস্থ বৃদ্ধি করা হয়, (b) যদি বর্ধিত তরঙ্গদৈর্ঘ্যের আলো ব্যবহার করা হয় ?

(56) একছিদ্র পরীক্ষায় ছিদ্রের বেধ বৃদ্ধি করলে কেন্দ্রীয় চরম পটির কৌণিক বেধের কীরূপ পরিবর্তন হবে ?[1][H.S. – 2015]

(57) আলোকীয় যন্ত্রের বিশ্লেষণী ক্ষমতা বলতে কীবোঝ ?

Numerical Problems

(1) কোনো মাধ্যমের সংকট কোণের মান $45°$ হলে ঐ মাধ্যমে আলোর গতিবেগ কত ? [2] [H.S. – 2015]

(2) 5×10^{14} Hz কম্পাঙ্কের একবর্ণীয় আলো শূন্যস্থান থেকে 1.5 প্রতিসরাঙ্কের একটি মাধ্যমে প্রবেশ করে। ওই মাধ্যমে আলোর তরঙ্গদৈর্ঘ্য কত হবে ?

(3) একটি ব্যতিচার ঝালরের বেধ 1.5 mm । দুটি ছিদ্রের মধ্যে ব্যবধান মূল ব্যবধানের দ্বিগুণ করলে ওই ঝালরের বেধ কত হবে ? [H.S. – 2014]

(4) ইয়ং-এর দ্বি-রেখাছিদ্র পরীক্ষায় রেখাছিদ্র দুটির মধ্যবর্তী ব্যবধান 0.1 mm এবং রেখাছিদ্রের তল থেকে পর্দার দূরত্ব 50 cm । 5000 A তরঙ্গদৈর্ঘ্যের একবর্ণী আলো ব্যবহার মধ্যবর্তী সর্বোচ্চ বিন্দু থেকে প্রথম উজ্জ্বল রেখার দূরত্ব কত হবে ?

[Ans : 0.25 cm]

(5) ইয়ং-এর দ্বি-রেখাছিদ্র পরীক্ষায় 620 nm তরঙ্গদৈর্ঘ্যের লাল আলো ব্যবহার করা হল । সুসংগত উৎসদুটির মধ্যবর্তী ব্যবধান 0.3 mm এবং উৎস দুটির তল থেকে পর্দার দূরত্ব 0.629 m হলে, ঝালর পটির বেধ নির্ণয় করো ।
[Ans : 0.1299 cm]

(6) ইয়ং-এর দ্বিরেখাছিদ্র পরীক্ষায় পটি প্রস্থ 2.0 mm । নবম উজ্জ্বল পটি ও দ্বিতীয় অন্ধকার পটির মধ্যে দূরত্ব নির্ণয় করো।
[XII – 2018]

(7) 5100 A তরঙ্গদৈর্ঘ্যের সবুজ আলো দ্বি-রেখাছিদ্রের ওপর আপতিত হল । 200 cm দূরত্বে রক্ষিত পর্দায় তৈরি পটিতে গড়ে 10 টি পটির দূরত্ব 2 cm হলে ছিদ্রদ্বয়ের ব্যবধান নির্ণয় করো । [H.S. – 2015]

(8) সুসংগত দুটি উৎসের বিস্তারের অনুপাত 2 : 5 হলে, তাদের সর্বোচ্চ ও সর্বনিম্ন প্রাবল্যের অনুপাত নির্ণয় করো ।
[Ans : 5.44 : 1]

(9) ইয়ং-এর দ্বিরেখাছিদ্র পরীক্ষায় ব্যবহৃত সুংগত আলোক-উৎস দুটির তীব্রতার অনুপাত n । পটির চরম ও অবম তীব্রতার অনুপাত নির্ণয় করো । [H.S. – 2013]

(10) 9 : 1 অনুপাতে তীব্রতাসম্পন্ন দুটি তরঙ্গ ব্যতিচার সৃষ্টি করে। উজ্জ্বল ও অন্ধকার পটির তীব্রতার অনুপাত নির্ণয় করো ।
[Ans : 4 : 1]

আলোর তড়িৎচুম্বকীয় প্রকৃতি

1	**আলোর সমবর্তন**

■ 1886 খ্রিস্টাব্দে ক্লার্ক ম্যাক্সওয়েল **আলোর তড়িৎচুম্বকীয় তত্ত্ব** উদ্ভাবন করেন । এই তত্ত্বানুসারে,

(i) আলো এক প্রকার তড়িৎচুম্বকীয় তরঙ্গ, যা পরস্পর অভিলম্ব অবস্থায় থাকা একটি তড়িৎক্ষেত্র ও চৌম্বক ক্ষেত্রের স্পন্দনের ফলে বিস্তার লাভ করে।

(ii) তড়িৎক্ষেত্র ও চৌম্বক ক্ষেত্র যে তলে থাকে, আলোক তরঙ্গ তার সমকোণে বিস্তার লাভ করে ।

(iii) আলোক তরঙ্গ বিস্তারের জন্য কোনো জড় মাধ্যমের প্রয়োজন হয় না ফলে শূন্য মাধ্যমেও আলো গমন করতে পারে।

কোনো মাধ্যমের তড়িৎভেদ্যতা ও চৌম্বকভেদ্যতা যথাক্রমে ε ও μ হলে ওই মাধ্যমে আলোর গতিবেগ: $v = \dfrac{1}{\sqrt{\varepsilon\,\mu}}$

শূন্য মাধ্যমে আলোর গতিবেগ $c = \dfrac{1}{\sqrt{\varepsilon_0\,\mu_0}} = 3 \times 10^8 \ \text{m s}^{-1}$

■ বিজ্ঞানী হার্জ পরীক্ষামূলকভাবে আলোর তড়িৎচুম্বকীয় তত্ত্ব সুপ্রতিষ্ঠিত করেন ।

■ **সাফল্য :** এই তত্ত্বের সাহায্যে আলোর নানান ধর্ম সুষ্ঠুভাবে ব্যাখ্যা করা সম্ভব হয় । যেমন - আলোর প্রতিফলন (reflection),
আলোর প্রতিসরণ (refraction),
আলোর ব্যতিচার (interference),
আলোর অপবর্তন (diffraction),
আলোর সমবর্তন (polarisation)
প্রভৃতি

■ **ব্যর্থতা :** আলোর বিকিরণ সম্পর্কিত বিভিন্ন ঘটনা যেমন - [i] কৃষ্ণ বস্তুর বিকিরণ (Black body radiation),
[ii] আলোক তড়িৎক্রিয়া (Photoelectric effect),
[iii] কম্পটন ক্রিয়া (Compton effect),
[iv] রামন ক্রিয়া (Raman effect),
[v] মৌল কর্তৃক উৎপন্ন রেখা বর্ণালী (line spectra) - প্রভৃতির
কোনোরূপ ব্যাখ্যা পাওয়া যায় না ।

আলোর সমবর্তন (Polarisation of light)

(1) তড়িৎচুম্বকীয় তরঙ্গ হিসেবে আলোক রশ্মি :

আলো এক প্রকার তড়িৎচুম্বকীয় তরঙ্গ (electromagnetic wave), যা পরস্পর অভিলম্ব অবস্থায় থাকা একটি তড়িৎক্ষেত্র ও চৌম্বক ক্ষেত্রের স্পন্দনের ফলে বিস্তার লাভ করে ।

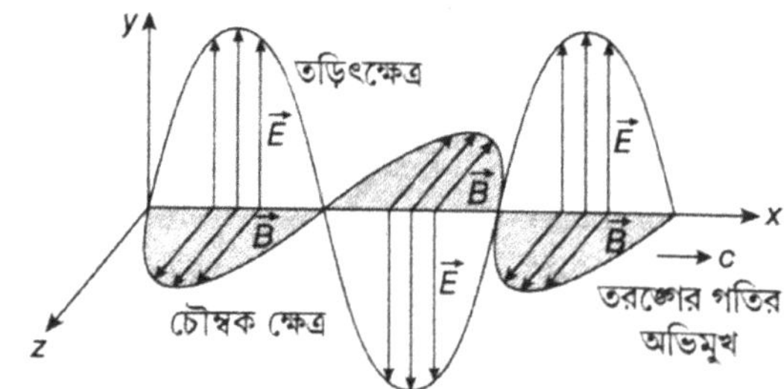

(2) আলোক তির্যক তরঙ্গ প্রকৃতি :

<u>অনুপ্রস্থ তরঙ্গ বা তির্যক তরঙ্গ সমবর্তন প্রদর্শন করে</u> । অনুদৈর্ঘ্য তরঙ্গের (যেমন - শব্দ তরঙ্গ) সমবর্তন হয় না । **আলোর সমবর্তন ঘটনায় আলোর তির্যক প্রকৃতি প্রতিষ্ঠিত হয় ।**

(৩) আলোক তরঙ্গের তড়িৎক্ষেত্র ভেক্টর :

তড়িৎক্ষেত্র ভেক্টর (Electric Field Vector) বা আলোক ভেক্টর (Light Vector) এই তড়িৎচুম্বকীয় তরঙ্গের যাবতীয় ঘটনার জন্য দায়ী। দৃশ্যমান আলোর ক্ষেত্রে তরঙ্গ আমাদের চোখে রেটিনাকে উদ্দীপিত করে দর্শনের অনুভূতি জাগাতে সাহায্য করে ।

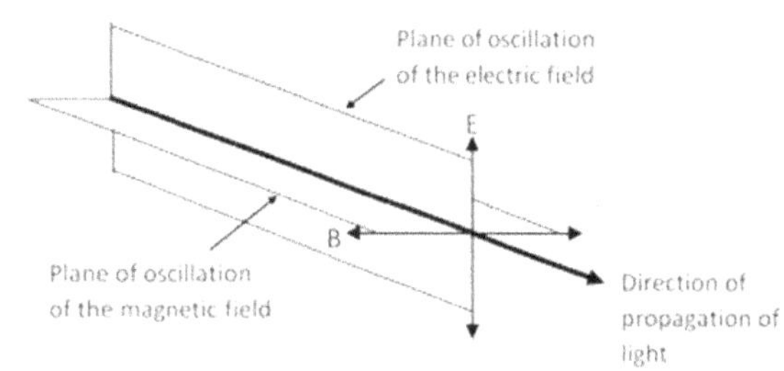

(৪) অসমবর্তিত আলো :

আলোক তরঙ্গের তড়িৎক্ষেত্র ভেক্টর তরঙ্গ বিস্তারের অভিমুখের সঙ্গে লম্বভাবে সম্ভাব্য সবদিকে কম্পিত হলে, সেই আলোককে সমবর্তিত আলোক বলে ।

সাধারণ আলো হল অসমবর্তিত তির্যক তরঙ্গ ।

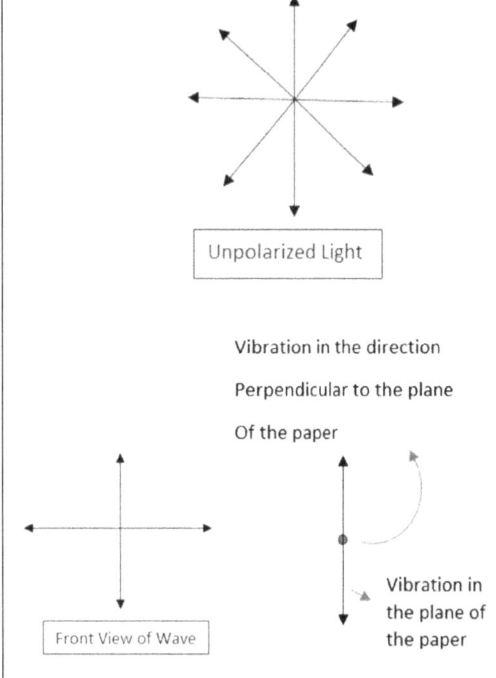

(৫) আলোর সমবর্তন ও সমবর্তিত আলো :

সাধারণ আলো (অসমবর্তিত আলো) বিশেষ কিছু কেলাস (যেমন – টুরম্যালিন বা আইসল্যান্ডস্পার ইত্যাদি) এর মধ্য দিয়ে অগ্রসর হওয়ার সময়, ওই আলোকতরঙ্গের তড়িৎক্ষেত্র ভেক্টরের কম্পন তরঙ্গ অগ্রসর হওয়ার অভিমুখের সঙ্গে লম্বভাবে বা তার সমান্তরালে একটি নির্দিষ্ট তলে সীমাবদ্ধ হয় । এই ঘটনাকে সমবর্তন বলা হয় ।

কোনো বিশেষ উপায়ে আলোর গতির অভিমুখের সঙ্গে লম্বভাবে অবস্থিত কোনো নির্দিষ্ট তলের ওপর কোনো একটি বিশেষ অক্ষ বরাবর আলোকতরঙ্গের তড়িৎক্ষেত্র ভেক্টরটির কম্পনকে সীমাবদ্ধ করলে, সেই আলোককে সমবর্তিত আলোক বলে ।

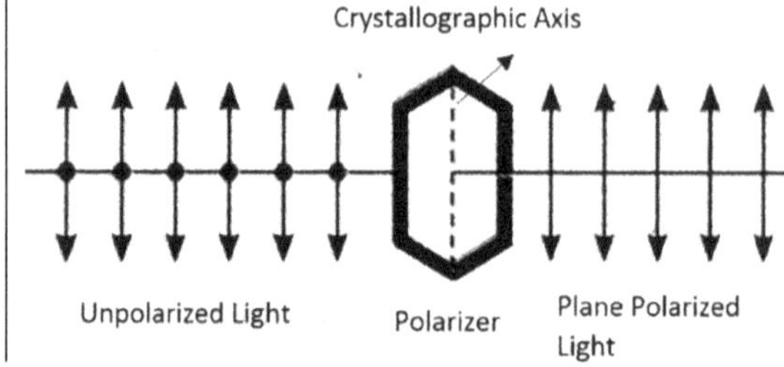

উদাহরণ : টুরম্যালিন বা আইসল্যান্ডস্পার-এর মধ্য দিয়ে অতিক্রান্ত বা নির্গত আলো হল সমবর্তিত তির্যক তরঙ্গ।

(6) সমবর্তিত ও অসমবর্তিত আলোর মধ্যে পার্থক্য :

অসমবর্তিত আলো	সমবর্তিত আলো
অসমবর্তিত আলোক তরঙ্গের তড়িৎক্ষেত্র ভেক্টর তরঙ্গ বিস্তারের অভিমুখের সঙ্গে লম্বভাবে সম্ভাব্য সবদিকে কম্পিত হয়।	সমবর্তিত আলোক তরঙ্গের তড়িৎক্ষেত্র ভেক্টর তরঙ্গ বিস্তারের অভিমুখের সঙ্গে লম্বভাবে একটি নির্দিষ্ট তলে কম্পিত হয়।
অসমবর্তিত আলো ক্যালসাইট বা কোয়ার্জ কেলাসের মধ্য দিয়ে গেলে তার দ্বিপ্রতিসরণ হয়।	সমবর্তিত আলো নির্দিষ্ট কেলাসের মধ্য দিয়ে যাওয়ার সময় কেলাসটিকে বিভিন্ন কোণে ঘোরানো হলে নির্গত আলোর তীব্রতার হ্রাসবৃদ্ধি হয়।

(7) সমবর্তক ও বিশ্লেষক :

যে যান্ত্রিক ব্যবস্থার (বা কেলাস) সাহায্যে অসমবর্তিত আলোকে সমবর্তিত আলোকে পরিণত করা হয়, সেই যান্ত্রিক ব্যবস্থাকে সমবর্তক বলে।

যেমন - টুরম্যালিন বা আইসল্যান্ডস্পার কেলাস, পোলারয়েড, নিকল প্রিজম

যে যান্ত্রিক ব্যবস্থার সাহায্যে আলোক সমবর্তিত কি না এবং কীধরণের সমবর্তিত তা নির্ণয় করা হয়, সেই যান্ত্রিক ব্যবস্থাকে বিশ্লেষক বলে।

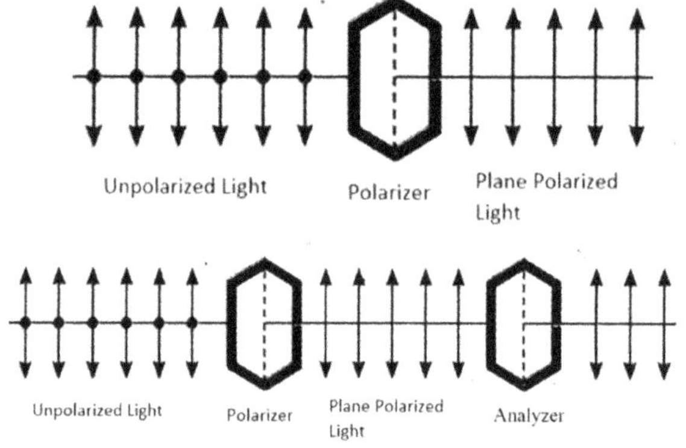

(8) ম্যালাসের সূত্র :

একটি সমতলীয় সমবর্তিত আলো বিশ্লেষকের উপর আপতিত হলে বিশ্লেষক থেকে নিঃসৃত আলোর তীব্রতা বিশ্লেষকের নিঃসরণ তল ও সমবর্তকের নিঃসরণ তলের মধ্যবর্তী কোণের cosine এর বর্গের সমানুপাতিক।

অর্থাৎ, $I \propto cos^2\theta$

or, $I = I_0\, cos^2\theta$

যেখানে, $I_0 = $ নিঃসৃত আলোর সর্বাধিক তীব্রতা

(9) কম্পন তল ও সমবর্তন তল :

সমবর্তিত আলোর কম্পন যে তলে সীমাবদ্ধ থাকে তাকে কম্পন তল বলে।

সমবর্তিত আলোর ক্ষেত্রে কম্পন তলের সঙ্গে লম্বভাবে অবস্থিত যে তলের ওপরে আলোর গতিমুখ নির্দেশক সরলরেখাটি বর্তমান, সেই তলকে সমবর্তন তল বলে।

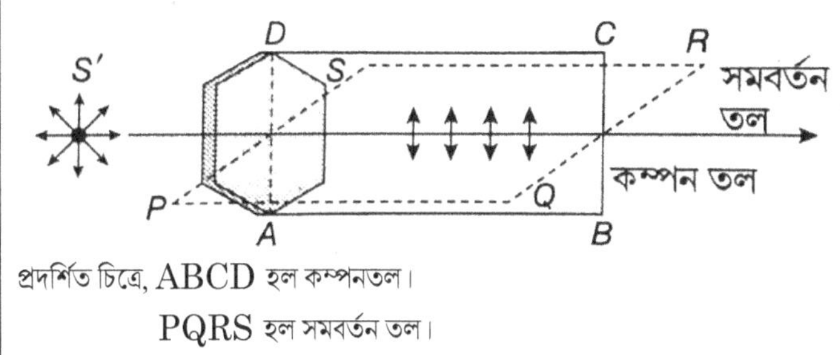

প্রদর্শিত চিত্রে, ABCD হল কম্পনতল।

PQRS হল সমবর্তন তল।

(10) সমবর্তিত আলোর প্রকারভেদ :

সমবর্তিত আলোক তিন প্রকার । যথা -
(i) সরল সমবর্তিত আলোক (Plane Polarised light),
(ii) বৃত্তীয় সমবর্তিত আলোক (circularly Polarised light)
এবং (iii) উপবৃত্তীয় সমবর্তিত আলোক (Elliptically Polarised Light) ।

(11) রৈখিক সমবর্তিত আলো ও তার সৃষ্টির বিভিন্ন পদ্ধতি :

সমবর্তিত আলোর কম্পন একটি তলে সীমাবদ্ধ থেকে যদি সরলরেখা বরাবর সম্পাদিত হয় তাহলে একে সমতল সমবর্তিত বা রৈখিক সমবর্তিত আলো বলা হয় ।

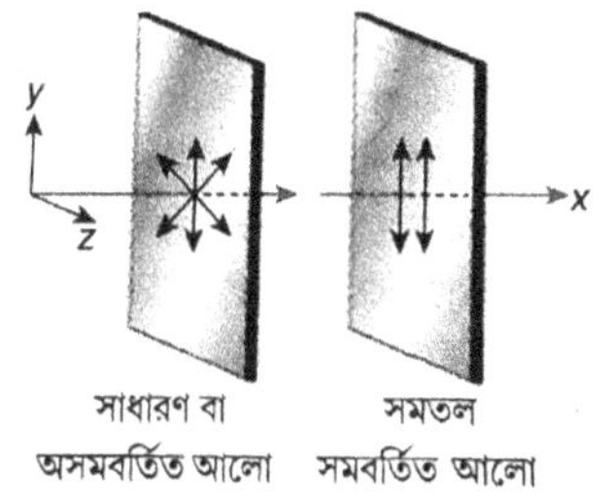

সমতল সমবর্তিত আলো সৃষ্টির বিভিন্ন পদ্ধতি :
(i) প্রতিফলন (Polarisation by reflection)
(ii) প্রতিসরণ (Polarisation by refraction)
(iii) দ্বৈত প্রতিসরণ (Polarisation by double refraction)
(iv) দ্বিরাগত্ব পদ্ধতি (Polarisation by Dichroism)

সাধারণ বা
অসমবর্তিত আলো

সমতল
সমবর্তিত আলো

(12) প্রতিফলন দ্বারা সাধারণ আলোর সমবর্তন (Polarisation by reflection) :

সাধারণ বা অসমবর্তিত আলোক রশ্মি যদি স্বচ্ছ মাধ্যমের (যেমন - জল বা কাঁচতল) দ্বারা প্রতিফলিত হয়, তবে প্রতিফলিত রশ্মি আংশিকভাবে সমবর্তিত হয় । প্রতিফলিত রশ্মির সমবর্তনের মাত্রা আপতন কোণের উপর নির্ভর করে এবং প্রতিফলক তল অনুযায়ী এক বিশেষ আপতন কোণের (যাকে ওই মাধ্যমের সমবর্তন কোণ বলে) জন্য সমবর্তনের মাত্রা সর্বাধিক হয় ।

পরীক্ষা :

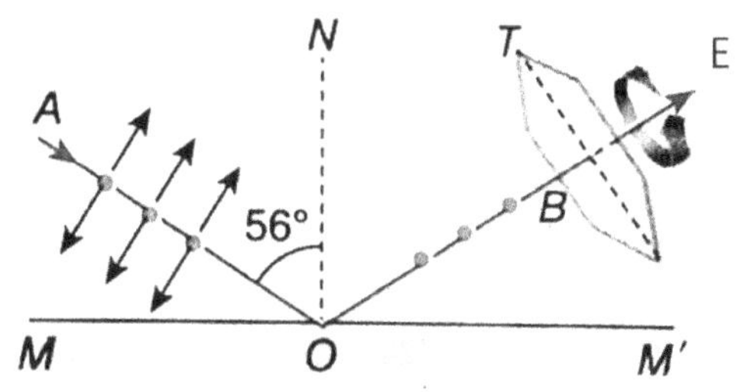

একটি সাধারণ বা অসমবর্তিত আলোকরশ্মি (AB) একটি সমতল কাচ প্রতিফলকে (MM') কোণে আপতিত হয়ে OB বরাবর প্রতিফলিত হয়েছে। এই প্রতিফলিত রশ্মি আংশিকভাবে সমবর্তিত হয় । এখন প্রতিফলিত রশ্মির গতিপথে একটি টুরম্যালিন কেলাসকে সমকোণে রাখে OB কে অক্ষ করে যদি কেলাসটিকে ধীরে ধীরে ঘোরান হয়, তাহলে কেলাসের একটি বিশেষ অবস্থানে কেলাস থেকে আলো নির্গত হয় না । আবার, কেলাসের ওই অবস্থান থেকে কেলাসটিকে আরও $90°$ ঘুরিয়ে আনলে কেলাস থেকে অল্প অল্প করে আলো নির্গত হয়ে ঠিক $90°$ অবস্থানে আলোর ঔজ্জ্বল্য সর্বাধিক হয় । এর থেকে প্রমাণিত হয় যে, প্রতিফলিত রশ্মি (OB) সমবর্তিত হয়েছে।

ব্যাখ্যা : অসমবর্তিত আলোর কম্পনের যে উপাংশটি প্রতিফলক তলের সমান্তরালে থাকে সেই উপাংশটি যেকোনো আপতন কোণের জন্যই সমান্তরাল। কিন্তু অপর উপাংশটি (যে উপাংশটি কাগজের তলে অর্থাৎ আপতন তলে) প্রতিফলক তলের সঙ্গে বিভিন্ন কোণ

উৎপন্ন করে। আপতন কোণের মান সমবর্তন কোণের সমান হলে ওই দ্বিতীয় উপাংশের অধিকাংশ প্রতিফলক কর্তৃক প্রতিসৃত হয় এবং শোষিত হয়। এর কোনো প্রতিফলন হয় না। ফলে তখন কেবলমাত্র প্রথম উপাংশ প্রতিফলিত হবে। তাই প্রতিফলিত রশ্মি সরল সমবর্তিত হয়। কাগজের তলের অভিলম্ব তলই হল এই সমবর্তিত আলোর কম্পনতল।

(13) সমবর্তন কোণ বা ব্রুস্টারের কোণ (Angle of Polarisation or Brewster's Angle) :

- **সংজ্ঞা :** একটি নিদিষ্ট প্রতিসারক তলে আলোকরশ্মির যে বিশেষ আপতন কোণের জন্য প্রতিফলনের দ্বারা সমবর্তনের মাত্রা সর্বাধিক হয়, সেই কোণকে সমবর্তন কোণ বা ব্রুস্টারের কোণ বলে।

- **উদাহরণ :** সাধারণ কাচের ক্ষেত্রে সমবর্তন কোণ $56°$ (প্রায়) এবং বিশুদ্ধ জলের ক্ষেত্রে সমবর্তন কোণ $53°$

- **নির্ভরতা :** সমবর্তন কোণের মান প্রতিফলক তল এবং আপতিত আলোর তরঙ্গদৈর্ঘ্যের ওপর নির্ভর করে।

(14) সমবর্তনে ব্রুস্টারের সূত্র (Brewster's law) : **মাধ্যমের প্রতিসরাঙ্কের সঙ্গে সমবর্তন কোণের সম্পর্ক**

বিবৃতি	নিদিষ্ট মাধ্যমের জন্য সমবর্তন কোণের ট্যানজেন্টের মান সংখ্যাগতভাবে প্রতিফলক মাধ্যমের প্রতিসরাঙ্কের সমান হয়।

গাণিতিক রূপ

যদি প্রতিফলক মাধ্যমের প্রতিসরাঙ্ক μ এবং ঐ প্রতিফলক মাধ্যমের প্রকৃতির ওপর নির্ভর করে সমবর্তন কোণ θ_p হয়, তাহলে ব্রুস্টারের সূত্রানুযায়ী, $\mu = \tan \theta_p$

প্রমাণ

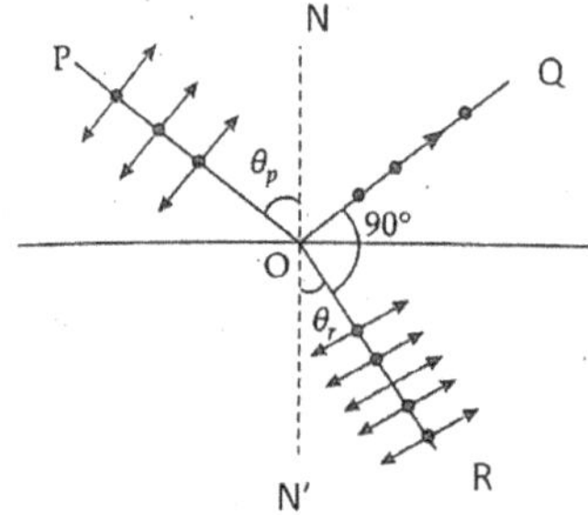

প্রদর্শিত চিত্রানুসারে, $\angle PON = $ আপতন কোণ (সমবর্তন কোণ) $= \theta_p$

$\angle RON' = $ প্রতিসরণ কোণ $= \theta_r$

আলোকরশ্মির সমবর্তন কোণে আপতনের ক্ষেত্রে প্রতিফলিত রশ্মি ও প্রতিসৃত রশ্মি পরস্পর লম্ব হয়।

$\therefore \theta_p + \theta_r + 90° = 180°$

or, $\theta_p + \theta_r = 90°$

আবার, স্নেলের সূত্রানুসারে, মাধ্যমের প্রতিসরাঙ্ক, $\mu = \dfrac{\sin \theta_p}{\sin \theta_r}$

$= \dfrac{\sin \theta_p}{\sin(90° - \theta_p)}$

$= \dfrac{\sin \theta_p}{\cos \theta_p} = \tan \theta_p$

(15) ব্রুস্টারের সূত্রের অনুসিদ্ধান্ত : আলোকরশ্মির সমবর্তন কোণে আপতনের ক্ষেত্রে প্রতিফলিত রশ্মি ও প্রতিসৃত রশ্মি পরস্পর লম্ব হয় :

প্রমাণ :

প্রদর্শিত চিত্রানুসারে, $\angle PON = $ আপতন কোণ $= \theta_p$

$\angle RON' = $ প্রতিসরণ কোণ $= \theta_r$

এখন ব্রুস্টারের সূত্রানুসারে, মাধ্যমের প্রতিসরাঙ্ক $\mu = \tan \theta_p = \dfrac{\sin \theta_p}{\cos \theta_p}$

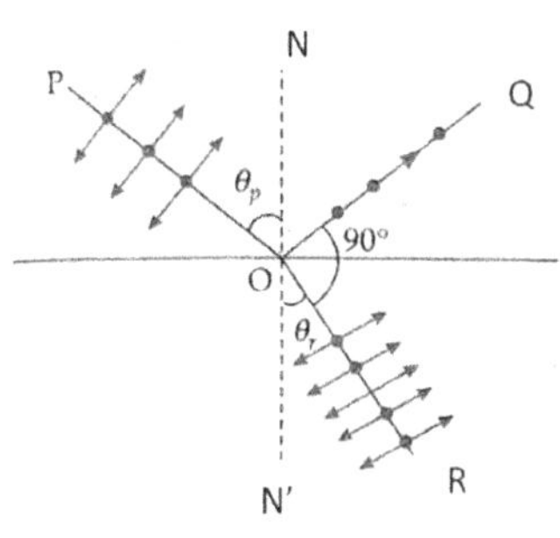

আবার, স্নেলের সূত্রানুসারে, $\mu = \dfrac{\sin \theta_p}{\sin \theta_r}$

$\therefore \dfrac{\sin \theta_p}{\cos \theta_p} = \dfrac{\sin \theta_p}{\sin \theta_r}$

or, $\cos \theta_p = \sin \theta_r = \cos (90° - \theta_r)$

or, $\theta_p = 90° - \theta_r$

$\therefore \theta_p + \theta_r = 90°$

প্রতিফলিত রশ্মি (OQ) এবং প্রতিসৃত রশ্মির (OR) মধ্যবর্তী কোণ :

$\angle \mathrm{QOR} = 180° - \left(\theta_p + \theta_r \right)$

$\qquad\qquad = 180° - 90° = 90°$

---

(16) সমবর্তন কোণ ও সংকট কোণের মধ্যে সম্পর্ক :

বায়ু মাধ্যমের সাপেক্ষে প্রতিসারক মাধ্যমের প্রতিসরাঙ্ক μ এবং সমবর্তন কোণ θ_p হয়, তাহলে ব্রুস্টারের সূত্রানুযায়ী, $\mu = \tan \theta_p$

আবার, মাধ্যমদ্বয়ের সংকট কোণ θ_c হলে $\mu = \dfrac{1}{\sin \theta_c}$

$\therefore \tan \theta_p = \dfrac{1}{\sin \theta_c}$

or, $\tan \theta_p = \operatorname{cosec} \theta_C$

$\therefore \theta_p = \tan^{-1}(\operatorname{cosec} \theta_C)$

---

(17) আলোর দ্বিপ্রতিসরণ :

■ সাধারণ আলোকরশ্মি অর্থাৎ অসমবর্তিত আলো ক্যালসাইট, কোয়ার্টজ প্রভৃতি কেলাসের মধ্যদিয়ে যাওয়ার সময় আলোকরশ্মি দুটি রশ্মিতে (সাধারণ রশ্মি বা O-রশ্মি এবং অসাধারণ রশ্মি বা E-রশ্মি) বিভাজিত হয় । এই ঘটনাকে দ্বি-প্রতিসরণ বলে।

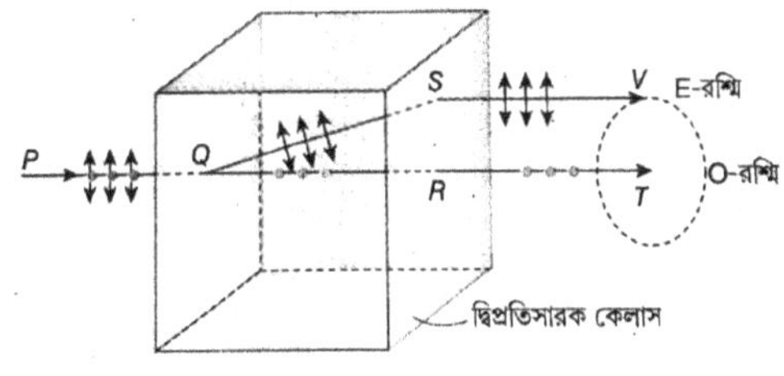

■ দ্বি-প্রতিসারক কেলাসের মধ্যে প্রতিসৃত রশ্মির যে অংশটি আলোর প্রতিসরণের সাধারণ সূত্রগুলি মেনে চলে তাকে সাধারণ রশ্মি বা O-রশ্মি বলা হয়। আবার, যে অংশটি প্রতিসরণের সাধারণ সূত্রগুলি মেনে চলে না, তাকে অসাধারণ রশ্মি বা E-রশ্মি বলে।

O রশ্মির কম্পনতল কেলাসের প্রধান ছেদের সমকোণে অবস্থিত । আবার, E-রশ্মির কম্পনতল কেলাসের প্রধানছেদে অবস্থিত।

---

(18) দ্বিপ্রতিসারক কেলাস :

■ যে ধরণের কেলাসে দ্বি-প্রতিসরণ ঘটে, তাদের দ্বি-প্রতিসারক কেলাস বলে। যেমন – ক্যালসাইট

■ দ্বি-প্রতিসারক কেলাস দুই প্রকারের হয়। যথা – (১) ধনাত্মক কেলাস এবং (২) ঋণাত্মক কেলাস

● ধনাত্মক কেলাস : যে-সকল দ্বি-প্রতিসারক কেলাসের মধ্যে সাধারণ রশ্মি বা O-রশ্মির বেগ অসাধারণ রশ্মি বা E-রশ্মির বেগ অপেক্ষা বেশি, তাদের ধনাত্মক কেলাস বলা হয়। যেমন – কোয়ার্জ, বরফ ইত্যাদি

● ঋণাত্মক কেলাস : যে-সকল দ্বি-প্রতিসারক কেলাসের মধ্যে সাধারণ রশ্মি বা O-রশ্মির বেগ অসাধারণ রশ্মি বা E-রশ্মির বেগ অপেক্ষা কম, তাদের ঋণাত্মক কেলাস বলে। যেমন – টুরম্যালিন, ক্যালসাইট

অনুশীলনী || আলোর তড়িৎচুম্বকীয় তরঙ্গ প্রকৃতি

Subjective Questions

(1) আলোর সমবর্তন আলোর প্রকৃতি সম্পর্কে কী প্রমাণ করে ?

(2) শব্দ তরঙ্গের সমবর্তন হয় না কেন ?

(3) রৈখিক সমবর্তিত আলোর সংজ্ঞা দাও ।

(4) সমবর্তন তল কাকে বলে ?

(5) সমতলীয় সমবর্তিত আলো বলতে কীবোঝ ?

(6) সোডিয়াম বাল্ব থেকে আগত আলো কি সমবর্তিত ?

(7) সমবর্তিত ও অসমবর্তিত আলোক তরঙ্গের মধ্যে একটি প্রধান পার্থক্য লেখো ।

(8) ব্রুস্টারের সূত্রটি লেখো।[1][H.S.–2015. 2018]

(9) দেখাও যে, আলোকরশ্মি সমবর্তন কোণে দুটি মাধ্যমের বিভেদতলে আপতিত হলে প্রতিফলিত ও প্রতিসৃত রশ্মিদ্বয় পরস্পরের সমকোণে থাকে।

(10) অসমবর্তিত আলো কোনো প্রতিফলকে সমবর্তন কোণে আপতিত হয় । প্রতিফলিত ও প্রতিসৃত আলোকরশ্মির মধ্যবর্তী কোণ নির্ণয় করো । [XII – 2018]

(11) অসমবর্তিত সূর্যালোক বিক্ষেপণের সাহায্যে কীভাবে সমবর্তিত হয় তা ব্যাখ্যা করো ।

(12) প্রতিফলন দ্বারা অসমবর্তিত আলোর সমবর্তিত হওয়ার ঘটনা চিত্রসহ ব্যাখ্যা করো ।

(13) সংকট কোণ ও সমবর্তন কোণের মধ্যে সম্পর্ক নির্ণয় করো।

(14) আলোর দ্বিপ্রতিসরণ কাকে বলে ? এই প্রসঙ্গে E-রশ্মি ও O রশ্মির সংজ্ঞা দাও ।

(15) একটি দ্বি-প্রতিসারক কেলাসের উদাহরণ দাও ।

(16) পোলারয়েড কী ? পোলারয়েডের একটি ব্যবহার লেখো।

অথবা, পোলারয়েডের দুটি ব্যবহার লেখো।

(17) কীভাবে পোলারয়েডের সাহায্যে একটি অসমবর্তিত আলো এবং রৈখিক সমবর্তিত আলোর মধ্যে পার্থক্য বোঝা যাবে ?

(18) সমবর্তক এবং বিশ্লেষকের মধ্যে $45°$ কোণ থাকলে নিঃসৃত আলোকরশ্মির তীব্রতা মূল অসমবর্তিত আলোর তীব্রতার কত গুণ ?

(19) ম্যালাউস-এর সূত্রটি বিবৃত করো । এর থেকে আমরা কী জানতে পারি ?

Numerical Problems

(20) সমবর্তন কোণ $60°$ হলে মাধ্যমের প্রতিসরাঙ্ক কত ?

(21) একটি স্বচ্ছ কেলাসের সংকট কোণ $30°$। অই কেলাসের সমবর্তন কোণ কত ?

(22) কাচের প্রতিসরাঙ্ক 1.55 হলে কাচের সমবর্তন কোণের মান এবং ওই সমবর্তন কোণের জন্য প্রতিসরণ কোণের মান নির্ণয় করো।

<table>
<tr><td colspan="2" style="background:black;color:white;text-align:center">আলোর কণা প্রকৃতি</td></tr>
<tr><td>1</td><td>আলোক তড়িৎক্রিয়া (Photoelectric Effect)</td></tr>
</table>

(1) আলোক তড়িৎক্রিয়া : (Photoelectric Effect)

কোনো ধাতবপৃষ্ঠে উপযুক্ত তরঙ্গদৈর্ঘ্য এর বিকিরণ (অতি বেগুনি রশ্মি, এক্স রশ্মি অথবা দৃশ্যমান আলো বা সাধারণ আলো) আপতিত হলে তা থেকে ইলেকট্রন নির্গত হয় । এই ঘটনাকে আলোকতড়িৎ ক্রিয়া (photoelectric effect) বা আলোকতড়িৎ নিঃসরণ (photoelectric emission) বলে । আলোকতড়িৎ ক্রিয়ায় নিঃসৃত ইলেকট্রনকে আলোক ইলেকট্রন (photo electron) বলে।

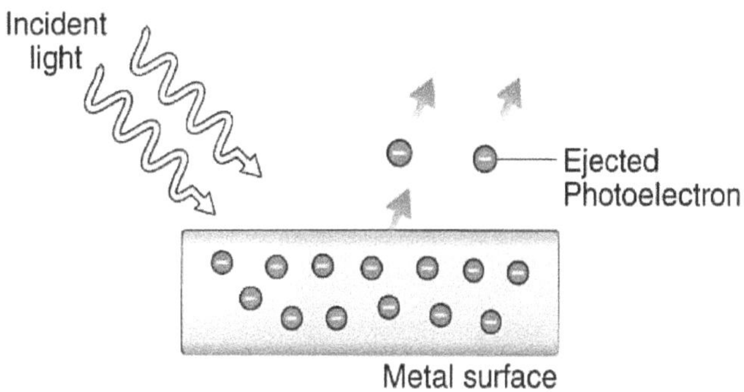

আলোক তড়িৎক্রিয়া প্রদর্শনকারী কয়েকটি ধাতু হল -

ধাতু	তড়িৎচুম্বকীয় বিকিরণ
জিঙ্ক (Zn), ক্যাডমিয়াম (Cd), ম্যাগনেশিয়াম (Mg) প্রভৃতি	অতিবেগুনি
ক্ষার ধাতুগুলি যেমন- লিথিয়াম (Li), সোডিয়াম (Na), পটাশিয়াম (K), সিজিয়াম (Cs), রুবিডিয়াম প্রভৃতি	সাধারণ আলোকে

■ **ধাতুর কার্য অপেক্ষক :**

● **সংজ্ঞা :** নির্দিষ্ট উষ্ণতায় কোনো ধাতুর ক্ষেত্রে একটি ইলেকট্রন যে সর্বনিম্ন বাহ্যিক শক্তি গ্রহন করে ধাতব পৃষ্ঠের আকর্ষণ বল অতিক্রম করে পৃষ্ঠের বাইরে বেরিয়ে আসতে সক্ষম হয়, তাই ওই উষ্ণতায় ধাতুটির কার্য অপেক্ষক বলে ।

● **মাত্রা সমীকরণ** $[W_0] = [M\, L^2 T^{-2}]$

● **একক** কার্য অপেক্ষকের ব্যবহারিক একক eV

● **নির্ভরতা** ধাতুর কার্য অপেক্ষক ধাতব পদার্থের প্রকৃতি ও উষ্ণতার ওপর নির্ভর করে কিন্তু শক্তির উৎসের ওপর নির্ভর করে না

(2) আলোক তড়িৎক্রিয়ার প্রদর্শনমূলক পরীক্ষা :

	একটি ব্যাটারি ও রোধকের সাহায্যে বায়ুশূন্য কাঁচ নলে রাখা A (সংগ্রাহক প্লেট) ও C (আলোক সংবেদনশীল) ধাতব প্লেটের মধ্যে পরিবর্তনশীল বিভবপ্রভেদ প্রয়োগ করা হয়। C প্লেটে ক্ষার ধাতুর প্রলেপ লাগিয়ে তড়িৎচুম্বকীয় বিকিরণ

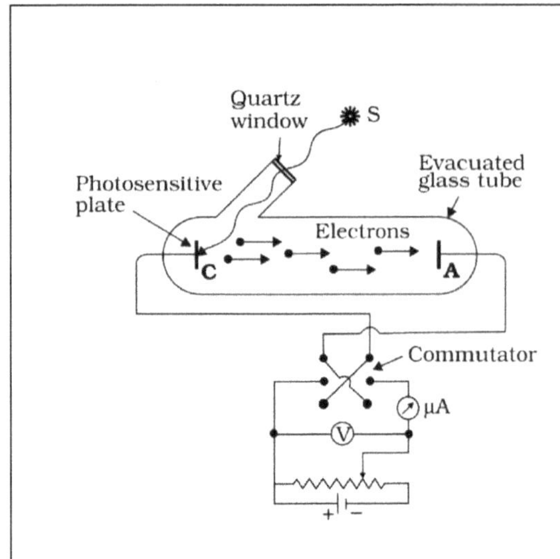

(electromagnetic radiation) ফেললে ইলেকট্রন নির্গমণ হয় । এখন -

(i) A প্লেট C প্লেট সাপেক্ষে ধনাত্মক বিভবে থাকলে ইলেকট্রনগুলি A প্লেটের দিকে আকর্ষিত হয় । ফলে বর্তনীতে আলোকতড়িৎ প্রবাহ পাওয়া যায়, যা মাইক্রো অ্যামমিটারের (micro ammeter) সাহায্যে পরিমাপ করা হয়।

(ii) A প্লেটটি C প্লেট সাপেক্ষে ঋণাত্মক বিভবে থাকলে আলোক ইলেকট্রনগুলি বিকর্ষিত হয় এবং আলোকতড়িৎ প্রবাহ হ্রাস পায় ।

আলোকতড়িৎ প্রবাহ নিয়ন্ত্রক বিষয়গুলি হল -

(a) আপতিত বিকিরণের কম্পাঙ্ক (frequency)

(b) আপতিত বিকিরণের তীব্রতা (intensity)

(c) তড়িদ্বারদ্বয়ের বিভবপ্রভেদ (potential difference)

(d) আলোক সংবেদনশীল ধাতুর প্রকৃতি (nature)।

আলোক তড়িৎক্রিয়ার পরীক্ষামূলক ব্যবস্থায় যে সমস্ত বিষয়গুলি লক্ষ করা যায়, তা নিম্নে আলোচিত হল -

(i) আলোক তড়িৎপ্রবাহের উপর বিকিরণের তীব্রতার প্রভাব :

আলোক সংবেদনশীল ধাতু ও সংগ্রাহক প্লেটের মধ্যে বিভবপ্রভেদ ধ্রুবক থাকলে আলোকতড়িৎ প্রবাহ আপতিত বিকিরণের (ধাতুটির প্রারম্ভ কম্পাঙ্ক অপেক্ষা অধিক কম্পাঙ্কের) তীব্রতার সঙ্গে সমানুপাতিক ।

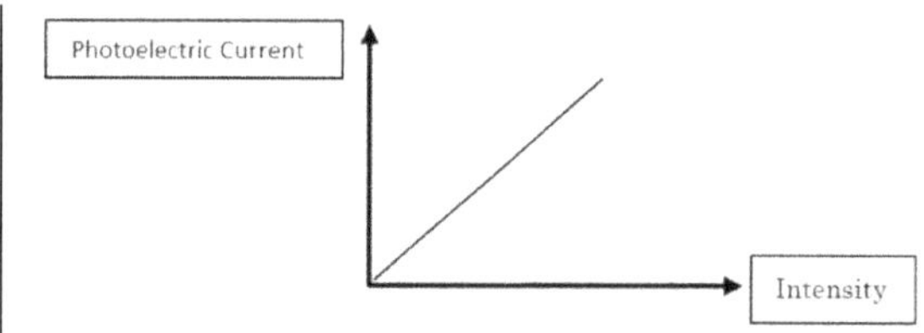

(ii) আলোক তড়িৎপ্রবাহের উপর বিকিরণের কম্পাঙ্কের প্রভাব :

প্রারম্ভ কম্পাঙ্ক অপেক্ষা বেশি কম্পাঙ্কের বিকিরণের ক্ষেত্রে আলোক তড়িৎপ্রবাহের সম্পৃক্ত মান আপতিত বিকিরণের কম্পাঙ্কের ওপর নির্ভরশীল নয় ।

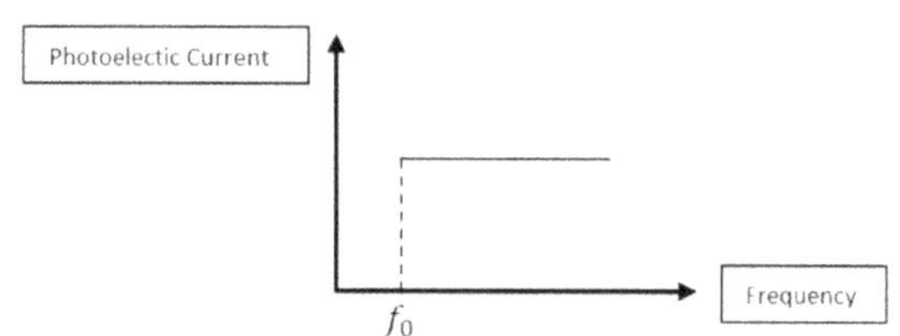

(iii) সময়ের সাপেক্ষে আলোক তড়িৎপ্রবাহের পরিবর্তন :

আলোক সংবেদনশীল ধাতুর সাপেক্ষে সংগ্রাহক প্লেটের (A) ধনাত্মক বিভব বৃদ্ধি করলে আলোকতড়িৎ প্রবাহের মান ক্রমশ বৃদ্ধি পায় এবং এক সময় সর্বোচ্চ মানে পৌঁছায়, যাকে সম্পৃক্ত প্রবাহমাত্রা (saturation current) বলে । এরপর ধনাত্মক বিভবের মান বৃদ্ধি পেলেও আলোকতড়িৎ প্রবাহমাত্রার মান বৃদ্ধি পায় না, সম্পৃক্ত মানে স্থির থাকে ।

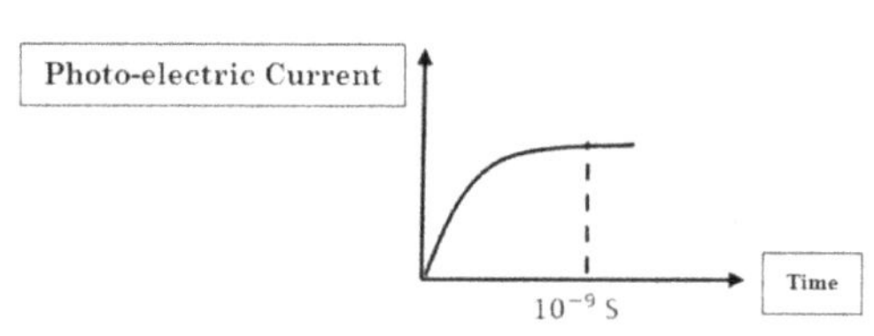

■ প্রারম্ভ কম্পাঙ্ক বা সূচনা কম্পাঙ্ক :

● **সংজ্ঞা :** কোনো নির্দিষ্ট ধাতুর উপর আপতিত বিকিরণের (তীব্রতা যাই হোক না কেন) কম্পাঙ্ক যে সর্বনিম্ন মানের চেয়ে বেশি না হলে ধাতু পৃষ্ঠ থেকে কোনো আলোক ইলেকট্রন নির্গত হয় না অর্থাৎ আলোকতড়িৎ ক্রিয়া শুরু হয় না তাকে ধাতুটির প্রারম্ভ কম্পাঙ্ক বা সূচনা কম্পাঙ্ক বলে ।

● **রাশিমালা** প্রারম্ভ কম্পাঙ্ক $\nu_0 = \dfrac{W_0}{h}$

যেখানে, W_0 = ধাতুটির কার্য অপেক্ষক এবং h = প্ল্যাঙ্কের ধ্রুবক ।

● **রাশির প্রকৃতি**	স্কেলার রাশি
● **মাত্রা সমীকরণ**	$[\nu_0] = [\,T^{-1}\,]$
● **একক**	Hz
● **নির্ভরতা**	আলোকতড়িৎ ক্রিয়ার ক্ষেত্রে প্রারম্ভ কম্পাঙ্ক পদার্থের ধর্মের ওপর নির্ভর করে । পদার্থের কার্য অপেক্ষক কম হলে প্রারম্ভ কম্পাঙ্কের মান কম হয় ।

(iv) আলোক তড়িৎপ্রবাহের উপর বিভব প্রভেদের প্রভাব :

(a) আপতিত বিকিরণের নির্দিষ্ট তীব্রতায় বিভব প্রভেদের সাপেক্ষে আলোক তড়িৎপ্রবাহের পরিবর্তন :

(i) সংগ্রাহক প্লেট (A) শূন্য বিভবে থাকা অবস্থায় আলোক সংবেদনশীল ধাতুর ওপর তার প্রারম্ভ কম্পাঙ্ক অপেক্ষা বেশি কম্পাঙ্কের বিকিরণ আপতিত হলে খুব অল্প পরিমাণে আলোকতড়িৎ প্রবাহ পাওয়া যায় । এর কারণ কিছু সংখ্যক ইলেকট্রন তাদের গতিশক্তির জন্য সংগ্রাহক প্লেটে পৌঁছায় ।

(ii) একটি নির্দিষ্ট কম্পাঙ্ক (ধাতুটির প্রারম্ভ কম্পাঙ্ক অপেক্ষা অধিক কম্পাঙ্কের) ও তীব্রতার বিকিরণের ক্ষেত্রে আলোক সংবেদনশীল ধাতুর সাপেক্ষে সংগ্রাহক প্লেটের (A) ধনাত্মক বিভব বৃদ্ধি করলে আলোকতড়িৎ প্রবাহের মান ক্রমশ বৃদ্ধি পায় এবং এক সময় সর্বোচ্চ মানে পৌঁছায়, যাকে সম্পৃক্ত প্রবাহমাত্রা (saturation current) বলে । এরপর ধনাত্মক বিভবের মান বৃদ্ধি পেলেও আলোকতড়িৎ প্রবাহমাত্রার মান বৃদ্ধি পায় না, সম্পৃক্ত মানে স্থির থাকে ।

(iii) একটি নির্দিষ্ট কম্পাঙ্ক (ধাতুটির প্রারম্ভ কম্পাঙ্ক অপেক্ষা অধিক কম্পাঙ্কের) ও তীব্রতার বিকিরণের ক্ষেত্রে আলোক সংবেদনশীল ধাতুর সাপেক্ষে সংগ্রাহক প্লেটের (A) ঋণাত্মক বিভব বৃদ্ধি করলে আলোকতড়িৎ প্রবাহের মান ক্রমশ হ্রাস পায় এবং এক সময় শূন্য হয় । ক্যাথোড সাপেক্ষে যে ন্যূনতম ঋণাত্মক বিভবে সংগ্রাহক প্লেটকে রাখলে আলোকতড়িৎ প্রবাহের মান শূন্য হয়, তাকে ওই নির্দিষ্ট ধাতু ও নির্দিষ্ট কম্পাঙ্কের জন্য নিবৃত্তি বিভব (stopping potential) বলে ।

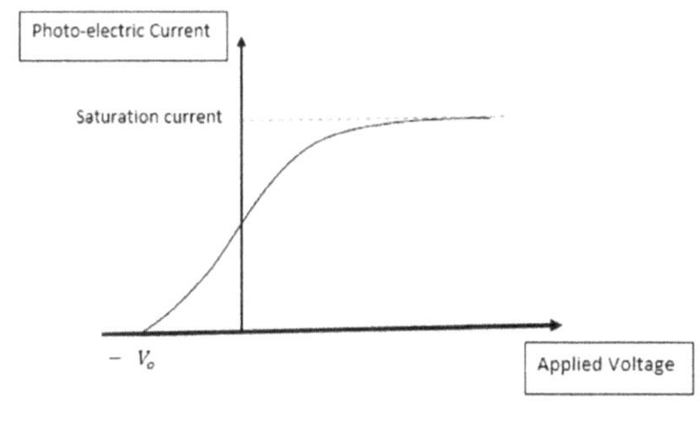

আপতিত বিকিরণের কোনো একটি নির্দিষ্ট কম্পাঙ্ক এবং কোনো একটি নির্দিষ্ট ধাতুর জন্য নিবৃত্তি বিভব এবং আলোক ইলেকট্রনের সর্বোচ্চ গতিশক্তি আপতিত বিকিরণের তীব্রতার ওপর নির্ভর করে না ।

(b) আপতিত বিকিরণের বিভিন্ন তীব্রতায় বিভব প্রভেদের সাপেক্ষে আলোক তড়িৎপ্রবাহের পরিবর্তন :

যদি আপতিত বিকিরণের কম্পাঙ্ক একই রেখে তীব্রতা ক্রমাগত বৃদ্ধি করা হয়, তাহলে -
(a) সম্পৃক্ত প্রবাহের মানও সমানুপাতে বৃদ্ধি পায়
(b) নিবৃত্তি বিভবের মান একই থাকে ।

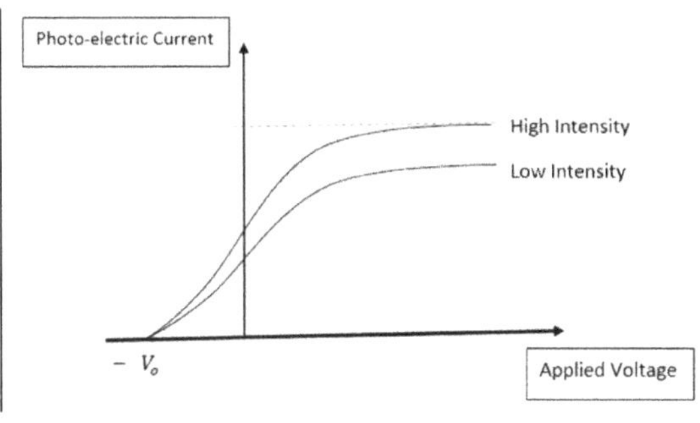

(c) স্থির তীব্রতায় আপতিত বিকিরণের বিভিন্ন কম্পাঙ্কে বিভব প্রভেদের সাপেক্ষে আলোক তড়িৎপ্রবাহের পরিবর্তন

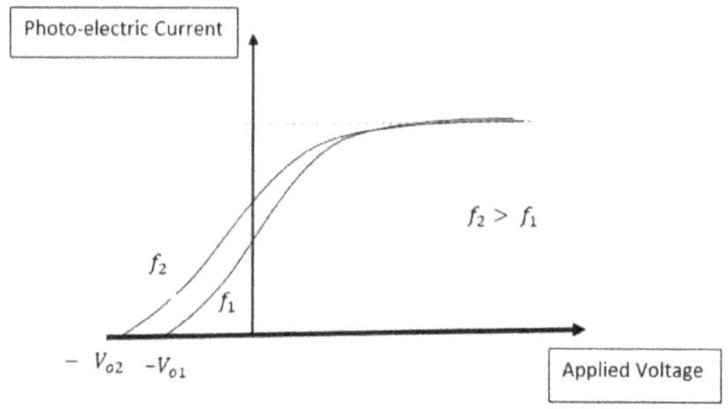

যদি আপতিত বিকিরণের তীব্রতা একই রেখে কম্পাঙ্ক ক্রমাগত বৃদ্ধি করা হয়, তাহলে -

(a) সম্পৃক্ত প্রবাহের মান একই থাকে ।

(b) নিবৃত্তি বিভবের মান আপতিত বিকিরণের কম্পাঙ্কের সঙ্গে সমানুপাতে বৃদ্ধি পায় । (কারণ আপতিত বিকিরণের কম্পাঙ্কের অধিক মানের জন্য ধাতু থেকে মুক্ত ইলেকট্রনের শক্তি অধিক হয়, তাই তড়িৎপ্রবাহমাত্রা শূন্য করতে প্রয়োজনীয় নিবৃত্তি বিভবের মান বেশি হয় ।)

■ নিবৃত্তি বিভব

● সংজ্ঞা :	আলোকতড়িৎ বর্তনীতে ক্যাথোডের উপর আপতিত একটি নির্দিষ্ট কম্পাঙ্কের (ধাতুটির প্রারম্ভ কম্পাঙ্ক অপেক্ষা বেশি) বিকিরণের ক্ষেত্রে ক্যাথোড সাপেক্ষে অ্যানোডকে যে ঋণাত্মক বিভবে রাখলে বর্তনীতে আলোকতড়িৎ প্রবাহের মান শূন্য হয়, তাকে ওই ধাতু ও নির্দিষ্ট কম্পাঙ্কের জন্য নিবৃত্তি বিভব বলে ।
● রাশির প্রকৃতি	স্কেলার রাশি
● মাত্রা সমীকরণ	$[\, V_0 \,] = [\, M\, L^2\, T^{-3} I^{-1} \,]$
● একক	V
● নির্ভরতা	নিবৃত্তি বিভব ধাতব পদার্থের প্রকৃতি ও বিকিরণের কম্পাঙ্কের ওপর নির্ভর করে ।

● নিবৃত্তি বিভব ও আলোক ইলেকট্রনের সর্বোচ্চ গতিশক্তির মধ্যে সম্পর্ক :

একটি নির্দিষ্ট কম্পাঙ্কের (প্রারম্ভ কম্পাঙ্ক অপেক্ষা বেশি) বিকিরণের ক্ষেত্রে নিবৃত্তি বিভব V_0 হলে এবং m ভরসম্পন্ন ও e আধানযুক্ত আলোক ইলেকট্রনের সর্বোচ্চ গতিবেগ v_{max} হলেও এমতাবস্থায় ইলেকট্রন ক্যাথোড থেকে অ্যানোডে পৌঁছাতে পারে না ।

অর্থাৎ, আলোক ইলেকট্রনের সর্বোচ্চ গতিশক্তি = ধনাত্মক V_0 বিভব অতিক্রম করার জন্য গতিশক্তির হ্রাস

$$\frac{1}{2} m\, v_{max}^2 = e\, V_0$$

$$\therefore v_{max} = \sqrt{\frac{2\, e\, V_0}{m}}$$

(v) নিবৃত্তি বিভবের উপর আপতিত বিকিরণের কম্পাঙ্কের প্রভাব :

কোনো একটি নির্দিষ্ট ধাতুর জন্য নিবৃত্তি বিভব আপতিত বিকিরণের কম্পাঙ্কের সমানুপাতিক ।

যখন কম্পাঙ্ক ν_0 তখন নিবৃত্তি বিভব শূন্য । এর অর্থ এই কম্পাঙ্কের বিকিরণের তীব্রতা যাই হোক না কেন, আপতিত বিকিরণ ধাতু থেকে ইলেকট্রন নির্গমনে সমর্থ হয় না, তাই তাদের গতি বন্ধ করতে বিভবের প্রয়োজন হয় না । এই কম্পাঙ্ক ν_0 হল প্রারম্ভ কম্পাঙ্ক বা সূচনা কম্পাঙ্ক (threshold frequency) । যা ধাতুর প্রকৃতির উপর নির্ভর করে।

কোনো নির্দিষ্ট ধাতুর জন্য :

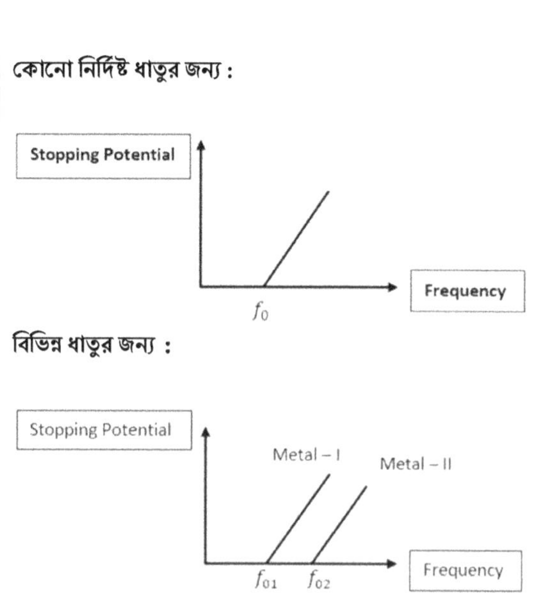

(v) নিবৃত্তি বিভবের উপর আপতিত বিকিরণের তীব্রতার প্রভাব :

আপতিত বিকিরণের কোনো একটি নির্দিষ্ট কম্পাঙ্ক এবং কোনো একটি নির্দিষ্ট ধাতুর জন্য নিবৃত্তি বিভব এবং আলোক ইলেকট্রনের সর্বোচ্চ গতিশক্তি আপতিত বিকিরণের তীব্রতার ওপর নির্ভর করে না ।

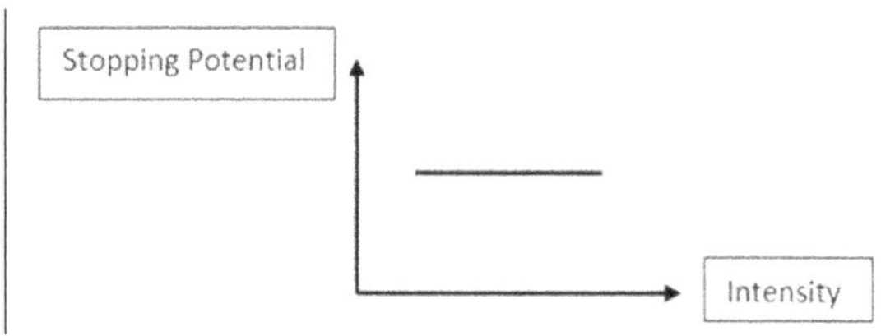

(vi) আলোক ইলেকট্রনের গতিশক্তির উপর কম্পাঙ্কের প্রভাব :

আলোক ইলেকট্রনের সর্বোচ্চ গতিশক্তি আপতিত বিকিরণের কম্পাঙ্কের সমানুপাতিক । এই সর্বোচ্চ গতিশক্তি ধাতব পদার্থের উপর নির্ভর করলেও আপতিত বিকিরণের তীব্রতার উপর নির্ভরশীল নয় ।

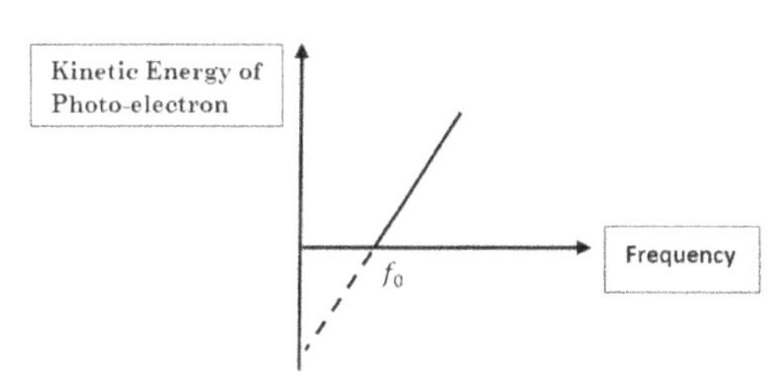

(3)   আলোক তড়িৎক্রিয়ার বৈশিষ্ট্য বা ধর্ম :

প্রারম্ভ কম্পাঙ্ক	কোনো নির্দিষ্ট ধাতুর ক্ষেত্রে আপতিত বিকিরণের তীব্রতার যেকোনো মানের জন্য বিকিরণের কম্পাঙ্ক একটি নির্দিষ্ট ন্যূনতম মান (যাকে ধাতুটির প্রারম্ভ কম্পাঙ্ক বলে) অপেক্ষা বেশি না হলে কোনো আলোক ইলেকট্রন নির্গত হয় না ।
আলোক তড়িৎপ্রবাহের সম্পৃক্তমান	প্রারম্ভ কম্পাঙ্ক অপেক্ষা বেশি কম্পাঙ্কের বিকিরণের ক্ষেত্রে আলোক তড়িৎপ্রবাহের সম্পৃক্ত মান আপতিত বিকিরণের তীব্রতার সমানুপাতিক হলেও বিকিরণের কম্পাঙ্কের ওপর নির্ভরশীল নয় ।
আলোক ইলেকট্রনের গতিশক্তি	আলোক ইলেকট্রনের সর্বোচ্চ গতিশক্তি আপতিত বিকিরণের কম্পাঙ্কের সমানুপাতিক । এই সর্বোচ্চ গতিশক্তি ধাতব পদার্থের উপর নির্ভর করলেও আপতিত বিকিরণের তীব্রতার উপর নির্ভরশীল নয় ।
তাৎক্ষণিক নিঃসরণ	আলোকতড়িৎ ক্রিয়া একটি তাৎক্ষণিক প্রক্রিয়া (instantaneous process)। (ধাতবপৃষ্ঠে বিকিরণের আপতন ও ইলেকট্রনের নির্গমের সময়কাল প্রায় 10^{-9}s)

(4)   আলোক তড়িৎক্রিয়া ব্যাখ্যায় বিকিরণের তরঙ্গতত্ত্বের ব্যর্থতা :

বিকিরণের তরঙ্গতত্ত্ব আলোকতড়িৎ ক্রিয়াকে ব্যাখ্যা করতে সক্ষম নয় । যেমন -

প্রারম্ভ কম্পাঙ্ক	বিকিরণের তরঙ্গ তত্ত্বানুযায়ী, তরঙ্গাকারে সঞ্চালিত তড়িৎচুম্বকীয় বিকিরণের শক্তি তীব্রতার সমানুপাতিক । ফলে বিকিরণের তীব্রতা যদি এইরূপ হয় যে, তার জন্য বিকিরণের শক্তি সংশ্লিষ্ট ধাতুটির কার্য অপেক্ষক অপেক্ষা বেশি হয়, তাহলে যে কোনো কম্পাঙ্কের বিকিরণ আলোকতড়িৎ ক্রিয়া ঘটাতে সক্ষম । কিন্তু বাস্তবে কোনো নির্দিষ্ট ধাতুর ক্ষেত্রে আপতিত বিকিরণের তীব্রতার যেকোনো মানের জন্য বিকিরণের কম্পাঙ্ক ধাতুটির প্রারম্ভ কম্পাঙ্ক অপেক্ষা বেশি না হলে কোনো আলোক ইলেকট্রন নির্গত হয় না ।
আলোক ইলেকট্রনের গতিশক্তি	বিকিরণের তরঙ্গ তত্ত্বানুযায়ী, তড়িৎচুম্বকীয় বিকিরণের শক্তি তীব্রতার সমানুপাতিক । তাই বিকিরণের তীব্রতার সঙ্গে আলোকতড়িৎ ক্রিয়ায় নির্গত ইলেকট্রনের সর্বোচ্চ গতিশক্তি বৃদ্ধি পাওয়া উচিৎ কিন্তু প্রকৃতপক্ষে আলোক ইলেকট্রনের সর্বোচ্চ গতিশক্তি বিকিরণের তীব্রতার উপর নির্ভরশীল নয় ।
তাৎক্ষণিক নিঃসরণ	বিকিরণের তরঙ্গ তত্ত্বানুযায়ী, বিকিরণের শক্তি তার তরঙ্গমুখে সুষম ও নিরবিচ্ছিন্নভাবে বন্টিত । ইলেকট্রনের আকার অতি ক্ষুদ্র হওয়ায় তার ক্ষেত্রে আপতিত তরঙ্গমুখ থেকে সংশ্লিষ্ট ধাতুটির কার্য অপেক্ষক অপেক্ষা বেশি শক্তি গ্রহণ করে ধাতব পৃষ্ঠ থেকে নির্গত হতে বেশ কিছু সময়ের প্রয়োজন । কিন্তু বাস্তবে আলোকতড়িৎ ক্রিয়া একটি তাৎক্ষণিক প্রক্রিয়া ।

(5)   আলোক তড়িৎক্রিয়া সম্পর্কে আইনস্টাইনের ব্যাখ্যা :

আইনস্টাইনের মতে - তড়িৎচুম্বকীয় বিকিরণ ধাতব পৃষ্ঠে ফোটন কণার স্রোতরূপে আপতিত হলে ইলেকট্রনের সঙ্গে আপতিত ফোটনের স্থিতিস্থাপক সংঘর্ষ হয়। এতে দুই ধরনের ফল হতে পারে -

(a) ফোটনটি সম্পূর্ণ শক্তি (hf) নিয়ে প্রতিফলিত হতে পারে অথবা

(b) ফোটনটি তার সম্পূর্ণ শক্তি (hf) একটি ইলেকট্রনকে প্রদান করে।

ফোটনের সম্পূর্ণ শক্তি ($E = hf$) ইলেকট্রনে স্থানান্তরিত হলে তার একাংশ ধাতব পৃষ্ঠ থেকে ইলেকট্রনের নির্গমনে ব্যয় হয় এবং অবশিষ্ট অংশ নির্গত ইলেকট্রনকে গতিশক্তি প্রদান করে।

ধাতব পৃষ্ঠ থেকে ইলেকট্রন নির্গমনের জন্য গৃহিত শক্তি ন্যূনতম অর্থাৎ ধাতুটির কার্য অপেক্ষক W_0 হলে নিঃসৃত ইলেকট্রন সর্বোচ্চ গতিশক্তি অর্জন করে।

$$\therefore\ hf = W_0 + (E_k)_{max}$$
$$or,\ (E_k)_{max} = hf - W_0$$

এখন ইলেকট্রনের ভর $= m$ এবং ইলেকট্রনের সর্বোচ্চ বেগ v_{max} হলে $\frac{1}{2} m\, v_{max}^2 = hf - W_0$

আবার f কম্পাঙ্কের আলোর জন্য নিবৃত্তি বিভবে মান V_0 হলে $(E_k)_{max} = eV_0$ [e = ইলেকট্রনের তড়িতাধান]
$$\therefore\ eV_0 = hf - W_0$$

বিভিন্ন রূপে আইনস্টাইনের সমীকরণের প্রকাশ :

সমীকরণ – ১	$hf = W_0 + (E_k)_{max}$	যেখানে, f = আপতিত ফোটনের কম্পাঙ্ক W_0 = ধাতুর কার্য অপেক্ষক
সমীকরণ – ২	$\frac{1}{2} m\, v_{max}^2 = hf - W_0$	$(E_k)_{max}$ = আলোক ইলেকট্রনের সর্বোচ্চ গতিশক্তি m = ইলেকট্রনের ভর v_{max} = ইলেকট্রনের সর্বোচ্চ গতিবেগ
সমীকরণ – ৩	$eV_0 = hf - W_0$	V_0 = বিবৃতি বিভব

লেখচিত্রের সাহায্যে আইনস্টাইনের সমীকরণের প্রকাশ :

সমীকরণ	লেখচিত্র	তাৎপর্য
আইনস্টাইনের আলোকতড়িৎ সমীকরণ অনুযায়ী, f_0 প্রারম্ভ কম্পাঙ্কবিশিষ্ট কোনো ধাতুর ওপর f কম্পাঙ্কের বিকিরণ ($f > f_0$) আপতিত হলে নিঃসৃত আলোক ইলেকট্রনের সর্বোচ্চ গতিশক্তি $(E_k)_{max} = hf - W_0$		[a] লেখচিত্রটি কম্পাঙ্ক অক্ষকে যে বিন্দুতে ছেদ করে তা সংশ্লিষ্ট ধাতুটির প্রারম্ভ কম্পাঙ্ককে (f_0) প্রকাশ করে। [b] লেখচিত্রটি Y অক্ষকে যে বিন্দুতে ছেদ করে তা সংশ্লিষ্ট ধাতুটির কার্য অপেক্ষক (W_0) এর মান প্রকাশ করে। [c] লেখচিত্রের নতি, $\tan\theta = h$ (h = Planck's constant).
$eV_0 = hf - W_0$ $or,\ V_0 = \frac{h}{e} f - \frac{w_0}{e}$		[a] লেখটি কম্পাঙ্ক অক্ষকে যে বিন্দুতে ছেদ করে তা সংশ্লিষ্ট ধাতুটির প্রারম্ভ কম্পাঙ্ককে (f_0) প্রকাশ করে। [b] ইলেকট্রনের আধানের মান জানা থাকলে এই সরলরেখার নতি ($= \frac{h}{e}$) থেকে প্ল্যাঙ্কের ধ্রুবক এবং উল্লম্ব অক্ষের ছেদিতাংশ ($= \frac{W_0}{e}$) থেকে ধাতুর কার্য অপেক্ষক W_0 এর মান নির্ণয় করা যায়।

(6)   আইনস্টাইনের আলোকতড়িৎ সমীকরণের সাহায্যে আলোকতড়িৎ ক্রিয়ার বৈশিষ্ট্যগুলির ব্যাখ্যা :

বিকিরণের তরঙ্গতত্ত্ব আলোকতড়িৎ ক্রিয়া ব্যাখ্যা করতে সমর্থ না হলেও বিকিরণের কোয়ান্টাম তত্ত্বের উপর ভিত্তি করে প্রতিষ্ঠিত আইনস্টাইনের আলোকতড়িৎ সমীকরণ দ্বারা এই ঘটনার সুষ্ঠু ব্যাখ্যা পাওয়া যায় ।

প্রারম্ভ কম্পাঙ্ক	আইনস্টাইনের ধারণা অনুযায়ী, কোনো ইলেকট্রনের সঙ্গে ফোটনের স্থিতিস্থাপক সংঘর্ষে ইলেকট্রন ফোটনের সমগ্র শক্তি গ্রহণ করে । ইলেকট্রনের ধাতব পৃষ্ঠ থেকে নির্গত হতে প্রয়োজনীয় ন্যূনতম শক্তি হল ধাতুটির কার্য অপেক্ষক (W_0)। সুতরাং এই ন্যূনতম শক্তি ইলেকট্রনকে প্রদান করতে বিকিরণের একটি ন্যূনতম কম্পাঙ্কের প্রয়োজন । এই ন্যূনতম কম্পাঙ্ক (ν_0) হল ধাতুটির প্রারম্ভ কম্পাঙ্ক (threshold frequency)। এই ন্যূনতম কম্পাঙ্ক ν_0 হলে $W_0 = h\,\nu_0$ $$\therefore \nu_0 = \frac{W_0}{h}$$
আলোক তড়িৎপ্রবাহের সম্পৃক্তমান	প্রারম্ভ কম্পাঙ্ক অপেক্ষা উচ্চতর কম্পাঙ্কের বিকিরণের তীব্রতা বৃদ্ধি করলে ধাতুর উপর আপতিত ফোটনের সংখ্যা বৃদ্ধি পায় । এই কারণে ধাতব পৃষ্ঠে বেশি সংখ্যক ইলেকট্রনের সঙ্গে ফোটনের সংঘাত হয় এবং ইলেকট্রন নিঃসরণের সম্ভাবনা বৃদ্ধি পায় । ফলে আলোকতড়িৎ প্রবাহের মানও বৃদ্ধি পায় । সুতরাং আলোক তড়িৎপ্রবাহের সম্পৃক্ত মান আপতিত বিকিরণের তীব্রতার ওপর নির্ভরশীল নয় ।
আলোক ইলেকট্রনের গতিশক্তি	ধাতুর প্রারম্ভ কম্পাঙ্ক অপেক্ষা বেশি কম্পাঙ্কের বিকিরণ ধাতব পৃষ্ঠে আপতিত হলে ইলেকট্রন ফোটনের সমগ্র শক্তি গ্রহণ করে তার একাংশ ধাতব পৃষ্ঠের আকর্ষণ অতিক্রম করতে ব্যয় করে এবং অবশিষ্ট অংশ ইলেকট্রনের গতিশক্তিতে রূপান্তরিত হয় । অর্থাৎ নির্গত আলোক ইলেকট্রনের (সর্বোচ্চ) গতিশক্তি ফোটনের শক্তির ($E = hf$) তথা কম্পাঙ্কের সমানুপাতিক। সুতরাং নিঃসৃত ইলেকট্রনের সর্বোচ্চ গতিশক্তি : $(E_k)_{max} = h\nu - W_0$ $\qquad\qquad = h\,\nu - h\,\nu_0$ $\qquad\qquad = h\,(\nu - \nu_0)$ আবার ফোটনের শক্তি বিকিরণের তীব্রতার উপর নির্ভরশীল নয়। তাই নির্গত ইলেকট্রনের সর্বোচ্চ গতিশক্তি বিকিরণের তীব্রতার উপর নির্ভরশীল নয় ।
তাৎক্ষণিক নিঃসরণ	আপতিত ফোটনের সঙ্গে ইলেকট্রনের স্থিতিস্থাপক সংঘর্ষের ফলে ধাতব পৃষ্ঠ থেকে ইলেকট্রন নির্গত হয়, তাই আলোক রশ্মির আপতন ও আলোক ইলেকট্রনের নিঃসরণের মধ্যে কোনো সময়ের ব্যবধান থাকে না অর্থাৎ আলোকতড়িৎ ক্রিয়া একটি তাৎক্ষণিক প্রক্রিয়া ।

অনুশীলনী || আলোর কণা প্রকৃতি

Subjective Questions

(1) আলোকতড়িৎ ক্রিয়া কাকে বলে ? [1](HS – 2012)

(2) আলোক তড়িৎক্রিয়া আলোকের কোন্ ধর্ম দ্বারা ব্যাখ্যা করা হয় ? [1]

(3) ক্ষার ধাতুগুলি আলোক সংবেদী হয় কেন ? [1]

(4) সূচনা বা প্রারম্ভ কম্পাঙ্ক কাকে বলে ? এটি কি পদার্থের ধর্মের ওপর নির্ভর করে ? [1+1]

(5) কোনো ধাতুর কার্য অপেক্ষক ও প্রারম্ভিম কম্পাঙ্কের মধ্যে সম্পর্ক কী ?

(6) আলোকতড়িৎ ক্রিয়ার সূত্রগুলি বিবৃত করো ।[2]

(7) আলোর তরঙ্গতত্ত্ব আলোক তড়িৎক্রিয়ার ব্যাখ্যা তরঙ্গতত্ত্ব দিতে ব্যর্থ হয় কেন ? [3]

(8) আইনস্টাইনের আলোকতড়িৎ সমীকরণটি লেখো ও ব্যবহৃত চিহ্নগুলির উল্লেখ করো ।[2] (H.S. – 2016, 2019)

(9) আইনস্টাইনের আলোকতড়িৎ সমীকরণটিকে লেখচিত্রের সাহায্যে প্রকাশ করো । এই লেখচিত্রের সাহায্যে (i) প্রারম্ভ কম্পাঙ্ক এবং (ii) প্ল্যাঙ্কের ধ্রুবকের মান কীভাবে নির্ণয় করবে ?[1+1 +1]

(10) আপতিত বিকীর্ণ রশ্মির কম্পাঙ্ক ν ও আলোক সংবেদী ধাতুর পৃষ্ঠ থেকে নিঃসৃত ফটোইলেকট্রনের সর্বোচ্চ গতিশক্তির লেখচিত্র অঙ্কন করো। এই লেখচিত্র ব্যবহার করে কীভাবে (i) প্ল্যাঙ্কের ধ্রুবক ও (ii) ধাতুর কার্য অপেক্ষক নির্ণয় করবে তা স্পষ্টভাবে লেখো। (3) [XII – 2022]

অথবা, কোনো ধাতব পৃষ্ঠের ওপর আপতিত আলোর কম্পাঙ্কের সঙ্গে ফটোইলেকট্রনের সর্বোচ্চ গতিশক্তির পরিবর্তনের লেখচিত্র অঙ্কন করো। লেখচিত্রটির নতি কী নির্দেশ করে ? [1 + 1]

(11) আইনস্টাইনের আলোকতড়িৎ সমীকরণের সাহায্যে আলোকতড়িৎ ক্রিয়ার বৈশিষ্ট্যগুলি ব্যাখ্যা করো । [3] (H.S. – 2017)

(12) আলোক তড়িৎক্রিয়া সংক্রান্ত আইনস্টাইনের সমীকরণটি ব্যাখ্যা করো । এই সমীকরণের সাহায্যে সূচনা কম্পাঙ্কের ব্যাখ্যা দাও।

(13) আলোক নিঃসরণের ক্ষেত্রে নিবৃত্তি বিভব কাকে বলে ? [1] [H.S. – 2015, 2018]

(14) নিবৃত্তি বিভব কি আপতিত আলোর প্রাবল্যের এবং কম্পাঙ্কের উপর নির্ভরশীল ? ব্যাখ্যা করো ।[2] [H.S. – 2015]

(15) আলোকতড়িৎ ক্রিয়ার ক্ষেত্রে নিরোধী বিভব ও আপতিত আলোর কম্পাঙ্কের মধ্যেকার সম্পর্কটি লেখচিত্রে এঁকে দেখাও ও সূচনা কম্পাঙ্কটি নির্দেশ করো।[2] [H.S. – 2014]

(16) যদি একটি আলোক-তড়িৎ কোশে আপতিত বিকিরণের তীব্রতা বৃদ্ধি করা হয় তাহলে নিবৃত্তি বিভবের মানের কীরূপ পরিবর্তন হবে?

(17) একটি আলোক ইলেকট্রনের সর্বোচ্চ বেগের সঙ্গে নিবৃত্তি বিভবের সম্পর্ক নির্ণয় করো । [2]

(18) সূচনা কম্পাঙ্কের আলো কোনো ধাতুর ওপর এসে পড়লে নির্গত ফোটোইলেকট্রনের গতিশক্তি কত হবে ?

(19) ইলেকট্রন দ্বারা ফোটন উৎপাদনের উদাহরণ দাও ।

(20) ফোটন দ্বারা ইলেকট্রন উৎপাদনের উদাহরণ দাও।[1] (HS – 2011, 2019)

(21) ফটো ইলেকট্রন উৎপন্ন হবে কি হবে না, তা আলোক উৎসের কম্পাঙ্ক নির্ধারণ করলেও প্রাবল্য দ্বারা নির্ধারিত হয় না কেন ? (1) [H.S. – 2023]

(22) ফোটন কী ? ফোটনের ভর ও ভরবেগ কত ?

(23) একটি ফোটন কণার স্থির ভর (rest mass) কত? [1](HS – 2012)

(24) একটি তড়িৎচুম্বকীয় বিকিরণের তরঙ্গদৈর্ঘ্য λ। এই বিকিরণের একটি ফোটনের শক্তি কত ? [1]

(25) একটি ফোটনের শক্তি ও ভরবেগের মধ্যে সম্পর্কটি লেখো । [1](HS – 2011)
[Ans : $p = \dfrac{E}{c}$]

(26) যদি E এবং p একটি ফোটনের শক্তি ও ভরবেগ হয় তবে আলোর গতিবেগ কত ? [2] (HS – 2012)
[Ans : $c = \dfrac{E}{p}$]

(27) 0.01 A তরঙ্গদৈর্ঘ্যবিশিষ্ট ফোটন কণার ভরবেগ বের করো। [XII – 2018]

(28) একটি আলোকসুবেদী ধাতুর ওপর স্থির কম্পাঙ্কবিশিষ্ট কোনো বিকিরণ আপতিত হলে আপতিত আলোর তীব্রতার সঙ্গে আলোকতড়িৎ প্রবাহের কীরূপ পরিবর্তন হবে তা লেখচিত্রের সাহায্যে দেখাও ।

(29) আলোক তড়িৎক্রিয়ায় কীভাবে তড়িৎপ্রবাহমাত্রা ও ইলেকট্রনের গতিশক্তি প্রভাবিত হয়, যদি আপতিত আলোকের তীব্রতা দ্বিগুণ করা হয় ?

(30) আপতিত আলোকরশ্মির তরঙ্গদৈর্ঘ্য হ্রাস পেলে নির্গত ফোটোইলেকট্রনের গতিবেগ কীভাবে পরিবর্তিত হবে ? (1)

(31) একই তীব্রতাবিশিষ্ট এবং ν_1 ও ν_2 কম্পাঙ্কের ($\nu_1 > \nu_2$) দুটি আপতিত বিকিরণের জন্য সংগ্রাহক পাত বিভবপ্রভেদের সঙ্গে আলোকতড়িৎ প্রবাহমাত্রার লেখচিত্রটি অঙ্কন করো । কোন ক্ষেত্রে নিবৃত্তি বিভব বেশি হবে ? তোমার উত্তরের সপক্ষে যুক্তি দাও।

(32) আইনস্টাইনের আলোক-তড়িৎ ক্রিয়া সংক্রান্ত সমীকরণটি লেখো এবং এর ওপর ভিত্তি করে ফোটনের দুটি বৈশিষ্ট্য উল্লেখ করো। এই সমীকরণের সাহায্যে আলোক তড়িৎক্রিয়ার একটি বৈশিষ্ট্য ব্যাখ্যা করো।

(33) A ও B ধাতুর মধ্যে A ধাতুটির কার্য অপেক্ষক B ধাতু অপেক্ষা কম । ধাতু দুটির জন্য কম্পাঙ্কের সঙ্গে নিবৃত্তিবিভব পরিবর্তনের লেখচিত্র অঙ্কন করো ।

(34) নিম্নে দুটি ভিন্ন আলোক সংবেদী ধাতু X ও Y এর ক্ষেত্রে আপতিত বিকিরণের কম্পাঙ্কের সঙ্গে নিবৃত্তি বিভবের পরিবর্তনের লেখচিত্র অঙ্কন করা হয়েছে ।

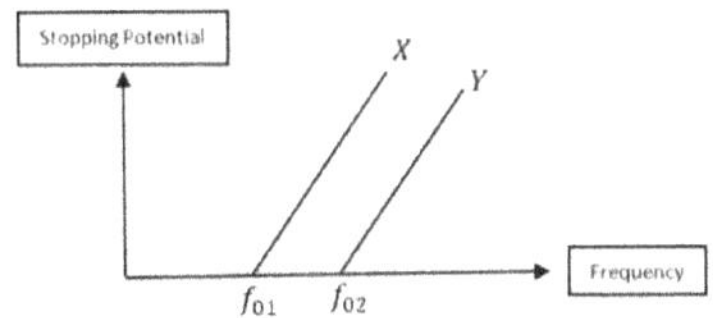

(i) কোন ধাতুর সূচনা তরঙ্গদৈর্ঘ্যের মান বেশী ? তোমার উত্তরের সপক্ষে যুক্তি দাও ।
(ii) একটি নির্দিষ্ট তরঙ্গদৈর্ঘ্যের বিকিরণের জন্য কোন ধাতুটি অধিক গতিশক্তিসম্পন্ন আলোক ইলেকট্রন নির্গত করে এবং কেন ?
(iii) যদি আলোক উৎস ও ধাতুর মধ্যেকার দূরত্ব দ্বিগুণ করা হয়, তাহলে নিবৃত্তি বিভবের কীরূপ পরিবর্তন হবে ?

(35) নিম্নে প্রদর্শিত লেখচিত্রটি দুটি ভিন্ন আলোকসংবেদী ধাতুর ক্ষেত্রে আপতিত বিকিরণের কম্পাঙ্কের সঙ্গে নিবৃত্তি বিভবের পরিবর্তন নির্দেশ করে।

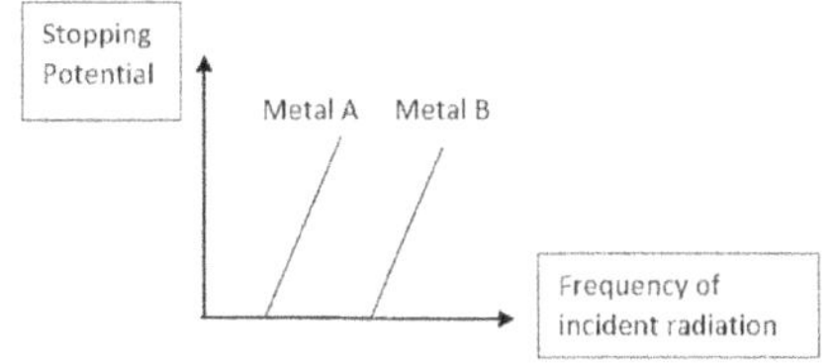

কোন ধাতুটির কার্য অপেক্ষকের / সূচনা কম্পাঙ্কের মান বেশী ? উত্তরের সপক্ষে যুক্তি দাও ।

Numerical Problems

(1) পটাশিয়ামের কার্য অপেক্ষক 2.0 eV । আলোক তড়িৎক্রিয়ার প্রারম্ভ তরঙ্গদৈর্ঘ্য কত ?

(2) 0.1 eV কার্য অপেক্ষক বিশিষ্ট একটি ধাতু থেকে আলোক তড়িৎ নিঃসরণের জন্য ফোটনের সূচনা কম্পাঙ্ক কত ?

(3) আলোক তড়িৎক্রিয়ার ক্ষেত্রে তামার প্রারম্ভ তরঙ্গদৈর্ঘ্য নির্ণয় করো । তামার কার্যঅপেক্ষক 4.5 eV । প্রদত্ত $h = 6.62 \times 10^{-34}$ J s এবং 1 eV $= 1.6 \times 10^{-19}$ J।

(4) কোনো ধাতুর ক্ষেত্রে আলোকতড়িৎ ক্রিয়ার সূচনা তরঙ্গদৈর্ঘ্য 7000 A । এর কার্য অপেক্ষক eV এককে প্রকাশ করো।

(5) একটি ফোটনের শক্তি 5 eV । ফোটনের ভরবেগ এবং ওই বিকিরণের তরঙ্গদৈর্ঘ্য নির্ণয় করো । [$h = 6.62 \times 10^{-34}$ J s; 1 eV $= 1.6 \times 10^{-19}$ J](HS – 2012)

(6) কোনো ধাতুর ওপর 5000 A তরঙ্গদৈর্ঘ্যের আলোক আপতিত হলে ফোটোইলেকট্রনের সর্বোচ্চ গতিশক্তি হয় 0.3 eV । ধাতুটির কার্য অপেক্ষক এককে প্রকাশ করো ।

(7) কোনো নির্দিষ্ট ধাতুর ক্ষেত্রে আলোকতড়িৎ ক্রিয়ার সূচনা তরঙ্গদৈর্ঘ্য 400 nm । 200 nm তরঙ্গদৈর্ঘ্যের অতিবেগুনি আলো পড়লে ওই ধাতুপৃষ্ঠ থেকে যে ইলেকট্রন নির্গত হয় তার সর্বোচ্চ গতিশক্তি নির্ণয় করো । [$h = 6.62 \times 10^{-34}$ J s] (H.S. – 2012)

(8) আপতিত আলোর দুটি ভিন্ন কম্পাঙ্কের জন্য কোনো ধাতুপৃষ্ঠের নিবৃত্তি বিভবের অনুপাত $1:4$ । ফোটোইলেকট্রনের সর্বোচ্চ বেগের অনুপাত কত ?

(2) Dual Nature of Matter

পদার্থের দ্বৈত প্রকৃতি

পদার্থের দ্বৈত প্রকৃতি (Dual Nature Of Matter)

(1) বিকিরণের দ্বৈত প্রকৃতি (Dual Character of Radiation)

যে কোনো তড়িৎচুম্বকীয় বিকিরণের তরঙ্গ ধর্ম (wave nature) ও কণিকা ধর্ম (particle nature) উভয় বিদ্যমান। কিন্তু বিকিরণের এই ধর্ম দুটি পরস্পর বিরোধী নয়, এরা একে অপরের পরিপূরক । কোনো ভৌত ঘটনায় বিকিরণ তরঙ্গের ন্যায় আচরণ করলে তার কণিকা ধর্ম সম্পূর্ণরূপে সুপ্ত থাকে আবার কোনো ভৌত ঘটনায় বিকিরণ কণিকার ন্যায় আচরণ করলে তার তরঙ্গ ধর্ম সম্পূর্ণভাবে সুপ্ত থাকে। বিকিরণের এই দ্বৈত প্রকৃতিকে তরঙ্গ-কণিকা দ্বিত্ব (wave particle duality) বলে ।

(2) ডি- ব্রগলির ধারণা (Concept of de Broglie)

বিকিরণের দ্বৈত সত্ত্বা লক্ষ করে 1924 খ্রিস্টাব্দে বিজ্ঞানী লুই ভিক্টর দ্য ব্রয় একটি অভিনব তত্ত্বের (de Broglie hypothesis) প্রস্তাব দেন । তার মতে বিকিরণ যেমন কোনো কোনো ক্ষেত্রে তরঙ্গের ন্যায় আচরণ করে আবার কোনো কোনো ক্ষেত্রে কণা বা ফোটনের ন্যায় আচরণ করে ; তেমনই বস্তুকণাও প্রয়োজন মতো কণাসত্ত্বা পরিত্যাগ করে তরঙ্গ সত্ত্বা গ্রহণ করে, কারণ প্রকৃতির সব কিছুই প্রতিসাম্য।

(3) ডি- ব্রগলির তরঙ্গের সমীকরণ (de Broglie's Equation)

বিজ্ঞানী আইনস্টাইনের ভর-শক্তি তুল্যতা সমীকরণ থেকে পাই, : $E = mc^2$

যেখানে, m = কণার ভর এবং

c = শূন্য ম্যাধ্যমে আলোর বেগ

আবার আইনস্টাইনের কোয়ান্টাম তত্ত্বানুসারে, $E = h\nu$
$$= h\frac{c}{\lambda}$$

যেখানে, ν = বিকিরণের কম্পাঙ্ক
λ = বিকিরণের তরঙ্গদৈর্ঘ্য

এবং h = প্ল্যাঙ্কের ধ্রুবক

$$\therefore mc^2 = h\frac{c}{\lambda}$$

or, $\lambda = \dfrac{h}{mc} = \dfrac{h}{p}$ - এটি দ্য ব্রয়ের তরঙ্গ সমীকরণ

যেখানে p = mc = ফোটনের ভরবেগ

(4) কোনো কণার সঙ্গে জড়িত তরঙ্গ বা পদার্থ তরঙ্গ :

● **পদার্থ তরঙ্গ** : কোনো গতিশীল বস্তুকণার সঙ্গে সংশ্লিষ্ট তরঙ্গকে **পদার্থ তরঙ্গ** (matter wave) বা ডি ব্রগলি তরঙ্গ বলে ।

● **পদার্থ তরঙ্গের রাশিমালা** : m ভরের কোনো কণার গতিবেগ v হলে কণার সঙ্গে জড়িত ডি-ব্রগলি তরঙ্গদৈর্ঘ্য :

$$\lambda = \frac{h}{mv} = \frac{h}{p}$$

[যেখানে p = mv = কণার ভরবেগ]

● **কণার ভরবেগ ও পদার্থ তরঙ্গের তরঙ্গদৈর্ঘ্য-এর পরিবর্তনের লেখচিত্র :**

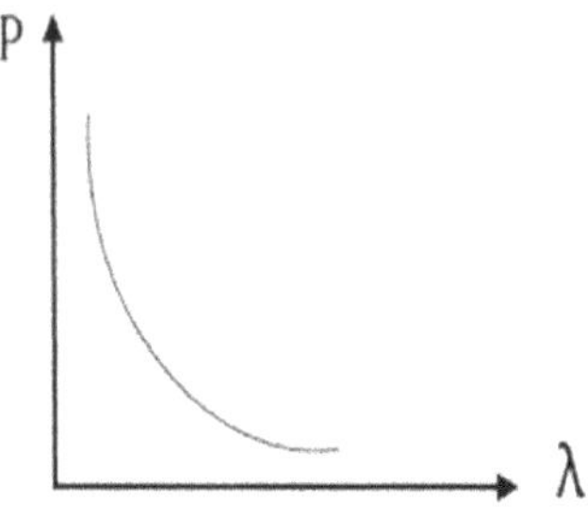

● **পদার্থ তরঙ্গের পরীক্ষামূলক উপস্থাপনা** : ডেভিসন ও গার্মার (1927 খ্রিস্টাব্দে) এবং জে পি থমসন (1928 খ্রিস্টাব্দে) ইলেকট্রনের অপবর্তন পরীক্ষা এবং পরবর্তী সময়ে আরও অনেক পরীক্ষায় ইলেকট্রনের তরঙ্গ প্রকৃতির সত্যতা যাচাই হয়েছে । পদার্থ তরঙ্গ সম্পর্কিত ডি-ব্রগলি প্রকল্পটি বোরের স্থায়ী কক্ষের ধারণাকে সমর্থন করে।

● **পদার্থ তরঙ্গের নির্ভরশীলতা :** ডি-ব্রগলি তরঙ্গদৈর্ঘ্য পদার্থ কণার ভরবেগের উপর নির্ভরশীল । তা পদার্থকণার আধান ও প্রকৃতি নিরপেক্ষ হয় ।

(4) গতিশক্তির সাপেক্ষে ডি- ব্রগলির তরঙ্গদৈর্ঘ্য

m ভরের কোনো কণার গতিবেগ v হলে তার গতিশক্তি :

$$E_k = \frac{1}{2} m v^2$$
or, $2 m E_k = m^2 v^2$
or, $p^2 = 2 m E_k$

$$\therefore p = \sqrt{2 m E_k}$$

∴ গতিশীল কণাটির ডি-ব্রগলি তরঙ্গদৈর্ঘ্য :

$$\lambda = \frac{h}{P} = \frac{h}{\sqrt{2 m E_k}}$$

(5) উষ্ণতার সাপেক্ষে ডি- ব্রগলির তরঙ্গদৈর্ঘ্য

m ভরের কোনো কণার গতিবেগ v হলে তার গতিশক্তি

$$E_k = \frac{1}{2} m v^2$$
or, $2 m E_k = m^2 v^2$
or, $p^2 = 2 m E_k$
$$\therefore p = \sqrt{2 m E_k}$$

আবার, উষ্ণতা T হলে কণাটির গতিশক্তি $E_k = \frac{3}{2} K_B T$
[K_B = Boltzmann's Constant]

$$\therefore p = \sqrt{2 m \frac{3}{2} K_B T} = \sqrt{3 m K_B T}$$

∴ গতিশীল কণাটির ডি-ব্রগলি তরঙ্গদৈর্ঘ্য :

$$\lambda = \frac{h}{P} = \frac{h}{\sqrt{3 m K_B T}}$$

(6) তরান্বিত বিভবের সাপেক্ষে ডি- ব্রগলির তরঙ্গদৈর্ঘ্য

মনে করি, m ভর এবং q আধানের একটি কণাকে স্থিরাবস্থা থেকে ΔV বিভবপ্রভেদে তরান্বিত করা হল ।

এখন কণাটির অর্জিত গতিশক্তি $\frac{1}{2} m v^2 = q \Delta V$
$$\text{or, } m^2 v^2 = 2 m q \Delta V$$
$$\therefore p = \sqrt{2 m q \Delta V}$$

∴ গতিশীল কণাটির ডি-ব্রগলি তরঙ্গদৈর্ঘ্য :

$$\lambda = \frac{h}{P} = \frac{h}{\sqrt{2 m q \Delta V}}$$

■ তরান্বিত বিভবের সাপেক্ষে ডি-ব্রগলি তরঙ্গদৈর্ঘ্য-এর পরিবর্তনের লেখচিত্র :

(1)

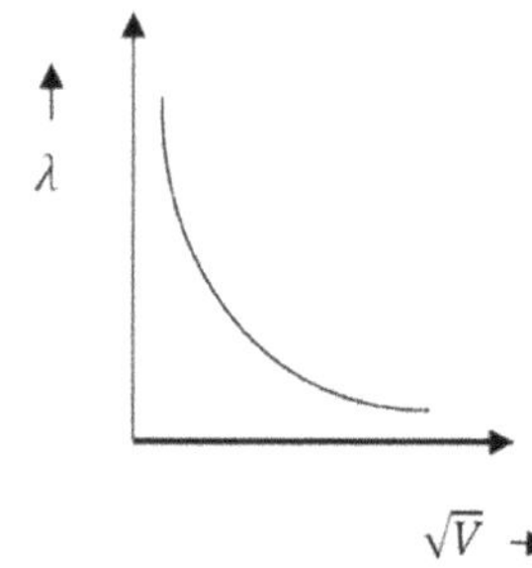

(2)

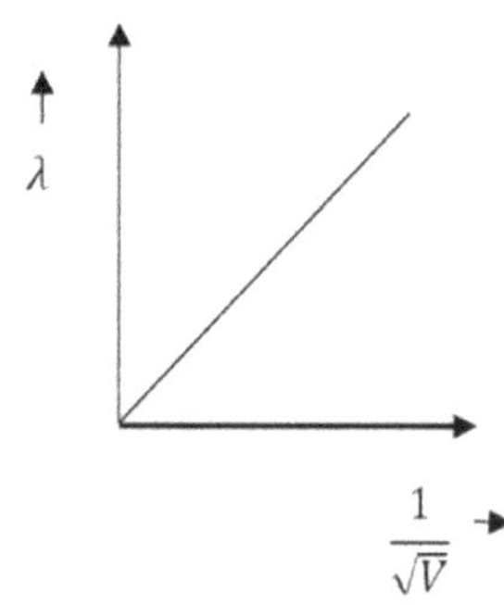

(7) তরান্বিত বিভবের সাপেক্ষে ইলেকট্রনের দ্য ব্রয়ের তরঙ্গদৈর্ঘ্য

মনে করি, m ভর এবং e আধানের একটি ইলেকট্রনকে স্থিরাবস্থা থেকে ΔV বিভবপ্রভেদে তরান্বিত করা হল ।

এখন ইলেকট্রনটির অর্জিত গতিশক্তি $\frac{1}{2} m v^2 = e \, \Delta V$

$$or, \; m^2 v^2 = 2 \, m \, e \, \Delta V$$

$$\therefore p = \sqrt{2 \, m \, e \, \Delta V}$$

$\therefore$ গতিশীল ইলেকট্রনটির ডি-ব্রগলি তরঙ্গদৈর্ঘ্য :

$$\lambda = \frac{h}{P} = \frac{h}{\sqrt{2 \, m \, e \, \Delta V}}$$

এখন $h = 6.625 \times 10^{-34} \; \text{J s}$

$$e = 1.6 \times 10^{-19} \; \text{C}$$

$$m = 9.1 \times 10^{-31} \; \text{kg}$$

$$\therefore \lambda = \frac{6.625 \times 10^{-34}}{\sqrt{2 \, (\, 9.1 \times 10^{-31} \,) \, (\, 1.6 \times 10^{-19} \,) \, \Delta V}}$$

$$\lambda = \frac{\mathbf{12.27}}{\sqrt{\Delta \mathbf{V}}} \times \mathbf{10^{-10}} \; \text{m}$$

অনুশীলনী || পদার্থের দ্বৈত প্রকৃতি

Subjective Questions

(1) বিকিরণের দ্বৈত প্রকৃতি বলতে কীবোঝ ? [1]

(2) ডি-ব্রগলির ধারণাটি সংক্ষেপে লেখো।
অথবা, বস্তুর দ্বৈত সত্তা বলতে কী বোঝ ? (1)

(3) ডি-ব্রগলির তরঙ্গের সমীকরণটি লেখো। (2)
অথবা, একটি ফোটনের ডি-ব্রগলি তরঙ্গদৈর্ঘ্যের রাশিমালা প্রতিষ্ঠা করো।

(4) বস্তুতরঙ্গ কী ? বস্তু-তরঙ্গ কি তড়িৎচুম্বকীয় তরঙ্গ ?

(5) ভরবেগের সাপেক্ষে পদার্থ তরঙ্গের রাশিমালাটি লেখো এবং লেখচিত্রের সাহায্যে তাদের পরিবর্তন অঙ্কন করো।
অথবা, একটি কণার ভরবেগের সঙ্গে ডি-ব্রগলি তরঙ্গদৈর্ঘ্যের পরিবর্তনের লেখচিত্রটি অঙ্কন করো।

(6) প্রমাণ করো যে, m ভরবিশিষ্ট এবং E_k গতিশক্তিসম্পন্ন একটি কণার সংশ্লিষ্ট বস্তুতরঙ্গের তরঙ্গদৈর্ঘ্য $\lambda = \dfrac{h}{\sqrt{2\,m\,E_k}}$ [2]

(7) q আধানে আহিত m ভরের একটি কণাকে V বিভবপ্রভেদে ত্বরান্বিত করা হলে এটির সঙ্গে জড়িত ডি-ব্রগলি তরঙ্গদৈর্ঘ্যের রাশিমালাটি লেখো।[1]

(8) প্রমাণ করো, V volt এর মধ্যে দিয়ে ত্বরান্বিত একটি আহিত কণার ডি-ব্রগলি তরঙ্গদৈর্ঘ্য হবে $\lambda = \dfrac{h}{\sqrt{2\,m\,eV}}$ । এর থেকে দেখাও যে, ইলেকট্রনের ক্ষেত্রে তরঙ্গদৈর্ঘ্য হবে $\dfrac{12.27}{\sqrt{V}}$ A.

অথবা, V বিভবে ত্বরান্বিত একটি ইলেকট্রনে সঙ্গে সংশ্লিষ্ট ডি-ব্রগলীর তরঙ্গদৈর্ঘ্য নির্ণয়ের রাশিমালা নির্ণয় করো। (2)[XII - 2022]

(9) সমান গতিশক্তিসম্পন্ন একটি প্রোটন ও একটি ইলেকট্রনের মধ্যে কার ডি-ব্রগলি তরঙ্গদৈর্ঘ্য বেশি এবং কেন? [2]

(10) একটি প্রোটন ও একটি α কণার গতিশক্তি সমান। এদের ডি-ব্রগলি তরঙ্গদৈর্ঘ্যের অনুপাত কত ? [2]

(11) একটি ফোটনের শক্তি E ; একটি প্রোটনের গতিশক্তি ফোটনটির শক্তির সমান। ফোটনের সংশ্লিষ্ট তরঙ্গদৈর্ঘ্য এবং প্রোটনটির ডি-ব্রগলি তরঙ্গদৈর্ঘ্য যথাক্রমে λ_1 ও λ_2 হলে $\dfrac{\lambda_2}{\lambda_1}$ অনুপাতটি এর কোন্ ঘাতের সঙ্গে সমানুপাতিক হবে ? (2)

(12) একটি ইলেকট্রনের গতিশক্তির কত শতাংশ বৃদ্ধি বা হ্রাস হলে ইলেকট্রনটির ডি-ব্রগলি তরঙ্গদৈর্ঘ্য অর্ধেক হয়ে যাবে ?[2]

(13) একটি মুক্ত ইলেকট্রনের গতিশক্তি দ্বিগুণ হলে, তার ডি-ব্রগলি তরঙ্গদৈর্ঘ্য কত গুণ হবে ? [2]

(14) একটি প্রোটন ও একটি ইলেকট্রনের ডি-ব্রগলি তরঙ্গদৈর্ঘ্য সমান। কার মোট গতিশক্তি বেশি ? [2]

(15) একটি ফোটন ও একটি ইলেকট্রনের ডি-ব্রগলি তরঙ্গদৈর্ঘ্য সমান। কার মোট শক্তি বেশি ? [2]

(16) স্থির অবস্থায় থাকা একটি α কণা ও একটি প্রোটনকে সমমানের বিভবপ্রভেদ প্রয়োগ করে ত্বরান্বিত করা হল। তাদের ডি-ব্রগলি তরঙ্গদৈর্ঘ্যের অনুপাত নির্ণয় করো।[2]

(17) ত্বরান্বিত একটি প্রোটন ও একটি α কণার সঙ্গে সংশ্লিষ্ট ডি-ব্রগলীর তরঙ্গদৈর্ঘ্য সমান করতে প্রয়োজনীয় ত্বরণ বিভবের অনুপাত গণনা করো। (2)[XII - 2022]

(18) ডেভিসন-জার্মার পরীক্ষা থেকে কী সিদ্ধান্তে উপনীত হওয়া যায় ? [1] [H.S. – 2015. 2018]

Numerical Problems

ডি-ব্রগলি তরঙ্গদৈর্ঘ্য নির্ণয় :

(1) হিলিয়াম পরমানুর গড় গতিবেগ 1.635×10^3 m s^{-1} হলে পরমাণুটির ডি ব্রগলি তরঙ্গদৈর্ঘ্য কত হবে ? (হিলিয়াম পরমাণুর ভর 6.65×10^{-27} kg) (2)

(2) একটি নিউট্রনের ভর 1.66×10^{-27} kg এবং গতিশক্তি 0.04 eV । নিউট্রনের ডি ব্রগলি তরঙ্গদৈর্ঘ্য কত ?

(3) 60 V ভোল্টেজ দ্বারা ত্বরান্বিত একটি আহিত কণার স্রোতের ডি ব্রগলি তরঙ্গদৈর্ঘ্য কত হবে ? (2)

অনুরূপ সমস্যা : একটি ইলেকট্রনকে 300 V বিভবপার্থক্যে ত্বরান্বিত করলে এর ডি ব্রগলি তরঙ্গদৈর্ঘ্য নির্ণয় করো। (2)

(4) একটি গতিশীল ইলেকট্রনের ডি ব্রগলি তরঙ্গদৈর্ঘ্য 1 $\dot{A}$। ইলেকট্রনটির (i) ভরবেগ দ্বিগুণ হলে, (ii) গতিশক্তি দ্বিগুণ হলে ডি ব্রগলি তরঙ্গদৈর্ঘ্য কত হবে ? (2)

ডি-ব্রগলি তরঙ্গদৈর্ঘ্য থেকে কণার বেগ নির্ণয় :

(5)   একটি গতিশীল ইলেকট্রনের ডি ব্রগলি তরঙ্গদৈর্ঘ্য 1 Å। ইলেকট্রনটির বেগ কত ? (2)

ত্বরান্বিত বিভব নির্ণয় :

(6)   কত বিভবপ্রভেদে একটি ইলেকট্রনকে তরান্বিত করলে ইলেকট্রনের ডি ব্রগলি তরঙ্গদৈর্ঘ্য হবে 0.6 Å ? (2)

(3) Atomic Physics

পারমাণবিক পদার্থবিজ্ঞান

	পারমাণবিক পদার্থ বিজ্ঞান			
1	পরমাণুর ভর		2	পরমাণু মডেল
3	এক্স রশ্মি			

(1) পরমাণু ভর

(1.1) পরমাণু বিজ্ঞানে ব্যবহৃত ভরের একক (Unit of Mass used in Atomic Physics) :

● পরমাণু বিজ্ঞানে ব্যবহৃত ভরের একক হল - **unified mass unit or u**

● **u** –এর সংজ্ঞা : একটি $^{12}_{6}C$ পরমাণুর ভরের $\frac{1}{12}$ অংশকে unified mass unit বা u বলে ।

$\therefore$ 1 u = একটি $^{12}_{6}C$ পরমাণুর ভর $\times \frac{1}{12}$

● **u এর সঙ্গে গ্রাম বা কিলোগ্রামের সম্পর্ক প্রতিষ্ঠা:**

এক গ্রাম পরমাণু কার্বনের ভর = 12 g এবং

এক গ্রাম পরমাণুতে কার্বন পরমাণুর সংখ্যা = অ্যাভোগাড্রো সংখ্যা = 6.023×10^{23}

$\therefore$ 1 টি কার্বন পরমাণুর ভর = $\frac{12}{6.023 \times 10^{23}}$ g

সংজ্ঞানুসারে, 1 u = $\frac{1}{12} \times$ 1 টি কার্বন-12 পরমাণুর ভর

$\qquad$ or, 1 u = $\frac{1}{12} \times \frac{12}{6.023 \times 10^{23}}$ g

$\qquad$ or, 1 u = 1.66×10^{-24} g

$\qquad$ $\therefore$ 1 u = 1.66×10^{-27} kg

● **u এককে একটি প্রোটন ও একটি নিউট্রনের ভর :** একটি প্রোটনের ভর (m_p) = 1.00727647 u

$\qquad\qquad\qquad\qquad\qquad\qquad\qquad$ একটি নিউট্রনের ভর (m_n) = 1.00866492 u

$m_p = m_n \approx$ 1 u

(1.2) পরমাণু বিজ্ঞানে ব্যবহৃত শক্তির একক (Unit of energy used in Atomic Physics) :

● পরমাণু বিজ্ঞানে ব্যবহৃত শক্তির একক হল ইলেকট্রন ভোল্ট (eV)

● ইলেকট্রন ভোল্ট এর সংজ্ঞা : একটি ইলেকট্রন যদি 1 V বিভবপ্রভেদের মধ্য দিয়ে যায় তবে তার গতিশক্তির বৃদ্ধি বা হ্রাসকে এক ইলেকট্রন ভোল্ট (electron volt or eV) বলে ।

● ইলেকট্রন ভোল্ট (eV) এর সঙ্গে আর্গ বা জুলের সম্পর্ক : 1 eV = Charge of an electron $\times$ 1 volt

$\qquad\qquad\qquad\qquad\qquad\qquad\qquad\qquad\qquad$ = 1.6×10^{-19} C $\times$ 1 V

$\qquad\qquad\qquad\qquad\qquad\qquad\qquad\qquad\qquad$ = 1.6×10^{-19} J

$\qquad\qquad\qquad\qquad\qquad\qquad\qquad\qquad\qquad$ = 1.6×10^{-12} erg

(1.3) ভর ও শক্তির তুল্যতা (Mass-Energy Equivalence)

বিজ্ঞানী আইনস্টাইনের আপেক্ষিকতাবাদ তত্ত্বানুযায়ী ভর ও শক্তি দুটি স্বতন্ত্র সত্তা নয় । শক্তির অপর একটি রূপ হল ভর । অবস্থানুযায়ী ভরকে শক্তিতে বা শক্তিকে ভরে রূপান্তরিত করা সম্ভব । **m ভর সম্পূর্ণরূপে শক্তিতে রূপান্তরিত হলে উৎপন্ন শক্তির পরিমাণ :**

$$E = m\,c^2$$

যেখানে, c = শূন্য মাধ্যমে আলোর বেগ = 3×10^8 m s^{-1}

(1.4) ভর ও শক্তির নিত্যতা সূত্র (Law of Conservation of Mass and Energy)

শক্তি ও ভরের তুল্যতার পরিপ্রেক্ষিতে ভর ও শক্তিকে পৃথকভাবে নিত্যরাশি না ধরে সিদ্ধান্ত করা হয়েছে - এই মহাবিশ্বে শক্তি ও ভরের মোট পরিমাণ ধ্রুবক। এদের মধ্যে পারস্পরিক রূপান্তর সম্ভব হলেও সৃষ্টি বা বিনাশ সম্ভব নয় । যে-কোনো প্রক্রিয়ার আগে ও পরে ভর ও শক্তির মোট পরিমাণ সর্বদা সমান থাকে।

(1.5) 1 g ভরে নিহিত শক্তির পরিমাণ (MeV এককে) নির্ণয় :

আইনস্টাইনের ভর-শক্তি তুল্যতা সমীকরণ থেকে পাই, E = mc^2

∴ 1 g ভরে নিহিত শক্তির পরিমাণ E $= 1 \times 10^{-3} \times (3 \times 10^8)^2$

$$= 9 \times 10^{13} \text{ J}$$

$$= \frac{9 \times 10^{13}}{1.6 \times 10^{-13}} \text{ MeV} = 5.625 \text{ MeV (approx.)}$$

(1.6) 1 u ভরে নিহিত শক্তির পরিমাণ (MeV এককে) নির্ণয় :

এক গ্রাম পরমাণু কার্বনের ভর $= 12$ g এবং এক গ্রাম পরমাণুতে কার্বন পরমাণুর সংখ্যা = অ্যাভোগাড্রো সংখ্যা $= 6.023 \times 10^{23}$

∴ 1টি কার্বন-12 পরমাণুর ভর $= \dfrac{12}{6.023 \times 10^{23}}$ g

সংজ্ঞানুসারে, 1 u $= \dfrac{1}{12} \times$ 1টি কার্বন-12 পরমাণুর ভর

$$= \frac{1}{12} \times \frac{12}{6.023 \times 10^{23}} \text{ g}$$

$$= 1.66 \times 10^{-24} \text{g}$$

$$= 1.66 \times 10^{-27} \text{ kg}$$

আইনস্টাইনের ভর-শক্তি তুল্যতা সমীকরণ থেকে পাই, E = mc^2

∴ 1 u ভরে নিহিত শক্তির পরিমাণ E $= 1.66 \times 10^{-27} \times (2.998 \times 10^8)^2$

$$= 14.9 \times 10^{-11} \text{ J}$$

$$= \frac{14.9 \times 10^{-11}}{1.6002 \times 10^{-13}} \text{ MeV}$$

$$= 931.2 \text{ MeV (approx.)}$$

(1.7) পরমাণুর উপাদান কণা (Constituents of Atoms) :

বিষয়	ইলেকট্রন	প্রোটন	নিউট্রন
আবিষ্কারক	জে. জে. টমসন (1897)	ই. রাদারফোর্ড (1911)	জে. স্যাডউক (1932)
চিহ্ন	e or $_{-1}^{0}$e or e^{-1}	P or $_1^1$H or p$^+$	n or $_0^1$n
আধানের প্রকৃতি	ঋণাত্মক	ধনাত্মক	নিস্তড়িৎ
আধানের পরিমাণ	1.602×10^{-19} C	1.602×10^{-19} C	0

ভর	9.11×10^{-28}g Or, 9.11×10^{-31}kg or, 0.000549 u	1.6725×10^{-24} g Or, 1.6725×10^{-27}kg or, 1.0076 u $\approx$ 1u	1.675×10^{-24}g Or, 1.675×10^{-27}kg or, 1.0087 u $\approx$ 1u
ব্যাসার্ধ	2.5×10^{-13}cm	1.2×10^{-13}cm	1.2×10^{-13}cm
অবস্থান	পরমাণুর নিউক্লিয়াসের বাইরে বিভিন্ন কক্ষপথে	পরমাণুর নিউক্লিয়াসে	পরমাণুর নিউক্লিয়াসে

(1.8) ভর সংখ্যা (Mass number : A)

পারমাণবিক ভর এককে কোনো মৌলের পরমাণুর ভরের নিকটতম পূর্ণ সংখ্যাকে ওই পরমাণুর ভরসংখ্যা বলে । নিউক্লিয়াসে অবস্থিত প্রোটন ও নিউট্রন সংখ্যার সমষ্টি এই ভরসংখ্যার সমান । ভরসংখ্যা একটি সংখ্যামাত্র, এর কোনো একক নয় ।

(1.9) পারমাণবিক সংখ্যা (Atomic number : Z)

● **সংজ্ঞা** : রাসায়নিক ধর্মের ক্রম পরিবর্তন অনুসারে সাজানো পর্যায় সারণিতে কোনো মৌলের ক্রমিক সংখ্যাকে ওই মৌলের পারমাণবিক সংখ্যা বা পরমাণু ক্রমাঙ্ক বলে।
এই সংখ্যা পরমানুর নিউক্লিয়াসে অবস্থিত প্রোটন সংখ্যার সমান ।

● **পরমাণুতে প্রোটন সংখ্যার গুরুত্ব** : কোনো মৌলের ভৌত ও রাসায়নিক ধর্ম নির্ভর করে তার প্রোটন সংখ্যার উপর ; তাই প্রোটন সংখ্যাকে মৌলের মূলগত ধর্ম বা স্বকীয় ধর্ম বলে।
নিউক্লিয়াসে উপস্থিত প্রোটন সংখ্যার পরিবর্তন ঘটলে মৌলটি নতুন ধর্মবিশিষ্ট অপর কোনো মৌলে পরিণত হয় । দুটি ভিন্ন মৌলের প্রোটন সংখ্যা কখনই একই হতে পারে না । তাই পর্যায় সারণিতে সমস্ত মৌলকে ক্রমবর্ধমান প্রোটন সংখ্যানুযায়ী সাজানো হয়েছে ।
ইলেকট্রন সংখ্যার তারতম্য ঘটলে পরমাণু আয়নে পরিণত হয় কিন্তু নিউক্লিয়াসের গঠন অপরিবর্তিত থাকে । আবার নিউক্লিয়াসে নিউট্রন সংখ্যার তারতম্য হলে পরমাণুর ওজন কম বা বেশি হতে পারে অর্থাৎ একই মৌলের বিভিন্ন পারমাণবিক ওজনবিশিষ্ট পরমাণুর (আইসোটোপ) সৃষ্টি হয়।

(1.10) মৌলের অঙ্কপাতন (Notation)

কোনো মৌলের চিহ্ন X এবং তার ভরসংখ্যা A ও পারমাণবিক সংখ্যা Z হলে মৌলটিকে প্রকাশ করা হয় নিম্নলিখিত ভাবে – $_{Z}^{A}X$

(1.11) আইসোটোপ বা সমস্থানিক (Isotope)

● **সংজ্ঞা**: **একই মৌলের বিভিন্ন পরমাণু** যাদের পরমাণুক্রমাঙ্ক অর্থাৎ **প্রোটন সংখ্যা সমান** কিন্তু নিউক্লিয়াসে উপস্থিত নিউট্রন সংখ্যার বিভিন্নতার জন্য ভরসংখ্যা পৃথক, সেই পরমাণুগুলিকে পরস্পরের আইসোটোপ বা সমস্থানিক বলে ।

● **উদাহরণ** : (a) হাইড্রোজেনের তিনটি আইসোটোপ হল – $_{1}^{1}H$ (প্রোটিয়াম), $_{1}^{2}H$ (ডয়টেরিয়াম) ও $_{1}^{3}H$ (ট্রয়টিয়াম) (b) অক্সিজেনের আইসোটোপগুলি হল - $_{8}^{16}O$, $_{8}^{17}O$ ও $_{8}^{18}O$

● **ধর্ম** :
(a) কোনো মৌলের আইসোটোপগুলির ভৌতধর্ম যেমন - গলনাঙ্ক, স্ফুটনাঙ্ক, ঘনত্ব প্রভৃতি একই নয় কারণ আইসোটোপগুলির ভর বিভিন্ন।
(b) কোনো মৌলের আইসোটোপগুলির রাসায়নিক ধর্ম, যোজ্যতা ও ইলেকট্রন বিন্যাস একই রকম ।
[আইসোটোপগুলির রাসায়নিক ধর্ম অভিন্ন হওয়ার কারণ :

মৌলের রাসায়নিক ধর্ম নির্ভর করে ওই মৌলের নিউক্লিয়াসে উপস্থিত প্রোটন সংখ্যা এবং নিউক্লিয়াস বহির্ভূত ইলেকট্রন সংখ্যা ও তার বিন্যাসের ওপর । কোনো মৌলের আইসোটোপগুলির নিউক্লিয়াসে উপস্থিত প্রোটন সংখ্যা এবং নিউক্লিয়াস বহির্ভূত ইলেকট্রন সংখ্যা ও তার বিন্যাস একই রকম হয় । তাই আইসোটোপগুলির রাসায়নিক ধর্ম অভিন্ন হয় ।]

(c) কোনো মৌলের আইসোটোপগুলি পর্যায় সারণিতে একই স্থানে অবস্থান করে, কারণ এদের প্রোটন সংখ্যা একই ।

● (তেজস্ক্রিয়) আইসোটোপ বা সমস্থানিকের ব্যবহার :

(a) পৃথিবীর বয়স বা জৈব পদার্থ সমন্বিত প্রাচীন বস্তু যেমন -জীবাশ্ম, প্রাচীন গাছ, ঐতিহাসিক বস্তু ইত্যাদির বয়স নির্ণয় করতে কার্বনের তেজস্ক্রিয় আইসোটোপ ($^{14}_{6}C$) ব্যবহার করা হয় ।

(b) ক্যান্সারের চিকিৎসায় (^{60}Co), মস্তিষ্কের টিউওমারের চিকিৎসায় (^{30}P) এবং থাইরয়েড গ্রন্থির চিকিৎসায় (^{131}I) তেজস্ক্রিয় আইসোটোপ ব্যবহৃত হয়।

(c) রাসায়নিক ক্রিয়া কৌশল নির্ণয় করতে তেজস্ক্রিয় আইসোটোপ (^{13}C, ^{15}N, ^{18}O ইত্যাদি) ব্যবহৃত হয় ।

(d) কৃষিকার্যে আইসোটোপ ব্যবহার করে উদ্ভিদের বৃদ্ধি ও রোগ সম্পর্কে বিভিন্ন তথ্য সংগ্রহ করা হয় ।

(1.12) আইসোবার (Isobar)

যে সব মৌলের পরমাণুর নিউট্রন ও প্রোটন সংখ্যার সমষ্টি সমান, তাদের আইসোবার বলে ।

উদাহরণ : $^{40}_{18}Ar$, $^{40}_{19}K$, $^{40}_{20}Ca$ পরমাণুগুলির ভরসংখ্যা সমান কিন্তু পারমাণবিক সংখ্যা ভিন্ন, তাই এরা পরস্পরের আইসোবার ।

(1.13) আইসোটোন (Isotone)

যে সব মৌলের পরমাণুর নিউক্লিয়াসের মধ্যে নিউট্রন সংখ্যা (= ভরসংখ্যা — পারমাণবিক সংখ্যা) সমান, কিন্তু প্রোটন সংখ্যা ভিন্ন, তাদের আইসোটোন বলে ।

উদাহরণ : $^{3}_{1}H$ ও $^{4}_{2}He$ [উভয় ক্ষেত্রেই নিউট্রন সংখ্যা = 2]

$^{13}_{6}C$ ও $^{14}_{7}N$ [উভয় ক্ষেত্রেই নিউট্রন সংখ্যা = 7]

(14) পারমাণবিক ভর বা আইসোটোপিক ভর

● কোনো পদার্থের একটি পরমাণুর ভরকে পারমাণবিক ভর বলে ।

যেমন - $^{35}_{17}Cl$ এর পারমাণবিক ভর = 35 u

● পারমাণবিক ভরের SI একক kg কিন্তু পরমাণু বা অণুর ভর অনেক কম হওয়ার কারণে u একককে প্রকাশ করা হয়ে থাকে।

● **পারমাণবিক ভর ও ভরসংখ্যার মধ্যে সম্পর্ক :** (i) ইলেকট্রনের ভর অতিনগণ্য হওয়ায় তাকে উপেক্ষা করলে এবং (ii) একটি প্রোটন বা একটি নিউট্রনের ভর 1 u হিসেবে ধরলে [$m_p = 1.00727647$ u এবং $m_n = 1.00866492$ u]

পারমাণবিক ভর = (প্রোটন সংখ্যা + নিউট্রন সংখ্যা) u

= (ভরসংখ্যা) u

যেমন - $^{12}_{6}C$ আইসোটোপের ভর বা পারমাণবিক ভর 12 u.

(15) অপেক্ষিক পারমাণবিক ভর বা আপেক্ষিক আইসোটোপিক ভর

● কোনো মৌলের একটি পরমাণু একটি $^{12}_{6}C$ পরমাণুর ভরের $\frac{1}{12}$ অংশের তুলনায় যতগুণ ভারী, সেই সংখ্যাকে ঐ পরমাণুর আপেক্ষিক পারমাণবিক ভর বা আইসোটোপের আপেক্ষিক ভর বলে ।

অর্থাৎ, আপেক্ষিক পারমাণবিক ভর $= \dfrac{\text{মৌলের একটি পরমাণুর ভর}}{\text{একটি } ^{12}_{6}C \text{ পরমাণুর ভরের } \frac{1}{12}}$

$= \dfrac{\text{u এককে মৌলের একটি পরমাণুর ভর}}{1 \text{ u}}$

● উদাহরণ : একটি $^{35}_{17}Cl$ পরমাণুর ভর একটি $^{12}_{6}C$ পরমাণুর ভরের $\frac{1}{12}$ অংশের তুলনায় 35 গুণ ভারী । তাই পরমাণুরটির আপেক্ষিক পারমাণবিক ভর = 35

● আপেক্ষিক পারমাণবিক ভর দুটি সমজাতীয় রাশির অনুপাত হওয়ায় এটি একটি একক বিহীন রাশি ।

● আপেক্ষিক পারমাণবিক ভর নির্ণয়ে হাইড্রোজেনের পরিবর্তে কার্বনকে (^{12}C) বর্তমানে প্রামাণ্য হিসেবে নেওয়ার কারণ:

(i) হাইড্রোজেন হালকা মৌল হওয়ায় কোনো মৌলের পরমাণবিক ভর নির্ণয়ের সময় সামান্যতম ত্রুটি বৃহৎ আকার ধারণ করে। পারমাণবিক ভর নির্ণয়ের ক্ষেত্রে প্রামাণ্য হিসেবে কার্বনকে (^{12}C) নিলে এই অসুবিধা হয় না ।

(ii) হাইড্রোজেনকে প্রামাণ্য মৌল হিসেবে ধরে অন্যান্য মৌলের যে পারমাণবিক ভর পাওয়া যায় তা অধিকাংশ ক্ষেত্রেই ভগ্নাংশ হয় কিন্তু কার্বনকে (^{12}C) প্রামাণ্য মৌল হিসেবে নিলে বেশির ভাগ ক্ষেত্রেই মৌলের পারমাণবিক ভর পূর্ণ সংখ্যায় হয় ।

(16) অপেক্ষিক পারমাণবিক ভর বা আপেক্ষিক আইসোটোপিক ভর

● **মৌলের গড় পারমাণবিক ভরের সংজ্ঞা :** মৌলের আইসোটোপগুলির উপস্থিতির পরিমাণ অনুযায়ী নির্ণয় করা পারমাণবিক ভরকে মৌলের গড় পারমাণবিক ভর (average atomic mass) বলে ।

● **মৌলের গড় পারমাণবিক ভর নির্ণয় :** মনে করি, প্রকৃতিতে কোনো একটি মৌলের তিনটি আইসোটোপের শতকরা পরিমান যথাক্রমে x, y ও z এবং আইসোটোপগুলির ভর বা পারমাণবিক ভর যথাক্রমে a u , b u ও c u

$$\therefore \text{ মৌলের গড় পারমাণবিক ভর} = \frac{(xa + yb + zc)}{100}u \text{ (এককযুক্ত)}$$

$$\text{এবং মৌলের গড় আপেক্ষিক পারমাণবিক ভর} = \frac{(xa + yb + zc)}{100} \text{ (এককবিহীন)}$$

● **মৌলের গড় পারমাণবিক ভর ভগ্নাংশ হওয়ার কারণ :** কোনো মৌলের পারমাণবিক ভর হল বিভিন্ন আনুপাতে উপস্থিত মৌলের সমস্ত আইসোটোপের পারমাণবিক ভরের (বা ভরসংখ্যার) গড়মান। মৌলের আইসোটোপগুলির ভর (বা ভরসংখ্যা) পূর্ণসংখ্যা হলেও তাদের উপস্থিতির পরিমাণ অনুযায়ী আনুপাতিক গড় নির্ণয় করার জন্য মৌলের পারমাণবিক ভরের প্রাপ্তমান পূর্ণসংখ্যা না হয়ে অনেক ক্ষেত্রে ভগ্নাংশ হয়ে থাকে ।

যেমন - সাধারণ ক্লোরিন গ্যাসের মধ্যে $^{35}_{17}Cl$ এবং $^{37}_{17}Cl$ আইসোটোপ দুটি যথাক্রমে 75.4% এবং 24.6% হিসেবে বর্তমান।

$$\therefore \text{ ক্লোরিনের আপেক্ষিক পারমাণবিক ভর} = \frac{(35 \times 75.4 + 37 \times 24.6)}{100} = 35.5$$

● কোনো মৌলের আইসোটোপ না থাকলে তার পারমাণবিক ভর এবং ভরসংখ্যা একই হওয়া সম্ভব ।

● **কয়েকটি মৌলের পারমাণবিক ভর :**

মৌল	পারমাণবিক ভর	মৌল	পারমাণবিক ভর
হাইড্রোজেন (H)	1 u	কার্বন (C)	12 u
অক্সিজেন (O)	16 u	জিঙ্ক (Zn)	65 u
সোডিয়াম (Na)	23 u	পটাশিয়াম (K)	39 u
ক্লোরিন (Cl)	35.5 u		

● **গ্রাম পারমাণবিক ভর :** কোনো মৌলের আপেক্ষিক পারমাণবিক ভরকে গ্রাম এককে প্রকাশ করলে যত গ্রাম হয়, তাকে ওই মৌলের গ্রাম পারমাণবিক ভর বলে। যেমন - ক্লোরিনের আপেক্ষিক পারমাণবিক ভর = 35.5, তাই ক্লোরিনের গ্রাম পারমাণবিক ভর = 35.5 g

● **গ্রাম পরমাণু :** কোনো মৌলের পারমাণবিক ভরকে গ্রামে প্রকাশ করলে যত গ্রাম হয়, তত গ্রাম ভরের মৌলকে পদার্থটির এক গ্রাম পরমাণু বলে। যেমন – নাইট্রোজেনের আপেক্ষিক পারমাণবিক ভর = 14, তাই 14 g নাইট্রোজেন = এক গ্রাম পরমাণু নাইট্রোজেন।

(17) আণবিক ভর

কোনো মৌলের বা যৌগের একটি অণুর ভরকে তার আণবিক ভর বলা হয় ।

আণবিক ভরের SI একক kg কিন্তু পরমাণু বা অণুর ভর অনেক কম হওয়ার কারণে u এককে প্রকাশ করা হয়ে থাকে।

যেমন - O_2 এর আণবিক ভর = $32\ u$

(18) আপেক্ষিক আণবিক ভর

● সংজ্ঞা : কোনো মৌলের বা যৌগের একটি অণু একটি ^{12}C পরমাণুর ভরের $\frac{1}{12}$ অংশের তুলনায় যতগুণ ভারী, সেই সংখ্যাকে ঐ মৌলের বা যৌগের আপেক্ষিক আণবিক গুরুত্ব বা আপেক্ষিক আণবিক ভর বলে ।

অর্থাৎ, মৌলের বা যৌগের আপেক্ষিক আণবিক ভর $= \dfrac{\text{মৌল বা যৌগের একটি অণুর ভর}}{\text{একটি } {}^{12}_{6}C \text{ পরমাণুর ভরের } \frac{1}{12}}$

$$= \dfrac{\text{u এককে মৌল বা যৌগের একটি অণুর ভর}}{1\ u}$$

● উদাহরণ : একটি নাইট্রোজেন অণুর ভর একটি $^{12}_{6}C$ পরমাণুর $\frac{1}{12}$ অংশের তুলনায় 28 গুণ ভারী । তাই নাইট্রোজেনের আপেক্ষিক আণবিক ভর = 28

● আপেক্ষিক পারমাণবিক ভর থেকে মৌলের আপেক্ষিক আণবিক ভর নির্ণয় :

মনে করি, মৌলটির আণবিক সংকেত : A_n
যেখানে, n = মৌলের পারমাণবিকতা (অর্থাৎ মৌলের একটি অণুতে উপস্থিত পরমাণুর সংখ্যা)
মৌলটির আপেক্ষিক পারমাণবিক ভর a হলে মৌলটির আপেক্ষিক আণবিক ভর $= a\ n$

যেমন - O_2 এর আপেক্ষিক আণবিক ভর $= 16 \times 2 = 32$ [∵ অক্সিজেনের আপেক্ষিক পারমাণবিক ভর $= 16$]

● আপেক্ষিক পারমাণবিক ভর থেকে যৌগের আপেক্ষিক আণবিক ভর নির্ণয় :

মনে করি, যৌগটির আণবিক সংকেত : $A_x B_y C_z$
[যেখানে যৌগের একটি অণুতে উপস্থিত A, B ও C মৌলের পরমাণুর সংখ্যা যথাক্রমে x, y ও z]
যদি ওই মৌলগুলির আপেক্ষিক পারমাণবিক ভর যথাক্রমে a, b ও c হয় তবে উক্ত যৌগের আপেক্ষিক আণবিক ভর :
$$M = a\,x + y\,b + z\,c$$

যেমন- H_2SO_4 এর আপেক্ষিক আণবিক ভর $= (2 \times 1) + (1 \times 32) + (4 \times 16) = 98$
[আপেক্ষিক পারমাণবিক ভর : H = 1, S = 32, O = 16]

● গ্রাম আণবিক ভর : কোনো মৌল বা যৌগের আপেক্ষিক আণবিক ভরকে গ্রাম এককে প্রকাশ করলে যত গ্রাম হয়, তাকে ওই মৌল বা যৌগের গ্রাম আনবিক ভর বলে ।
যেমন – নাইট্রোজেনের আপেক্ষিক আণবিক ভর = 28, তাই নাইট্রজেনের গাম আণবিক ভর $= 28\ g$

● গ্রাম অণু বা গ্রাম মোল : কোনো মৌল বা যৌগের আপেক্ষিক আণবিক ভরকে গ্রামে প্রকাশ করলে যত গ্রাম হয়, তত গ্রাম ভরের পদার্থকে ঐ পদার্থটির এক গ্রাম অণু বা এক গ্রাম মোল বলে ।
যেমন – নাইট্রোজেনের আপেক্ষিক আণবিক ভর = 28, তাই $28\ g$ নাইট্রোজেনকে এক গ্রাম অণু নাইট্রোজেন বা এক গ্রাম মোল নাইট্রোজেন বলে ।

(19) সংকেত ভর :

তড়িৎযোজী বা আয়নীয় যৌগের ক্ষেত্রে পৃথক অণুর কোনো অস্তিত্ব নেই ।
যেমন - সোডিয়াম ক্লোরাইড যৌগকে $NaCl$ সংকেতের সাহায্যে প্রকাশ করা হলেও এই যৌগের একটি অণুর পৃথক কোনো অস্তিত্ব নেই । এই যৌগের কেলাসে Na^+ এবং Cl^- আয়নগুলি ঘনকের আকারে সংঘবদ্ধ অবস্থায় থাকে । ফলে সোডিয়াম ক্লোরাইডের কেলাসে একক অণু বলে কিছু থাকে না । তাই আয়নীয় যৌগের ক্ষেত্রে আণবিক ভরের ধারণার পরিবর্তে সংকেত ভর ব্যবহার করা হয় ।
কোনো আয়নীয় যৌগকে যে সংকেতের সাহায্যে প্রকাশ করা হয়, সেই সংকেতে উপস্থিত পরমাণুগুলির গড় পারমাণবিক ভরের সমষ্টিকে ওই যৌগটির সংকেত ভর বলে ।
যেমন- $NaCl$ এর সংকেত ভর $= 23 + 35.5 = 58.5$

(20) অ্যাভোগাড্রো সংখ্যা :

● কার্বনের $^{12}_{6}C$ আইসোটোপের সঠিক 0.012 kg পরিমাণে যত সংখ্যক কার্বন পরমাণু থাকে, তাকে অ্যাভোগাড্রো সংখ্যা বলে।

● অ্যাভোগাড্রো সংখ্যা $N_A = 6.02214 \times 10^{23}$

● অ্যাভোগাড্রো সংখ্যার মান চাপ ও উষ্ণতার উপর নির্ভরশীল নয়, কারণ চাপ ও উষ্ণতার পরিবর্তনে ভর ও অণুর সংখ্যার কোনো পরিবর্তন হয় না ।

● **অ্যাভোগাড্রো সংখ্যার গুরুত্ব :**

(i) পারমাণবিক ভর বা আণবিক ভর জানা থাকলে নির্দিষ্ট ভরের বিভিন্ন মৌলের বা যৌগের পরমাণু বা অণুর সংখ্যা গণনা করা যায়।

(ii) STP তে নির্দিষ্ট আয়তনের কোনো গ্যাসীয় অণু বা পরমাণুর সংখ্যা অ্যাভোগাড্রো সংখ্যার সাহায্য নিয়ে নির্ণয় করা যায়।

● অ্যাভোগাড্রো ধ্রুবক $= \dfrac{\text{অ্যাভোগাড্রো সংখ্যা}}{1 \text{ মোল}}$

$$= 6.02214 \times 10^{23} \text{ mol}^{-1}$$

● অ্যাভোগাড্রো সংখ্যা ও অ্যাভোগাড্রো ধ্রুবকের মান সমান হলেও দুটি ভিন্ন ভৌতরাশি। অ্যাভোগাড্রো সংখ্যার কোনো একক নেই কিন্তু অ্যাভোগাড্রো ধ্রুবকের একক আছে।

(21) মোল :

● অণু, পরমাণু, আয়ন-ইত্যাদি গণনার কাজে " মোল" নামক একটি নতুন সংখ্যাগত এককের প্রবর্তন করা হয়েছে।

● **মোলের সংজ্ঞা :** কোনো পদার্থের 1 মোল বলতে সেই পরিমাণ পদার্থকে বোঝায় যার মধ্যে মৌলিক কণিকার (অণু, পরমাণু, আয়ন, ইলেকট্রন ইত্যাদি) সংখ্যা, 0.012 kg $^{12}_{6}C$ এ উপস্থিত কার্বন পরমাণুর সংখ্যার সমান ।
অথবা, কোনো পদার্থের 1 মোল বলতে সেই পরিমাণ পদার্থকে বোঝায় যার মধ্যে ওই পদার্থ গঠনকারী উপাদান কণার (অণু, পরমাণু, আয়ন, ইলেকট্রন ইত্যাদি) সংখ্যা হয় 6.022×10^{23} ।

যেমন - 1 mole অক্সিজেন অণু $= 6.022 \times 10^{23}$ সংখ্যক অক্সিজেন অণু

অথবা, 1 mole ইলেকট্রন $= 6.022 \times 10^{23}$ সংখ্যক ইলেকট্রন

● "মোল" শব্দটি ব্যবহার করার সময় তা কি ধরনের উপাদান কণা তা উল্লেখ করা প্রয়োজন । যেমন- এক মোল অক্সিজেন-এর পরিবর্তে এক মোল অক্সিজেন অণু বা এক মোল অক্সিজেন পরমাণু বলা যুক্তিযুক্ত । কারণ এক মোল অক্সিজেন সঠিকভাবে নির্দেশ করে না তা অণু না পরমাণুকে বোঝাচ্ছে ।

(22) মোল সংখ্যা বা পদার্থের পরিমাণ :

কোনো নির্দিষ্ট পরিমাণ পদার্থের মোল সংখ্যা হল ওই পদার্থের উপাদান কণার (অণু, পরমাণু, আয়ন ইত্যাদি) ও অ্যাভোগাড্রো ধ্রুবকের অনুপাত। পদার্থের পরিমাণ বা মোল সংখ্যা নির্ণায়ক সমীকরণগুলি হল -

(a) প্রদত্ত ভর থেকে : মোল সংখ্যা $(\mu) = \dfrac{\text{প্রদত্ত ভর (g এককে)}}{\text{মোলার ভর (g mol}^{-1}\text{ এককে)}}$

(b) প্রদত্ত উপাদান কণার সংখ্যা থেকে : মোল সংখ্যা $(\mu) = \dfrac{\text{প্রদত্ত কণার সংখ্যা}}{6.022 \times 10^{23} \text{ mol}^{-1}}$

(c) প্রদত্ত আয়তন (STP এর) থেকে : মোল সংখ্যা $(\mu) = \dfrac{\text{প্রদত্ত } STP \text{ এর আয়তন (L এককে)}}{22.4 \text{ L mol}^{-1}}$

(23) মোলার ভর :

কোনো পদার্থের 1 mol অর্থাৎ, অ্যাভোগাড্রো সংখ্যক অণুর ভরকে ওই পদার্থের মোলার ভর বলে ।
যেমন : জলের মোলার ভর = 18 g mol^{-1}

● মোলার ভর ও আপেক্ষিক আণবিক ভর একই নয়; মোলার ভর একটি এককযুক্ত রাশি ও যার একক kg mol^{-1} কিন্তু আপেক্ষিক আণবিক ভর একটি এককহীন রাশি । আপেক্ষিক আণবিক ভর ও মোলার ভরের সাংখ্যমান সমান ।

(24) মোলার আয়তন :

● নির্দিষ্ট উষ্ণতায় ও চাপে কোনো গ্যাসের এক গ্রাম অণু বা এক মোল পরিমাণ যে আয়তন অধিকার করে, তাকে ওই গ্যাসের মোলার আয়তন বা গ্রাম আণবিক আয়তন বলে ।

● মোলার আয়তনের মান গ্যাসীয় পদার্থের প্রকৃতির উপর নির্ভর করে না । উষ্ণতা ও চাপ নির্দিষ্ট থাকলে বিভিন্ন গ্যাসের মোলার আয়তনের মান সর্বদা সমান থাকে । STP তে যে কোনো গ্যাসের মোলার আয়তন 22.4 L mol^{-1} or, 22400 mL mol^{-1}

(2) পরমাণু মডেল

[2.1] ডালটনের পরমাণুবাদ [Dalton's Atomic Theory]

(1) স্বীকার্য :

(i) প্রত্যেক মৌলিক পদার্থ অসংখ্য অতিক্ষুদ্র অবিভাজ্য কণা দিয়ে তৈরি, এই ক্ষুদ্রতম কণাকে পরমাণু বলে ।
(ii) রাসায়নিক বিক্রিয়ার দ্বারা পরমাণুর সৃষ্টি বা ধ্বংস করা যায় না, অর্থাৎ পরমাণু অবিভাজ্য ও অবিনশ্বর ।
(iii) একই মৌলিক পদার্থের পরমাণুগুলির ওজন ও ধর্ম অভিন্ন ।
(iv) বিভিন্ন মৌলিক পদার্থের পরমাণুগুলির ওজন ও ধর্ম ভিন্ন ।
(v) রাসায়নিক বিক্রিয়ার সময় বিভিন্ন মৌলের পরমাণুগুলি পূর্ণ সংখ্যার সরল অনুপাতে যুক্ত হয়ে যৌগ গঠন করে ।

(2) অসম্পূর্ণতা [Limitations]

(i) ডালটনের পরমাণুবাদ অনুসারে পরমাণু অবিভাজ্য কিন্তু পরবর্তিকালে বিজ্ঞানের কয়েকটি মৌলিক আবিষ্কারের ফলে জানা যায় পরমাণু ধনাত্মক তড়িৎগ্রস্ত কণা প্রোটন, ঋণাত্মক তড়িৎগ্রস্ত কণা ইলেকট্রন ও নিস্তড়িৎ কণা নিউট্রন সহযোগে গঠিত অর্থাৎ **পরমাণু অবিভাজ্য নয়।**
(ii) ডালটনের মতে পরমাণু সৃষ্টি বা ধ্বংস করা যায় না । এই ধারণা সঠিক নয়, কারণ **নিউক্লিয় বিক্রিয়ার** মাধ্যমে এক মৌলের পরমাণুকে কৃত্রিম উপায়ে অন্য মৌলের পরমাণুতে পরিণত করা যায় ।
(iii) ডালটনের পরমাণুবাদ অনুসারে একই মৌলিক পদার্থের পরমাণুগুলির ওজন ও ধর্ম অভিন্ন; কিন্তু **আইসোটোপ** আবিষ্কারের ফলে জানা গেছে একই মৌলের বিভিন্ন পরমাণুগুলির ওজন ও ধর্ম পৃথক হতে পারে ।
(iv) ডালটনের মতে বিভিন্ন মৌলিক পদার্থের পরমাণুগুলির ওজন ও ধর্ম ভিন্ন; কিন্তু **আইসোবার** আবিষ্কারের ফলে জানা গেছে বিভিন্ন মৌলিক পদার্থের পরমাণুগুলির ওজন একই হতে পারে ।
(v) যৌগ গঠনের সময় পরমাণুগুলি পূর্ণ সংখ্যার সরল অনুপাতে যুক্ত হয় । এই বক্তব্য সবক্ষেত্রে প্রযোজ্য নয় । যেমন- প্রোটিন, স্টার্চ, সেলুলজ প্রভৃতি যৌগের ক্ষেত্রে পরমাণুগুলি পূর্ণ সংখ্যার অনুপাতে থাকলেও অনুপাতগুলি সরল নয় । এছাড়াও বার্থেলেডীয় যৌগের $(Cu_{1.7}S, Ti_{0.75}O)$ ক্ষেত্রে পরমাণুগুলি পূর্ণ সংখ্যার সরল অনুপাতে যুক্ত হয় না ।

(3) গুরুত্ব [Importance]

(i) ডালটনের পরমাণুবাদ সর্বপ্রথম মৌলিক পর্দাথের কণা হিসেবে পরমাণুর ধারণা ব্যক্ত করে রসায়ন বিজ্ঞানকে যথার্থ বিজ্ঞানভিত্তিক করতে সাহায্য করেছে ।

(ii) ডাল্টনের পরমাণুবাদ দ্বারা ভরের নিত্যতা সূত্র এবং অন্যান্য রাসায়নিক সংযোগ সূত্রগুলি ব্যাখ্যা করা যায় ।

(iii) ডাল্টনের পরমাণুবাদ থেকে অ্যাভোগাড্রো প্রকল্প এবং অনুর ধারণা করা সম্ভব হয়েছে ।

(4) পরিমার্জিত রূপ :

(i) পরমাণু অবিভাজ্য নয়; কারণ ইলেকট্রন, প্রোটন ও নিউট্রন ইত্যাদি ক্ষুদ্রাতিক্ষুদ্র কণার সমন্বয়ে পরমাণু গঠিত ।

(ii) পরমাণুর সৃষ্টি বা ধ্বংস করা যায় । রাসায়নিক বিক্রিয়ার সাহায্যে পরমাণু ধ্বংস বা সৃষ্টি করা না গেলেও কৃত্রিম তেজস্ক্রিয় বিক্রিয়ার দ্বারা কোনো একটি মৌলের পরমাণুকে অন্য একটি মৌলের পরমাণুতে রূপান্তরিত করা যায় ।

(iii) একই মৌলিক পদার্থের পরমাণুর রাসায়নিক ধর্ম সদৃশ হলেও ওদের ভৌত ধর্ম ও ভর ভিন্ন হতে পারে ।

(iv) বিভিন্ন মৌলের পরমাণুগুলির ধর্ম ভিন্ন হলেও ওদের ভর সমান হতে পারে ।

(v) যৌগ গঠনের সময় বিভিন্ন মৌলের পরমাণুগুলি পূর্ণ সংখ্যার অনুপাতে যুক্ত হলেও অনুপাতগুলি সরল নাও হতে পারে ।

[2.2] থমসনের পরমাণু মডেল (Thomson's Model of Atom)

বিজ্ঞানী থমসন পরমাণু সম্পর্কে দুটি মতবাদ ব্যক্ত করেন-

(i) প্রতিটি পরমাণুতে ইলেকট্রন বিদ্যমান

(ii) যেহেতু পরমাণু তড়িৎ নিরপেক্ষ তাই এতে ধনাত্মক আধান ঋণাত্মক আধানের সমান হওয়া আবশ্যক ।

থমসনের পরমাণু মডেল অনুযায়ী, একটি পরমাণু হল ধনাত্মক আধানসমূহের গোলীয় মেঘ যাতে ইলেকট্রনগুলি গাঁথা রয়েছে । এই মডেলকে চিত্রানুগভাবে প্লাম-পুডিং মডেল বলা হয় ।

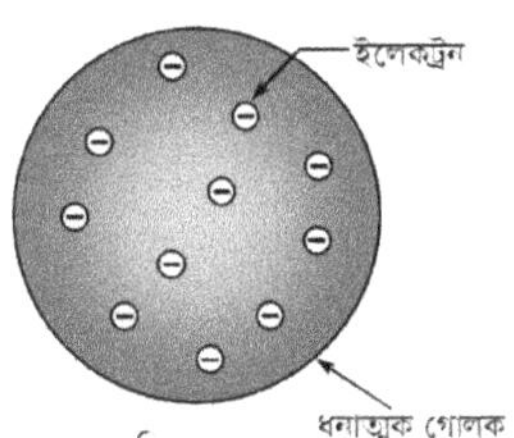

ব্যার্থতা :

(i) ইলেকট্রনের আধান নির্দিষ্ট ফলে পরমাণুতে ইলেকট্রনের সংখ্যা বৃদ্ধি পেলে ঋণাত্মক আধানের মান বৃদ্ধি পায় কিন্তু ধনাত্মক গোলকটির আধান কেন এবং কীভাবে বৃদ্ধি পাবে তার কোনো ব্যাখ্যা পাওয়া যায় না ।

(ii) হাইড্রোজেন পরমাণুর একাধিক শ্রেণি বর্ণালী ও প্রত্যেক শ্রেণিতে একাধিক বর্ণালী রেখার উপস্থিতি এই পরমাণু মডেল থেকে ব্যাখ্যা করা যায় না ।

(2.2) রাদরফোর্ডের পরমাণু মডেল (Rutherford's Model of Atom)

1911 সালে আর্নেষ্ট রাদারফোর্ডের প্রস্তাব অনুযায়ী, এইচ গাইগার এবং ই মার্সডেন কিছু পরীক্ষা-নিরীক্ষা সম্পাদন করেন । এই পরীক্ষাগুলির মধ্যে α কণা বিচ্ছুরণ পরীক্ষার অন্যতম । এই পরীক্ষার উপর ভিত্তি করে বিজ্ঞানী রাদারফোর্ড পরমাণুর গঠন সম্পর্কে যে বিজ্ঞান ভিত্তিক তত্ত্ব দেন তা রাদারফোর্ডের পরমাণু মডেল বা পরমাণুর নিউক্লীয় মডেল নামে পরিচিত ।

(a) স্বীকার্য :

রাদারফোর্ডের পরমাণু মডেলের স্বীকার্যগুলি হল :

(i) পরমাণুর অধিকাংশ স্থানই ফাঁকা । সমগ্র পরমাণুর আয়তনের তুলনায় অতি নগণ্য স্থানে পরমাণুর ভর ও আধান কেন্দ্রীভূত থাকে । একে পরমাণুর নিউক্লিয়াস বা কেন্দ্রক বলে ।

(ii) পরমাণু নিস্তড়িৎ; পরমাণুর নিউক্লিয়াসে যত সংখ্যক ধনাত্মক আধানযুক্ত প্রোটন থাকে নিউক্লিয়াসের বাইরে ঠিক তার সমান সংখ্যক ঋণাত্মক আধানযুক্ত ইলেকট্রন সমকেন্দ্রিক বৃত্তাকার কক্ষপথে আবর্তন করে ।

(iii) নিউক্লিয়াস ও ইলেকট্রনের মধ্যে ক্রিয়াশীল তড়িৎ আকর্ষণ বল ইলেকট্রনকে বৃত্তপথে ঘোরার জন্য প্রয়োজনীয় অভিকেন্দ্র বল সরবরাহ করে ।

(b) ত্রুটি :

(i) **পরমাণুর অস্থায়ীত্ব :** রাদারফোর্ডের পরমাণু মডেল অনুযায়ী ঋণাত্মক আধানযুক্ত ইলেকট্রন ধনাত্মক আধানযুক্ত নিউক্লিয়াসের চারপাশে ঘূর্ণায়মান থাকলে তড়িৎগতিবিদ্যা অনুযায়ী তা নিরবিচ্ছিন্নভাবে তড়িৎচুম্বকীয় তরঙ্গরূপে শক্তি বিকিরণ করে । এইভাবে ক্রমাগত শক্তি হ্রাসের

ফলে ইলেকট্রনের গতিবেগ কমতে থাকবে এবং ক্রমহ্রাসমান ব্যাসার্ধের কুন্ডলীকৃত পথে আবর্তন করতে করতে নিউক্লিয়াসে গিয়ে সংঘর্ষ ঘটাবে অর্থাৎ রাদারফোর্ডের পরমাণু মডেল অনুযায়ী পরমাণুর গঠন স্থায়ী হবে না ।

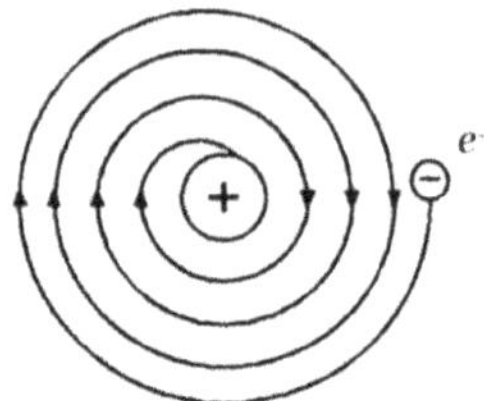

(ii) **নিরবিচ্ছিন্ন বর্ণালী গঠন :** ঘূর্ণায়মান ইলেকট্রন নিরবিচ্ছিন্নভাবে শক্তি বিকিরণ করলে নিরবিচ্ছিন্ন বর্ণালীর সৃষ্টি হওয়ার কথা, কিন্তু পরমাণু প্রকৃতপক্ষে রেখা বর্ণালীর সৃষ্টি করে। এই ঘটনা রাদারফোর্ডের পরমাণু মডেলের সঙ্গে সংগতিপূর্ণ নয় ।

(2.3) বোরের পরমাণু মডেল (Bohr's Atomic Model)

(1) স্বীকার্য :

প্রথম স্বীকার্য (রাদারফোর্ড মডেল) : পরমাণুতে ধনাত্মক নিউক্লিয়াসকে কেন্দ্র করে ঋণাত্মক ইলেকট্রনগুলি বৃত্তাকার কক্ষপথে আবর্তন করে। নিউক্লিয়াস ও ইলেকট্রনের মধ্যে ক্রিয়াশীল স্থিরতড়িৎ আকর্ষণ বল ইলেকট্রনের ঘূর্ণনের জন্য প্রয়োজনীয় অভিকেন্দ্র বল সরবরাহ করে।

অর্থাৎ, $\dfrac{mv^2}{r} = \dfrac{1}{4\pi\epsilon_0}\dfrac{(Ze)\,e}{r^2}$

যেখানে, Ze = নিউক্লিয়াসের মোট আধান

$\quad$ r = কক্ষপথের ব্যাসার্ধ

$\quad$ ও m, v = ইলেকট্রনের ভর ও গতিবেগ

দ্বিতীয় স্বীকার্য (বোরের কোয়ান্টাম শর্ত) : নিউক্লিয়াসকে কেন্দ্র করে ঋণাত্মক ইলেকট্রনগুলি যেকোনো বৃত্তাকার কক্ষপথে আবর্তন করতে পারে না । কেবলমাত্র সেই সব কক্ষপথে আবর্তন করে যেখানে ইলেকট্রনের কৌণিক ভরবেগ (mvr) $\dfrac{h}{2\pi}$ রাশির সরল গুনিতক হয় ।

অর্থাৎ, $\mathbf{mvr = n\,\dfrac{h}{2\pi}}$

যেখানে, h = প্ল্যাঙ্কের ধ্রুবক = 6.64×10^{-34} J s

$\quad$ ও n = মুখ্য কোয়ান্টাম সংখ্যা (principal quantum number) = 1, 2, 3,.........।

তৃতীয় স্বীকার্য (বোরের কম্পাঙ্ক শর্ত) : কোনো ইলেকট্রন যখন কোনো অনুমোদিত কক্ষপথে আবর্তন করে তখন কোনো রূপ শক্তি গ্রহন বা বর্জন করে না । তাই এই কক্ষপথগুলিকে <u>স্থায়ী কক্ষপথ</u> (stationary orbit) বলে ।

যখন কোনো ইলেকট্রন উচ্চতর শক্তির একটি স্থায়ী কক্ষপথ থেকে নিম্নতর শক্তির একটি স্থায়ী কক্ষপথে স্থানান্তরিত হয়, তখন ইলেকট্রন নিদিষ্ট পরিমাণ শক্তি বিকিরণ করে ।

যদি কোনো ইলেকট্রন E_i শক্তির কোনো স্থায়ী কক্ষপথ থেকে E_f শক্তির স্থায়ী কক্ষপথে স্থানান্তরিত হয় তাহলে নির্গত ফোটনের কম্পাঙ্ক :

$$\nu = \dfrac{E_i - E_f}{h} \; ; \text{উল্লেখ্য, } E_i > E_f$$

(2) বোরের তত্ত্বের সাহায্যে হাইড্রোজেন অনুরূপ পরমাণুর ক্ষেত্রে বিভিন্ন গণনা :

[a] n তম কক্ষপথের ব্যাসার্ধ (Radius of nth Orbit)	
(i) হাইড্রোজেন অনুরূপ পরমাণুর n তম কক্ষপথের ব্যাসার্ধ :	$r_n = \dfrac{n^2\,h^2\,\epsilon_0}{\pi\,Z\,e^2\,m}$
(ii) হাইড্রোজেন পরমাণুর ($Z = 1$) n তম কক্ষপথের ব্যাসার্ধ :	$r_n = \dfrac{n^2\,h^2\,\epsilon_0}{\pi\,e^2\,m}$
(iii) মুখ্য কোয়ান্টাম সংখ্যার উপর ব্যাসার্ধের নির্ভরতা: হাইড্রোজেন বা হাইড্রোজেন অনুরূপ পরমাণুর ক্ষেত্রে ইলেকট্রনের কক্ষপথগুলির ব্যাসার্ধ কক্ষের প্রধান কোয়ান্টাম সংখ্যার বর্গের সমানুপাতিক ।	$r_n \propto n^2$

	প্রথম কক্ষপথ থেকে শুরু করে স্থায়ী কক্ষপথগুলির ব্যাসার্ধের অনুপাত $1 : 4 : 9 : \ldots$
(iv) হাইড্রোজেনের প্রথম কক্ষপথের ব্যাসার্ধ (যাকে বোর ব্যাসার্ধ বলা হয়) :	$r_1 = \dfrac{h^2 \, \epsilon_0}{\pi \, e^2 \, m} = 5.29 \times 10^{-11}$ m

[b] n তম কক্ষপথে ইলেকট্রনের গতিবেগ	
(i) হাইড্রোজেন অনুরূপ পরমাণুর n তম কক্ষপথে ইলেকট্রনের বেগ :	$\begin{aligned} v_n &= \dfrac{Z\,e^2}{2\,\epsilon_0\,n\,h} \\ &= \dfrac{Z\,e^2}{2\,\epsilon_0\,h\,c}\left(\dfrac{c}{n}\right) \\ &= \dfrac{1}{137}\left(\dfrac{Z}{n}\right)c \\ &= 2.2 \times 10^6 \left(\dfrac{Z}{n}\right) \text{m s}^{-1} \end{aligned}$
(ii) হাইড্রোজেন পরমাণুর $(Z = 1)$ n তম কক্ষপথের ইলেকট্রনের বেগ :	$v_\text{n} = \dfrac{e^2}{2\,\epsilon_0\,n\,h} = \dfrac{1}{137}\left(\dfrac{c}{n}\right)$
(iii) মুখ্য কোয়ান্টাম সংখ্যার উপর ইলেকট্রনের বেগের নির্ভরতা : ইলেকট্রনের গতিবেগ কক্ষের প্রধান কোয়ান্টাম সংখ্যার ব্যস্তানুপাতিক ।	$v_n \propto \dfrac{1}{n}$ নিউক্লিয়াসের সবচেয়ে নিকটবর্তী কক্ষে (n = 1) ইলেকট্রনের বেগ সর্বাধিক।
(iv) হাইড্রোজেনের প্রথম কক্ষপথে ইলেকট্রনের গতিবেগ :	$v_1 = 2.2 \times 10^6$ m s^{-1}

[c] n তম কক্ষপথে ইলেকট্রনের কৌণিক গতিবেগ বা কৌণিক কম্পাঙ্ক	
(i) হাইড্রোজেন অনুরূপ পরমাণুর n তম কক্ষপথে ইলেকট্রনের কৌণিক বেগ :	$\omega_n = \dfrac{Z^2\,e^4\,\pi\,m}{2\,\epsilon_0{}^2 n^3\,h^3}$
(ii) হাইড্রোজেন পরমাণুর $(Z = 1)$ n তম কক্ষপথের ইলেকট্রনের কৌণিন বেগ :	$\omega_n = \dfrac{e^4\,\pi\,m}{2\,\epsilon_0{}^2 n^3\,h^3}$
(iii) মুখ্য কোয়ান্টাম সংখ্যার উপর ইলেকট্রনের কৌণিক বেগের নির্ভরতা : ইলেকট্রনের কৌণিক গতিবেগ কক্ষের প্রধান কোয়ান্টাম সংখ্যার ঘনের ব্যস্তানুপাতিক ।	$\omega_n \propto \dfrac{1}{n^3}$
(iv) হাইড্রোজেনের প্রথম কক্ষপথে ইলেকট্রনের কৌণিক গতিবেগ :	$\omega_1 = 4.13 \times 10^{16}$ rad s^{-1}

[d] n তম কক্ষপথে ইলেকট্রনের কক্ষীয় কম্পাঙ্ক	
(i) হাইড্রোজেন অনুরূপ পরমাণুর n তম কক্ষপথে ইলেকট্রনের কক্ষীয় কম্পাঙ্ক :	$f_\text{n} = \dfrac{Z^2\,e^4\,m}{4\,\epsilon_0^2\,n^3\,h^3}$

(ii) হাইড্রোজেন পরমাণুর $(Z = 1)$ n তম কক্ষপথের ইলেকট্রনের কক্ষীয় কম্পাঙ্ক :	$f_n = \dfrac{e^4\,m}{4\,\varepsilon_0^2\,n^3\,h^3}$
(iii) মুখ্য কোয়ান্টাম সংখ্যার উপর ইলেকট্রনের কক্ষীয় কম্পাঙ্কের নির্ভরতা : ইলেকট্রনের কক্ষীয় কম্পাঙ্ক কক্ষের প্রধান কোয়ান্টাম সংখ্যার ঘনের ব্যস্তানুপাতিক ।	$f_n \propto \dfrac{1}{n^3}$
(iv) হাইড্রোজেনের প্রথম কক্ষপথে ইলেকট্রনের কক্ষীয় কম্পাঙ্ক :	$f_1 = 6.58 \times 10^{15}$ Hz

[e] n তম কক্ষপথে আবর্তনশীল ইলেকট্রনের শক্তি		
স্থিতি শক্তি	গতি শক্তি	মোট শক্তি
$E_k = \dfrac{1}{2}\,\dfrac{1}{4\pi\epsilon_0}\,\dfrac{Ze^2}{r_n}$	$E_p = -\,\dfrac{1}{4\,\pi\,\epsilon_0}\,\dfrac{Ze^2}{r_n}$	$(E_{total})_n = -\,\dfrac{1}{2}\,\dfrac{1}{4\,\pi\,\epsilon_0}\,\dfrac{Ze^2}{r_n}$ $= -\,\dfrac{m\,Z^2\,e^4}{8\,\epsilon_0{}^2\,n^2\,h^2}$ $= -\,\dfrac{13.66\,Z^2}{n^2}$ eV

● **ইলেকট্রনের শক্তি ঋণাত্মক হওয়ার তাৎপর্য :** নিউক্লিয়াসের আকর্ষণের জন্য পরমাণুর কক্ষে ইলেকট্রনের শক্তি ঋণাত্মক হয়, যা নির্দেশ করে সংস্থাটি একটি বদ্ধ সংস্থা এবং বাইরে থেকে ওই শক্তির সমান পরিমাণ শক্তি সরবরাহ করলে তবেই ইলেকট্রনটি শূন্য শক্তিসম্পন্ন ইলেকট্রন হিসেবে মুক্ত হয়।

● **মুখ্য কোয়ান্টাম সংখ্যার উপর ইলেকট্রনের কৌণিক বেগের নির্ভরতা :** $(E_{total})_n \propto \dfrac{1}{n^2}$

অর্থাৎ, ইলেকট্রনের মোট শক্তি ঋণাত্মক এবং প্রধান কোয়ান্টাম সংখ্যার বর্গের (n^2) এর ব্যস্তানুপাতিক । যেহেতু মোট শক্তি ঋণাত্মক তাই n এর মান যত বৃদ্ধি পায় ইলেকট্রনের শক্তিও তত বৃদ্ধি পেতে থাকে ।

● **হাইড্রোজেন বা হাইড্রোজেন অনুরূপ পরমাণুর ক্ষেত্রে ইলেকট্রনের গতিশক্তি ও স্থিতিশক্তির মধ্যে সম্পর্ক :**

(a) ইলেকট্রনের গতিশক্তি ও স্থিতিশক্তির মধ্যে সম্পর্ক :	$\lvert E_p \rvert = 2\,E_k$
(b) ইলেকট্রনের গতিশক্তি ও মোট শক্তির মধ্যে সম্পর্ক :	$E_k = \lvert E_{total} \rvert$
(c) ইলেকট্রনের স্থিতিশক্তি ও মোট শক্তির মধ্যে সম্পর্ক :	$\lvert E_p \rvert = 2\,\lvert E_{total} \rvert$

● **হাইড্রোজেন পরমাণুর শক্তি স্তর (Energy Levels of Hydrogen Atom) :**

হাইড্রোজেন পরমাণুর ক্ষেত্রে ($Z = 1$) n তম কক্ষপথে আবর্তনশীল ইলেকট্রনের মোট শক্তি : $(E_{total})_n = -\,\dfrac{m\,e^4}{8\,\epsilon_0{}^2\,n^2\,h^2}$
$$= -\,\frac{13.66}{n^2}\ \text{eV}$$
$$= \frac{(E_{total})_1}{n^2}$$

প্রথম কক্ষপথে আবর্তনরত ইলেকট্রনের মোট শক্তি : $(E_{total})_1 = -\,13.66$ eV
অনুরূপভাবে বিভিন্ন কক্ষপথে আবর্তনরত ইলেকট্রনের মোট শক্তি যথাক্রমে
$$(E_{total})_2 = -\,3.4\ \text{eV}$$
$$(E_{total})_3 = -\,1.511\ \text{eV}$$
$$(E_{total})_4 = -\,0.85\ \text{eV}$$

(3) হাইড্রোজেন অনুরূপ পরমাণুতে ইলেকট্রনের কক্ষপথে স্থানান্তর :

ভৌম শক্তিস্তর	স্বাভাবিক অবস্থায় কোনো পরমাণুর সর্ববহিস্থ যে কক্ষপথে ইলেকট্রন অবস্থান করে, তাকে স্বাভাবিক বা ভৌম শক্তিস্তর (ground energy state) বলা হয় এবং ভৌম শক্তিস্তর অপেক্ষা উচ্চতর শক্তি স্তরসমূহকে উত্তেজিত শক্তিস্তর (excited energy state) বলা হয় ।	

উত্তেজন শক্তি	ন্যূনতম যে পরিমাণ বাহ্যিক শক্তি সরবরাহ করলে ভৌমস্তরের কোনো ইলেকট্রন অপর কোনো একটি উত্তেজিত শক্তিস্তরে স্থানান্তরিত হয়, সেই ন্যূনতম পরিমাণ শক্তিকেই ওই উত্তেজিত স্তরের উত্তেজন শক্তি (excitation energy) বলে ।	$E_{exctation} = E_{higher} - E_{lower}$
উত্তেজন বিভব	কোনো একটি ইলেকট্রনকে যে বিভব প্রভেদে ত্বরান্বিত করলে ইলেকট্রনটির গতিশক্তি কোনো কক্ষের উত্তেজন শক্তির সমান হয়, তাকে ওই কক্ষের উত্তেজন বিভব বলে ।	$V_{exctation} = \dfrac{E_{excitation}}{e}$
আয়নন শক্তি	বাইরে থেকে ন্যূনতম যে পরিমাণ শক্তি সরবরাহ করে কোনো মৌলের পরমাণুর ভৌমস্তরে অবস্থিত কোনো ইলেকট্রনকে পরমাণু থেকে সম্পূর্ণভাবে বিচ্ছিন্ন করা সম্ভব তাকে ওই মৌলের পরমাণুর আয়নন শক্তি বলে ।	$E_{ionsation} = E_{\infty} - E_{ground}$
আয়নন বিভব	কোনো মৌলের পরমাণুর ভৌমস্তরে অবস্থিত কোনো ইলেকট্রনকে যে পরিমাণ ন্যূনতম ধনাত্মক বিভব প্রদান করা হলে ইলেকট্রনটি পরমাণু থেকে সম্পূর্ণভাবে বিচ্ছিন্ন হয়, তাকে ওই মৌলের পরমাণুর আয়নন বিভব (Ionisation Potential) বলে ।	

হাইড্রোজেন পরমাণুর ক্ষেত্রে,

প্রথম উত্তেজন শক্তি	10.2 eV
প্রথম উত্তেজন বিভব	10.2 V
প্রথম আয়নন শক্তি	13.6 eV
প্রথম আয়নন বিভব	13.6 V

● উচ্চতর শক্তির কক্ষ থেকে নিম্নতর শক্তির কক্ষে ইলেকট্রনের স্থানান্তরের জন্য নির্গত শক্তি :

যখন কোনো ইলেকট্রন উচ্চতর শক্তির একটি স্থায়ী কক্ষপথ থেকে নিম্নতর শক্তির একটি স্থায়ী কক্ষপথে স্থানান্তরিত হয়, তখন ইলেকট্রন নির্দিষ্ট পরিমাণ শক্তি বিকিরণ করে ।

নির্গত ফোটনের শক্তি : $E = (E_{total})_{n_i} - (E_{total})_{n_f}$

$$\text{or, } E = \frac{m Z^2 e^4}{8 \epsilon_0^2 h^2} \left(\frac{1}{n_f^2} - \frac{1}{n_i^2} \right)$$

$$\text{or, } E = Z^2 h c R \left(\frac{1}{n_f^2} - \frac{1}{n_i^2} \right)$$

$$\text{or, } E = 13.6 \, Z^2 \left(\frac{1}{n_f^2} - \frac{1}{n_i^2} \right) eV$$

যেখানে, $R = \dfrac{m \, e^4}{8 \, \epsilon_0^2 \, h^3 \, c} = $ রিডবার্গ ধ্রুবক

● উচ্চতর শক্তির কক্ষ থেকে নিম্নতর শক্তির কক্ষে ইলেকট্রনের স্থানান্তরের জন্য নির্গত কম্পাঙ্ক (Frequency)

যখন কোনো হাইড্রোজেন অনুরূপ পরমাণুর ক্ষেত্রে ইলেকট্রন উচ্চতর শক্তির একটি স্থায়ী কক্ষপথ (n_i) থেকে নিম্নতর শক্তির একটি স্থায়ী কক্ষপথে (n_f) স্থানান্তরিত হয়, তখন নির্গত তড়িৎচুম্বকীয় বিকিরণের কম্পাঙ্ক :

$$\nu = \frac{(E_{total})_{n_i} - (E_{total})_{n_f}}{h}$$

$$\text{or, } \nu = \frac{m Z^2 e^4}{8 \epsilon_0^2 h^3} \left(\frac{1}{n_f^2} - \frac{1}{n_i^2} \right)$$

$$\text{or, } \nu = c \, Z^2 R \left(\frac{1}{n_f^2} - \frac{1}{n_i^2} \right)$$

যেখানে, $R = \dfrac{m \, e^4}{8 \, \epsilon_0^2 \, h^3 \, c} = $ রিডবার্গ ধ্রুবক

● **উচ্চতর শক্তির কক্ষ থেকে নিম্নতর শক্তির কক্ষে ইলেকট্রনের স্থানান্তরের জন্য নির্গত তরঙ্গদৈর্ঘ্য (Wave length) :**

যখন কোনো হাইড্রোজেন অনুরূপ পরমাণুর ক্ষেত্রে ইলেকট্রন উচ্চতর শক্তির একটি স্থায়ী কক্ষপথ (n_i) থেকে নিম্নতর শক্তির একটি স্থায়ী কক্ষপথে (n_f) স্থানান্তরিত হয়, তখন নির্গত তড়িৎচুম্বকীয় বিকিরণের তরঙ্গদৈর্ঘ্য :

$$\lambda = \frac{c}{\nu} = \frac{1}{Z^2 R} \left(\frac{1}{n_f^2} - \frac{1}{n_i^2} \right)^{-1}$$

● **উচ্চতর শক্তির কক্ষ থেকে নিম্নতর শক্তির কক্ষে ইলেকট্রনের স্থানান্তরের জন্য নির্গত তরঙ্গ সংখ্যা (Wave Number) :**

তরঙ্গ সংখ্যা ($\bar{\nu}$) $= \frac{1}{\lambda} = \frac{\nu}{c}$

or, $\bar{\nu} = \frac{m\, Z^2\, e^4}{8\, \epsilon_0^2\, h^3\, c} \left(\frac{1}{n_f^2} - \frac{1}{n_i^2} \right)$

or, $\bar{\nu} = R\, Z^2 \left(\frac{1}{n_f^2} - \frac{1}{n_i^2} \right)$

or, $\bar{\nu} = 1.097 \times 10^7\, Z^2 \left(\frac{1}{n_f^2} - \frac{1}{n_i^2} \right)\, m^{-1}$

যেখানে, $R = \frac{m\, e^4}{8\, \epsilon_0^2\, h^3\, c} = $ রিডবার্গ ধ্রুবক $= 1.097 \times 10^7\, m^{-1}$

হাইড্রোজেন পরমাণুর ক্ষেত্রে, $Z = 1$

$\therefore \bar{\nu} = R \left(\frac{1}{n_f^2} - \frac{1}{n_i^2} \right) \Rightarrow$ এটিই হাইড্রোজেন পরমাণুর বর্ণালী সম্পর্কিত রিডবার্গের সমীকরণ

● **বর্ণালি শ্রেণি (spectral series):** তরঙ্গ সংখ্যা $\bar{\nu} = R \left(\frac{1}{n_f^2} - \frac{1}{n_i^2} \right)$

উপরের সমীকরণ অনুসারে n_i ও n_f-এর বিভিন্ন মানের জন্য হাইড্রোজেনের বিভিন্ন বর্ণালি শ্রেণি (spectral series)পাওয়া যায় ।

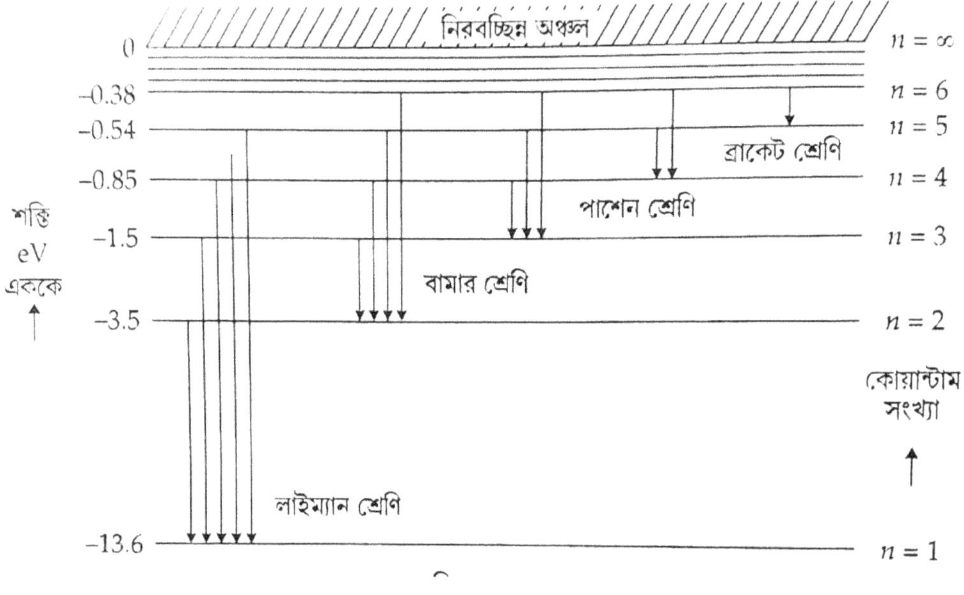

Quantum number [শক্তিস্তর]	Spectral series [বর্ণালি শ্রেণি]	Wave number [তরঙ্গ সংখ্যা]	তড়িৎচুম্বকীয় বর্ণালিতে অবস্থান
$n_f = 1$ $n_i = 2, 3, 4\ldots\ldots$	LYMAN SERIES [লাইম্যান শ্রেণি]	$\bar{\nu} = R \left(\frac{1}{1^2} - \frac{1}{n_i^2} \right)$	Ultra Violet Region [অতিবেগুনি অংশ]

$n_f = 2$ $n_i = 3, 4, 5\ldots\ldots$	BALMER SERIES [বামার শ্রেণি]	$\bar{\nu} = R\left(\dfrac{1}{2^2} - \dfrac{1}{n_i^2}\right)$	Visible Region [দৃশ্যমান অংশ]
$n_f = 3$ $n_i = 4, 5, 6\ldots\ldots$	PASCHAN SERIES [প্যাশেন শ্রেণি]	$\bar{\nu} = R\left(\dfrac{1}{3^2} - \dfrac{1}{n_i^2}\right)$	Infrared Region [অবলোহিত অংশ]
$n_f = 4$ $n_i = 5, 6, 7\ldots\ldots$	BRACKETT SERIES [ব্রাকেট শ্রেণি]	$\bar{\nu} = R\left(\dfrac{1}{4^2} - \dfrac{1}{n_i^2}\right)$	Infrared region [অবলোহিত অংশ]
$n_f = 5$ $n_i = 6, 7, 8\ldots\ldots$	PFUND SERIES [ফান্ড শ্রেণি]	$\bar{\nu} = R\left(\dfrac{1}{5^2} - \dfrac{1}{n_i^2}\right)$	Infrared region [অবলোহিত অংশ]

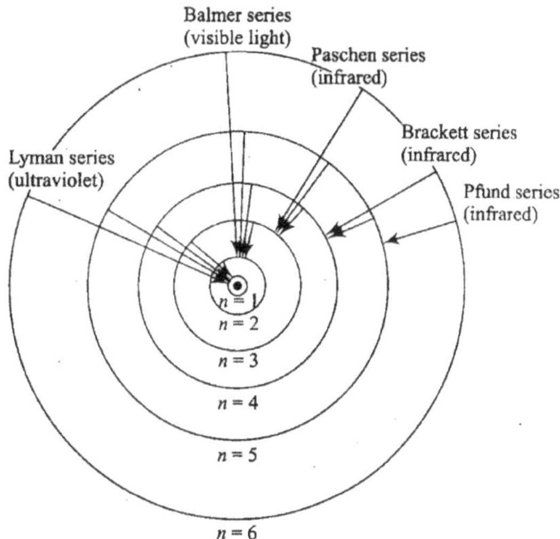

● হাইড্রোজেন পরমাণু বর্ণালীতে বহু সংখ্যক রেখা পাওয়ার কারণ :

H পরমাণুতে উপস্থিত ইলেকট্রনটি স্বাভাবিক অবস্থায় ভৌম স্তরে অবস্থান করে । কিন্তু কিছু পরিমাণ হাইড্রোজেন গ্যাসের নমুনায় অসংখ্য হাইড্রোজেন পরমাণু থাকায় বাইরে থেকে শক্তি প্রয়োগ করে উদ্দীপিত করলে বিভিন্ন পরমাণুর ইলেকট্রন উৎস থেকে বিভিন্ন পরিমাণ শক্তি শোষণ করে বিভিন্ন উত্তেজিত শক্তিস্তরে পৌঁছায় । এইভাবে উত্তেজিত শক্তিস্তরে (10^{-8} s প্রায়) থাকার পর ইলেকট্রন মধ্যবর্তী যে-কোনো শক্তিস্তরের মাধ্যমে পুনরায় ভৌমস্তরে ফিরে আসে । ফলে ইলেকট্রনগুলি বিভিন্ন পরিমাণ শক্তি বিকিরণ করে । এইজন্য H পরমাণুর বর্ণালীতে বহু সংখ্যক রেখা পাওয়া যায় ।

(4) বোরের পরমাণু মডেলের ব্যর্থতা (Limitations of Bohr's Atomic Model)

(i) বোরের পরমাণু তত্ত্ব কেবলমাত্র একটি ইলেকট্রনবিশিষ্ট পরমাণু বা আয়নের ক্ষেত্রে [H, He⁺, Li²⁺] প্রযোজ্য । বহু সংখ্যক ইলেকট্রনবিশিষ্ট পরমাণু বা আয়নের জন্য প্রযোজ্য নয় ।

(ii) বোরের পরমাণু তত্ত্ব থেকে পরমাণুর ত্রিমাত্রিক গঠনের কোন ধারণা পাওয়া যায় না ।

(iii) উচ্চমানের বর্ণালীবীক্ষণ যন্ত্রের সাহায্যে গৃহীত বর্ণালীর রেখাগুলির সূক্ষ্মতর গঠনের (fine structure) ব্যাখ্যা বোরের তত্ত্ব থেকে পাওয়া যায় না ।

(iv) বাহ্যিক চৌম্বকক্ষেত্র ও তড়িৎক্ষেত্রের উপস্থিতিতে বর্ণালীর রেখাসমূহের সূক্ষ্মতর বিভাজনের ঘটনা যথাক্রমে জীম্যান ক্রিয়া (Zeeman effect) ও স্টার্ক ক্রিয়া (Stark effect) নামে পরিচিত । বোরের তত্ত্ব এই ঘটনাদ্বয়ের ব্যাখ্যায় অসমর্থ।

(v) বোরের তত্ত্বে প্রাচীন নিউটোনিয়ান বলবিদ্যা (Newtonial or classical mechanics) ও কোয়ান্টাম বলবিদ্যা (quantum mechanics) উভয়ের প্রয়োগ করা হয় । সুতরাং বোরের পরমাণু মডেলের তাত্ত্বিক ভিত্তি সুদৃঢ় নয় ।

(vi) হাইজেনবার্গের অনিশ্চয়তা নীতি (Heisenberg's uncertainty principle) অনুসারে কোনো গতিশীল কণার অবস্থান ও গতিবেগ একই সঙ্গে নির্ভুলভাবে পরিমাপ করা সম্ভব নয় । অথচ বোরের তত্ত্ব থেকে কক্ষপথের ব্যাসার্ধ ও ওই কক্ষপথে আবর্তনরত ইলেকট্রনের বেগের সুনির্দিষ্ট পরিমাপ সম্ভব। অর্থাৎ, বোরের তত্ত্ব হাইজেনবার্গের অনিশ্চয়তা নীতির বিরোধী ।

(3) এক্স রশ্মি

(1) এক্স রশ্মির (X-ray) সংজ্ঞা :

সংজ্ঞা	তীব্র গতিবেগসম্পন্ন ইলেকট্রন উচ্চ গলনাঙ্কের কোনো কঠিন বস্তুতে আপতিত হলে উচ্চ ভেদনক্ষমতাযুক্ত এবং ক্ষুদ্রতর তরঙ্গদৈর্ঘ্যের ($\lambda = 0.01$ A to 10 A) যে অদৃশ্য তড়িৎচুম্বকীয় তরঙ্গ কঠিন বস্তু থেকে নির্গত হয়, তাকে এক্স-রশ্মি (x-ray) বলে ।
প্রকৃতি	এক্স-রশ্মি সাধারণ আলোর মতো তির্যক তড়িৎচুম্বকীয় তরঙ্গ (electromagnetic wave) । তবে এর তরঙ্গদৈর্ঘ্য আলোর তরঙ্গদৈর্ঘ্য অপেক্ষা কম।
ধর্ম	(i) x-রশ্মি তড়িৎগ্রস্ত কণা নয়; কারণ এক্স-রশ্মি তড়িৎক্ষেত্র বা চুম্বকক্ষেত্র দ্বারা তার গতিপথ থেকে বিচ্যুত হয় না । (ii) x-রশ্মি অদৃশ্য এবং কোনো বস্তুর ওপর পড়ে তাকে দৃশ্যমান করতে পারে না । (iii) x-রশ্মির গতিবেগ শূন্য মাধ্যমে 3×10^8 m s^{-1} (আলোর গতিবেগের সমান) কিন্তু তরঙ্গদৈর্ঘ্য আলোর তরঙ্গদৈর্ঘ্য অপেক্ষা কম । λ_{x-ray} = 0.01 A $-$ 10 A = 10^{-12} m $-$ 10^{-9} m (iv) x-রশ্মি গ্যাসকে আয়নিত করতে, ফোটোগ্রাফিক প্লেটের ওপর ক্রিয়া করতে পারে । (v) x-রশ্মি জীবন্ত কোশকে ধ্বংস করতে পারে ।

(2) এক্স রশ্মির ব্যবহার :

(a) চিকিৎসা ক্ষেত্রে : চিকিৎসাশাস্ত্রে দেহের অভ্যন্তরে কোনো অংশের চিত্র পাওয়ার জন্য বা রেডিও থেরাপিতে x-রশ্মি ব্যবহার করা হয়।এছাড়াও ক্যান্সার কোশ বিনিষ্ট করতে x-রশ্মি ব্যবহার করা হয়।

(b) শিল্পক্ষেত্রে : শিল্পক্ষেত্রে উৎপাদিত দ্রব্যে গঠনগত ত্রুটি অনুসন্ধানের জন্য x-রশ্মি ব্যবহার করা হয় ।

(c) বিজ্ঞানের গবেষণার ক্ষেত্রে : পরমাণুর গঠন বা কেলাসের গঠন সংক্রান্ত পরীক্ষায় x-রশ্মি ব্যবহার করা হয় ।

(d) গোয়েন্দা বিভাগে : শুল্ক বিভাগ ও গোয়েন্দা বিভাগে চোরা চালান বন্ধ করতে x-রশ্মি ব্যবহার করা হয় ।

● **x- রশ্মি ব্যবহারের ক্ষতিকর প্রভাব :** মানবদেহে বেশিক্ষণ x- রশ্মি পড়লে ক্ষতের সৃষ্টি হয় এবং রক্তে শ্বেতকণিকা নষ্ট হয়ে যায়।

(3) আলোক রশ্মি ও এক্স রশ্মির তুলনা :

সাদৃশ্য (similarties)

(a) আলোক রশ্মি ও x-রশ্মি উভয়েই তড়িৎচুম্বকীয় তরঙ্গ ।

(b) উভয় রশ্মিই সরল রেখায় গমন করে এবং শূন্য মাধ্যমে উভয়ের গতিবেগ 3×10^8 m s^{-1} ।

(c) আলোক রশ্মি ও x-রশ্মি উভয়েই তড়িৎক্ষেত্র বা চুম্বকক্ষেত্র দ্বারা বিক্ষিপ্ত হয় না এবং ফোটোগ্রাফিক প্লেটের ওপর ক্রিয়া করে ।

(d) আলোক রশ্মি ও x-রশ্মি উভয়েই অদৃশ্য এবং আলোকতড়িৎ ক্রিয়া প্রদর্শন করতে সক্ষম ।

বৈসাদৃশ্য (dissimilarties)

ভিত্তি	আলোক রশ্মি	x-রশ্মি

তরঙ্গদৈর্ঘ্য	সাধারণ আলোক রশ্মির তরঙ্গদৈর্ঘ্য X-রশ্মির তরঙ্গদৈর্ঘ্য অপেক্ষা বেশি।	X-রশ্মির তরঙ্গদৈর্ঘ্য আলোক রশ্মির তরঙ্গদৈর্ঘ্য অপেক্ষা অনেক কম।
দর্শন অনুভূতি	আলোক রশ্মি কোনো বস্তুকে দৃশ্যমান করে।	X-রশ্মি কোনো বস্তুকে দৃশ্যমান করে না।
ভেদন ক্ষমতা	আলোক রশ্মি অস্বচ্ছ বস্তুকে ভেদ করে যেতে পারে না।	X-রশ্মি অনেক অস্বচ্ছ বস্তুকে ভেদ করে যেতে পারে।
আয়নিত করার ক্ষমতা	আলোক রশ্মি গ্যাসকে আয়নিত করতে পারে না।	X-রশ্মি গ্যাসকে আয়নিত করতে পারে।

(৪) ক্যাথোড রশ্মি ও এক্স রশ্মির তুলনা :

সাদৃশ্য (similarties) :

(i) ক্যাথোড রশ্মি ও x-রশ্মি উভয়েই অদৃশ্য এবং সরলরেখায় গমন করে।
(ii) ক্যাথোড রশ্মি ও x-রশ্মি উভয়েই গ্যাসকে আয়নিত করতে পারে এবং ফোটগ্রাফিক প্লেটের ওপর ক্রিয়া করে।

বৈসাদৃশ্য (dissimilarties) :

ভিত্তি	ক্যাথোড রশ্মি	x-রশ্মি
প্রকৃতি	ক্যাথোড রশ্মি তীব্র বেগসম্পন্ন ইলেকট্রন কণার স্রোত।	x-রশ্মি ক্ষুদ্র তরঙ্গদৈর্ঘ্যবিশিষ্ট তড়িৎচুম্বকীয় তরঙ্গ।
তড়িৎ বা চৌম্বক ক্ষেত্রের প্রভাব	ক্যাথোড রশ্মি বাহ্যিক তড়িৎক্ষেত্র বা চুম্বকক্ষেত্র দ্বারা বিক্ষিপ্ত হয়।	x-রশ্মি বাহ্যিক তড়িৎক্ষেত্র বা চুম্বকক্ষেত্র দ্বারা বিক্ষিপ্ত হয় না।
গতিবেগ	শূন্য মাধ্যমে ক্যাথোড রশ্মির বেগ আলোর বেগ অপেক্ষা কম।	শূন্য মাধ্যমে x-রশ্মির বেগ আলোর বেগের সমান।

(৫) গামা রশ্মি ও এক্স রশ্মির তুলনা :

বিষয়	x-রশ্মি	গামা রশ্মি
উৎপত্তির স্থান	x-রশ্মি পরমাণুর অভ্যন্তর কিন্তু নিউক্লিয়াসের বাইরে থেকে নির্গত হয়।	গামা রশ্মি তেজক্রিয় মৌলের নিউক্লিয়াস থেকে নির্গত হয়।
তরঙ্গদৈর্ঘ্য	x-রশ্মির তরঙ্গদৈর্ঘ্য গামা রশ্মির তরঙ্গদৈর্ঘ্য অপেক্ষা বেশি।	গামা রশ্মির তরঙ্গদৈর্ঘ্য x-রশ্মির তরঙ্গদৈর্ঘ্য অপেক্ষা কম।
ভেদন ক্ষমতা	x-রশ্মির ভেদনক্ষমতা গামা রশ্মির ভেদনক্ষমতা অপেক্ষা কম।	গামা রশ্মির ভেদনক্ষমতা x-রশ্মির ভেদনক্ষমতা অপেক্ষা বেশি।

(৬) এক্স রশ্মির উৎপাদন (Production of X-ray)

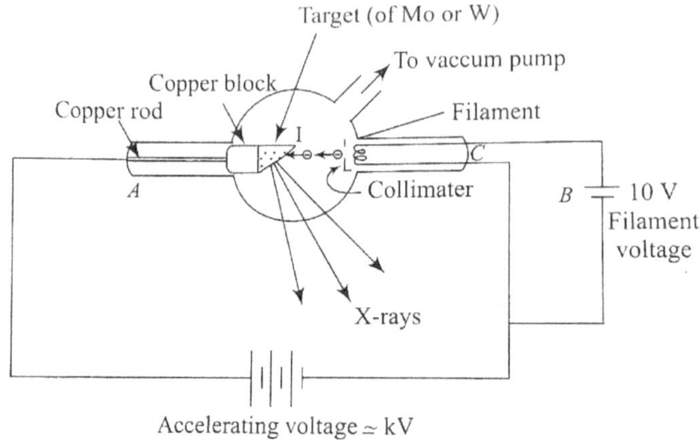

x-রশ্মি উৎপাদন করা হয় কুলিজ নলে (Coolidge X ray tube) । এই নলে প্রায় বায়ুশূন্য (বা **10 mm** পারদ চাপে বায়ুপূর্ণ) কাঁচের গোলকের মধ্যে দুটি পার্শ্বনল দিয়ে সরু টাংস্টেনের তার দিয়ে তৈরি ক্যাথোড এবং অনুভূমিকের সঙ্গে **45°** কোণে আনত টাংস্টেন পাত দিয়ে তৈরি অ্যানোড প্রবেশ করান থাকে ।

নিম্নবিভব উৎসের সাহায্যে তড়িৎপ্রবাহ পাঠিয়ে ক্যাথোড ফিলামেন্টটিকে উত্তপ্ত (**2000°C** উষ্ণতা) করলে তা থেকে উচ্চবেগসম্পন্ন ইলেকট্রন নির্গত হয় । উচ্চবিভবের dc সরবরাহের সাহায্যে বিভব প্রয়োগ করলে নিঃসৃত ইলেকট্রন অ্যানোড দ্বারা আকৃষ্ট হয় ও তার ওপর আপতিত হয় । (বাধাপ্রাপ্ত ইলেকট্রনের হ্রাসপ্রাপ্ত গতিশক্তির কিছু অংশ x-রশ্মি হিসেবে নির্গত হয়) ফিলামেন্টটিকে ঘিরে একটি মলিবডিনামের নল রাখা হয় যা ঋণাত্মক বিভবে থাকার ফলে ক্যাথোড থেকে নির্গত ইলেকট্রনগুলি অ্যানোডে কেন্দ্রীভূত হয় ।

বিকিরন পাখা বা টার্গেটের (অ্যানোডের) চারদিকে জলের প্রবাহ পাঠিয়ে ইলেকট্রনের আঘাতে অ্যানোডে উৎপন্ন তাপ অপসারিত করা হয় ।

অ্যানোড ও ক্যাথোডের মধ্যে প্রযুক্ত বিভবপ্রভেদ এবং প্রবাহমাত্রা নিয়ন্ত্রণ করে ভিন্ন ভেদনক্ষমতাসম্পন্ন x-রশ্মি উৎপাদন করা হয় ।

(7) উৎপন্ন X-রশ্মির তরঙ্গদৈর্ঘ্যের সঙ্গে তীব্রতার পরিবর্তন [Variation Of Intensity With Wavelength Of X-Ray]

উৎস থেকে নির্গত x-রশ্মির তরঙ্গদৈর্ঘ্য একটি ন্যূনতম মান থেকে একটি সসীম মান পর্যন্ত বিস্তৃত থাকে । কিন্তু বিভিন্ন তরঙ্গদৈর্ঘ্যের x-রশ্মির তীব্রতা বিভিন্ন হয় ।

বিভিন্ন তরঙ্গদৈর্ঘ্যের রশ্মির তীব্রতা দুভাবে পরিমাপ করা যায় :

(i) x-রশ্মি ফটোগ্রাফিক প্লেটকে কৃষ্ণায়িত করে । প্লেটের কৃষ্ণতার পরিমাণ আপতিত x-রশ্মির তীব্রতার উপর নির্ভর করে ।

(ii) x-রশ্মি গ্যাসকে আয়নিত করে । আয়নন ক্ষমতা আপতিত x-রশ্মির তীব্রতার উপর নির্ভর করে । তাই এই x-রশ্মির আয়নন ক্ষমতা নির্ণয় করেও এর তীব্রতা পরিমাপ করা যায় ।

কোনো একটি নির্দিষ্ট লক্ষ্যবস্তু থেকে নির্গত বিভিন্ন তরঙ্গদৈর্ঘ্যের x-রশ্মির তীব্রতাবন্টন লেখচিত্র নিম্নরূপ -

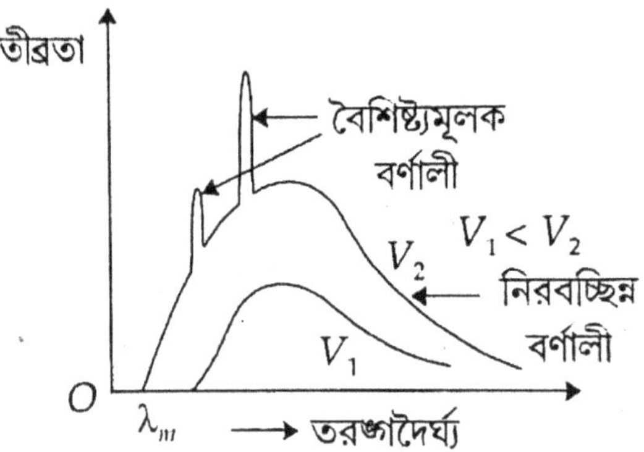

লেখচিত্রে নিম্নলিখিত বিষয়গুলি লক্ষ করা যায় :

(i) x-রশ্মির উৎপাদনকালে নির্দিষ্ট বিভবপ্রভেদে নির্গত x-রশ্মির তরঙ্গদৈর্ঘ্য একটি ন্যূনতম মান থেকে একটি সসীম মান পর্যন্ত বিস্তৃত থাকে। [x-রশ্মির এই ন্যূনতম তরঙ্গদৈর্ঘ্যকে x-রশ্মির ছেদক তরঙ্গদৈর্ঘ্য (cut off wavelength) বলে ।]

(ii) x-রশ্মির ছেদক তরঙ্গদৈর্ঘ্যের মান ইলেকট্রনকে তরান্বিত করার জন্য প্রযুক্ত বিভবপ্রভেদের ওপর নির্ভর করে [বিভবপ্রভেদের মান বৃদ্ধিতে ছেদক তরঙ্গদৈর্ঘ্যের মান হ্রাস পায়] কিন্তু লক্ষ্যবস্তুর ধাতুর প্রকৃতির ওপর নির্ভর করে না ।

(iii) x-রশ্মি উৎপাদনকালে কোনো একটি নির্দিষ্ট লক্ষ্যবস্তুর জন্য প্রযুক্ত অ্যানোড ভোল্টেজের মান নিম্নতর হলে তরঙ্গদৈর্ঘ্য বৃদ্ধির সঙ্গে x-রশ্মির তীব্রতা নিরবিচ্ছিন্নভাবে বৃদ্ধি পেয়ে সর্বোচ্চ মানে পৌছায়; তারপর দীর্ঘতর তরঙ্গদৈর্ঘ্যের তীব্রতা হ্রাস পায়, [এই বর্ণালীকে নিরবিচ্ছিন্ন বর্ণালী বলে । নিরবিচ্ছিন্ন বর্ণালীর জন্য দায়ী x-রশ্মিকে নিরবিচ্ছিন্ন x-রশ্মি (continuous x-ray) বলে ।]

(iv) x-রশ্মি উৎপাদনকালে কোনো একটি নির্দিষ্ট লক্ষ্যবস্তুর জন্য প্রযুক্ত অ্যানোড ভোল্টেজের মান একটি নির্দিষ্ট মান (যা লক্ষ্যবস্তুর উপর নির্ভর করে) অপেক্ষা বেশি হলে নিরবিচ্ছিন্ন লেখচিত্রের সঙ্গে কতকগুলি সুতীক্ষ্ম চূড়া লক্ষ করা যায় । [এই ধরনের বর্ণালীকে বৈশিষ্ট্যমূলক x-রশ্মি বর্ণালী বলে । বৈশিষ্ট্যমূলক x-রশ্মি বর্ণালীর জন্য দায়ী x-রশ্মিকে বৈশিষ্ট্যমূলক x-রশ্মি (characteristics x-rays) বলে ।] তীক্ষ্ম চূড়াগুলির তরঙ্গদৈর্ঘ্যের মান বিভবপ্রভেদের পরিবর্তনের সঙ্গে নির্ভর করে না ।

● 35 keV শক্তিসম্পন্ন ইলেকট্রন কোন মলিবডিনাম লক্ষ্যবস্তুতে আপতিত হলে তা থেকে নির্গত বিভিন্ন তরঙ্গদৈর্ঘ্যের x-রশ্মির তীব্রতাবন্টন লেখচিত্র নিম্নরূপ -

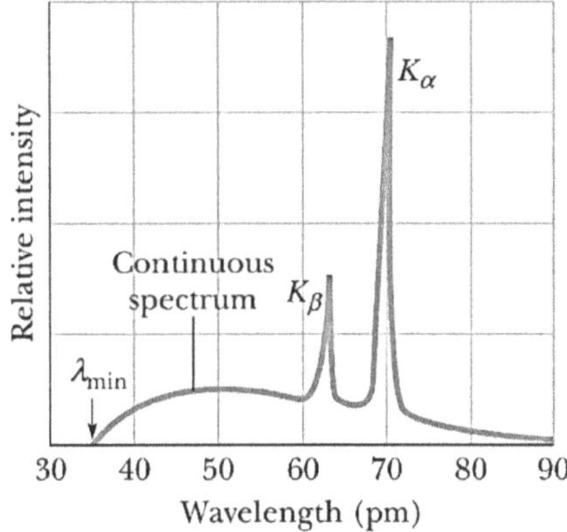

(8)   এক্স-রশ্মি উৎপত্তির কারণ [Origin Of Continuous X-Ray]

প্রযুক্ত অ্যানোড ভোল্টেজের মান একটি নির্দিষ্ট মান অপেক্ষা বেশি হলে নিরবিচ্ছিন্ন x-রশ্মি এবং বৈশিষ্ট্যমূলক x-রশ্মি একই সঙ্গে নির্গত হয় । যদিও নিরবিচ্ছিন্ন x-রশ্মি মূলত লক্ষ্যবস্তুর ওপর আপতিত ইলেকট্রনের মন্দনজনিত বিকিরন থেকে সৃষ্ট । অন্যদিকে বৈশিষ্ট্যমূলক x-রশ্মি লক্ষ্যবস্তুর পরমাণুর বিভিন্ন কক্ষপথ থেকে ইলেকট্রনের স্থানান্তরের ফলে সৃষ্ট ।

নিরবিচ্ছিন্ন এক্স রশ্মি উৎপাদনের কারণ	Projectile electron · X-ray photon	উচ্চ গতিশক্তিসম্পন্ন একটি ইলেকট্রন লক্ষ্যবস্তুর একটি পরমাণুর সঙ্গে সংঘর্ষ ঘটালে সংঘর্ষস্থল থেকে ইলেকট্রনের হ্রাসপ্রাপ্ত শক্তির সমান শক্তিসম্পন্ন একটি এক্স-রশ্মি ফোটন নির্গত হয় । (এখানে সংঘর্ষের ফলে পরমাণুতে যে শক্তির পরিবর্তন হয় তা উপেক্ষণীয়) এই সংঘর্ষের পর ইলেকট্রনের গতিশক্তি হ্রাস পায়। এখন এই ইলেকট্রন অপর কোনো পরমাণুর সঙ্গে সংঘর্ষ ঘটালে ভিন্ন শক্তিসম্পন্ন এক্স-রশ্মি ফোটন নির্গত হয় । এইভাবে ইলেকট্রনের গতিবেগ শূন্য না হওয়া পর্যন্ত বিভিন্ন শক্তিসম্পন্ন এক্স-রশ্মি ফোটন নির্গত হয় যা নিরবিচ্ছিন্ন বর্ণালী গঠন করে । বাস্তবে অসংখ্য ইলেকট্রন বা ইলেকট্রন স্রোত দিয়ে লক্ষ্যবস্তুকে আঘাত করায় সম্পূর্ণ নিরবিচ্ছিন্ন এক্স-রশ্মি বর্ণালী গঠিত হয় ।
বৈশিষ্ট্যমূলক এক্স রশ্মি উৎপাদনের কারণ		x-রশ্মি উৎপাদনকালে লক্ষ্যবস্তুর ওপর আপতিত ইলেকট্রনের গতিশক্তি পরমাণুর কেন্দ্রের নিকটবর্তী কোনো কক্ষপথের ইলেকট্রনের বন্ধন শক্তি অপেক্ষা বেশি হলে কক্ষীয় ইলেকট্রন আপতিত ইলেকট্রনের শক্তি গ্রহন করে পরমাণু থেকে বিচ্ছিন্ন হয়। এখন উচ্চতর শক্তিস্তরের কোনো ইলেকট্রন

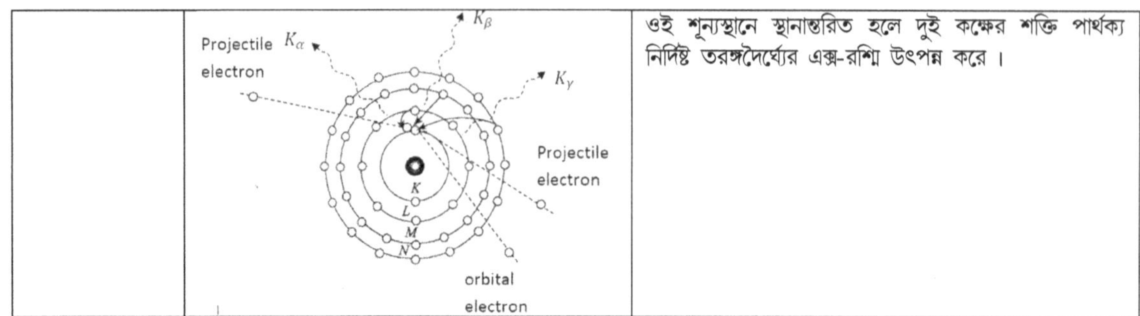

ওই শূন্যস্থানে স্থানান্তরিত হলে দুই কক্ষের শক্তি পার্থক্য নির্দিষ্ট তরঙ্গদৈর্ঘ্যের এক্স-রশ্মি উৎপন্ন করে।

(9) এক্স-রশ্মি বর্ণালী রেখা

নিচে এক্স-রশ্মি রেখার উৎপত্তির শক্তিস্তর চিত্র (**energy level diagram**) দেখানো হয়েছে -

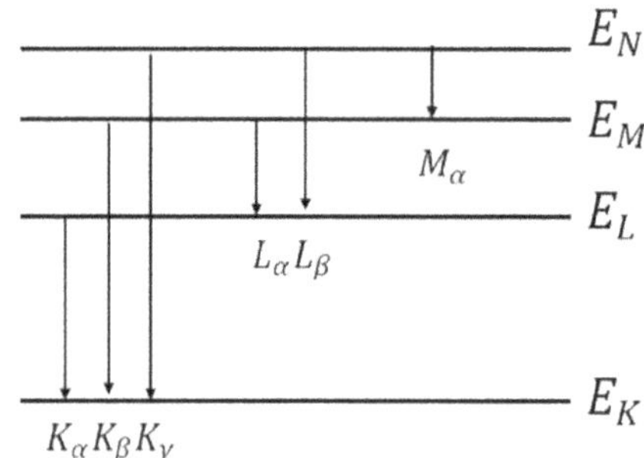

সাধারনত একটি বিশেষ লক্ষ্যবস্তুর ক্ষেত্রে একাধিক এক্স-রশ্মি বর্ণালী রেখা দেখা যায়; এদের তরঙ্গদৈর্ঘ্য বিভিন্ন।

L (n = 2), M (n = 3), N (n = 4) প্রভৃতি বিভিন্ন কক্ষপথ থেকে K কক্ষপথে ইলেকট্রনের সংক্রামণের ফলে যে বর্ণালীরেখা উৎপন্ন হয় তাদের K শ্রেণির রেখা (যথাক্রমে K_α, K_β, K_γ) বলা হয়।

[Note : $\lambda_{K_\alpha} > \lambda_{K_\beta} > \lambda_{K_\gamma}$] [$\lambda \downarrow = \dfrac{hc}{\Delta E \uparrow}$]

একইভাবে M (n = 3), N (n = 4) O (n = 5) প্রভৃতি বিভিন্ন কক্ষপথ থেকে L কক্ষপথে ইলেকট্রনের সংক্রামণের ফলে যে বর্ণালীরেখা উৎপন্ন হয় তাদের L শ্রেণির রেখা (যথাক্রমে L_α, L_β L_γ) বলা হয়।

[Note : $\lambda_{L_\alpha} > \lambda_{L_\beta} > \lambda_{L_\gamma}$]

এইভাবে বিভিন্ন শ্রেণির রেখার উৎপত্তি নিচের চিত্রে দেখানো হয়েছে। এই জাতীয় চিত্রকে **কোসেল চিত্র** (Kossel Diagram) বলে।

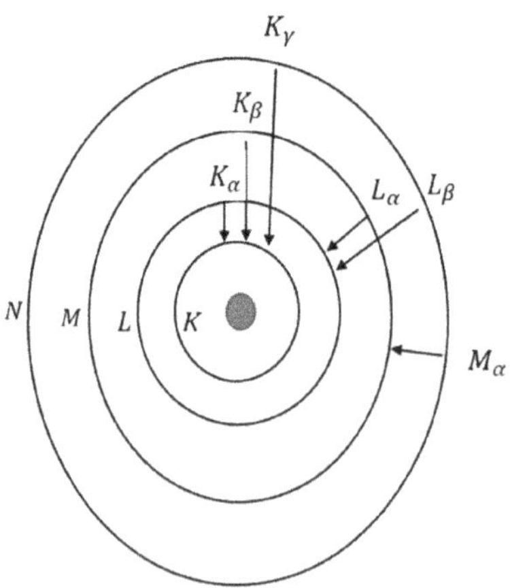

বৈশিষ্ট্যপূর্ণ এক্স-রশ্মি তরঙ্গদৈর্ঘ্য অর্থাৎ যে তরঙ্গদৈর্ঘ্যে চূড়াগুলির সৃষ্টি হয় তা লক্ষ্যবস্তুর পারমাণবিক সংখ্যার (atomic number) ওপর নির্ভর করে। অর্থাৎ এটি লক্ষ্যবস্তুর পরমাণুর বৈশিষ্ট্য সূচিত করে, তাই এই ধরনের এক্স-রশ্মিকে বৈশিষ্ট্যপূর্ণ এক্স-রশ্মি বলে।

(10) এক্স-রশ্মির ছেদক তরঙ্গদৈর্ঘ্য (Cut Off Wavelength) :

● **সংজ্ঞা :** x-রশ্মি উৎপাদনকালে নির্দিষ্ট বিভবপ্রভেদে নির্গত x-রশ্মির তরঙ্গদৈর্ঘ্যের সর্বনিম্ন মানকে এক্স-রশ্মির ছেদক তরঙ্গদৈর্ঘ্য (cut off wavelength) বলে ।

● **রাশিমালা :** $\lambda_{min} = \dfrac{h\,c}{e\,\Delta V}$

এখন h = প্লাঙ্কের ধ্রুবক = 6.625×10^{-34} J-s

$\qquad$ e = 1.6×10^{-19} C

$\qquad$ c = শূন্য মাধ্যমে আলোর বেগ

$\qquad$ = 3×10^{8} m s^{-1} হলে এবং বিভবপ্রভেদ ΔV কে volt এককে প্রকাশ করলে, $\lambda_{min} = \dfrac{1.2422 \times 10^{-6}}{\Delta V}$ m = $\dfrac{12422}{\Delta V}$ A

● **নির্ভরতা :** নিরবিচ্ছিন্ন এক্স-রশ্মির ছেদক তরঙ্গদৈর্ঘ্যের মান কেবলমাত্র ইলেকট্রনকে তরান্বিত করার জন্য প্রযুক্ত বিভবপ্রভেদের ওপর নির্ভর করে । লক্ষ্যবস্তুর পদার্থের প্রকৃতির ওপর নির্ভর করে না।

(11) মোজলের সূত্র (Moseley's Law) :

● পরীক্ষালব্ধ ফলাফল থেকে বিজ্ঞানী মোজলে কোনো একটি বিশেষ বর্ণালী রেখার কম্পাঙ্ক ν এবং যে সকল মৌল ওই বর্ণালী রেখা উৎপন্ন করে তাদের পারমাণবিক সংখ্যা Z এর মধ্যে একটি সরল সম্পর্ক প্রতিষ্ঠা করেন - যা মোজলের সূত্র নামে পরিচিত।

● **বিবৃতি :** কোনো মৌলের বৈশিষ্ট্যমূলক x-রশ্মি বর্ণালীর একটি চূড়ার কম্পাঙ্কের বর্গমূল মৌলটির পারমাণবিক সংখ্যার সমানুপাতিক । Z পারমাণবিক সংখ্যাবিশিষ্ট কোনো মৌলের K_α রেখার কম্পাঙ্ক যদি ν হয় তাহলে মোজলের সূত্রানুসারে, $\sqrt{\nu} \propto Z$
গণিতের ভাষায় এই সূত্রটিকে নিম্নলিখিত ভাবে প্রকাশ করা যায়, $\sqrt{\nu} = a\,(\,Z - b\,)$ (যেখানে a ও b বিশেষ কোনো শ্রেণির ক্ষেত্রে ধ্রুবক)

● **লেখচিত্রের সাহায্যে প্রকাশ :** K_α (n = 2 → n = 1) এবং K_β (n = 3 → n = 1) রেখার জন্য মোজলে চিত্র (Moseley diagram) দেখানো হয়েছে -

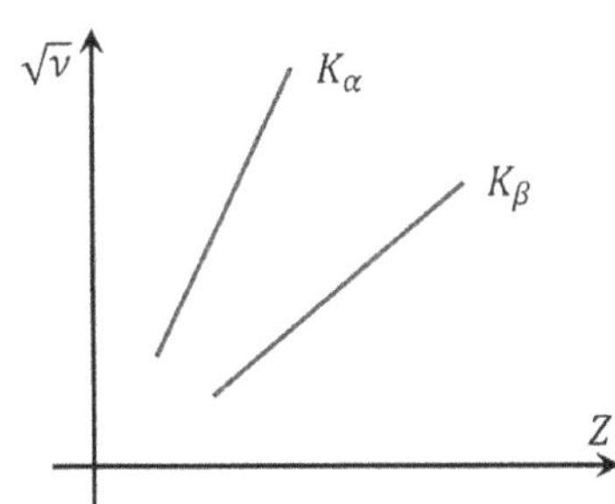

● **মোজলের সূত্রের গুরুত্ব :**

(i) মোজলের সূত্র থেকে প্রথম জানা যায়, কোনো পরমাণুর বৈশিষ্ট্য বা ধর্ম তার পারমাণবিক সংখ্যার ওপর নির্ভর করে ।

(ii) যেহেতু মৌলের ধর্মের ক্ষেত্রে পারমাণবিক সংখ্যা বেশি গুরুত্বপূর্ণ তাই পর্যায় সারণিতে মৌলগুলিকে পারমাণবিক সংখ্যার ভিত্তিতে পর্যায়ক্রমে সাজানোই যুক্তিযুক্ত । মোজলের সূত্রের ওপর ভিত্তি করেই আধুনিক পর্যায় সারণি গঠিত হয়েছে ।

(iii) এই সূত্রের সাহায্যে আর্গন, কোবাল্ট, টেল্লুরিয়াম ও থোরিয়াম মৌলগুলির পর্যায় সারণিতে অবস্থানগত সমস্যা দূর হয়েছে ।

(iv) এই সূত্রের সাহায্যে ল্যান্থানাইড মৌলগুলির পর্যায় সারণিতে সঠিক অবস্থানে বসানো হয়েছে, ইউরেনিয়ামোত্তর মৌলগুলিকে শনাক্ত করা সম্ভব হয়েছে, অনেক অনাবিষ্কৃত মৌল সম্পর্কে ধারণা করা হয়েছিল যা পরবর্তিকালে আবিষ্কৃত হয়েছে।

অনুশীলনী || পারমাণবিক পদার্থবিজ্ঞান

(1) পরমাণুর ভর

(1) পরমাণু বিজ্ঞানে ব্যবহৃত ভরের এককটির নাম লেখো। এর সংজ্ঞা দাও। [1+1]

(2) সংহত পারমাণবিক ভর এককের সঙ্গে ভরের SI এককের সম্পর্কটি নির্ণয় করো। (2)

(3) পরমাণু বিজ্ঞানে ব্যবহৃত শক্তির এককটির নাম লেখো। জুলের সঙ্গে এর সম্পর্কটি লেখো। [1+1]

(4) 1 ইলেকট্রন ভোল্ট (eV) বলতে কী বোঝ ? [1]

(5) ভর ও শক্তির তুল্যতা সম্পর্কিত আইনস্টাইনের সমীকরণটি লেখো। (2)

(6) ভর-শক্তির তুল্যতার পরিপ্রেক্ষিতে ভর-শক্তির নিত্যতা সূত্রটি বিবৃত করো। (2)

(7) 1 g ভরে থাকা শক্তির পরিমাণ নির্ণয় করো। (2) অথবা, 5 mg ভরের সমতুল্য শক্তির পরিমাণ জুল এককে প্রকাশ করো।

(8) 1 u এর তুল্যশক্তি MeV এককে নির্ণয় করো। [2]

(9) আইসোটোপ কাকে বলে ? এদের রাসায়নিক ধর্ম একই রকম হয় কেন ? [1+1]

(10) তেজস্ক্রিয় আইসোটোপের কয়েকটি ব্যবহার লেখো। (2)

(11) আইসোবার কাকে বলে ? এদের রাসায়নিক ধর্ম কী একই হয়? (2)

(12) আইসোটোন কী ? একটি উদাহরণ দাও। (1)

(13) পারমাণবিক ভর কাকে বলে ? ভরসংখ্যার সঙ্গে এর সম্পর্ক কী ? (2)

(14) আপেক্ষিক পারমাণবিক ভর কাকে বলে ? পারমাণবিক ভরের সঙ্গে এর পার্থক্য লেখো। (2)

(15) মৌলের গড় পারমাণবিক ভর বলতে কীবোঝ ? (2)

(16) আণবিক ভর ও আপেক্ষিক আণবিক ভর কাকে বলে ? (2)

(17) সংকেত ভর কাকে বলে ? এর প্রয়োজনীয়তা লেখো। (2)

(2) পরমাণু মডেল

(1) রাদারফোর্ডের পরমাণু মডেলের স্বীকার্যগুলি লেখো। (2)

(2) রাদারফোর্ডের পরমাণু মডেলের ত্রুটিগুলি লেখো। (2)

(3) সান্নিধ্যের নিকটবর্তী দূরত্ব বলতে কী বোঝ ? এর রাশিমালা নির্ণয় করো। (2)

(4) 5.5 MeV এর গতিশক্তি বিশিষ্ট একটি α কণাকে নিউক্লিয়াসের ($Z = 79$) দিকে নিক্ষেপ করা হল। সান্নিধ্যের নিকটবর্তী দূরত্বের গণনা করো। (2) [XII – 2022]

(5) হাইড্রোজেন পরমাণুর জন্য বোরের স্বীকার্যগুলি বিবৃত কর । [3]
অথবা, হাইড্রোজেন পরমাণুতে ইলেকট্রনের কৌণিক ভরবেগ সংক্রান্ত বোরের কোয়ান্টাম শর্তটি কী ? [1]
অথবা, বোরের যে তত্ত্বটি দ্য ব্রয় প্রকল্প থেকে নির্ণয় করা যায় সেটি লেখো।
অথবা, বোরের কম্পাঙ্ক শর্তটি লেখো।(1)

(6) ডি ব্রগলি প্রকল্প থেকে বোরের কোয়ান্টাম শর্তটি প্রতিপন্ন করো। [2]

(7) একটি বোর পরমাণুর তম কক্ষে কতগুলি ডি-ব্রগলি তরঙ্গদৈর্ঘ্য থাকবে? (2)

(৪) একটি হাইড্রোজেন পরমাণুর ইলেকট্রন তৃতীয় কক্ষপথে আবর্তনরত । এর কৌণিক ভরবেগে নির্ণয় করো। (1)

অথবা, পরমাণুর তৃতীয় কক্ষে অবস্থিত একটি ইলেকট্রনের কৌণিক ভরবেগে কত ?

(৯) বোরের তত্ত্ব থেকে হাইড্রোজেনের n তম কক্ষপথের ব্যাসার্ধ নির্ণয় করো ।[2]

অথবা, হাইড্রোজেন পরমাণু সংক্রান্ত বোরের তত্ত্বের সাহায্যে দেখাও যে, কক্ষপথের ব্যাসার্ধ n^2 হারে বৃদ্ধি পায় । যেখানে, $n =$ ইলেকট্রনের মুখ্য কোয়ান্টাম সংখ্যা ।

অথবা, বোরের তত্ত্ব ব্যবহার করে হাইড্রোজেন পরমাণুতে n কক্ষপথে অবস্থিত ইলেকট্রনের ব্যাসার্ধের রাশিমাল নির্ণয় করো । (2)

(১০) SI তে বোরের ব্যাসার্ধের মান নির্ণয় করো। (2)

(১১) একটি হাইড্রোজেন পরমাণুর আনুমানিক ব্যাস কত ?

(১২) হাইড্রোজেন পরমাণুতে ইলেকট্রনের চতুর্থ কক্ষের ব্যাসার্ধ দ্বিতীয় কক্ষের ব্যাসার্ধের কত গুণ ? (1)

(১৩) হাইড্রোজেন পরমাণুর ভূমিস্তরে থাকা ইলেকট্রনের ক্ষেত্রফল A, দ্বিতীয় উত্তেজিত স্তরে ইলেকট্রনের কক্ষপথের ক্ষেত্রফল কত ?

(১৪) হাউড্রোজেন অনুরূপ পরমাণুর ক্ষেত্রে n তম কক্ষপথে ইলেকট্রনের গতিবেগ নির্ণয় করো।

(১৫) দেখাও যে, He^+ আয়নের দ্বিতীয় কক্ষের ইলেকট্রনের গতিবেগ হাইড্রোজেন পরমাণুর প্রথম কক্ষের ইলেকট্রনের গতিবেগের সমান। (2)

(১৬) একটি হাইড্রোজেন পরমাণুর ক্ষেত্রে তম কক্ষপথে ইলেকট্রনের কক্ষীয় কম্পাঙ্ক নির্ণয় করো।

(১৭) বোরের তত্ত্ব থেকে হাইড্রোজেনের n তম কক্ষপথের মোট শক্তি নির্ণয় করো ।[3]

অথবা, হাইড্রোজেন পরমাণু সংক্রান্ত বোরের তত্ত্বের সাহায্যে দেখাও যে, ইলেকট্রনের মোট শক্তি $\frac{1}{n^2}$ হারে বৃদ্ধি পায় । যেখানে, $n =$ ইলেকট্রনের মুখ্য কোয়ান্টাম সংখ্যা ।(2)

অথবা, বোর তত্ত্বের ওপর ভিত্তি করে হাইড্রোজেন পরমাণুর n-তম কক্ষপথে ইলেকট্রনের গতিশক্তি, স্থিতিশক্তি ও মোট শক্তি নির্ণয় করো।[3]

(১৮) হাইড্রোজেন পরমাণুর কক্ষপথে একটি ইলেকট্রনের ঋণাত্মক শক্তির তাৎপর্য কী ? (1)

(১৯) মুখ্য কোয়ান্টাম সংখ্যার সঙ্গে হাইড্রোজেন পরমাণুর শক্তিস্তর কীভাবে পরিবর্তিত হয় ? [1]

(২০) হাইড্রোজেন পরমাণুর কোনো একটি শক্তিস্তরে ইলেকট্রনের মোট শক্তি -1.51 eV । ওই শক্তিস্তরের মুখ্য কোয়ান্টাম সংখ্যার মান কত ?

(২১) একটি উত্তেজিত হাইড্রোজেন পরমাণুর শক্তি -1.51 eV। বোরের তত্ত্বানুসারে ইলেকট্রনের কৌণিক ভরবেগে নির্ণয় করো।

(২২) হাইড্রোজেন পরমাণুতে ইলেকট্রনের চতুর্থ কক্ষের শক্তি দ্বিতীয় কক্ষের শক্তির কত গুণ ? (2)

(২৩) হাইড্রোজেন পরমাণুর n তম কোয়ান্টাম স্তরে গতিশক্তি ও মোট শক্তির অনুপাত কত ? (1) [Ans : 1:1]

(২৪) হাইড্রোজেন পরমাণুর ভৌমস্তরে ইলেকট্রনের মোট শক্তি -13.6 eV । ইলেকট্রনটির গতিশক্তি ও স্থিতিশক্তি কত ?

অথবা, একটি হাইড্রোজেন পরমাণুর ভূমিদশায় শক্তির পরিমাণ -13.6 eV। এই শক্তি স্তরে ইলেকট্রনটির গতিশক্তি ও স্থিতিশক্তি কত ? (2)

(২৫) হাইড্রোজেন সদৃশ একটি পরমাণুতে একটি ইলেকট্রনের উদ্দীপিত স্তরে আছে ; এর মোট শক্তি -3.4 eV । ইলেকট্রনটির গতিশক্তি কত ? (1)

(২৬) হাইড্রোজেনের ভৌম শক্তিস্তরে ইলেট্রনের মোট শক্তি -13.6 eV । প্রথম উত্তেজিত শক্তিস্তরে ইলেকট্রনটি গতিশক্তি কত হবে ? (2)

(২৭) He^+ আয়নের দ্বিতীয় কক্ষের মোট শক্তি নির্ণয় করো।

(২৮) দেখাও যে, He^+ আয়নের প্রথম উদ্দীপিত অবস্থায় শক্তি হাইড্রোজেন পরমাণুর নিম্নতর অবস্থার শক্তির সমান ।(2)

(২৯) উত্তেজন শক্তি কাকে বলে ?

(৩০) একটি হাইড্রোজেন পরমাণুর প্রথম উত্তেজন শক্তি নির্ণয় করো।

অথবা, একটি হাইড্রোজেন পরমাণুর ভূমিদশায় শক্তির পরিমাণ -13.6 eV । একটি ইলেকট্রনকে এই দশা থেকে প্রথম উদ্দীপিত কক্ষে নিয়ে যেতে কতটা শক্তির প্রয়োজন ? (2)

(৩১) আয়নাইজেশন শক্তি কাকে বলে ? হাইড্রোজেন পরমাণুর ক্ষেত্রে এর মান নির্ণয় করো । (2)

(৩২) হাইড্রোজেন পরমাণুর ইলেকট্রনটি (1) দ্বিতীয় অনুমোদিত শক্তিস্তর থেকে প্রথম স্তর এবং (2) সর্বোচ্চ অনুমোদিত শক্তিস্তর থেকে প্রথম স্তরে সংক্রমণ ঘটালে যে ফোটনগুলি নিঃসৃত হয়, তাদের শক্তির অনুপাত নির্ণয় করো । [3]

(৩৩) হাইড্রোজেন পরমাণুর ইলেকট্রনটি উচ্চ শক্তিস্তর n_i থেকে নিম্ন শক্তিস্তর n_f এ সংক্রমণ ঘটলে, বোর তত্ত্বানুসারে নিঃসৃত বিকিরণের কম্পাঙ্কের রাশিমালাটি নির্ণয় করো ।
ইলেকট্রন যখন $n_i = 4$ থেকে $n_f = 3, 2$ এবং 1 এ সংক্রমণ ঘটায়, নিঃসৃত রেখাগুলি বর্ণালীর কোন শ্রেণিতে থাকবে ? [3]

(34) হাইড্রোজেন পরমাণুর n স্তর থেকে (n − 1) স্তরে আসার সময় যে বিকিরণ পাওয়া যায় তার কম্পাঙ্কের একটি ব্যঞ্জক নির্ণয় করো। (2)

(35) হাইড্রোজেন অনুরূপ পরমাণুর ক্ষেত্রে উচ্চতর শক্তির কোনো কক্ষ পথ থেকে নিম্নতর শক্তির কক্ষপথে ইলেকট্রন স্থানান্তরিত হলে নিঃসৃত বিকিরণের তরঙ্গসংখ্যা নির্ণয় করো। (2)

(36) হাইড্রোজেন পরমাণুর ইলেকট্রন n = 3 কক্ষ থেকে n = 2 কক্ষে ঝাঁপ দিলে নিঃসৃত ফোটনের তরঙ্গদৈর্ঘ্য কত হবে ? এটি কি দৃশ্যমান আলোর ফোটন ? রিডবার্গ ধ্রুবক $R = 1.10 \times 10^7$ m^{-1} (2)

(37) হাইড্রোজেন বর্ণালির কোন্ শ্রেণি দৃশ্যমান ? [1]

(38) হাইড্রোজেনের ল্যাইম্যান শ্রেণির সর্বোচ্চ ও সর্বনিম্ন তরঙ্গদৈর্ঘ্যের মান নির্ণয় করো। (2)

(39) হাইড্রোজেন পরমাণুতে একটি ইলেকট্রন আছে অথচ তার বর্ণালিতে অনেকগুলি রেখা রয়েছে - ব্যাখ্যা করো। [2]

(40) একটি হাইড্রোজেন পরমাণুর ইলেকট্রনকে n তম স্তরে উদ্দীপিত করা হয়েছে। ভূমিস্তরে যাওয়ার জন্য এই পরমাণু থেকে কতগুলি সম্ভাব্য বর্ণালিরেখা বের হতে পারে ? (2)

(41) নিম্নে একটি পরমাণুর শক্তিস্তরগুলি দেখানো হল।

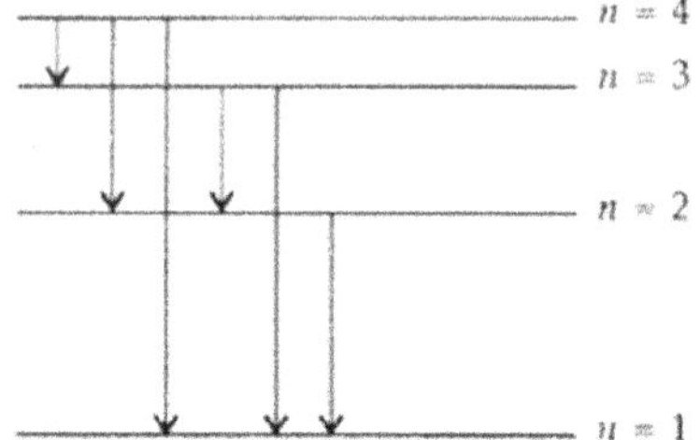

নিম্নের কোন্ সংক্রমণের ক্ষেত্রে নিঃসৃত ফোটনের তরঙ্গদৈর্ঘ্য হবে 496 nm? কোন্ সংক্রমণটি সর্বোচ্চ তরঙ্গদৈর্ঘ্যের বিকিরণ নির্দেশ করে ?

(42) বোরের তত্ত্বের দুটি ত্রুটি উল্লেখ করো।[2]

(3) এক্স রশ্মি

Subjective Questions

(1) x-রশ্মি কী ? এর তরঙ্গদৈর্ঘ্যের পাল্লা উল্লেখ করো।(2)

(2) x-রশ্মি ও দৃশ্যমান আলোকরশ্মির মধ্যে কার শক্তি বেশি ও কেন ? (2)

(3) এক্সরশ্মির কম্পাঙ্কের পাল্লা উল্লেখ করো। গামা রশ্মির সঙ্গে এর পার্থক্য কী ? (2)

(4) x-রশ্মির তিনটি ধর্ম উল্লেখ করো। (2)

(5) x-রশ্মির সঙ্গে ক্যাথোড রশ্মির পার্থক্য কী ? (2)

(6) x-রশ্মি ও দৃশ্যমান আলোক রশ্মির মধ্যে পার্থক্য কী ? (2)

(7) x-রশ্মির কয়েকটি গুরুত্বপূর্ণ ব্যবহার লেখো।(2)

(8) x-রশ্মি ব্যবহারের একটি ক্ষতিকর প্রভাব উল্লেখ করো। (1)

(9) কোমল ও কঠিন x-রশ্মি বলতে কী বোঝ ? (2)

(10) কোনো একটি নির্দিষ্ট লক্ষ্যবস্তু থেকে নির্গত বিভিন্ন তরঙ্গদৈর্ঘ্যের x-রশ্মির তীব্রতাবন্টন লেখচিত্র অঙ্কন কর। [1]

(11) x-রশ্মির ছেদক তরঙ্গদৈর্ঘ্য কাকে বলে ? এর রাশিমালাটি লেখো।

অথবা, x-রশ্মি উৎপাদনের ক্ষেত্রে তরান্বিত বিভবের সাথে ছেদক তরঙ্গদৈর্ঘ্যের সম্পর্কটি লেখো।[1] [H.S. − 2012]

(12) x-রশ্মির ছেদক তরঙ্গদৈর্ঘ্যের রাশিমালাটি নির্ণয় করো।

(13) নিরবিচ্ছিন্ন x-রশ্মি বর্ণালী সৃষ্টির কারণ কী ?

(14) বৈশিষ্ট্যমূলক x-রশ্মি সৃষ্টির কারণ কী ? [2]

(15) চিহ্নগুলির ব্যাখ্যা দিয়ে মোজলের সূত্রটি বিবৃত করো।

(16) মৌলের কোন্ মৌলিক ধর্মের ওপর বৈশিষ্ট্যসূচক x-রশ্মির কম্পাঙ্ক নির্ভর করে এবং কীভাবে ? [2] [H.S. − 2013]

(17) মোজলের সূত্রের দুটি গুরুত্ব লেখো।[1]

(18) বোরের তত্ত্বের সাহায্যে মোজলের সূত্রটি প্রতিষ্ঠা করো।

Numerical Problems

(1)   5 Å তরঙ্গদৈর্ঘ্যবিশিষ্ট x-রশ্মির শক্তি eV এককে নির্ণয় করো। (2) [H.S. – 2013]

(2)   0.8 Å তরঙ্গদৈর্ঘ্যের x-রশ্মি উৎপাদনের জন্য x-রশ্মি নলের প্রান্তদ্বয়ের বিভব প্রভেদের সর্বনিম্ন মান কী হওয়া প্রয়োজন ?

(3)   x-রশ্মি নল 50 kV বিভব প্রভেদে কাজ করলে সর্বোচ্চ কত কম্পাঙ্কের x-রশ্মি নির্গত হবে ? (2) [Ans : 1.21 × 10^{19} Hz]

(4)   30 kV ইলেকট্রন দ্বারা উৎপন্ন x-রশ্মির সর্বোচ্চ কম্পাঙ্ক এবং সর্বনিম্ন তরঙ্গদৈর্ঘ্য নির্ণয় করো ।(2)

(5)   X-রশ্মির সর্বনিম্ন তরঙ্গদৈর্ঘ্য 0.4125 Å হলে নলে প্রযুক্ত বিভব প্রভেদ কত ? (2)

(4) Nuclear Physics

নিউক্লিয় পদার্থবিজ্ঞান

<table>
<tr><td colspan="4" align="center">নিউক্লিয় পদার্থ বিজ্ঞান</td></tr>
<tr><td>1</td><td>নিউক্লিয়াস</td><td>2</td><td>তেজস্ক্রিয়তা</td></tr>
<tr><td>3</td><td>নিউক্লিয় বিক্রিয়া</td><td></td><td></td></tr>
</table>

(1) নিউক্লিয়াস

(1) নিউক্লিয়াসের গঠন :

বিজ্ঞানী রাদারফোর্ড তার বিখ্যাত α কণা বিক্ষেপণ পরীক্ষার সাহায্যে প্রমাণ করেন - পরমাণুর প্রায় সমস্ত ভর এবং ধনাত্মক আধান পরমাণুর কেন্দ্রস্থলে একটি অতিক্ষুদ্র আয়তনে আবদ্ধ থাকে । এই ধনাত্মক আধানবাহী ভারী কেন্দ্রীয় অংশকে কেন্দ্রক বা নিউক্লিয়াস বলে । নিউক্লিয়াসের গঠন প্রসঙ্গে বিভিন্ন সময় বিভিন্ন তত্ত্ব প্রস্তাবিত হলেও প্রোটন-নিউট্রন তত্ত্ব বিশেষভাবে উল্লেখযোগ্য । এই তত্ত্বানুযায়ী A ভরসংখ্যা এবং Z পারমাণবিক সংখ্যাবিশিষ্ট কোনো মৌলের পরমাণুর নিউক্লিয়াসে Z সংখ্যক প্রোটন এবং ($A - Z$) সংখ্যক নিউট্রন থাকে ।

[নিউক্লিয়াসে থাকা প্রোটন ও নিউট্রনকে একত্রে নিউক্লিয়ন বলে ।]

(2) নিউক্লিয়াসের ভর :

$$M = A\, m_N$$

যেখান, A = ভরসংখ্যা বা নিউক্লিয়নের সংখ্যা

$\quad m_N$ = প্রতিটি নিউক্লিয়নের ভর

একটি প্রোটন বা একটি নিউট্রনের ভরকে 1 u হিসেবে ধরলে u - এককে প্রকাশিত নিউক্লিয়াসের ভরের সংখ্যামান ভরসংখ্যার সমান হয় । যেমন - $^{12}_{6}C$ নিউক্লিয়াসের ভর 12 u.

(3) নিউক্লিয়াসের আধান :

$$Q = +\, Ze$$

যেখান, Z = প্রোটন সংখ্যা

$\quad e$ = প্রতিটি প্রোটনের আধান = 1.6×10^{-19} C

যেমন - $^{12}_{6}C$ নিউক্লিয়াসের আধান = $+$ ($6 \times 1.6 \times 10^{-19}$) C = $+\, 9.6 \times 10^{-19}$ C

(4) নিউক্লিয়াসের ব্যাসার্ধ :

$$R = R_0\, A^{\frac{1}{3}}$$

যেখানে, $R_0 = 1.2 \times 10^{-15}$ m = empirical constant

$\quad$ এবং A = পরমাণুর ভরসংখ্যা

(বিজ্ঞানের বিভিন্ন পরীক্ষাদ্বারা এটা প্রমাণিত হয়েছে যে, পরমাণুর নিউক্লিয়াসের কোনো সুস্পষ্ট ও নির্দিষ্ট সীমা থাকে না ।)

(5) নিউক্লিয়াসের আয়তন :

নিউক্লিয়াসকে R ব্যাসার্ধের গোলক হিসেবে কল্পনা করলে নিউক্লিয়াসের আয়তন $(V) = \frac{4}{3} \pi R^3 = \frac{4}{3} \pi R_0^3 A$

$$\text{or, } V = \frac{4}{3} \times \frac{22}{7} \times (1.2 \times 10^{-15})^3 A$$

$$\therefore V = 7.24 \times 10^{-45} A$$

সুতরাং, নিউক্লিয়াসের আয়তন (V) তার ভরসংখ্যার (A) সমানুপাতিক ।

(6) নিউক্লিয়াসের ঘনত্ব :

নিউক্লিয়াসের ভরসংখ্যা A এবং প্রতিটি নিউক্লিয়নের ভর m_N হলে নিউক্লিয়াসের ভর $(M) = A\, m_N$

নিউক্লিয়াসের ব্যাসার্ধ R হলে আয়তন $(V) = \frac{4}{3} \pi R^3 = \frac{4}{3} \pi R_0^3 A$

$$\therefore \text{ নিউক্লিয়াসের ঘনত্ব } \rho = \frac{M}{V} = \frac{A\, m_N}{\frac{4}{3} \pi R_0^3 A}$$

$$= \frac{3\, m_N}{4 \pi R_0^3}$$

মান নির্ণয় : $\rho = \dfrac{3 \times 1.66 \times 10^{-27}}{4 \times \frac{22}{7} \times (1.2 \times 10^{-15})^3} \text{ kg m}^{-3}$

$$= 2.29 \times 10^{17} \text{ kg m}^{-3}$$

অণুসিদ্ধান্ত :

- নিউক্লিয়াসের ঘনত্ব নিউক্লিয়াসের ভরসংখ্যার উপর নির্ভরশীল নয়; অর্থাৎ সকল প্রকার নিউক্লিয়াসের ঘনত্ব সমান।
- নিউক্লিয়াসের ঘনত্বের মান অত্যন্ত বেশি ।
- নিউক্লিয়াসের ঘনত্ব নিউক্লিয়াসের সর্বত্র সমান নয়, নিউক্লিয়াসের ঘনত্ব নিউক্লিয়াসের কেন্দ্রে সবচেয়ে বেশি ।

(7) নিউক্লিয়নের মধ্যে ক্রিয়াশীল বল : নিউক্লিয় বল (Nuclear Force)

পরমাণুর নিউক্লিয়াসের মধ্যে প্রোটন ও নিউট্রনগুলি যে তীব্র আকর্ষণ বলের প্রভাবে অতিক্ষুদ্র পরিসরে আবদ্ধ থাকে, তাকে নিউক্লিয় বল বলে।

বিজ্ঞানীদের মতে, নিউক্লিয়নের মধ্যে (তড়িৎগ্রস্ত) মেসণ কণার অবিরাম আদান প্রদানের ফলে নিউক্লিয় বলের সৃষ্টি হয় এবং এই বল নিউক্লিয়াসকে স্থায়ী ও সুস্থিত করে ।

[Note : কুলম্বের সূত্র বা নিউটনের মহাকর্ষ সূত্রের গাণিতিকরূপের মতো নিউক্লিয় বলের কোনো সাধারণ গাণিতিক রূপ থাকে না ।]

নিউক্লিয় বলের বৈশিষ্ট্য :

(i) নিউক্লিয় বল অত্যন্ত তীব্র (strong) এবং এটি একটি আকর্ষণ বল (attractive) । [যদিও নিউক্লিয়নগুলির মধ্যবর্তী দূরত্ব 0.8 fm (0.8×10^{-15} m) এর কম হলে এটি তীব্র বিকর্ষণ বল ।]

(ii) এটি একটি স্বল্প পাল্লার (short range) বল । নিউক্লিয়নগুলির মধ্যবর্তী দূরত্ব 10 fm এর বেশি হলে নিউক্লিয় বল নগণ্য ।

(iii) এই বল আধান নিরপেক্ষ (charge independent) কিন্তু স্পিন আধান নিরপেক্ষ নয় (spin dependent)।

(iv) নিউক্লিয় বল দূরত্বের অপেক্ষক নয়, তাই এটি কেন্দ্রগ বল (central force) নয় ।

(v) একটি নিউক্লিয়নকে কেবলমাত্র তার নিকটস্থ নিউক্লিয়নগুলিই আকর্ষণ করে । একে নিউক্লিয় বলের সম্পৃক্ততা ধর্ম (saturation property) বলা হয় ।

(8) নিউক্লিয়াসের ভরত্রুটি :

নিউক্লিয়াসের মধ্যে অবস্থিত নিউক্লিয়নগুলির মোট ভর মুক্ত অবস্থায় থাকা নিউক্লিয়নগুলির মোট ভর অপেক্ষা কম হয় । মুক্ত অবস্থায় থাকা নিউক্লিয়নগুলির মোট ভর ও নিউক্লিয়াসের মোট ভরের পার্থক্যকে নিউক্লিয়াসের ভরত্রুটি বলে ।

$_Z^A X$ নিউক্লিয়াসের ভরত্রুটি : $\Delta M = [\, Z\, m_p + (A - Z)\, m_n\,] - M$

যেখানে, m_p = একটি প্রোটনের ভর

$\qquad m_n$ = একটি নিউট্রনের ভর

$\qquad \mathrm{M}$ = নিউক্লিয়াসের ভর

● নিউক্লিয়াসের ভরত্রুটিকে সাধারণত u এককে প্রকাশ করা হয়ে থাকে।

(9) নিউক্লিয়াসের বন্ধন শক্তি :

কোনো পরমাণুর নিউক্লিয়াসকে বিশ্লিষ্ট করে ওর উপাদান নিউক্লিয়নে পৃথক করতে যে ন্যূনতম শক্তির প্রয়োজন, তকে ওই নিউক্লিয়াসের বন্ধন শক্তি বলে। স্বভাবতই নিউক্লিয়াসের বন্ধন শক্তি বৃদ্ধির ফলে ওর স্থায়ীত্ব বৃদ্ধি পায়।

নিউক্লিয়াসের বন্ধন শক্তির মান তার ভরত্রুটির তুল্যশক্তির সমান, তাই ${}^{A}_{Z}\mathrm{X}$ নিউক্লিয়াসের ভরত্রুটি $\Delta \mathrm{M}$ হলে বন্ধন শক্তি :

$$\mathrm{E} = \Delta \mathrm{M}\, C^2$$

যেখানে, C = শূন্য মাধ্যমে আলোর দ্রুতি

(10) নিউক্লিয়াসের বন্ধন শক্তি ও ভরত্রুটির মধ্যে সম্পর্ক :

নিউক্লিয়াসের বন্ধন শক্তির মান নিউক্লিয়াসের ভরত্রুটির তুল্যশক্তির সমান।

অর্থাৎ ${}^{A}_{Z}\mathrm{X}$ নিউক্লিয়াসের ভরত্রুটি $\Delta \mathrm{M}$ হলে বন্ধন শক্তি : $\mathrm{E} = \Delta \mathrm{M}\, C^2$

যেখানে, C = শূন্য মাধ্যমে আলোর দ্রুতি

(11) বন্ধনশক্তি প্রতি নিউক্লিয়ন :

কোনো পরমাণুর নিউক্লিয়াসের মোট বন্ধনশক্তি (E) ও নিউক্লিয়নের সংখ্যার (A) অনুপাতই হল নিউক্লিয়াসটির বন্ধনশক্তি প্রতি নিউক্লিয়ন ($\overline{\mathrm{E}}$)।

$\therefore$ বন্ধনশক্তি প্রতি নিউক্লিয়ন $\overline{\mathrm{E}} = \dfrac{E}{A}$

(12) নিউক্লিয়াসের ভরত্রুটি ও বন্ধনশক্তি প্রতি নিউক্লিয়নের মধ্যে সম্পর্ক :

বন্ধনশক্তি প্রতি নিউক্লিয়ন $\overline{\mathrm{E}} = \dfrac{\text{বন্ধন শক্তি } (\mathrm{E})}{\text{ভরসংখ্যা } (\mathrm{A})} = \dfrac{\Delta \mathrm{M}\, C^2}{\mathrm{A}}$

যেখানে, $\Delta \mathrm{M}$ = নিউক্লিয়াসের ভরত্রুটি

(2) তেজস্ক্রিয়তা

(13) তেজস্ক্রিয়তার সংজ্ঞা :

উচ্চ পারমাণবিক সংখ্যাবিশিষ্ট মৌলের কেন্দ্রকের মধ্যে নিউট্রন ও প্রোটনের অনুপাত $3:2$ বা তার বেশি হলে পরমাণু অস্থায়ী ও ভঙ্গুর হয় এবং ওই পরমাণু বাহ্যিক শর্ত নিরপেক্ষভাবে বিভাজিত হয়ে নিম্ন পারমাণবিক সংখ্যাবিশিষ্ট মৌলে পরিণত হয় এবং রূপান্তরকালে ধনাত্মক তড়িতাহিত কণা α, ঋণাত্মক তড়িতাহিত কণা β এবং তড়িৎচুম্বকীয় তরঙ্গ γ বিকিরণ করে, এই ঘটনাকে তেজস্ক্রিয়তা বলে।

তেজস্ক্রিয়তার বৈশিষ্ট্য :

(i) তেজস্ক্রিয়তা একটি নিউক্লিয় ঘটনা। কারণ নিউক্লিয়াসে নিউট্রন ও প্রোটন সংখ্যার সঠিক ভারসাম্যের অভাবে তেজস্ক্রিয়তা সৃষ্টি হয়।

(ii) তেজস্ক্রিয়তা একটি স্বতঃস্ফূর্ত প্রক্রিয়া।

(iii) তেজস্ক্রিয়তা বিভিন্ন ভৌতধর্ম যেমন - চাপ, আর্দ্রতা, উষ্ণতা, তড়িৎ বা চৌম্বক ক্ষেত্রের প্রয়োগ, অনুঘটক প্রভৃতির উপর নির্ভর করে না ।

(iv) তেজস্ক্রিয়তার মাধ্যমে নতুন মৌলের সৃষ্টি হয় ।

(v) তেজস্ক্রিয় পরিবর্তন সর্বদাই একমুখী ।

(14) তেজস্ক্রিয় মৌল :

যে সকল মৌলের নিউক্লিয়াস স্বতঃস্ফূর্তভাবে বিভাজিত হয়ে নতুন মৌলে পরিণত হয় এবং বিভাজনকালে তেজস্ক্রিয় রশ্মি বিকিরণ করে, সেই সমস্ত মৌলগুলিকে তেজস্ক্রিয় মৌল বলে ।

যেমন - রেডিয়াম ($^{226}_{88}\text{Ra}$), থোরিয়াম ($^{232}_{90}\text{Th}$) ইত্যাদি।

(15) তেজস্ক্রিয়তা পরমাণুর নিউক্লিয়াসের ধর্ম - ব্যাখ্যা করো।

তেজস্ক্রিয়তা হল মৌলের পরমাণুর কেন্দ্রক বা নিউক্লিয়াসের অভ্যন্তরীণ পরিবর্তনজনিত ঘটনা । এই প্রসঙ্গে যুক্তিগুলো হল -

(i) নির্দিষ্ট পরিমাণ তেজস্ক্রিয় মৌল এবং তা থেকে রাসায়নিক মাধ্যমে উৎপন্ন যে কোনো যৌগের তেজস্ক্রিয়তার পরিমাণ অভিন্ন।

(ii) তেজস্ক্রিয় মৌলের নিউক্লিয়াস থেকে α বা β-কণা নিঃসরণের ফলে নতুন মৌলের সৃষ্টি হয় কিন্তু নিউক্লিয়াস বহির্ভূত কক্ষগুলিতে ইলেকট্রনের কোনো রূপ পরিবর্তন হয় না ।

(iii) নিউক্লিয়াসের নিউট্রন ও প্রোটন সংখ্যার অনুপাতের উপর তেজস্ক্রিয়তা নির্ভরশীল ।

(iv) তেজস্ক্রিয় মৌল থেকে নির্গত β^- কণার শক্তি পরমাণুর নিউক্লিয়াস বহির্ভূত বিভিন্ন কক্ষে পরিভ্রমনরত ইলেকট্রনের শক্তি অপেক্ষা বেশি অর্থাৎ β^- কণার উৎস নিউক্লিয়াস ।

এই কারণ তেজস্ক্রিয়তাকে নিউক্লিয়াসের ধর্ম বা নিউক্লিয় ঘটনা বলে ।

(16) তেজস্ক্রিয় রশ্মি :

● তেজস্ক্রিয় মৌলের স্বতঃস্ফূর্ত নিউক্লিয় বিভাজন থেকে নির্গত তীব্র ভেদনক্ষমতাসম্পন্ন কণার স্রোত বা তড়িৎচুম্বকীয় বিকিরণকে তেজস্ক্রিয় রশ্মি বলে ।

● তেজস্ক্রিয় রশ্মি মূলত তিন প্রকার - (a) আলফা (α) রশ্মি, (b) বিটা (β) রশ্মি এবং (c) গামা (γ) রশ্মি।

● α রশ্মি ও β রশ্মি কণাধর্মী এবং γ রশ্মি তড়িৎচুম্বকীয় তরঙ্গ ।

● তেজস্ক্রিয় রশ্মির নির্গমণ স্বতঃস্ফূর্ত ও বিরামহীন ঘটনা এবং তা ভৌত ও রাসায়নিক শর্ত নিরপেক্ষ ।

(17) α রশ্মি :

(i) **প্রকৃতি** : α-রশ্মি হল তেজস্ক্রিয় মৌলের পরমাণুর নিউক্লিয়াস থেকে নির্গত দ্রুতগামী ধনাত্মক আধানযুক্ত কণার স্রোত । এই কণা প্রকৃতপক্ষে হিলিয়াম পরমাণুর নিউক্লিয়াস ।

(ii) **ভর** : একটি α-কণার ভর (m_α) $= 4\, m_p$ ($m_p =$ একটি প্রোটনের ভর)
$$= 4.0015 \text{ u (প্রায়)}$$

(iii) **আধান** : একটি α-কণার আধান (q_α) $= (+)\, 2\, e$ ($e =$ একটি প্রোটনের আধান)
$$= (+)\, 3.2 \times 10^{-19} \text{ C}$$

(iv) (**প্রারম্ভিক**) **দ্রুতি** : তেজস্ক্রিয় পদার্থ থেকে নির্গমণের সময় α-কণার প্রারম্ভিক দ্রুতি (v_α) $= \dfrac{1}{10} \times c$
$$= 0.3 \times 10^8 \text{ ms}^{-1}$$

(v) **আয়নিত করার ক্ষমতা** : গ্যাসকে আয়নিত করার ক্ষমতা α কণার বেশি ।

(vi) **ভেদন ক্ষমতা** : অপেক্ষাকৃত বড়ো আকার এবং অধিক ভরের জন্য α কণার ভেদনক্ষমতা কম । α কণা 0.02 mm পুরু Al পাত ভেদ করতে পারে ।

(18) α রশ্মি নির্গমণের ফলাফল :

কোনো তেজস্ক্রিয় মৌলের নিউক্লিয়াস থেকে 1 টি α কণা নির্গত হলে যে নতুন পরমাণুর সৃষ্টি হয় তার ভরসংখ্যা 4 একক এবং পরমাণুক্রমাঙ্ক 2 একক হ্রাস পায়।

সাধারণ সমীকরণ : $^{A}_{Z}X \xrightarrow{\quad -\alpha \quad} {}^{A-4}_{Z-2}Y$

উদাহরণ : $^{238}_{92}U \xrightarrow{\quad -\alpha \quad} {}^{234}_{90}Th$

তেজস্ক্রিয় মৌল থেকে নির্গত হওয়ার পর একটি α কণা পরিপার্শ্ব থেকে 2 টি ইলেকট্রন গ্রহণ করে He পরমাণুতে পরিণত হয়।

$$^{4}_{2}He^{2+} + 2e = {}^{4}_{2}He$$

(**19**) বিটা বিঘটনে একটি নিউক্লিয়াস থেকে স্বতঃস্ফূর্তভাবে একটি ইলেকট্রন (β^{-} বিঘটনে) বা একটি পজিট্রন (β^{+} বিঘটনে) নিঃসৃত হয়।

(**20**) β^{-} - রশ্মি :

(**i**) **প্রকৃতি :** β^{-}-রশ্মি হল তেজস্ক্রিয় মৌলের পরমাণুর নিউক্লিয়াস থেকে নির্গত অত্যন্ত দ্রুতগামী ঋণাত্মক আধানযুক্ত কণার স্রোত।

(**ii**) **ভর :** একটি β^{-}-কণার ভর (m_{β}) $= m_e$ ($m_e =$ একটি ইলেকট্রনের ভর)
$$= 0.000548 \text{ u}$$
$$= 9.1 \times 10^{-31} \text{ kg}$$

(**iii**) **আধান :** একটি β^{-}-কণার আধান (q_{β}) $= (-) e$ ($e =$ একটি ইলেকট্রনের আধান)
$$= - 1.6 \times 10^{-19} \text{ C}$$

(**iv**) (**প্রারম্ভিক**) **গতিবেগ :** তেজস্ক্রিয় পদার্থ থেকে নির্গমনের সময় β^{-}-কণার প্রারম্ভিক গতিবেগ (v_{β}) $= \frac{8}{10} \times c$
$$= 2.4 \times 10^{8} \text{ m s}^{-1}$$

(**v**) **আয়নিত করার ক্ষমতা :** β^{-} কণার গ্যাসকে আয়নিত করার ক্ষমতা α কণা থেকে কম।

(**vi**) **ভেদন ক্ষমতা :** তীব্র গতিবেগসম্পন্ন ও ভর নগণ্য বলে β^{-} কণার ভেদনক্ষমতা α কণার চেয়ে বেশি। β^{-} কণা 2 mm পুরু Al পাতকে ভেদ করতে পারে।

(**21**) তেজস্ক্রিয় মৌল থেকে $\boldsymbol{\beta^{-}}$ বিঘটন প্রক্রিয়া ও নির্গমণের ফলাফল :

β^{-} কণা নির্গমণকারী তেজস্ক্রিয় মৌলের পরমাণুর নিউক্লিয়াসের মধ্যে একটি নিউট্রন বিভাজিত হয়ে একটি প্রোটন, একটি ইলেকট্রন ও একটি অ্যান্টি নিউট্রিনোতে ($\bar{\nu}$) (অত্যন্ত কম বা শূন্য ভরবিশিষ্ট নিস্তড়িৎ কণিকা) পরিণত হয়।

সাধারণ সমীকরণ : $n \rightarrow p + {}^{0}_{-1}e + \bar{\nu}$

এই উৎপন্ন প্রোটন নিউক্লিয়াসে থাকে কিন্তু ইলেকট্রনটি উচ্চ গতিতে নিউক্লিয়াস থেকে β^{-} কণারূপে নির্গত হয়। এর ফলে মৌলের <u>পারমাণবিক সংখ্যা এক একক বৃদ্ধি পায় কিন্তু ভরসংখ্যা অপরিবর্তিত থাকে।</u>

সাধারণ সমীকরণ : $^{A}_{Z}X \xrightarrow{\quad -\beta^{-} \quad} {}^{A}_{Z+1}Y$

উদাহরণ : (i) $^{234}_{90}Th \rightarrow {}^{234}_{91}Po + \beta^{-}$ কণা $+ \bar{\nu}$
(ii) $^{32}_{15}P \rightarrow {}^{32}_{16}S + \beta^{-}$ কণা $+ \bar{\nu}$

(**22**) তেজস্ক্রিয় মৌল থেকে $\boldsymbol{\beta^{+}}$ বিঘটন প্রক্রিয়া ও নির্গমণের ফলাফল :

β^{+} কণা নির্গমণকারী তেজস্ক্রিয় মৌলের পরমাণুর নিউক্লিয়াসের মধ্যে একটি প্রোটন বিভাজিত হয়ে একটি নিউট্রন, একটি পজিট্রন ও একটি নিউট্রিনোতে (ν) (অত্যন্ত কম বা শূন্য ভরবিশিষ্ট নিস্তড়িৎ কণিকা) পরিণত হয়।

সাধারণ সমীকরণ : $p \rightarrow n + {}^{0}_{+1}e + \nu$

এই উৎপন্ন নিউট্রন নিউক্লিয়াসে থাকে কিন্তু পজিট্রনটি উচ্চ গতিতে নিউক্লিয়াস থেকে β^{+} কণারূপে নির্গত হয়। এর ফলে মৌলের পরমাণুক্রমাঙ্ক এক একক হ্রাস পায় কিন্তু ভরসংখ্যা অপরিবর্তিত থাকে।

সাধারণ সমীকরণ : ${}^{A}_{Z}X \xrightarrow{\ -\beta^{+}\ } {}^{A}_{Z-1}Y$

উদাহরণ : ${}^{22}_{11}Na \rightarrow {}^{22}_{10}Ne + \beta^{+}$ কণা $+ \nu$

(23) γ - রশ্মি :

(i) **প্রকৃতি :** γ-রশ্মি হল তেজস্ক্রিয় মৌলের পরমাণুর নিউক্লিয়াস থেকে নির্গত অতিক্ষুদ্র তরঙ্গদৈর্ঘ্যবিশিষ্ট (0.5 Å থেকে 0.005 Å) আলোক সদৃশ এক প্রকার তড়িৎচুম্বকীয় বিকিরণ। যার মধ্যে উচ্চ শক্তিসম্পন্ন ফোটন থাকে। γ-রশ্মি কোনো বস্তুকণা সমবায়ে গঠিত নয়।

(ii) **ভর :** γ রশ্মির ফোটন কণার স্থিরভর (m_{γ}) $= 0$

(iii) **আধান :** γ রশ্মি নিস্তড়িৎ।

(iv) **গতিবেগ (প্রারম্ভিক) :** γ রশ্মির গতিবেগ (v_{γ}) $= c = 3 \times 10^{8}$ m s^{-1}

(v) **আয়নিত করার ক্ষমতা :** নিস্তড়িৎ হওয়ায় γ রশ্মির গ্যাসকে আয়নিত করার ক্ষমতা খুবই কম।

(vi) **ভেদন ক্ষমতা :** γ রশ্মির বেগ বেশি হওয়ার জন্য ভেদনক্ষমতা α ও β^{-} রশ্মির চেয়ে বহুগুণ বেশি। γ রশ্মি 100 cm পুরু Al পাত ভেদ করতে পারে।

(24) γ - রশ্মি নির্গমণের ফলাফল :

যখন উত্তেজিত স্তরে থাকা কোনো একটি নিউক্লিয়াস অনবরত বিঘটিত হয়ে ভূমিস্তরে (বা অন্যকোনো নিম্ন শক্তিস্তরে) নেমে আসে তখন নিউক্লিয়াসটির দুই শক্তিস্তরের পার্থক্যের সমান শক্তিসম্পন্ন একটি γ রশ্মি ফোটন নিঃসৃত হয়।

কোনো তেজস্ক্রিয় মৌলের নিউক্লিয়াস থেকে γ-রশ্মি নির্গত হলে পরমাণুর ভর বা আধানের কোনো পরিবর্তন হয় না, শুধুমাত্র নিউক্লিয়াসটির অভ্যন্তরীণ শক্তির হ্রাস ঘটে।

উদাহরণ : ${}^{60}_{28}Ni$ নিউক্লিয়াস থেকে β^{-} বিঘটন হওয়ার পর দুটি γ রশ্মি ফোটন নির্গত হয়ে উদ্দীপিত নয় এরূপ দুহিতা নিউক্লিয়াস ${}^{60}_{28}Ni$ সৃষ্টি হয়।

(25) ফ্যাজান ও সডির শ্রেণিসরণ সূত্র

(i) α **বিঘটন সূত্র :** কোনো তেজস্ক্রিয় মৌলের পরমাণুর নিউক্লিয়াস থেকে একটি α-কণা নির্গত হলে উৎপন্ন নতুন মৌলটির ভরসংখ্যা 4 একক এবং পারমাণবিক সংখ্যা 2 একক হ্রাস পায়। এর ফলে পর্যায় সারণিতে নতুন মৌলটির অবস্থান বিভাজিত মৌলটির সাপেক্ষে বামদিকে দুই ঘর পিছিয়ে যায়।

(ii) β **বিঘটন সূত্র :** কোনো তেজস্ক্রিয় মৌলের পরমাণুর নিউক্লিয়াস থেকে একটি β কণা নির্গত হলে উৎপন্ন নতুন মৌলটির ভরসংখ্যা অপরিবর্তিত থাকে কিন্তু পারমাণবিক সংখ্যা এক একক বৃদ্ধি পায়। এর ফলে পর্যায় সারণিতে নতুন মৌলটির অবস্থান বিভাজিত মৌলটির সাপেক্ষে ডানদিকে এক ঘর এগিয়ে যায়।

(26) ফ্যাজান ও সডির শ্রেণিসরণ সূত্র থেকে আইসোটোপের ধারণা :

ফ্যাজান-সডির সূত্র থেকে এই সিদ্ধান্তে আসা যায় যে, কোনো তেজস্ক্রিয় মৌল থেকে প্রথমে একটি α কণা ও পরে দুটি β কণা পরপর নির্গত হলে উৎপন্ন অন্তিম মৌলটির অবস্থান ও আদি মৌলটির অবস্থান পর্যায় সারণীর একই ঘরে (গ্রুপে)।

উদাহরণ : ${}^{215}_{84}Po \xrightarrow{\alpha} {}^{211}_{82}Pb \xrightarrow{\beta} {}^{211}_{83}Bi \xrightarrow{\beta} {}^{211}_{84}Po$

পর্যায় সারণিতে অবস্থান : Gr :16   Gr :14   Gr :15   Gr:16

উৎপন্ন মৌল $^{211}_{84}\text{Po}$ (পোলোনিয়াম) এবং আদি মৌল $^{215}_{84}\text{Po}$ এর অবস্থান পর্যায় সারণির একই ঘরে হওয়ায় এদের পরস্পরকে আইসোটোপ বা সমস্থানিক বা সমঘর বলে । (iso = same, topos = place) এদের পরমাণু ক্রমাঙ্ক একই, কিন্তু ভরসংখ্যা ভিন্ন ।

(2.4) তেজস্ক্রিয় বিভাজন সূত্র (Law of Radioactive Disintegration) :

(i) **বিবৃতি :** যে কোনো নির্দিষ্ট মুহূর্তে কোনো তেজস্ক্রিয় মৌলের নমুনায় তেজস্ক্রিয় নিউক্লিয়াসের বিভাজনের হার ওই মুহূর্তে নমুনায় উপস্থিত অক্ষত নিউক্লিয়াসের সংখ্যার সমানুপাতিক।

(ii) **গাণিতিক রূপ :** যদি অতিক্ষুদ্র dt সময়ে dN সংখ্যক নিউক্লিয়াস বিভাজিত হয় তাহলে তেজস্ক্রিয় বিভাজনের সূত্রানুসারে,

$$-\frac{dN}{dt} \propto N$$

$$\text{or, } \frac{dN}{dt} = -\lambda N \ [\, \lambda = \text{তেজস্ক্রিয় ভাঙ্গন ধ্রুবক} \,]$$

(ঋণাত্মক চিহ্ন প্রকাশ করে সময় বৃদ্ধির সঙ্গে সঙ্গে তেজস্ক্রিয় নিউক্লিয়াসের সংখ্যা হ্রাস পায়)

Knowledge Plus : কোনো তেজস্ক্রিয় আইসোটোপ বিভাজন প্রক্রিয়ায় নিঃশেষিত হতে অসীম সময়ের প্রয়োজন ।

(2.5) তেজস্ক্রিয় বিভাজনের সূচকীয় সূত্র (Exponential Decay Law) :

$$N = N_0\, e^{-\lambda t}$$

যেখানে, N_0 = বিভাজনের শুরুতে তেজস্ক্রিয় নিউক্লিয়াসের সংখ্যা

$\quad N = t$ সময় পরে অক্ষত নিউক্লিয়াসের সংখ্যা

$\quad \lambda = $ বিভজন ধ্রুবক

তেজস্ক্রিয় বিভাজনের লেখচিত্র :

লেখচিত্রের প্রকৃতি : সূচকীয় লেখচিত্র

অর্থাৎ তেজস্ক্রিয় নমুনায় অক্ষত নিউক্লিয়াসের সংখ্যা (N) ও সময়ের (t) লেখচিত্রটি সূচকীয় হারে কমে এবং অসীমে সময় অক্ষকে ছেদ করে।

Knowledge Plus : তেজস্ক্রিয় বিভাজনের হার চাপ, তাপমাত্রা, মাধ্যম বা অন্য কোনো বাহ্যিক শর্তের ওপর নির্ভর করে না ।

(2.6) ভাঙ্গন ধ্রুবক বা বিভাজন ধ্রুবক বা বিঘটন ধ্রুবক বা ক্ষয় ধ্রুবক (Radioactive disintegration constant or decay constant) :

(a) **তেজস্ক্রিয় বিভাজনের সূত্রানুসারে সংজ্ঞা :**

(i) তেজস্ক্রিয় বিভাজন সূত্রানুসারে, $-\dfrac{dN}{dt} = \lambda N$

$[\, \lambda = \text{তেজস্ক্রিয় ভাঙ্গন ধ্রুবক} \,]$

এখন $dt = 1$ হলে $\lambda = -\dfrac{dN}{N}$

অর্থাৎ একক সময়ে কোনো তেজস্ক্রিয় মৌলের নমুনায় বর্তমান তেজস্ক্রিয় নিউক্লিয়াসের যত ভগ্নাংশ বিভাজিত হয় তাকে ঐ তেজস্ক্রিয় মৌলের বিভাজন ধ্রুবক বলে ।

(ii) তেজস্ক্রিয় বিভাজনের সূচকীয় সূত্রানুসারে সংজ্ঞা :

বিভাজনের শুরুতে ($t = 0$) তেজস্ক্রিয় নিউক্লিয়াসের সংখ্যা N_0 হলে তেজস্ক্রিয় বিভাজনের সূচকীয় সূত্রানুসারে t সময় পরে ওই নমুনায় অক্ষত নিউক্লিয়াসের সংখ্যা

$$N = N_0\, e^{-\lambda t}$$

এখন $t = \dfrac{1}{\lambda}$ হলে, $N = N_0\, e^{-1} = \dfrac{N_0}{2.718} = 0.368\, N_0$

সুতরাং, যে সময়ে কোনো তেজস্ক্রিয় নমুনায় উপস্থিত তেজস্ক্রিয় নিউক্লিয়াসের সংখ্যা তার প্রাথমিক মানের $36.8\,\%$ হয়, সেই সময়ের অন্যোন্যককে বিভাজন ধ্রুবক বলে।

(b) রাশির প্রকৃতি : স্কেলার রাশি

(c) মাত্রা সমীকরণ : $[\,\lambda\,] = [\,T^{-1}\,]$

(d) একক : s^{-1} বা, min^{-1} বা, hr^{-1} বা, day^{-1} বা, yr^{-1}

(e) তেজস্ক্রিয় বিভাজন ধ্রুবক তেজস্ক্রিয় মৌলের বৈশিষ্ট্যসূচক। একটি নির্দিষ্ট তেজস্ক্রিয় আইসোটোপের তেজস্ক্রিয় বিভাজন ধ্রুবক নির্দিষ্ট।

(f) তেজস্ক্রিয় বিভাজন ধ্রুবকের মান তেজস্ক্রিয় আইসোটোপের প্রারম্ভিক পরমাণুর সংখ্যার তথা প্রারম্ভিক পরিমাণের উপর নির্ভরশীল নয়।

(2.7) তেজস্ক্রিয় মৌলের অর্ধায়ু (Half Life) :

(a) সংজ্ঞা : কোনো তেজস্ক্রিয় মৌলের নমুনায় উপস্থিত তেজস্ক্রিয় নিউক্লিয়াসের অর্ধেক সংখ্যক নিউক্লিয়াস বিভাজিত হতে যে পরিমাণ সময়ের প্রয়োজন, তাকে ওই তেজস্ক্রিয় মৌলের অর্ধায়ু বা অর্ধজীবনকাল বলে।

যেমন : $^{226}_{88}Ra$ এর অর্ধায়ু $= 1590$ বছর।

(b) রাশির প্রকৃতি : স্কেলার রাশি

(c) মাত্রা সমীকরণ : $[\,T_{\frac{1}{2}}\,] = [\,T\,]$

(d) একক : s বা, min বা, hr বা, day বা, yr

(e) অর্ধায়ুর বৈশিষ্ট্য :
(i) কোনো তেজস্ক্রিয় আইসোটোপের অর্ধায়ুর মান নির্দিষ্ট। অর্ধায়ু আইসোটোপের বিভাজন ধ্রুবকের ব্যস্তানুপাতিক।
(ii) অর্ধায়ুর মান তেজস্ক্রিয় মৌলের প্রাথমিক পরিমাণের ওপর নির্ভর করে না।

(f) ভৌত তাৎপর্য : অর্ধায়ুর মান থেকে কোনো তেজস্ক্রিয় আইসোটোপের নিউক্লিয়াসের সুস্থিতি সম্পর্কে ধারণা পাওয়া যায়। দীর্ঘ অর্ধায়ুযুক্ত আইসোটোপ কম অর্ধায়ুযুক্ত আইসোটোপ অপেক্ষা সুস্থিত হয়ে থাকে।

(g) বিভাজন ধ্রুবক ও অর্ধায়ুর মধ্যে সম্পর্ক : λ বিভাজন ধ্রুবকসম্পন্ন কোনো তেজস্ক্রিয় মৌলের অর্ধায়ু $T_{\frac{1}{2}} = \dfrac{0.693}{\lambda}$

(2.8) তেজস্ক্রিয় মৌলের গড় আয়ু (Average or Mean life):

কোনো তেজস্ক্রিয় মৌলের নমুনায় উপস্থিত সমস্ত নিউক্লিয়াসের বিভাজন একই সঙ্গে ঘটে না। কিছু নিউক্লিয়াস হয়তো এই মুহূর্তে বিভাজিত হচ্ছে আবার কিছু নিউক্লিয়াস অনন্তকাল পরে বিভাজিত হবে অর্থাৎ তেজস্ক্রিয় মৌলের প্রতিটি পরমাণুর আয়ুষ্কাল পৃথক এবং তা শূন্য থেকে অসীম হতে পারে।

(a) সংজ্ঞা : কোনো তেজস্ক্রিয় মৌলের নমুনায় উপস্থিত সমস্ত পরমাণুগুলির মোট জীবনকালের সমষ্টি এবং মোট পরমাণুর সংখ্যার অনুপাতকে তেজস্ক্রিয় মৌলটির গড় আয়ু বলে ।

তেজস্ক্রিয় মৌলের গড় আয়ু নিচের সমীকরণ দ্বারা প্রকাশ করা যায় - গড় আয়ু $(T_{av}) = \dfrac{\text{সমস্ত পরমাণুর জীবনকালের সমষ্টি}}{\text{মোট পরমাণুর সংখ্যা}}$

(b) রাশির প্রকৃতি : স্কেলার রাশি

(c) মাত্রা সমীকরণ : $[T_{av}] = [T]$

(d) একক : s or, min or, h or, day or yr

(e) গড় আয়ু ও ভাঙন ধ্রুবকের মধ্যে সম্পর্ক : λ বিভাজন ধ্রুবকসম্পন্ন কোনো তেজস্ক্রিয় মৌলের গড় আয়ু $T_{av} = \dfrac{1}{\lambda}$ অর্থাৎ তেজস্ক্রিয় মৌলের গড় আয়ু (T_{av}) তার ভাঙন ধ্রুবকের (λ) অন্যোন্যকের সমান ।

(f) গড় আয়ু ও অর্ধায়ুর মধ্যে সম্পর্ক : λ বিভাজন ধ্রুবকসম্পন্ন কোনো তেজস্ক্রিয় মৌলের গড় আয়ু $T_{av} = \dfrac{1}{\lambda}$ এবং অর্ধায়ু $T_{\frac{1}{2}} = \dfrac{0.693}{\lambda}$

$$\therefore \frac{T_{\frac{1}{2}}}{T_{av}} = 0.693$$

or, $T_{\frac{1}{2}} = 0.693\, T_{av}$ or, $T_{av} = 1.44\, T_{\frac{1}{2}}$

(2.9) তেজস্ক্রিয় মৌলের সক্রিয়তা (Activity of radioactive substance) :

(a) সংজ্ঞা : কোনো তেজস্ক্রিয় মৌলের নমুনায় কোনো একটি মুহূর্তে যত সংখ্যক নিউক্লিয়াস প্রতি সেকেন্ডে বিভাজিত হয়ে অন্য মৌলের নিউক্লিয়াসে রূপান্তরিত হয়, তাকে ওই মুহূর্তে তেজস্ক্রিয় মৌলটির সক্রিয়তা বলে ।
অর্থাৎ সময়ের সাপেক্ষে কোনো তেজস্ক্রিয় নমুনার বিঘটনের হারই হল তার সক্রিয়তা ।
কোনো একটি মুহূর্তে একটি তেজস্ক্রিয় মৌলের নমুনায় তেজস্ক্রিয় নিউক্লিয়াসের সংখ্যা N হলে ওই মুহূর্তে মৌলটির সক্রিয়তা : $A = -\dfrac{dN}{dt}$

(b) রাশির প্রকৃতি : স্কেলার রাশি

(c) মাত্রা সমীকরণ : $[A] = [T^{-1}]$

(d) একক : বেকারেল [becquerel (সংক্ষেপে Bq)]

কোনো তেজস্ক্রিয় মৌলের নমুনা থেকে প্রতি সেকেন্ডে একটি নিউক্লিয়াস বিভাজিত হলে ওই নমুনাটির সক্রিয়তা 1 বেকারেল বলে।

1 Bq = 1 disintegration / second (or, dps)

সক্রিয়তা পরিমাপের অপর একটি এককগুলি হল :

(i) কুরি [curie (সংক্ষেপে Ci)] : কোনো তেজস্ক্রিয় মৌলের নমুনা থেকে প্রতি সেকেন্ডে 3.7×10^{10} সংখ্যক নিউক্লিয়াস বিভাজিত হলে ওই নমুনাটির সক্রিয়তাকে 1 কুরি বলে ।

1 Ci = 3.7×10^{10} disintegration / second (or dps)

1 milicurie = 3.7×10^{7} dsp

1 microcurie = 3.7×10^{4} dsp

(ii) রাদারফোর্ড [rutherford (সংক্ষেপে Rd)] : কোনো তেজস্ক্রিয় মৌলের নমুনা থেকে প্রতি সেকেন্ডে 10^{6} সংখ্যক নিউক্লিয়াস বিভাজিত হলে ওই নমুনাটির সক্রিয়তাকে 1 রাদারফোর্ড বলে।

1 Rd = 10^6 disintegration / second (or, dps)

সম্পর্ক : 1 Ci = 3.7×10^{10} Bq = 3.7×10^4 Rd

(e) সক্রিয়তার সূচকীয় সূত্র

তেজস্ক্রিয় বিভাজনের সূচকীয় সূত্রানুসারে, $N = N_0 \, e^{-\lambda t}$

অবকলন করে পাই, $\dfrac{dN}{dt} = N_0 \, e^{-\lambda t} \, (-\lambda)$

$$or, -\dfrac{dN}{dt} = \lambda \, N_0 \, e^{-\lambda t}$$

$$\therefore A = \lambda \, N_0 \, e^{-\lambda t}$$

যখন $t = 0$ তে তেজস্ক্রিয় মৌলটির সক্রিয়তা A_0

$$A_0 = \lambda \, N_0$$

$$\therefore A = A_0 \, e^{-\lambda t}$$

সুতরাং, তেজস্ক্রিয় মৌলের সক্রিয়তা সূচকীয় সূত্র মেনে চলে ।

(2.10) তেজস্ক্রিয় শ্রেণি (Radioactive Series) :

নিউক্লিয়াসের স্বতঃস্ফূর্ত বিঘটনের ফলে কোনো স্বাভাবিক তেজস্ক্রিয় মৌল ক্রমাগত অন্য মৌলে রূপান্তরিত হতে থাকে । স্বাভাবিক তেজস্ক্রিয় মৌলের এইরূপ ক্রমাগত অন্য মৌলে রূপান্তরিত হওয়াকে তেজস্ক্রিয় রূপান্তর (Radioactive Transformation) বলে । কোনো স্থায়ী মৌলের রূপান্তর না হওয়া পর্যন্ত এই তেজস্ক্রিয় পরিবর্তন চলতে থাকে । যেসব রূপান্তরের মধ্য দিয়ে কোনো তেজস্ক্রিয় মৌল শেষ পর্যন্ত একটি স্থায়ী অর্থাৎ অতেজস্ক্রিয় মৌলে (nonradioactive element) পরিণত হয়, তাদের একত্রে তেজস্ক্রিয় শ্রেণি (radioactive series) বলে । প্রকৃতিতে এইরূপ তিনটি উল্লেখযোগ্য প্রাকৃতিক তেজস্ক্রিয় শ্রেণি (natural radioactive series) আছে । এই গুলি হল -

[1] ইউরেনিয়াম শ্রেণি [প্রারম্ভিক মৌল : $^{238}_{92}U$ এবং অন্তিম মৌল $^{206}_{82}Pb$]

[2] থোরিয়াম শ্রেণি [প্রারম্ভিক মৌল : $^{232}_{90}Th$ এবং অন্তিম মৌল $^{208}_{82}Pb$]

[3] অ্যাকটিনিয়াম শ্রেণি [প্রারম্ভিক মৌল : $^{235}_{92}U$ এবং অন্তিম মৌল : $^{207}_{82}Pb$]

লক্ষণীয় যে, তিনটি শ্রেণিতেই শেষ সুস্থিত মৌলটি লেডের আইসোটোপ । $^{206}_{82}Pb$, $^{208}_{82}Pb$ এবং $^{207}_{82}Pb$কে যথাক্রমে RnG, ThD এবং AcD বলা হয় ।

(3) নিউক্লিয় বিক্রিয়া

(27) নিউক্লিয় বিক্রিয়া :

যে সব বিক্রিয়ায় কোনো পরমাণুর নিউক্লিয়াস স্বতঃস্ফূর্তভাবে বিভাজিত হয়ে (প্রাকৃতিক নিউক্লিয় বিক্রিয়া) অথবা অন্য কোনো উচ্চগতিসম্পন্ন হালকা কণা দ্বারা আঘাত প্রাপ্ত হয়ে একটি নতুন পরমাণুর নিউক্লিয়াস এবং এক বা একাধিক হালকা কণা উৎপন্ন করে (কৃত্রিম নিউক্লিয় বিক্রিয়া), সেই সব বিক্রিয়াকে নিউক্লিয় বিক্রিয়া (nuclear reaction) বলে ।

উদাহরণ : (i) প্রাকৃতিক নিউক্লিয় বিক্রিয়ার উদাহরণ : $^{238}_{92}U \rightarrow {}^{234}_{90}Th + {}^4_2He$

(ii) কৃত্রিম নিউক্লিয় বিক্রিয়ার উদাহরণ : $^{14}_7N + {}^4_2He \rightarrow {}^{17}_8O + {}^1_1H + Q$

(28) রাসায়নিক বিক্রিয়া ও নিউক্লিয় বিক্রিয়ার মধ্যে পার্থক্য :

রাসায়নিক বিক্রিয়া	নিউক্লিয় বিক্রিয়া
(i) রাসায়নিক বিক্রিয়ার পরমাণুর বহিঃস্থ কক্ষের ইলেকট্রন অংশ গ্রহণ করে ।	(i) নিউক্লিয় বিক্রিয়ার পরমাণুর নিউক্লিয়াস অংশগ্রহণ করে ।
(ii) রাসায়নিক বিক্রিয়ায় নতুন কোনো পরমাণুর সৃষ্টি হয় না ।	(ii) নিউক্লিয় বিক্রিয়ায় নিউক্লিয়াস পরিবর্তিত হয়ে নতুন মৌলের পরমাণু সৃষ্টি করে ।
(iii) রাসায়নিক বিক্রিয়ায় উৎপন্ন শক্তির পরিমাণ কম হয় ।	(iii) কৃত্রিম নিউক্লিয় বিক্রিয়ায় উৎপন্ন শক্তির পরিমাণ অনেক বেশি হয়।

(29) কৃত্রিম নিউক্লিয় বিক্রিয়া বা কৃত্রিম মৌলান্তর :

কোনো মৌলের পরমাণুর নিউক্লিয়াসকে উচ্চ গতিসম্পন্ন অব-পারমাণবিক কণা (যেমন- α কণা, প্রোটন, নিউট্রন ইত্যাদি) দ্বারা আঘাত করলে ওই নিউক্লিয়াস বিভাজিত হয়ে নতুন মৌলের নিউক্লিয়াসে পরিণত হয় এবং এক বা একাধিক হালকা কণা উৎপন্ন করে, এই প্রক্রিয়াকে কৃত্রিম নিউক্লিয় বিক্রিয়া বলে।

উদাহরণ : নাইট্রোজেনকে α কণা দ্বারা আঘাত করলে নাইট্রোজেন অক্সিজেনে রূপান্তরিত হয় এবং একটি প্রোটন (^1_1H) নির্গত হয় ।

নিউক্লিয় সমীকরণ : $^{14}_7N + {}^4_2He \rightarrow [\,{}^{18}_9F\,] \rightarrow {}^{17}_8O + {}^1_1H + Q$

(30) কৃত্রিম নিউক্লিয় বিক্রিয়া প্রকাশক সমীকরণ :

Target + Projectile → [Compound Nucleus] → Product + Outgoing Particles + Energy

উদাহরণ : $^{14}_7N + {}^4_2He \rightarrow [\,{}^{18}_9F\,] \rightarrow {}^{17}_8O + {}^1_1H + Q$

কৃত্রিম নিউক্লিয় বিক্রিয়ায় যে মৌলটিকে আঘাত করা হয় তাকে টার্গেট (target) এবং যে উচ্চ শক্তিসম্পন্ন কণার দ্বারা আঘাত করা হয়, তাকে প্রক্ষিপ্ত কণা (projectile) বলে । projectile, target কে আঘাত করে তার সঙ্গে যুক্ত হয়ে প্রথমে একটি compound nucleus (যৌগ নিউক্লিয়াস বা সংযুক্ত নিউক্লিয়াস) গঠন করে । উৎপন্ন এই স্বল্পস্থায়ী সংযুক্ত নিউক্লিয়াস স্বতঃস্ফূর্তভাবে বিভাজিত হয়ে একটি ভিন্ন মৌলের নিউক্লিয়াসে পরিণত হয় এক বা একাধিক outgoing particle এবং প্রচুর পরিমাণে শক্তি নির্গত হয় ।

(31) কৃত্রিম নিউক্লিয় বিক্রিয়ায় প্রযোজ্য সংরক্ষণ সূত্র :

নিউক্লিয় বিক্রিয়ার ক্ষেত্রে নিম্নলিখিত সংরক্ষণ সূত্রগুলি প্রযোজ্য -
- **পারমাণবিক সংখ্যার সংরক্ষণ** : নিউক্লিয় সমীকরণের বাম দিকের মোট পারমাণবিক সংখ্যা ডান দিকের মোট পারমাণবিক সংখ্যার সমান হয় ।
- **ভরসংখ্যার সংরক্ষণ** : নিউক্লিয় সমীকরণের বাম দিকের মোট ভরসংখ্যা ডানদিকের মোট ভরসংখ্যার সমান হয় ।
- **ভর ও শক্তির সংরক্ষণ** : নিউক্লিয় বিক্রিয়ায় পূর্বে ভর ও শক্তির সমষ্টি নিউক্লিয় বিক্রিয়ার পরের ভর ও শক্তির সমষ্টির সমান হয় ।

(32) কৃত্রিম নিউক্লিয় বিক্রিয়ার প্রক্ষেপক :

- নিউক্লিয় বিক্রিয়ায় যে উচ্চ শক্তিসম্পন্ন কণার দ্বারা target কে আঘাত করা হয়, তাকে প্রক্ষিপ্ত কণা (projectile) বলে।

- **উদাহরণ :** বিভিন্ন নিউক্লিয় বিক্রিয়ায় আলফা কণা (α or $^4_2$He), প্রোটন (p or $^1_1$H), নিউট্রন (n or $^1_0$n), ডয়টেরন (D or $^2_1$H) প্রভৃতি প্রক্ষেপ কণা হিসেবে ব্যবহার করা হয়।

- **কৃত্রিম নিউক্লিয় বিক্রিয়ার আদর্শ প্রক্ষেপক :** নিউট্রন নিস্তড়িৎ কণা হওয়ায় ধনাত্মক আধানযুক্ত নিউক্লিয়াস দ্বারা নিউট্রন বিকর্ষিত হয় না। ফলে কম শক্তিসম্পন্ন নিউট্রনও নিউক্লিয়াসের অভ্যন্তরে প্রবেশ করে নিউক্লিয় বিক্রিয়া ঘটাতে সক্ষম হয়। তাই নিউক্লিয় বিক্রিয়ায় নিউট্রনকে আদর্শ প্রক্ষেপক হিসেবে ব্যবহার করা যায়।

- **তাপীয় নিউট্রন (Thermal Neutron) :** 10^{-2} eV বা তার কাছাকাছি গতিশক্তিসম্পন্ন নিউট্রনকে তাপীয় নিউট্রন বলে।

(33) নিউক্লিয় বিক্রিয়ার Q value :

নিউক্লিয় বিক্রিয়ায় ভরের যে হ্রাস হয়, তা যে পরিমাণ শক্তি মুক্ত করে, তাকে নিউক্লিয় বিক্রিয়ার Q value বলে।

X (Target) + a (Projectile) → Y (Product) + b (Outgoing Particle) + Q (Energy)

Q value = [(টার্গেট ও প্রক্ষেপকের মোট ভর) – (প্রোডক্ট ও বহিঃনির্গমণকারী কণার মোট ভর)] C^2

যে নিউক্লিয় বিক্রিয়ায় Q ধনাত্মক তাকে শক্তি উৎপাদনকারী নিউক্লিয় বিক্রিয়া বা Exo-energic Nuclear Reaction (or exoergic) বলে। আবার যে নিউক্লিয় বিক্রিয়ায় Q ঋণাত্মক তাকে শক্তি শোষক নিউক্লিয় বিক্রিয়া বা Endo energic Nuclear Recation (or endoergic) বলে।

(34) নিউক্লিয় বিভাজন :

সংজ্ঞা :	যে নিউক্লিয় বিক্রিয়ায় একটি ভারী মৌলের নিউক্লিয়াস বিভাজিত হয়ে অপেক্ষাকৃত হালকা ও প্রায় সমান ভরের দুটি নিউক্লিয়াস গঠন করে এবং সেই সঙ্গে প্রচুর পরিমাণে শক্তি উৎপন্ন হয়, তাকে নিউক্লিয় বিভাজন বলে।
উদাহরণ :	$^{235}_{92}$U নিউক্লিয়াসকে ধীর গতির নিউট্রন দ্বারা আঘাত করলে প্রায় সমভরের দুটি নিউক্লিয়াস $^{141}_{56}$Ba (বেরিয়াম) এবং $^{92}_{36}$Kr (ক্রিপ্টন) উৎপন্ন হয় এবং 3 টি নিউট্রন ও প্রচুর পরিমাণে শক্তি নির্গত হয়। $$^{235}_{92}U + ^1_0n \rightarrow ^{141}_{56}Ba + ^{92}_{36}Kr + 3^1_0n + 200.4 \text{ MeV}$$
বৈশিষ্ট্য :	(i) নিউক্লিয় বিভাজনে টার্গেট নিউক্লিয়াসকে তাপীয় নিউট্রন দ্বারা আঘাত করানো হয়। (ii) নিউক্লিয় বিভাজন সাধারণ উষ্ণতায় ঘটে। (iii) নিউক্লিয় বিভাজনে তেজস্ক্রিয় রশ্মি নির্গত হয়। (iv) নিউক্লিয় বিভাজনে প্রচুর পরিমাণে শক্তি উৎপন্ন হয়। যেমন- 1 kg ইউরেনিয়ামের নিউক্লিয় বিভাজনে 8.2×10^{10} J শক্তি মুক্ত হয়।
ব্যবহারিক প্রয়োগ :	নিউক্লিয় বিভাজন প্রক্রিয়াকে কাজে লাগিয়ে পারমাণবিক বোমা এবং নিউক্লিয় রিঅ্যাক্টর প্রস্তুত করা হয়।

(35) তেজস্ক্রিয় বিঘটন ও নিউক্লিয় বিভাজনের মধ্যে পার্থক্য :

তেজস্ক্রিয় বিঘটন	নিউক্লিয় বিঘটন
(i) তেজস্ক্রিয় বিঘটন একটি স্বতঃস্ফূর্ত প্রক্রিয়া।	(i) একটি ভারী নিউক্লিয়াসকে তীব্র গতিবেগসম্পন্ন একটি প্রক্ষেপক দ্বারা আঘাত করে নিউক্লিয় বিভাজন ঘটান হয়।

(ii) তেজস্ক্রিয় বিভাজনে উৎপন্ন নিউক্লিয়াস ও জনক নিউক্লিয়াসের মধ্যে ভর সংখ্যা ও পারমাণবিক সংখ্যার পার্থক্য কম।	(ii) নিউক্লিয় বিভাজনে বিভাজিত মৌলের নিউক্লিয়াস ও উৎপন্ন নিউক্লিয়াসের মধ্যে ভরসংখ্যা ও পারমাণবিক সংখ্যার পার্থক্য বেশি হয়।
(iii) তেজস্ক্রিয় বিঘটনে কম তাপ উৎপন্ন হয় ।	(iii) নিউক্লিয় বিভাজনে বেশি তাপ উৎপন্ন হয় ।

(36) নিউক্লিয় শৃঙ্খল বিক্রিয়া :

নিউক্লিয় বিভাজন প্রক্রিয়ায় প্রথম ধাপে উৎপন্ন নিউট্রনগুলি পরবর্তী ধাপে মৌলের অপর নিউক্লিয়াসকে বিভাজিত করে এবং নিউক্লিয় বিক্রিয়াটি পর্যায়ক্রমে চলতে থাকে। এইরূপ পর্যায়ক্রমিক নিউক্লিয় বিভাজনকে নিউক্লিয় শৃঙ্খল বিক্রিয়া বলে।

প্রয়োজনীয় শর্ত : (i) বিভাজনযোগ্য পদার্থটি একটি নির্দিষ্ট সর্বনিম্ন আকারের (critical size) থেকে বড়ো হতে হবে ।

(ii) বিভাজনযোগ্য পদার্থটিকে অত্যন্ত বিশুদ্ধ হতে হবে।

উদাহরণ : $^{235}_{92}$U নিউক্লিয়াসকে ধীর গতিসম্পন্ন নিউট্রন দ্বারা আঘাত করলে প্রথম ধাপে নিউক্লিয়াসটি বিভাজিত হয় এবং 3 টি নিউট্রন উৎপন্ন করে । এই তিনটি নিউট্রন আবার $^{235}_{92}$U মৌলের নিউক্লিয়াসকে বিভাজিত করে ও প্রতিক্ষেত্রে 3 টি নিউট্রন সৃষ্টি করে। এইভাবে অল্প সময়ের মধ্যে একটি শৃঙ্খল বিক্রিয়া শুরু হয় এবং অকল্পনীয় পরিমাণে শক্তি নির্গত হয় ।

[**শৃঙ্খল বিক্রিয়ার সংকট ভর বা সন্ধি ভর :** নিউক্লিয় বিভাজনযোগ্য পদার্থের যে ন্যূনতম ভরের জন্য শৃঙ্খল বিক্রিয়া ঘটানো সম্ভব হয়, তাকে সন্ধিভর বা সংকট ভর বলে।]

(37) নিউক্লিয় সংযোজন বিক্রিয়া

সংজ্ঞা :	যে নিউক্লিয় বিক্রিয়ায় অতিউচ্চ উষ্ণতায় একাধিক হালকা মৌলের পরমাণুর নিউক্লিয়াস পরস্পরের সঙ্গে যুক্ত হয়ে অপেক্ষাকৃত ভারী মৌলের একটি নিউক্লিয়াস গঠন করে এবং সেই সঙ্গে প্রচুর পরিমাণে শক্তি মুক্ত হয়, তাকে নিউক্লিয় সংযোজন বলে ।
উদাহরণ :	অতিউচ্চ (প্রায় 10^6 K) উষ্ণতায় চারটি হাইড্রোজেন নিউক্লিয়াস পরস্পরের সঙ্গে সংযোজিত হয়ে একটি হিলিয়াম নিউক্লিয়াস গঠন করে এবং সেই সঙ্গে দুটি পজিট্রন ও বিপুল পরিমাণে শক্তি মুক্ত করে । $$4\,^1_1\text{H} \rightarrow \,^4_2\text{He} + 2\,^0_{+1}\text{e} + 25.97\,\text{MeV}$$
বৈশিষ্ট্য :	(i) নিউক্লিয় সংযোজনে কয়েকটি হালকা নিউক্লিয়াসকে যুক্ত করে একটি ভারী নিউক্লিয়াস গঠন করা হয় । এক্ষেত্রে আঘাতকারী কণার প্রয়োজন হয় না । (ii) নিউক্লিয় সংযোজনের জন্য অতিউচ্চ উষ্ণতার প্রয়োজন । (iii) নিউক্লিয় সংযোজনে তেজস্ক্রিয় রশ্মি নির্গত হয় না । (iv) নিউক্লিয় সংযোজনে উৎপন্ন শক্তির পরিমাণ নিউক্লিয় বিভাজনে উৎপন্ন শক্তির তুলনায় অনেক বেশি ।যেমন - 1 g ইউরেনিয়ামের নিউক্লিয় বিভাজনে 8.2×10^{10} J শক্তি মুক্ত হয় । কিন্তু 1 g হাইড্রোজেনের নিউক্লিয় সংযোজনে 6.3×10^{11} J শক্তি মুক্ত হয় যা এর বিভাজনে মুক্ত শক্তির প্রায় 7.6 গুণ ।
ব্যবহারিক প্রয়োগ :	হাইড্রোজেন বোমাতে নিউক্লিয় সংযোজন ঘটানো হয় ।

(38) নিউক্লিয় সংযোজন ও বিভাজনের মধ্যে পার্থক্য :

নিউক্লিয় বিভাজন	নিউক্লিয় সংযোজন
(i) নিউক্লিয় বিভাজনে একটি ভারী নিউক্লিয়াসকে তাপীয় নিউট্রন দিয়ে আঘাত করা হয় ।	

	(i) নিউক্লিয় সংযোজনে একাধিক হালকা মৌলের পরমাণুর নিউক্লিয়াসকে যুক্ত করে অপেক্ষাকৃত ভারী নিউক্লিয়াস গঠন করা হয়। এক্ষেত্রে আঘাতকারী কণার প্রয়োজন হয় না।
(ii) নিউক্লিয় বিভাজন সাধারণ উষ্ণতায় ঘটে।	(ii) নিউক্লিয় সংযোজনের জন্য অতি উচ্চ উষ্ণতার প্রয়োজন হয়।
(iii) নিউক্লিয় বিভাজনের তেজস্ক্রিয় রশ্মি নির্গত হয়।	(iii) নিউক্লিয় সংযোজনে তেজস্ক্রিয় রশ্মি নির্গত হয় না।
(iii) নিউক্লিয় বিভাজনের প্রচুর পরিমাণে শক্তি উৎপন্ন হয়।	(iii) নিউক্লিয় সংযোজনে উৎপন্ন শক্তি নিউক্লিয় বিভাজনে উৎপন্ন শক্তির তুলনায় বেশি।

(39) তেজস্ক্রিয় আইসোটোপের ব্যবহার :

● জীবদেহে বিভিন্ন অ্যামিনো অ্যাসিড থেকে প্রোটিন সংশ্লেষণ প্রক্রিয়া এবং আত্তিকরণ প্রক্রিয়া তেজস্ক্রিয় ^{15}N সমস্থানিকবিশিষ্ট যৌগের ব্যবহারের মাধ্যমে জানা যায়।

● ^{14}C সমস্থানিকবিশিষ্ট কার্বন ডাই - অক্সাইড ব্যবহার করে সালোকসংশ্লেষ প্রক্রিয়ার বিভিন্ন ধাপ সম্বন্ধে সঠিক ধারণা পাওয়া যায়।

● উদ্ভিদের মূল থেকে দেহের বিভিন্ন অংশে কীভাবে খাদ্যবস্তু পরিবাহিত হয়, তা তেজস্ক্রিয় ^{30}P ব্যবহারের মাধ্যমে জানা যায়।

● তেজস্ক্রিয় সমস্থানিক ^{131}I এবং সমস্থানিক ^{32}P ব্যবহার করে মস্তিষ্কে টিউমারের সঠিক অবস্থান নির্ণয় করা হয়।

● তেজস্ক্রিয় সমস্থানিক ^{60}Co এবং ^{131}I রেডিয়াম দুরারোগ্য ক্যানসারের চিকিৎসায় ব্যবহৃত হয়।

● লিউকোমিয়া রোগের চিকিৎসায় তেজস্ক্রিয় ^{32}P ব্যবহার করা হয়।

● পৃথিবীর বয়স বিভিন্ন অতি দীর্ঘ অর্ধজীবনসম্পন্ন তেজস্ক্রিয় মৌলের (যেমন - ইউরেনিয়াম, থোরিয়াম) রূপান্তর শ্রেণি ব্যবহার করে নির্ণয় করা যায়।

● তেজস্ক্রিয় কার্বন ^{14}C এর সাহায্যে কোনো কার্বনঘটিত পদার্থ যেমন - খনিজ, প্রস্তর বা পুরাতাত্ত্বিক বস্তু সমূহ, জীবাশ্ম ইত্যাদির বয়স নির্ণয়ের পদ্ধতিকে বলা হয় তেজস্ক্রিয় কার্বনের সাহায্যে তারিখীকরণ বা radio carbon dating।

(40) তেজস্ক্রিয় দূষণের সংজ্ঞা :

পারমাণবিক চুল্লি থেকে নির্গত তেজস্ক্রিয় বর্জ্য পদার্থ, চিকিৎসা ক্ষেত্রে এবং বিভিন্ন পরীক্ষা নীরিক্ষায় ব্যবহৃত তেজস্ক্রিয় আইসোটোপগুলি থেকে নির্গত তেজস্ক্রিয় পারমাণবিক কণা এবং পারমাণবিক বিস্ফোরণের পর ওর ভস্মগুলি পরিবেশে ছড়িয়ে পড়ে যে দূষণ ঘটায়, তাকে তেজস্ক্রিয় দূষণ বলে।

(41) তেজস্ক্রিয় দূষণের উৎস :

(i) মহাজাগতিক রশ্মি ও বায়ুমণ্ডলের সংঘর্ষের ফলে কিছু তেজস্ক্রিয় পদার্থের সৃষ্টি হয়।

(ii) ভূত্বকে অবস্থিত ইউরেনিয়াম ও থোরিয়ামের বিভিন্ন আকরিকগুলির মধ্যে তেজস্ক্রিয় মৌল থাকে যারা প্রতিনিয়ত তেজস্ক্রিয় রশ্মি বিকিরণ করে চলে।

(iii) বিভিন্ন তেজস্ক্রিয় পদার্থের খনি থেকে তেজস্ক্রিয় পদার্থের খনন, ধৌতকরণ ও বিশুদ্ধকরণ প্রক্রিয়ায় বায়ু দূষিত হয়।

(iv) বিদ্যুৎ উৎপাদনের জন্য পারমাণবিক চুল্লিতে ব্যবহৃত তেজস্ক্রিয় জ্বালানি থেকে নির্গত বর্জ্য গ্যাস বায়ু দূষিত করে।

(v) পারমাণবিক চুল্লির নিঃশেষিত জ্বালানিতে উপস্থিত বিভিন্ন ধরণের তেজস্ক্রিয় বর্জ্য গ্যাস, বিভিন্ন তরল ও কঠিন বর্জ্য পদার্থকে সংরক্ষণ ও অপসারণ সঠিকভাবে না করলে তা থেকে পরিবেশ দূষণের সম্ভাবনা থাকে।

(vi) বিভিন্ন দেশে পারমাণবিক অস্ত্র পরীক্ষার উদ্দেশ্যে বায়ুতে, মাটির উপরে, অভ্যন্তরে, সমুদ্রের নিচে পারমাণবিক বিস্ফোরণ ঘটায়। এর ফলে পরিবেশে অব্যবহৃত তেজস্ক্রিয় বিস্ফোরক পদার্থ ছড়িয়ে পড়ে।

(42) তেজস্ক্রিয় দূষণের প্রতিক্রিয়া :

(i) তেজস্ক্রিয় দূষণের ফলে মানুষের দেহকলার কোশ বিভাজন হ্রাস পায়।

(ii) ক্রোমোজম ও জনন কোশে মিউটেশন ঘটে।ফলে দেহে না নাথ প্রকার বিকৃতি দেখা যায়, যা পরবর্তি প্রজন্মেও বাহিত হয়।

(iii) দীর্ঘ সময় বা দীর্ঘকাল বেশিমাত্রায় তেজস্ক্রিয় বিকিরণের সংস্পর্শে থাকলে লিউকমিয়া, অস্থি টিউমার, ফুসফুসের ক্যান্সার, না না রকম স্নায়বিক গলযোগ, দৃষ্টিশক্তি হ্রাস পায়।

(43) তেজস্ক্রিয় দূষণ প্রতিরোধের উপায় :

(i) তেজস্ক্রিয় বর্জ্য পদার্থকে ভিট্রিফিকেশান পদ্ধতির মাধ্যমে বিশেষ ধরণের পাত্রে রেখে সিল করে মাটির অনেক নীচে পুঁতে অথবা সমুদ্রে ফেলে দেওয়া উচিৎ ।

(ii) ট্রান্সমিউটেশন পদ্ধতিতে উচ্চমাত্রার তেজস্ক্রিয় বর্জ্যকে অপেক্ষাকৃত কম ক্ষতিকর নিম্নমাত্রার বর্জ্যতে পরিণত করতে হবে।

(iii) তেজস্ক্রিয় বর্জ্যকে বিশেষ পদ্ধতির সাহায্যে পুণব্যবহারযোগ্য করে তুলতে হবে ।

আবার বিশেষ পদ্ধতির সাহায্যে তেজস্ক্রিয় বর্জ্য পদার্থকে মহাকাশে পাঠিয়ে দূষণ প্রতিরোধ করা যায় ।

(44) নিউক্লিয় রিঅ্যাক্টর (Nuclear reactor)

মূলনীতি : নিউক্লিয় রিঅ্যাক্টরে [নিউট্রন পুনরুৎপাদন গুণকের (neutron reproduction factor) মান 1 বা তার সামান্য বেশি রেখে] নিয়ন্ত্রিত নিউক্লিয় বিভাজন (controlled fission) ঘটানো হয় এবং বিদ্যুৎ উৎপাদন করা হয় ।

গঠন : একটি নিউক্লিয় রিঅ্যাক্টরের মূল অংশগুলি হল –

(i) কোর (core) বা বিক্রিয়ক মজ্জা : এটি ইস্পাত নির্মিত পাত্র, যার মধ্যে নিয়ন্ত্রিত নিউক্লিয় শৃঙ্খল বিক্রিয়া ঘটানো হয় । এই কোরের মধ্যে

(a) জ্বালানি দণ্ড (fuel rod) হিসেবে পরস্পর থেকে কিছুটা ব্যবধানে কয়েকটি ইউরেনিয়াম (U- 235) দণ্ড থাকে (যাকে তাপীয় নিউট্রন দ্বারা আঘাত করে বিভাজন ঘটানো হয়)

(b) দুটি ইউরেনিয়াম দণ্ডের মধ্যবর্তী স্থানে ক্যাডমিয়ামের তৈরি নিয়ন্ত্রক দণ্ড (control rod) থাকে (যা প্রয়োজনের অতিরিক্ত তাপীয় নিউট্রনগুলি শোষণ করে)

(c) মডারেটর (moderator) হিসেবে পাত্রের মধ্যে ভারী জল (D_2O) বা গ্রাফাইট চূর্ণ থাকে (যা বিভাজনে উৎপন্ন উচ্চ শক্তিসম্পন্ন নিউট্রনগুলিকে মন্দীভূত করে)

(d) কুল্যান্ট (coolant) বা শীতলকারক পদার্থ বা শীতক হিসেবে সাধারণত জল (বা গলিত ক্লোরাইড) থাকে (যা নিউক্লিয় বিক্রিয়ায় উৎপন্ন তাপশক্তি শোষণ করে) উল্লেখ্য উত্তপ্ত জল প্রেসারাইজারের সাহায্যে খুব উচ্চ চাপে রাখা হয়; তাই এই জলে স্ফুটন ঘটে না ।

(ii) হিট এক্সচেঞ্জার (heat exchanger) : এখানে কোর থেকে নির্গত তেজস্ক্রিয় প্রকৃতির উত্তপ্ত জল (কুল্যান্ট) থেকে তাপশক্তিকে অতেজস্ক্রিয় জলে সঞ্চালিত করা হয় ।

(iii) টারবাইন (Turbine): টারবাইন ঘুরিয়ে তড়িৎশক্তি উৎপন্ন করা হয় ।

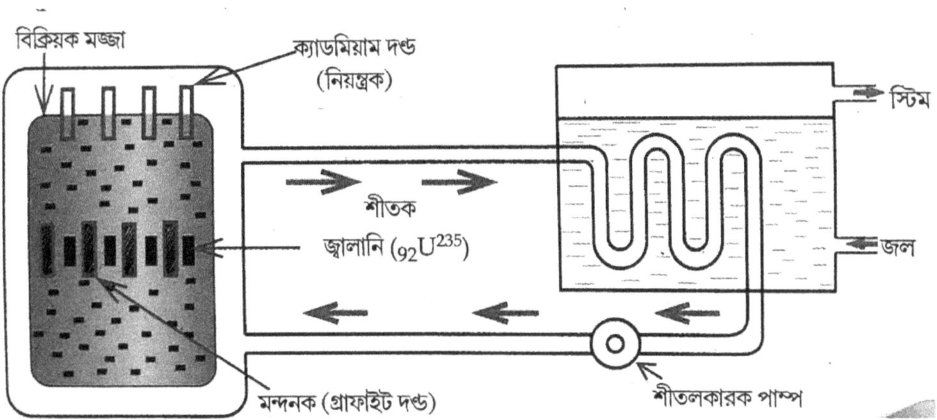

কার্যনীতি : কোনো ইউরেনিয়াম দণ্ডে নিউক্লীয় বিভাজন হলে উৎপন্ন অধিকাংশ নিউট্রনগুলি D_2O বা গ্রাফাইট চূর্ণের মধ্যে প্রবেশ করে । ফলে গতিবেগ কমে যায় এবং পার্শ্ববর্তী ইউরেনিয়াম দণ্ডে বিভাজন শুরু করে । মজ্জার গঠন এইরূপ করা হয় যেন প্রতি বিভাজনে উৎপন্ন নিউট্রনের (গড়ে 2.5) একটি নিউট্রন পরবর্তী বিভাজনে অংশ নেয় এবং প্রয়োজনের অতিরিক্ত নিউট্রনগুলি ক্যাডমিয়াম দণ্ড শোষণ করে । ক্যাডমিয়াম দণ্ডগুলি একটু উপরে উঠিয়ে বা নামিয়ে বা কয়েকটি উপরে বা কয়েকটি নিচে রেখে শৃঙ্খল বিক্রিয়া নিয়ন্ত্রণ করা হয় ।

বিক্রিয়ক মজ্জাটিকে ঠান্ডা রাখার জন্য এর চারপাশ দিয়ে উচ্চচাপে জলের প্রবাহ পাঠানো হয় । জল (coolant) মজ্জা থেকে তাপ শোষণ করে হিট এক্সচেঞ্জারে এসে পৌছায় এবং সেখানে ওই তাপশক্তিকে অতেজস্ক্রিয় জলে সঞ্চালিত করা হয় । অত্যন্ত উত্তপ্ত অতেজস্ক্রিয় জলকে কন্ক্রিট শিল্ডিঙের (concrete shielding) বাইরে নিয়ে এসে বাষ্পে পরিণত করা হয় । এই বাষ্প টারবাইনে আসে এবং টারবাইন ঘুরিয়ে তড়িৎশক্তি উৎপন্ন করা হয় ।

অনুশীলনী || নিউক্লিয় পদার্থবিজ্ঞান

(1) নিউক্লিয়াস

(1) নিউক্লিয় বল কাকে বলে ? (1)

(2) নিউক্লিয় বলের দুটি বৈশিষ্ট্য লেখো । (2)
অথবা, নিউক্লিয় বলের এমন একটি বৈশিষ্ট্য লেখো যা নিউক্লিয় বলকে কুলম্বের বলের থেকে পৃথক করে ।

(3) নিউক্লিয় বল ও স্থিরতড়িৎ বলের দুটি পার্থক্য লেখো। (2)

(4) পরমাণুর নিউক্লিয়াসের ব্যাসার্ধের (R) সঙ্গে ভরসংখ্যার (A) সম্পর্কটি লেখো ।[1]

(5) দুটি নিউক্লিয়াসের ভরসংখ্যার অনুপাত $8 : 125$ হলে তাদের নিউক্লিয় ব্যাসার্ধের অনুপাত কত ? [2]

(6) নিউক্লিয়াসের আকৃতি গোলাকার ধরে নিউক্লিয়াসের ভরসংখ্যার সাপেক্ষে দুটি নিউক্লিয়াসের পৃষ্ঠতলের ক্ষেত্রফলের তুলনা করো । (1)

(7) দেখাও যে, কোনো নিউক্লিয়াসের ঘনত্ব তার ভরসংখ্যার (A) ওপর নির্ভরশীল নয় । [2]
অথবা, $R = R_0 A^{\frac{1}{3}}$ যেখানে, R_0 = ধ্রুবক, A = ভরসংখ্যা, R = নিউক্লিয়াসের ব্যাসার্ধ । এই সম্পর্ক ধরে নিয়ে দেখাও যে, নিউক্লিয় ঘনত্ব ভরসংখ্যা এর ওপর নির্ভর করে না ।(2)

(8) দুটি নিউক্লিয়াসের ভরসংখ্যার অনুপাত $27 : 125$ হলে তাদের নিউক্লিয়াসের ঘনত্বের অনুপাত কত ? (1)

(9) নিউক্লিয়াসের ভরত্রুটি বলতে কীবোঝ ? (2)

(10) নিউক্লিয়াসের বন্ধনশক্তি কাকে বলে ? (2)

(11) ভরত্রুটি (mass defect) ও বন্ধন শক্তির (binding energy) মধ্যে সম্পর্কটি লেখো । [1]

(12) বন্ধনশক্তি প্রতি নিউক্লিয়ন বলতে কীবোঝ ? [1]

(13) ভরসংখ্যার সঙ্গে নিউক্লিয়ন প্রতি বন্ধন-শক্তির পরিবর্তনের লেখচিত্র অঙ্কন করো এবং লেখচিত্রটি ব্যাখ্যা করো ।

অথবা, পরমাণুর ভরসংখ্যার সাথে নিউক্লীয় কণাপ্রতি বন্ধনশক্তির পরিবর্তনের লেখচিত্রটি অঙ্কন করো এবং ঐ লেখচিত্রে সুস্থির ও অস্থির অঞ্চলদুটি চিহ্নিত করো । [2]

অথবা, ভরসংখ্যার সঙ্গে নিউক্লিয়ন প্রতি বিন্ধন শক্তির লেখচিত্র থেকে নিউক্লিয় বিভাজন ও নিউক্লিয় সংযোজন প্রক্রিয়া ব্যাখ্যা করো ।

(14) ম্যাজিক সংখ্যা কী ? [1]

(15) নিউক্লিয়াসের উৎবৃত্ত ভর বা ভর আধিক্য কাকে বলে ?

(16) সমাবেশ ভগ্নাংশ বলতে কী বোঝ ?

(2) তেজস্ক্রিয়তা

(1) স্বাভাবিক তেজস্ক্রিয়তা কাকে বলে ? (1)

(2) তেজস্ক্রিয়তার দুটি বৈশিষ্ট্য লেখো। (2)

(3) তেজস্ক্রিয়তা পরমাণুর নিউক্লিয়াসের ধর্ম – ব্যাখ্যা করো ।

(4) নিম্নলিখিত বিষয়গুলির ভিত্তিতে α, β ও γ রশ্মির তুলনা করো :

(i) ভর
(ii) আধান

(iii) গ্যাসকে আয়নিত করার ক্ষমতা
(iv) ভেদনক্ষমতা ।

(5) কোন প্রকার তেজস্ক্রিয় বিকিরণ তড়িৎ বা চৌম্বক ক্ষেত্রে বিক্ষিপ্ত হয় না ? (1)

(6) কোনো মৌলের পরমাণুর নিউক্লিয়াস থেকে একটি α কণা নির্গত হলে পারমাণবিক সংখ্যা ও ভরসংখ্যার কীরূপ পরিবর্তন হয় ? (1)

(7) কোনো কোনো তেজস্ক্রিয় খনিতে হিলিয়াম গ্যাস থাকে কেন ? (1)

(8) কোনো মৌলের পরমাণুর নিউক্লিয়াস থেকে একটি β^- কণা নির্গত হলে পারমাণবিক সংখ্যা ও ভরসংখ্যার কীরূপ পরিবর্তন হয় ? (1)

অথবা, β ক্ষয়ের সমীকরণটি লেখো। [H.S. – 2017]

(9) পরমাণুর নিউক্লিয়াসে ইলেকট্রন না থাকলেও তেজস্ক্রিয় মৌলের পরমাণু থেকে β^- কণারূপে ইলেকট্রন নির্গত হয় কীভাবে?

(10) কোনো নিউট্রন থেকে একটি β^- কণা বেরিয়ে এলে প্রয়োজনীয় রূপান্তরক সমীকরণটি লেখো। (1)

(11) তেজস্ক্রিয় মৌলের পরমাণুর নিউক্লিয়াস থেকে β^+ বিঘটন পক্রিয়াটি লেখো। (2)

(12) নিউট্রনোকে শনাক্ত করা দুঃসাধ্য কেন ? (1)

(13) কোনো মৌলের কোনো পরমাণু থেকে β কণারূপে ইলেকট্রন নির্গত হলে মৌলটি অন্য মৌলে পরিণত হয় কিন্তু সাধারণ ইলেকট্রন নির্গমণ হলে এইরূপ হয় না কেন ?

(14) ব্যাখ্যা করো : α ও β কণা আধানযুক্ত। কিন্তু তেজস্ক্রিয় মৌল থেকে α ও β কণা নির্গমণের ফলে প্রাপ্ত মৌলের পরমাণুগুলি নিস্তড়িৎ।

অথবা, α ও β কণা নির্গমণের ফলে আয়নের সৃষ্টি হলেও উৎপন্ন নতুন মৌলগুলি নিস্তড়িৎ প্রকৃতির হয় কেন ?

(15) α কণা বা β কণা নির্গমনের পূর্বে কোনো প্রাকৃতিক তেজস্ক্রিয় মৌল থেকে γ রশ্মি নির্গত হতে পারে কি ?

অথবা, কখন কোন তেজস্ক্রিয় মৌল থেকে γ রশ্মি নির্গত হয় ?

(16) তেজস্ক্রিয় বিঘটনের (ফ্যাজান ও সডির) সরণ সূত্রটি উদাহরণসহ লেখো।

(17) তেজস্ক্রিয় বিঘটনের (ফ্যাজান ও সডির) সরণ সূত্র থেকে কীভাবে আইসোটোপের ধারণা পাওয়া যায় ?

(18) যে কোনো তেজস্ক্রিয় পদার্থের খনিজে লেড বর্তমান থাকার কারণ কী ?

(19) কোনো একটি তেজস্ক্রিয় আইসোটোপ থেকে α, β ও γ-এই তিন প্রকার রশ্মি নির্গত হয় না কিন্তু কোনো তেজস্ক্রিয় মৌলের নমুনা থেকে তিন প্রকার রশ্মি নির্গত হতে দেখা যায় কেন?

(20) সাধারণ রাসায়নিক বিক্রিয়ার ক্ষেত্রে কোনো মৌলের সব আইসোটোপের রাসায়নিক ধর্ম একই থাকে কিন্তু তেজস্ক্রিয় পরিবর্তন বিশেষ আইসোটোপের উপর নির্ভরশীল হয় কেন ?

(21) দেহের অভ্যন্তরে α কণা β কণার থেকে বেশি ক্ষতিসাধন করে কেন ? বাইরের কোনো উৎস থেকে শরীরে এই বিকিরণগুলি আপতিত হলেও কি এই বক্তব্যটি একইভাবে প্রযোজ্য?

(22) ${}^{222}_{86}A \rightarrow {}^{210}_{84}B$ -বিক্রিয়াটিতে কয়টি α এবং β-কণা নিঃসৃত হয় ?

[Ans : 3 টি α কণা এবং 4 টি β-কণা]

(23) ${}^{238}_{92}U$ কেন্দ্রক থেকে ক্রমান্বয়ে আটটি α কণা ও ছয়টি β-কণা নির্গত হলে যে নতুন মৌলিক পদার্থের সৃষ্টি হয়, তার ভরসংখ্যা ও পারমাণবিক সংখ্যা প্রতীকের সাহায্যে দেখাও।

[Ans : ${}^{206}_{82}Pb$]

(24) একটি তেজস্ক্রিয় মৌলের বিভাজনের ধাপগুলি নিম্নরূপ:

$$D \xrightarrow{\ -\alpha\ } D_1 \xrightarrow{\ -\beta\ } D_2$$

D_2 এর পারমাণবিক সংখ্যা ও ভরসংখ্যা যথাক্রমে 71 ও 176 হলে D এর পারমাণবিক সংখ্যা ও ভরসংখ্যা কত ?

[Ans : $Z = 72$ ও $A = 180$]

(25) একটি তেজস্ক্রিয় আইসোটোপ A এর বিভাজন নীচের সমীকরণ অনুসারে হয় -

$$A \xrightarrow{\ -\alpha\ } A_1 \xrightarrow{\ -\beta\ } A_2 \xrightarrow{\ -\alpha\ } A_3 \xrightarrow{\ -\gamma\ } A_4$$

যদি A_4 এর ভরসংখ্যা ও পারমাণবিক সংখ্যা 172 ও 69 হয় তবে A এর ভরসংখ্যা ও পারমাণবিক সংখ্যা কত ?

[Ans : ভরসংখ্যা $= 72$ ও পারমাণবিক সংখ্যা $= 180$]

(26) একটি তেজস্ক্রিয় মৌলের বিভাজনের ধাপগুলি নিম্নরূপ:

$$A \xrightarrow{\ -\beta^+\ } A_1 \xrightarrow{\ -\alpha\ } A_2$$

A_2 এর পারমাণবিক সংখ্যা ও ভরসংখ্যা যথাক্রমে 71 ও 176 হলে A ও A_1 এর পারমাণবিক সংখ্যা ও ভরসংখ্যা কত ? এগুলির মধ্যে কোনগুলি আইসোবার ?

[Ans : $Z = 74$ ও $A = 180$]

(27) রাসায়নিক পরিবর্তন ও তেজস্ক্রিয় পরিবর্তনের মধ্যে পার্থক্য লেখো।(2)

(28) তেজস্ক্রিয় বিঘটনের সূত্রটি লেখো। [1]

অথবা, তেজস্ক্রিয় ক্ষয়ের সূত্রটি বিবৃত করো।[1]

(29) তেজস্ক্রিয় বিঘটনের সূচকীয় সূত্রটি প্রতিষ্ঠা করো। (2)

অথবা, প্রমাণ করো : $N = N_0\, e^{-\lambda t}$ (যেখানে সংকেতগুলি প্রচলিত অর্থবহন করে)

(30) তেজস্ক্রিয় বিঘটন সূত্রটি একটি লেখচিত্রের সাহায্যে প্রকাশ করো। (1)

(31) দেখাও যে, কোনো তেজস্ক্রিয় আইসোটোপ বিভাজন প্রক্রিয়ায় নিঃশেষিত হতে অসীম সময়ের প্রয়োজন হয়। [2]

(32) বিভাজন ধ্রুবক কাকে বলে ? এর একক কী ? [1+1]

(33) কোনো একটি তেজস্ক্রিয় মৌলের বিভাজন ধ্রুবকের মান কি নির্দিষ্ট ? [1]

(34) অর্ধায়ু কাকে বলে ? [1]

(35) $^{226}_{88}Ra$-এর অর্ধায়ু 1590 বছর- বলতে কীবোঝ ?

(36) অর্ধায়ু ও বিভাজন ধ্রুবকের মধ্যে সম্পর্কটি নির্ণয় করো।

(37) তেজস্ক্রিয় মৌলের গড় আয়ু বলতে কীবোঝ ? মৌলটির অর্ধায়ুর সঙ্গে এর সম্পর্ক কী ? [1+1]

(38) কোনো তেজস্ক্রিয় মৌলের অর্ধায়ু $T_\frac{1}{2}$ ও গড় আয়ু T হলে এদের মধ্যে সম্পর্কটি লেখো । (1)

(39) তেজস্ক্রিয় মৌলের সক্রিয়তা (activity) বলতে কীবোঝ? এর SI একক কী ? [1+1] [XII – 2018]

(40) তেজস্ক্রিয়তার ব্যবহারিক এককটি লেখো এবং এর সংজ্ঞা দাও।

(41) একটি তেজস্ক্রিয় নমুনার অর্ধজীবনকাল 1 y । 2 y এ নমুনাটির কত অংশ ক্ষয়প্রাপ্ত হবে ? [1]

(42) একটি তেজস্ক্রিয় পদার্থের অর্ধায়ু 30 দিন । পদার্থটিতে পরমাণুর সংখ্যা 10^{12} । প্রতি সেকেন্ডে পদার্থটির কতগুলি পরমাণুর বিঘটন ঘটবে ? [XII – 2018]

(3) নিউক্লিয় বিক্রিয়া

(1) নিউক্লিয় বিক্রিয়ায় নিউট্রনকে আদর্শ প্রক্ষেপক (projectile) হিসেবে বিবেচনা করা হয় কেন ? [1]

(2) তাপীয় নিউট্রন কী ? (1)

(3) নিউক্লিয় বিভাজন (nuclear fission) বিক্রিয়া কাকে বলে ? উদাহরণ দাও ।[1]

(4) নিউক্লিয় বিভাজন বিক্রিয়ার দুটি বৈশিষ্ট্য লেখো ।[1]

(5) নিউক্লিয় শৃঙ্খল বিক্রিয়া (Nuclear chain reaction) কাকে বলে ? [1]

(6) সংকট ভর (critical mass) কাকে বলে ? [1]

(7) নিউক্লিয় বিক্রিয়া ও রাসায়নিক বিক্রিয়ার মধ্যে পার্থক্য লেখো।[2]

(8) নিউক্লিয় সংযোজন (nuclear fusion) বিক্রিয়া কাকে বলে ? উদাহরণ দাও ।[1]

(9) কেন্দ্রীয় সংযোজন ও বিভাজনের মধ্যে দুটি পার্থক্য লেখো ।

(10) কেন্দ্রীয় সংযোজনের আগে কেন্দ্রীয় বিভাজন ঘটানো হয় কেন? [1]

(11) (a) পারমাণবিক বোমা, (b) হাইড্রোজেন বোমাতে কী ধরনের নিউক্লিয় বিক্রিয়া ঘটানো হয় ? [1]

(12) সূর্যের শক্তির উৎস কী ? [1]

(13) কৃত্রিম তেজস্ক্রিয়তা বলতে কীবোঝ ? উদাহরণ দাও ।

(14) রেডিয়ো আইসোটোপ কী ? এর দুটি ব্যবহার লেখো ।

(15) একটি তেজস্ক্রিয় আইসোটোপের নাম উল্লেখ করে ব্যবহার লেখো । (1)

(16) রেডিও কার্বন ডেটিং বলতে কীবোঝ ? [1]

(17) রেডিও কার্বন ডেটিং-এর সাহায্যে কীভাবে প্রাচীন বস্তুর বয়স নির্ণয় করা যায় ? [2]

(18) নিউক্লিয় রিঅ্যাক্টর কী ? এর গঠন বর্ণনা করো ও কার্যপ্রণালী ব্যাখ্যা করো । [3]

(19) একটি অ্যালুমিনিয়াম ($^{27}_{13}Al$) নিউক্লিয়াসকে প্রোটন দ্বারা আঘাত করলে তা α-কণা নিঃসরণ করে অন্য মৌলের নিউক্লিয়াসে পরিণত হয় । (i) এই নিউক্লিয় বিক্রিয়ার সমীকরণটি লেখো ।(ii) বিক্রিয়ার পরবর্তী নিউক্লিয়াসটি কোন্ মৌলের ?

(20) একটি কেন্দ্রীন (নিউক্লিয়াস) X-এর ওপর একটি α-কণা আপতিত হলে নিচের মিথক্রিয়া অনুসারে আর-একটি কেন্দ্রীন Y ও দুটি β^- কণা উৎপন্ন হয়। $^{88}_{37}X + \alpha \rightarrow {}^{x}_{y}Y + 2\beta^-$; x ও y-এর মান নির্ণয় করো ।[1]

(21) $X (n, \alpha) {}^{7}_{3}Li$ নিউক্লিয় বিক্রিয়ার X নিউক্লিয়াসটি শনাক্ত করো ।[1]

(22) নিউক্লিয় সমীকরণগুলি সম্পূর্ণ করো :

(1) $^{27}_{13}Al + \alpha \rightarrow {}^{30}_{15}P + ?$

(2) $^{14}_{7}N + {}^{4}_{2}He \rightarrow {}^{17}_{8}O + ?$

(3) $^{18}_{9}F + {}^{1}_{1}H \rightarrow {}^{16}_{8}O + ?$

(4) $^{25}_{12}\text{Mg} + ? \rightarrow {}^{22}_{11}\text{Na} + {}^{4}_{2}\text{He}$

(5) $^{6}_{3}\text{Li} + {}^{1}_{0}\text{n} \rightarrow {}^{4}_{2}\text{He} + ?$

(6) $^{1}_{1}\text{H} + {}^{1}_{1}\text{H} + {}^{1}_{1}\text{H} + {}^{1}_{1}\text{H} \rightarrow {}^{4}_{2}\text{He} + ?$

(7) $^{14}_{6}\text{C} \rightarrow ? + {}^{0}_{-1}\beta$

(8) $^{27}_{13}\text{Al} + ? \rightarrow {}^{28}_{14}\text{Si} + {}^{0}_{-1}\beta$

(9) $^{2}_{1}\text{H} + {}^{2}_{1}\text{H} \rightarrow ? + {}^{1}_{0}\text{n}$

(10) $^{235}_{92}\text{U} + {}^{1}_{0}\text{n} \rightarrow {}^{141}_{56}\text{Ba} + {}^{92}_{36}\text{Kr} + ?$

(11) $^{226}_{88}\text{Ra} \rightarrow {}^{222}_{86}\text{Rn} + ?$

(12) $^{14}_{7}\text{N} + {}^{4}_{2}\text{He} \rightarrow ? + {}^{1}_{1}\text{H}$

(13) $^{27}_{13}\text{Al} + {}^{4}_{2}\text{He} \rightarrow {}^{30}_{15}\text{P} + ?$

(14) $^{9}_{4}\text{Be} + {}^{4}_{2}\text{He} \rightarrow ? + {}^{1}_{0}\text{n}$

(15) $^{32}_{15}\text{P} \rightarrow {}^{32}_{16}\text{S} + ?$

(23) একটি নিউক্লিয় বিভাজনে 0.2 u মানের ভর শক্তিতে রূপান্তরিত হয় । কত জুল শক্তি উৎপন্ন হচ্ছে ? [1 u $= 1.66 \times 10^{-27}$ kg] (2)

(24) সূর্যের অভ্যন্তরে 1 kg হাইড্রোজেনের সংযোজন বিক্রিয়ায় এবং নিউক্লিয় রিঅ্যাক্টরে 1 kg $^{235}_{92}\text{U}$ -এর বিভাজনের ফলে কত তাপশক্তি পাওয়া যাবে? এই দুই শক্তির অনুপাত নির্ণয় করো । (2)

(5) Electronic Devices
বৈদ্যুতিক যন্ত্রাদি

<table>
<tr><td colspan="4" align="center">বৈদ্যুতিক যন্ত্রাদি</td></tr>
<tr><td>1</td><td>পদার্থের শ্রেণিবিভাগ ও পট্টিতত্ত্ব</td><td>2</td><td>অর্ধপরিবাহী ও তার ধর্ম</td></tr>
<tr><td>3</td><td>বিশুদ্ধ অর্ধপরিবাহী</td><td>4</td><td>অবিশুদ্ধ অর্ধপরিবাহী</td></tr>
<tr><td>5</td><td>p-n সংযোগ ডায়োড</td><td>6</td><td>বিভিন্ন প্রকার অর্ধপরিবাহী ডায়োড</td></tr>
</table>

পদার্থের শ্রেণিবিভাগ ও পট্টিতত্ত্ব

(1) তড়িৎপরিবাহীতার ভিত্তিতে পদার্থের শ্রেণিবিভাগ ;

প্রকারভেদ	সংজ্ঞা ও উদাহরণ	পরিবাহীতাঙ্ক	রোধাঙ্ক
ধাতব পরিবাহী	যে সমস্ত পদার্থে বিপুল সংখ্যক মুক্ত ইলেকট্রন (free electron) থাকায় অতি সহজে তড়িৎপরিবহণ করতে পারে, তাদের পরিবাহী বলে।	$10^2 \Omega^{-1} m^{-1}$ থেকে $10^8 \, \Omega^{-1} m^{-1}$	$10^{-2} \, \Omega m$ থেকে $10^{-8} \, \Omega m$
অর্ধ পরিবাহী	যে সমস্ত পদার্থে মুক্ত ইলেকট্রন না থাকলেও খুব সহজে বিপুল পরিমাণে মুক্ত ইলেকট্রন সৃষ্টি করে তড়িৎ পরিবাহনের উপযোগী করা যায় তাদের অর্ধপরিবাহী বলে।	$10^5 \, \Omega^{-1} m^{-1}$ থেকে $10^{-6} \Omega^{-1} m^{-1}$	$10^{-5} \, \Omega \, m$ থেকে $10^6 \, \Omega \, m$
অন্তরক	যে সমস্ত পদার্থে মুক্ত ইলেকট্রনের সংখ্যা নগন্য এবং সহজে মুক্ত ইলেকট্রন সৃষ্টি করা যায় না, তাদের অন্তরক বলে।	$10^{-11} \Omega^{-1} m^{-1}$ থেকে $10^{-19} \Omega^{-1} m^{-1}$	$10^{11} \, \Omega \, m$ থেকে $10^{19} \, \Omega \, m$

[Source : Physics (Part – II), Text Book For Class XII By NCERT]

(2) কঠিন পদার্থের পট্টিতত্ত্ব (Band Theory of Solid)

- কেলাসাকার কঠিন পদার্থের মধ্যে পরমাণু, অণু বা আয়নগুলি পর্যবৃত্ত বিন্যাসে সজ্জিত থাকে।
- একটি বিচ্ছিন্ন পরমাণুর কক্ষস্থ ইলেকট্রন শুধুমাত্র ওই পরমাণুর নিউক্লিয়াস দ্বারা আকর্ষিত হলেও কেলাসের মধ্যে একটি ইলেকট্রনের উপর সংশ্লিষ্ট পরমাণুর নিউক্লিয়াসের ক্রিয়া ছাড়াও অন্যান্য পরমাণুগুলির নিউক্লিয়াসেরও প্রভাব থাকে।
- এই প্রভাবের ফলে ইলেকট্রনের অনুমোদিত নির্দিষ্ট শক্তিস্তরগুলি অন্যান্য পরমাণুর ইলেকট্রনের শক্তিস্তরের সঙ্গে পারস্পরিক ক্রিয়া ঘটায়।
- এই পারস্পরিক ক্রিয়ার জন্য নির্দিষ্ট শক্তিস্তরগুলির (যেমন - 1s, 2s, 2p,...... ইত্যাদি) বিভাজন ঘটে এবং কেলাসের মধ্যে N সংখ্যক পরমাণু থাকলে খুব কম শক্তি পার্থক্যে N সংখ্যক শক্তিস্তর ঘনসন্নিবিষ্ট হয়ে শক্তি পট্টি (energy

band) গঠন করে। কোনো কঠিন পদার্থের কেলাসের প্রতি cm^3 এ প্রায় 10^{23} সংখ্যক পরমাণু থাকে । ফলে ঘনসন্নিবিষ্ট শক্তিস্তরগুলি প্রায় অবিচ্ছিন্ন শক্তিপটিতে পরিণত হয় ।

● কোনো পদার্থের সর্ববহিস্থ যে শক্তি পটি অনুমোদিত ইলেক্ট্রনের দ্বারা ভর্তি থাকে, তাকে যোজ্যতা পটি (valence band) বলে। যোজ্যতা পটির ঠিক উপরের পটিকে পরিবহণ পটি (conduction band) বলে ।

● পরিবহন পটিতে কোনো ইলেক্ট্রন থাকে না বা থাকলেও আংশিকভাবে পূর্ণ থাকে । ফলে পরিবহন পটিতে কোনো ইলেক্ট্রন থাকলে তা প্রায় মুক্তভাবে থাকে এবং তড়িৎ পরিবহনে অংশ গ্রহণ করে ।

যোজ্যতা পটির সর্বোচ্চ শক্তিকে যোজ্যতা পটিশক্তি (E_v) বলা হয় এবং পরিবহন পটির সর্বনিম্ন শক্তিকে পরিবহন পটিশক্তি (E_c) বলা হয় । এই দুই পটিশক্তির পার্থক্যকে বলা হয় পটি ফাঁক বা পটি ব্যবধান (band gap) বা নিষিদ্ধ ফাঁক (forbidden gap) $E_g = E_c - E_v$ । কঠিন পদার্থের তড়িৎ পরিবাহিতা (electrical conductivity) এই পটি ব্যবধানের ধর্মের উপর নির্ভর করে ।

(3) পটিতত্ত্বের সাহায্যে পদার্থের শ্রেণিবিভাগ :

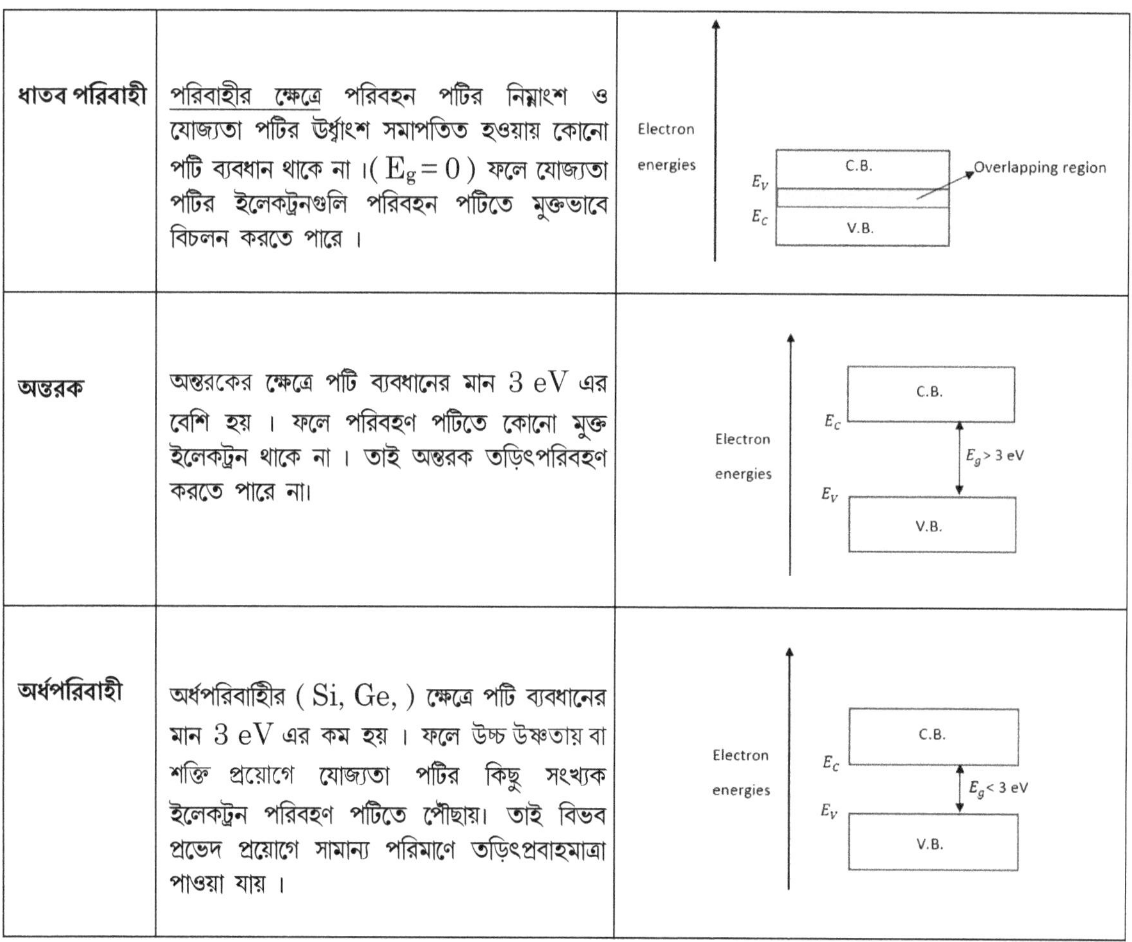

ধাতব পরিবাহী	পরিবাহীর ক্ষেত্রে পরিবহন পটির নিম্নাংশ ও যোজ্যতা পটির উর্ধ্বাংশ সমাপতিত হওয়ায় কোনো পটি ব্যবধান থাকে না ।($E_g = 0$) ফলে যোজ্যতা পটির ইলেক্ট্রনগুলি পরিবহন পটিতে মুক্তভাবে বিচলন করতে পারে ।	
অন্তরক	অন্তরকের ক্ষেত্রে পটি ব্যবধানের মান $3\,eV$ এর বেশি হয় । ফলে পরিবহন পটিতে কোনো মুক্ত ইলেক্ট্রন থাকে না । তাই অন্তরক তড়িৎপরিবহণ করতে পারে না।	
অর্ধপরিবাহী	অর্ধপরিবাহীর (Si, Ge,) ক্ষেত্রে পটি ব্যবধানের মান $3\,eV$ এর কম হয় । ফলে উচ্চ উষ্ণতায় বা শক্তি প্রয়োগে যোজ্যতা পটির কিছু সংখ্যক ইলেক্ট্রন পরিবহণ পটিতে পৌঁছায়। তাই বিভব প্রভেদ প্রয়োগে সামান্য পরিমাণে তড়িৎপ্রবাহমাত্রা পাওয়া যায় ।	

Band Gap : জার্মেনিয়ামের ক্ষেত্রের পটিব্যধান $E_g \approx 0.72\,eV$ এবং সিলিকনের ক্ষেত্রের পটি ব্যাবধান $E_g \approx 1.1\,eV$

অর্ধপরিবাহী ও তার ধর্ম

(1) অর্ধপরিবাহীর সংজ্ঞা :

● **সাধারণ সংজ্ঞা :** যে সমস্ত পদার্থের তড়িৎপরিবাহিতা পারিবাহী ও অন্তরকের তড়িৎপরিবাহিতার মাঝামাঝি তাদের অর্ধপরিবাহী বলে ।

● **শক্তি পটিতত্ত্বের সাহায্যে সংজ্ঞা :** যে সমস্ত পদার্থের যোজ্যতা পটি প্রায় পূর্ণ থাকে ও পরিবহণ পটি প্রায় ফাঁকা থাকে এবং এই দুই শক্তি পটির মধ্যে ব্যবধান অনেক কম ($E_g \approx 1\ eV$), তাদের অর্ধপরিবাহী বলে ।

(2) অর্ধ পরিবাহীর উদাহরণ :

● **মৌলিক অর্ধ পরিবাহী :** সিলিকন (Si) এবং জার্মেনিয়ান (Ge)

● **যৌগিক অর্ধপরিবাহী :**

অজৈব : CdS , GaAs, CdSe, InP etc

জৈব : অ্যানথ্রাসিন (anthracene), ডোপ্ড থ্যালোসায়ানিন (doped pthalocyanines)

জৈব পলিমার : পলিপাইরোল (polypyrrole), পলি অ্যানিলিন (polyaniline), পলিথায়োপিন (polythiophence).

(3) অর্ধ পরিবাহীর ধর্ম :

(i) অর্ধপরিবাহীর তড়িৎ পরিবাহিতা পরিবাহী অপেক্ষা অনেক কম ।

(ii) পরম শূন্য উষ্ণতায় কোনো অর্ধপরিবাহী অন্তরকের (insulator) ন্যায় আচরণ করে ।

(iii) উষ্ণতা বৃদ্ধিতে অর্ধপরিবাহীর তড়িৎ পরিবাহিতা (electrical conductivity) বৃদ্ধি পায় । অর্থাৎ অর্ধপরিবাহীর ক্ষেত্রে রোধের উষ্ণতা গুণাঙ্ক ঋণাত্মক ।

(iv) অর্ধপরিবাহীর ক্ষেত্রে আধান বাহক হল ইলেকট্রন (electron) ও হোল বা গর্ত (hole) ।

(4) তড়িৎ পরিবহনের বিচারে পরিবাহী ও অর্ধপরিবাহীর পার্থক্য :

বিষয়	ধাতব পরিবাহী	অর্ধপরিবাহী
তড়িৎ পরিবাহিতা	ধাতব পরিবাহীর তড়িৎ পরিবাহিতা অত্যাধিক ।	অর্ধপরিবাহীর তড়িৎ পরিবাহিতা ধাতব পরিবাহী অপেক্ষা অনেক কম।
আধান বাহক	ধাতব পরিবাহীতে আধান বাহক হল মুক্ত ইলেকট্রন ।	অর্ধ পরিবাহীতে আধান বাহক হল ইলেকট্রন ও হোল বা গর্ত (hole)
উষ্ণতার প্রভাব	উষ্ণতা বৃদ্ধিতে ধাতব পরিবাহীর রোধ বৃদ্ধি পাওয়ার ফলে তড়িৎ পরিবাহিতা হ্রাস পায় ।	উষ্ণতা বৃদ্ধিতে অর্ধপরিবাহীর রোধ হ্রাস পাওয়ায় তড়িৎ পরিবাহিতা বৃদ্ধি পায় ।

(5) অর্ধ পরিবাহীর শ্রেণিবিভাগ :

অর্ধপরিবাহী দুই প্রকার । যথা -

(i) শুদ্ধ অর্ধপরিবাহী বা সহজাত অর্ধপরিবাহী (Pure or Intrinsic Semiconductor)

(ii) অশুদ্ধ অর্ধপরিবাহী (Impure or Extrinsic Semiconductor)।

বিষয়	শুদ্ধ অর্ধপরিবাহী বা সহজাত অর্ধপরিবাহী	অবিশুদ্ধ অর্ধপরিবাহী
অপদ্রব্য	শুদ্ধ অর্ধ পরিবাহীতে কোনো অপদ্রব মেশান থাকে না।	অবিশুদ্ধ অর্ধপরিবাহীতে অপদ্রব মেশান থাকে ।
আধান বাহক	ইলেকট্রন ও হোলের সংখ্যা ঘনত্ব সমান ।	ইলেকট্রন ও হোলের সংখ্যা ঘনত্ব পৃথক ।

তড়িৎ পরিবাহীতা	শুদ্ধ অর্ধপরিবাহীর তড়িৎপরিবাহীতা কম ।	অশুদ্ধ অর্ধ পরিবাহীর তড়িৎ পরিবাহীতা বেশি ।

বিশুদ্ধ অর্ধপরিবাহী

বিশুদ্ধ অর্ধপরিবাহী সিলিকন বা জার্মেনিয়ামে চারটি যোজ্যতা ইলেকট্রন থাকে, তাই যোজ্যতা ইলেকট্রনের প্রতিটি পার্শ্ববর্তী নিকটতম চারটি পরমাণুর এক-একটির সাথে সমভাবে ভাগ করে নেওয়ার প্রবণতা দেখা যায় । এই অংশীদারী ইলেকট্রন যুগল সমূহ সমযোজী বন্ধন গঠন করে ।

উষ্ণতার প্রভাব : উষ্ণতার পরিবর্তনের সঙ্গে অর্ধপরিবাহীর তড়িৎ পরিবাহীতার পরিবর্তন হয় ।

যোজ্যতা বন্ধনদ্বারা ব্যাখ্যা (Valence Bond Description)	পটি তত্ত্বের সাহায্যে ব্যাখ্যা (Energy Band Description)
$T = 0\,K$ এ অর্ধপরিবাহীর সমযোজী বন্ধনগুলি (covalent bond) খুব দৃঢ় হওয়ায় কোনো মুক্ত ইলেকট্রন থাকে না । তাই $0\,K$ এ **অর্ধপরিবাহী অন্তরকের (insulator) ন্যায় আচরণ করে ।** $T > 0\,K$ এ তাপীয় উত্তেজনায় অর্ধপরিবাহীর কিছু সমযোজী বন্ধন (covalent bond) ভেঙ্গে ইলেকট্রন মুক্ত হয় এবং সমযোজী বন্ধনের স্থানে একটি ইলেকট্রন শূন্যতা বা হোল (hole) সৃষ্টি হয় । উষ্ণতা বৃদ্ধিতে আরো বেশি সংখ্যক ইলেকট্রন - হোল যুগের (electron-hole pairs) সৃষ্টি হওয়ায় বিভবপ্রভেদ প্রয়োগ করলে সামান্য পরিমাণে তড়িৎ প্রবাহমাত্রা পাওয়া যায় । অর্থাৎ **অর্ধপরিবাহীর ক্ষেত্রে উষ্ণতা বৃদ্ধি করলে পরিবাহীতা বৃদ্ধি পায় এবং রোধাঙ্ক (resistivity) হ্রাস পায় ।**	$T = 0\,K$ এ অর্ধপরিবাহীর যোজ্যতা পটি (valence band) ইলেকট্রন দ্বারা পূর্ণ থাকে এবং পরিবহণ পটিতে (conduction band) কোনো ইলেকট্রন থাকে না । তাই $0\,K$ এ অর্ধপরিবাহী অন্তরকের মতো আচরণ করে । 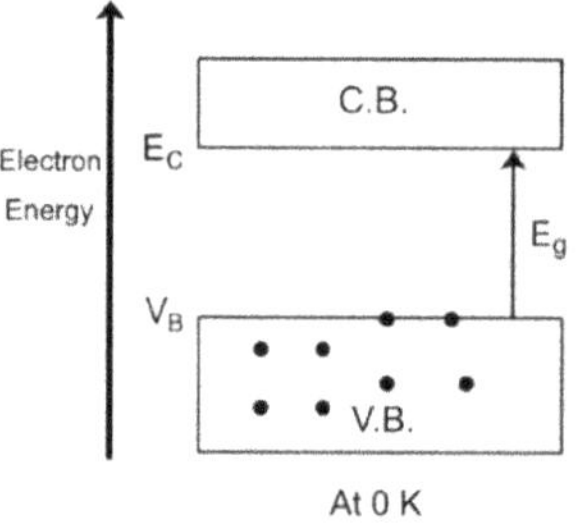 কিন্তু $T > 0\,K$ এ যোজ্যতা পটির কিছু সংখ্যক ইলেকট্রন উপযুক্ত পরিমাণ শক্তি পেয়ে পরিবহণ পটিতে পৌঁছায় এবং যোজ্যতা পটিতে ইলেকট্রন শূন্যতা বা হোলের সৃষ্টি হয় । এই অবস্থায় তড়িৎক্ষেত্র প্রয়োগ করলে ইলেকট্রন ও হোল উভয়েই তড়িৎ পরিবহণে অংশ নেয় । 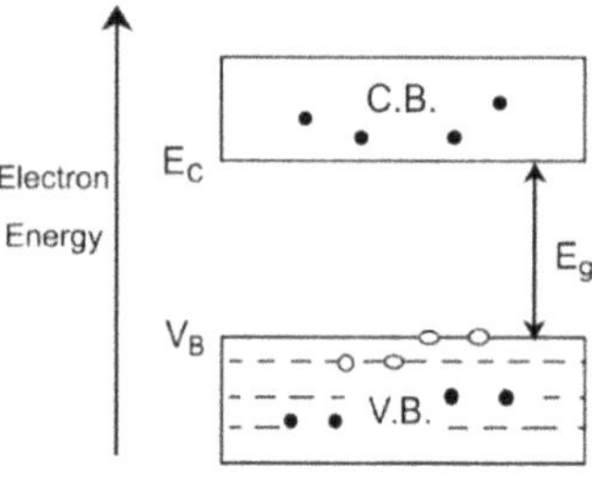

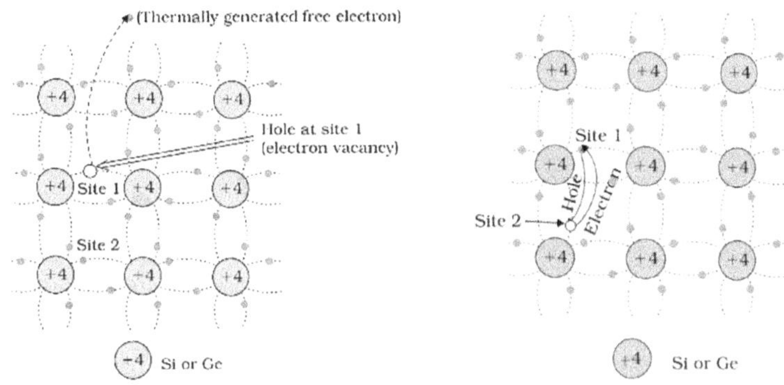

বিশুদ্ধ অর্ধপরিবাহীর মূল বৈশিষ্ট্যগুলি হল –

(a) এই প্রকার অর্ধপরিবাহী রাসায়নিকভাবে শুদ্ধ অর্থাৎ এই প্রকার অর্ধপরিবাহীতে কোনো রূপ অপদ্রব মেশানো থাকে না।

(b) বিশুদ্ধ অর্ধপরিবাহীতে, মুক্ত ইলেকট্রনের সংখ্যা ঘনত্ব (n_e) = হোলের সংখ্যা ঘনত্ব (n_h) = n_i

যেখানে, n_i = স্বকীয় বাহক ঘনত্ব (Intrinsic carrier concentration)

(c) এই প্রকার অর্ধপরিবাহীর ক্ষেত্রে পরিবাহিতা খুবই কম হয়। মোট তড়িৎপ্রবাহমাত্রা (I) = $I_e + I_h$

যেখানে, I_e = ইলেকট্রন প্রবাহমাত্রা এবং I_h = হোল প্রবাহমাত্রা

অবিশুদ্ধ অর্ধপরিবাহী (Impure Or Extrinsic Semiconductor)

(1) অবিশুদ্ধ অর্ধপরিবাহীর প্রয়োজনীয়তা

বিশুদ্ধ অর্ধপরিবাহীর পরিবাহিতা উষ্ণতার উপর নির্ভর করে, কিন্তু সাধারণ উষ্ণতায় এদের পরিবাহিতার মান খুবই কম। তাই বিশুদ্ধ অর্ধপরিবাহী ব্যবহার করে কোনো গুরুত্বপূর্ণ বৈদ্যুতিন যন্ত্রাদি তৈরি করা যায় না। ফলে এদের পরিবাহিতা বৃদ্ধি করা প্রয়োজন। অপদ্রব্যের ব্যবহার করে তা করা সম্ভব হয়।

(2) অবিশুদ্ধ অর্ধপরিবাহীর সংজ্ঞা

বিশুদ্ধ অর্ধপরিবাহী কেলাসের সঙ্গে ওই কেলাস গঠনের প্রায় সমজাতীয় কেলাস গঠনবিশিষ্ট বিশেষ ধরনের অপদ্রব্য অতি অল্প পরিমাণে সুপরিকল্পিত ভাবে মিশিয়ে অর্ধপরিবাহীটির তড়িৎ পরিবাহিতার বৃদ্ধি ঘটানো হয়। অপদ্রব্য মেশানো এই জাতীয় অর্ধপরিবাহীকে অবিশুদ্ধ বা অপদ্রব্য বা অপবস্তু অর্ধপরিবাহী বলা হয়।

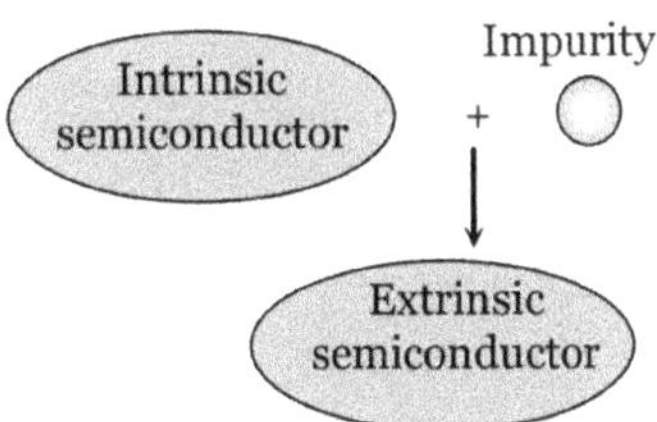

(3) ডোপিং (doping) :

যে কৌশলে (technique) কোনো বিশুদ্ধ অর্ধপরিবাহীতে সামান্য পরিমাণে উপযুক্ত অপদ্রব্য মিশিয়ে অর্ধপরিবাহীটির তড়িৎ পরিবাহিতা বৃদ্ধি করা হয়, তাকে ডোপিং (doping) বলে এবং মিশ্রিত অপদ্রব্যটিকে ডোপেন্ট (dopant) বলে।

ডোপেন্ট এরূপভাবে নির্বাচন করা হয়ে থাকে যাতে তা প্রকৃত বিশুদ্ধ অর্ধপরিবাহী জাফরিকে বিকৃত না করে। (ডোপেন্ট ও অর্ধপরিবাহী পরমাণুর আকার প্রায় সমান হলে এই অবস্থা লাভ করা যায়।) এটি কেলাসে প্রকৃত অর্ধপরিবাহী পরমাণুর মাত্র কয়েকটির স্থানই দখল করে।

ডোপেন্টের উদাহরণ : পঞ্চযোজী : আর্সেনিক, অ্যান্টিমণি, ফসফরাস ইত্যাদি

ত্রিযোজী : ইন্ডিয়াম, বোরণ, অ্যালুমিনিয়াম ইত্যাদি

(4) অবিশুদ্ধ অর্ধপরিবাহীর শ্রেণিবিভাগ :

অবিশুদ্ধ অর্ধপরিবাহী দুই প্রকার । যথা -
(i) n-type অর্ধপরিবাহী [পঞ্চযোজী অপবস্তুযুক্ত সিলিকন (Si) বা জার্মেনিয়াম (Ge)]
(ii) p-type অর্ধপরিবাহী [ত্রিযোজী অপবস্তুযুক্ত সিলিকন (Si) বা জার্মেনিয়াম (Ge)]

(i) n-type অর্ধপরিবাহী :

বিশুদ্ধ অর্ধপরিবাহী (জার্মেনিয়াম (Ge) বা সিলিকনের (Si)) কেলাসের সঙ্গে প্রায় সমজাতীয় কেলাস গঠনবিশিষ্ট পঞ্চযোজী মৌল আর্সেনিক (As), অ্যান্টিমনি (Sb) বা ফসফরাস (P) অপদ্রব্য হিসেবে অতি অল্প পরিমাণে সুপরিকল্পিতভাবে মেশালে ইলেকট্রনের সংখ্যা ঘনত্ব (number density of electron) হোলের সংখ্যা ঘনত্ব (number density of holes) অপেক্ষা অনেক বেশি হয়। এই জাতীয় অবিশুদ্ধ অর্ধপরিবাহীকে n-type অর্ধপরিবাহী বলে ।

কার্যনীতি :

যোজ্যতা বন্ধনদ্বারা ব্যাখ্যা (Valence Bond Description)	পটি তত্ত্বের সাহায্যে ব্যাখ্যা (Energy Band Description)
n-type অর্ধপরিবাহীতে অপদ্রব্য (impurity) হিসেবে মিশ্রিত পঞ্চযোজী (pentavalent) মৌলটির [আর্সেনিক (As) বা অ্যান্টিমনি (Sb)] যে কোনো চারটি যোজ্যতা ইলেকট্রন চারটি প্রতিবেশী জার্মেনিয়াম (Ge) বা সিলিকন (Si) পরমাণুর সঙ্গে সমযোজী বন্ধন (covalent bond) গঠন করায় পঞ্চম ইলেকট্রনটি উদ্বৃত্ত হয়ে পড়ে । প্রতিটি অপদ্রব্য পরমাণু একটি করে ইলেকট্রন দান করায় অপদ্রব্য পরমাণুর সমান সংখ্যক অতিরিক্ত ইলেকট্রন থাকে। এছাড়াও অতিরিক্ত মুক্ত ইলেকট্রনের উপস্থিতিতে পুনর্সমবায়ের হার (rate of recombination) বেশি হওয়ায় n-type অর্ধপরিবাহীতে ইলেকট্রনের সংখ্যা ঘনত্ব (number density of electron) হোলের সংখ্যা ঘনত্ব (number density of holes) অপেক্ষা অনেক বেশি হয় । এক্ষেত্রে আধান বাহকের সংখ্যা পূর্বের তুলনায় বেশি হওয়ায় তড়িৎ পরিবাহীতা বৃদ্ধি পায় । 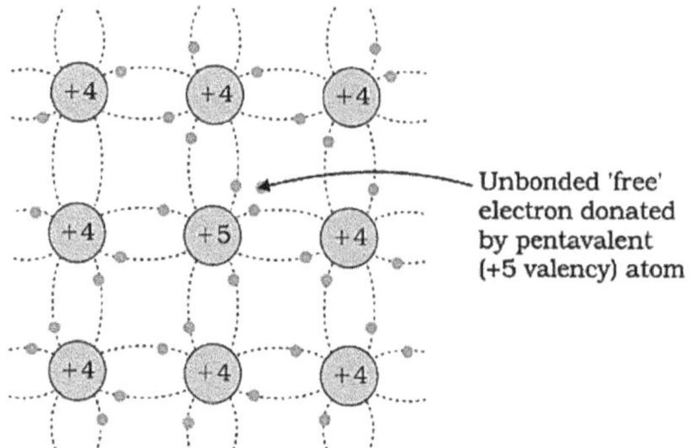	n-type অর্ধপরিবাহীতে পঞ্চযোজী অপদ্রব্য পরমাণুর একটি করে উদ্বৃত্ত ইলেকট্রন থাকায়, তাদের দাতা পরমাণু (donor atom) এবং উদ্বৃত্ত ইলেকট্রনের শক্তিস্তরকে দাতা শক্তিস্তর (donor level) বলে । এই দাতা শক্তিস্তর n-type অর্ধপরিবাহীতে পরিবহণ পটির (conduction band) ঠিক নিচে অবস্থিত হয়। [সিলিকনের ক্ষেত্রে এই শক্তি ব্যবধান 0.054 eV এবং জার্মেনিয়ামের ক্ষেত্রে 0.01 eV] তাই উদ্বৃত্ত ইলেকট্রনগুলি অতি অল্প পরিমাণে শক্তি গ্রহণ করে দাতা শক্তিস্তর থেকে পরিবহণ পটিতে পৌঁছায় এবং পরিবহণে অংশ নিয়ে পরিবাহীতার বৃদ্ধি ঘটায় । 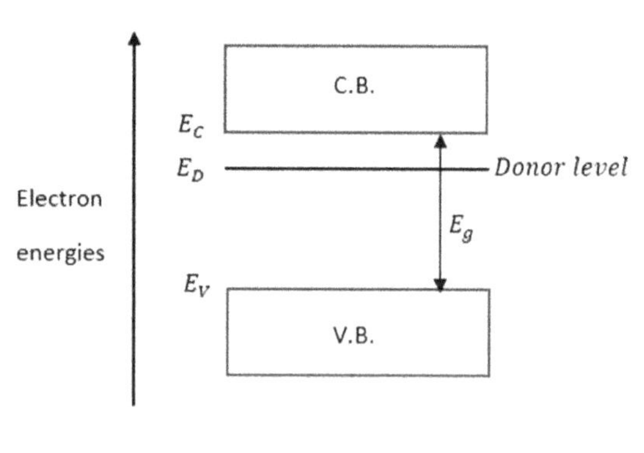

- n-type অর্ধপরিবাহীতে পঞ্চযোজী অপদ্রব্য পরমাণুটি উদ্বৃত্ত ইলেকট্রন দেওয়ায় একে দাতা পরমাণু (donor atom) বলে ।

- <u>n-type</u> অর্ধপরিবাহীতে সংখ্যাগুরু বাহক (majority carrier) : ইলেকট্রন (electrons)
  এবং সংখ্যা লঘু বাহক (minority carrier) : হোল (holes)।

- n-type অর্ধপরিবাহীতে যদি ইলেকট্রন ও হোলের সংখ্যা ঘনত্ব (number density) যথাক্রমে n_e ও n_h হয় তাহলে

(a) $n_e > n_h$

(b) $n_e\, n_h = n_i^2$ [Law of mass action]

যেখানে, n_e এবং n_h হল বিশুদ্ধ অর্ধপরিবাহীর ক্ষেত্রে ইলেকট্রন এবং হোলের সংখ্যা ঘনত্ব ।

(ii) p-type অর্ধপরিবাহী :

বিশুদ্ধ অর্ধপরিবাহী জার্মেনিয়াম (Ge) বা সিলিকনের (Si) কেলাসের সঙ্গে প্রায় সমজাতীয় কেলাস গঠনবিশিষ্ট ত্রিযোজী মৌল বোরন (B), অ্যালুমিনিয়াম (Al), গ্যালিয়াম (Ga) বা ইন্ডিয়াম (In) অপদ্রব্য হিসেবে অতি অল্প পরিমাণে সুপরিকল্পিতভাবে যোগ করা হলে হোলের সংখ্যা ঘনত্ব (number density of holes) ইলেকট্রনের সংখ্যা ঘনত্ব (number density of electron) অপেক্ষা অনেক বেশি হয় । এই জাতীয় অবিশুদ্ধ অর্ধপরিবাহীকে p-type অর্ধপরিবাহী বলে ।

কার্যনীতি :

যোজ্যতা বন্ধনদ্বারা ব্যাখ্যা (Valence Bond Description)	পটি তত্ত্বের সাহায্যে ব্যাখ্যা (Energy Band Description)
p-type অর্ধপরিবাহীতে অপদ্রব্য (impurity) হিসেবে মিশ্রিত ত্রিযোজী (trivalent) মৌলটির [বোরন (B) বা অ্যালুমিনিয়াম (Al)] তিনটি যোজ্যতা ইলেকট্রন প্রতিবেশী জার্মেনিয়াম (Ge) বা সিলিকন (Si) পরমাণুর সঙ্গে সমযোজী বন্ধন (covalent bond) গঠন করে এবং চতুর্থ বন্ধনের স্থানে একটি হোলের (hole) সৃষ্টি হয় । প্রতিটি অপদ্রব্য পরমাণুর জন্য একটি করে হোল সৃষ্টি হওয়ায় অর্ধপরিবাহীতে অপদ্রব্য পরমাণুর সমান সংখ্যক অতিরিক্ত হোল পাওয়া যায় । এখন তাপীয় উত্তেজনায় সমান সংখ্যক ইলেকট্রন ও হোল সৃষ্টি হলে হোলের সংখ্যা ঘনত্ব (number density of holes) ইলেকট্রনের সংখ্যা ঘনত্ব (number density of electron) অপেক্ষা অনেক বেশি হয় । এক্ষেত্রে আধান বাহকের সংখ্যা পূর্বের তুলনায় বেশি হওয়ায় তড়িৎ পরিবাহীতা বৃদ্ধি পায় । 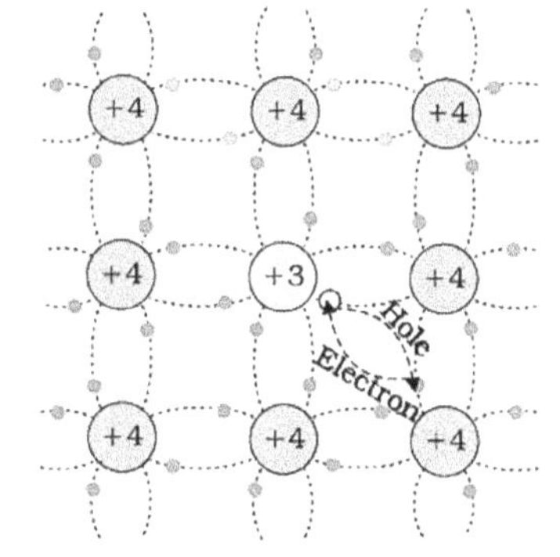	p type অর্ধপরিবাহীতে ত্রিযোজী অপদ্রব্য পরমাণুটি একটি ইলেকট্রন গ্রহণ করে তার হোল পূর্ণ করতে চায় । তাই ত্রিযোজী পরমাণুটিকে গ্রহীতা পরমাণু (acceptor atom) এবং তার শক্তিস্তরকে গ্রহীতা শক্তিস্তর (acceptor level) বলে । p-type অর্ধপরিবাহীতে এই গ্রহীতা শক্তিস্তর যোজ্যতা পটির (valence band) ঠিক উপরে অবস্থিত হওয়ায় যোজ্যতা পটির ইলেকট্রনগুলি নিষিদ্ধ শক্তির থেকে অনেক কম শক্তি গ্রহণ করে গ্রহীতা শক্তিস্তরে উন্নিত হয় এবং যোজ্যতা পটিতে হোল সৃষ্টি করে, যারা পরিবহণে অংশ গ্রহণ করে । 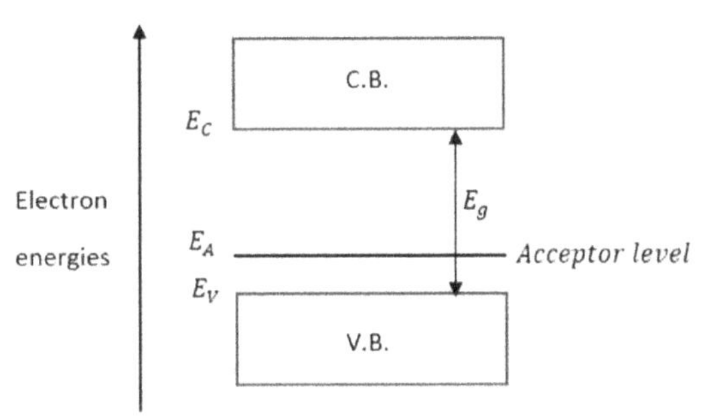

- এই ধরনের ত্রিযোজী অপদ্রব্য পরমাণুটি একটি ইলেকট্রন গ্রহণ করে ওই হোল পূর্ণ করতে চায় । তাই ত্রিযোজী পরমাণুটিকে গ্রহীতা পরমাণু (acceptor atom) বলে ।

- p-type অর্ধপরিবাহীতে

সংখ্যাগুরু বাহক (majority carrier) : হোল (holes)

এবং সংখ্যা লঘু বাহক (minority carrier) : ইলেকট্রন (electrons)

- p-type অর্ধপরিবাহীতে ইলেকট্রন ও হোলের সংখ্যা ঘনত্ব (number density) যথাক্রমে n_e ও n_h হলে

$$(\text{a}) \; n_h > n_e$$
$$(\text{b}) \; n_e \, n_h = n_i^2 \; [\text{Law of mass action}]$$

p-type ও n-type অর্ধপরিবাহীর তুলনামূলক আলোচনা :

বিষয়	p-type	n-type
ডোপ্যান্ট	ত্রিযোজী মৌল যেমন - অ্যালিমিনিয়াম (Al), বোরন (B), ইন্ডিয়াম (In)	পঞ্চযোজী মৌল যেমন - ফসফরাস (P), আর্সেনিক (As), অ্যান্টিমনি (Sb)
আধান বাহক	সংখ্যাগুরু বাহক : হোল (hole) সংখ্যালঘু বাহক : ইলেকট্রন (electron)	সংখ্যাগুরু বাহক : ইলেকট্রন (electron) সংখ্যালঘু বাহক : হোল (hole)
শক্তিস্তর	গ্রহিতা শক্তিস্তর (acceptor level) যোজ্যতা পটি শক্তিস্তরের সামান্য উপরে থাকে ।	দাতা শক্তিস্তর (donor level) পরিবহন পটি শক্তিস্তরের সামান্য নিচে থাকে ।

অর্ধপরিবাহীর তড়িৎপরিবাহীতাঙ্ক :

কোনো অর্ধপরিবাহী নমুনার দুই প্রান্তে বিভব প্রভেদ প্রয়োগ করলে প্রযুক্ত তড়িৎক্ষেত্রের প্রভাবে ইলেকট্রনগুলি পরিবহন পটিতে (conduction band) এবং হোলগুলি যোজ্যতা পটিতে (valence band) অনিয়মিতভাবে গতিশীল হয় । এই কারণে অর্ধপরিবাহীর মধ্যে ইলেকট্রন ও হোল উভয়ের জন্যই একই দিকে তড়িৎ প্রবাহমাত্রার সৃষ্টি হয় ।

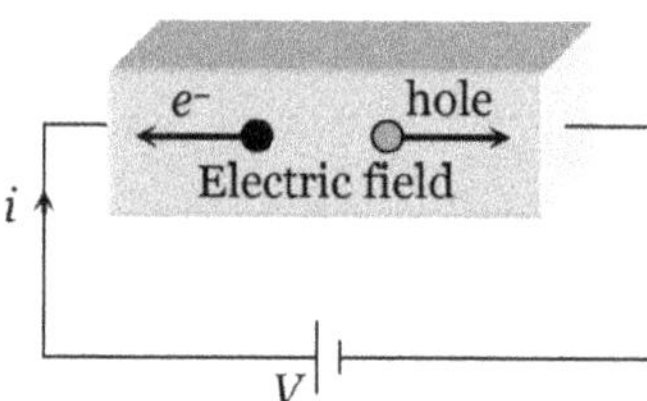

মনে করি, l দৈর্ঘ্য ও A প্রস্থচ্ছেদের ক্ষেত্রফলবিশিষ্ট একটি অর্ধপরিবাহীর দুই প্রান্তে ΔV বিভব প্রভেদ প্রয়োগ করা হলে ইলেকট্রনের জন্য প্রবাহমাত্রা I_e এবং হোলের জন্য প্রবাহমাত্রা I_h

∴ অর্ধপরিবাহীর মোট প্রবাহমাত্রা $I = I_e + I_h$

$$\text{or, } I = n_e \, A \, e \, v_e + n_h \, A \, e \, v_h$$
$$\therefore I = A \, e \, (n_e \, v_e + n_h \, v_h)$$

যেখানে, n_e ও n_h হল যথাক্রমে ইলেকট্রন ও হোলের সংখ্যা ঘনত্ব (number density),

   e = ইলেকট্রন বা হোলের আধানের পরিমাণ,

এবং v_e ও v_h হল যথাক্রমে ইলেকট্রন ও হোলের অনুপ্রবাহ বেগ (drift velocity) ।

বিভব প্রভেদ ΔV (তড়িৎক্ষেত্র প্রাবল্য E) নিম্নমানের হলে, অর্ধপরিবাহী ওহমের সুত্র মেনে চলে, অর্থাৎ,

$$I = \frac{\Delta V}{R} = \frac{E \, l}{R}$$
$$\text{or, } I = \frac{E \, l}{\rho \frac{l}{A}}$$
$$\text{or, } I = \frac{E \, A}{\rho}$$

$$\text{or, } \frac{E\,A}{\rho} = A\,e\,(\,n_e\,v_e + n_h\,v_h\,)$$

$$\text{or, } \frac{E}{\rho} = e\,(\,n_e\,v_e + n_h\,v_h\,)$$

$$\text{or, } \frac{1}{\rho} = e\,(\,n_e\,\frac{v_e}{E} + n_h\,\frac{v_h}{E}\,)$$

$$\therefore \frac{1}{\rho} = e\,(\,n_e\,\mu_e + n_h\,\mu_h\,)$$

$\left[\text{ এখন } \mu_e = \dfrac{v_e}{E} = \text{ইলেকট্রনের গতিময়তা এবং } \mu_h = \dfrac{v_h}{E} = \text{হোলের গতিময়তা}\right]$

$$\therefore \text{ তড়িৎ পরিবাহিতা } \sigma = \frac{1}{\rho} = e\,(\,n_e\,\mu_e + n_h\,\mu_h\,)$$

স্বকীয় অর্ধপরিবাহীর ক্ষেত্রে, $n_e = n_h = n_i$ [intrinsic carrier density]

$$\therefore \text{ তড়িৎ পরিবাহিতাঙ্ক } \sigma = \frac{1}{\rho} = e\,n_i\,(\,\mu_e + \mu_h\,)$$

অনুসিদ্ধান্ত : অর্ধপরিবাহীর তড়িৎ পরিবাহিতাঙ্ক বা রোধাঙ্ক [1] ইলেকট্রন বা হোলের সংখ্যা ঘনত্বের (number density) এবং [2] তাদের গতিময়তার (mobility) উপরও নির্ভর করে।

উষ্ণতার সঙ্গে ইলেকট্রন ও হোলের গতিময়তার খুব সামান্য পরিবর্তন হলেও মূলত আধান বাহকের সংখ্যা ঘনত্বের পার্থক্যের কারণে তড়িৎ পরিবাহিতার পরিবর্তন হয়। উষ্ণতা বৃদ্ধির সঙ্গে আধান বাহকের সংখ্যা ঘনত্ব বৃদ্ধি পাওয়ায় অর্ধপরিবাহীর ক্ষেত্রে উষ্ণতা বৃদ্ধিতে পরিবাহিতাঙ্ক বৃদ্ধি পায়।

সাধারণ উষ্ণতায় অর্থাৎ ঘরের উষ্ণতায় জার্মেনিয়ামের ক্ষেত্রে আধান বাহকের সংখ্যা ঘনত্ব সিলিকনের তুলনায় অনেক বেশি। তাই সাধারণ উষ্ণতায় জার্মেনিয়ামের তড়িৎ পরিবাহিতাঙ্ক সিলিকনের তুলনায় অনেক বেশি।

Note : ইলেকট্রনের গতিময়তা (mobility) হোলের গতিময়তার তুলনায় বেশি।

p-n সংযোগ ডায়োড (P-N Junction Diode)

(2.1) p-n সংযোগ ডায়োড (P-N Junction Diode) :

বিপরীতধর্মী ডোপিং করে কোনো অর্ধপরিবাহীর কেলাসের একাংশে n টাইপ ও অপরাংশে p - টাইপ করা হলে, ওই কেলাসটিকে p-n সংযোগ (p-n junction) বা p-n সংযোগ ডায়োড (p-n junction diode) বা অর্ধপরিবাহী ডায়োড (semiconductor diode) বলে।

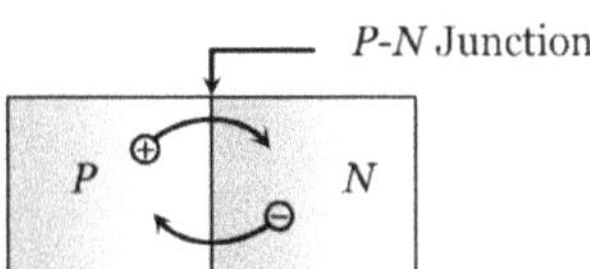

যদিও n টাইপ ও p টাইপ অর্ধপরিবাহী পরস্পর সংযোজিত করে ডায়োড তৈরি করা হয় না, কারণ তাতে আণবিক স্তরে সংযোগ ঘটানো সম্ভব হয় না। (আন্তরাণবিক ব্যবধান প্রায় $2\,A - 3\,A$ হয়)। ফলে আধান বাহকের পরিবহনে ব্যাঘাত ঘটে। বাস্তবে p-n সংযোগ গঠন করার জন্য বিপরীতধর্মী অপমিশ্রণ ঘটিয়ে একটি বিশুদ্ধ অর্ধপরিবাহীর একাংশে p-type এবং অপরাংশে n-type করা হয়।

একটি সংযোগ ডায়োডের প্রতীক নিম্নরূপ -

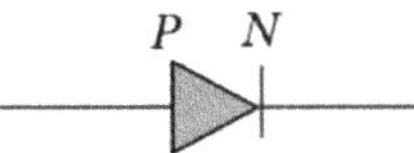

(2.2) p-n সংযোগ ডায়োডের নিঃশেষিত স্তর (Depletion Layer) গঠন :

● **নিঃশেষিত স্তর** (Depletion layer or region) : p-n সংযোগ ডায়োডের সংযোগতলের দুই প্রান্তের নিশ্চল আয়নসম্বলিত ও বাহকশূন্য অঞ্চলকে **নিঃশেষিত স্তর** (depletion layer or region) বলা হয় ।

● সংযোগ ডায়োড গঠনের সঙ্গে জড়িত দুটি মূল ঘটনা হল :

(i) আধান ঘনত্বের পার্থক্যের কারণে সংখ্যাগুরু বাহকের ব্যাপন (diffusion of majority carriers due to concentration difference)

(ii) তড়িৎক্ষেত্রের উপস্থিতিতে সংখ্যালঘু বাহকের বিচলন (drift of majority carriers in the presence of electric field)

ব্যাখ্যা :

(i) n-type অর্ধপরিবাহীতে অধিক মাত্রায় মুক্ত ইলেকট্রন (free electron) ও p-type অর্ধপরিবাহীতে অধিকমাত্রায় হোল থাকে ।

(ii) p-n সংযোগ গঠন করা হলে n প্রান্তের ইলেক্ট্রনগুলি উভয় প্রান্তের সংখ্যা ঘনত্বের পার্থক্যের কারণে p প্রান্তের দিকে গতিশীল হয়।

(iii) ইলেকট্রনের ব্যাপনের কারণে p প্রান্তের হোলগুলি ইলেকট্রন দ্বারা প্রশমিত হয়ে যায়, তাই p প্রান্তে ঋণাত্মক আয়ন ও n প্রান্ত ধনাত্মক আয়ন নিশ্চল অবস্থায় পড়ে থাকে । এই অঞ্চলকে নিঃশেষিত অঞ্চল বলে ।

এই আয়নগুলি n প্রান্ত থেকে p প্রান্তের দিকে একটি তড়িৎক্ষেত্রের সৃষ্টি করে যা সংখ্যাগুরু বাহকের ইলেকট্রনের ব্যাপনে বাধা দেয় । উল্লেখ্য এই তড়িৎক্ষেত্রের কারণে উপযুক্ত গতিশক্তিসম্পন্ন কিছু সংখ্যালঘু ইলেকট্রন নিঃশেষিত অঞ্চল অতিক্রম করতে পারে । নিঃশেষিত অঞ্চলের বিভব পার্থক্যের মান এই রূপ হয় যে সংযোগস্থলে মোট প্রবাহমাত্রার মান শূন্য হয় ।

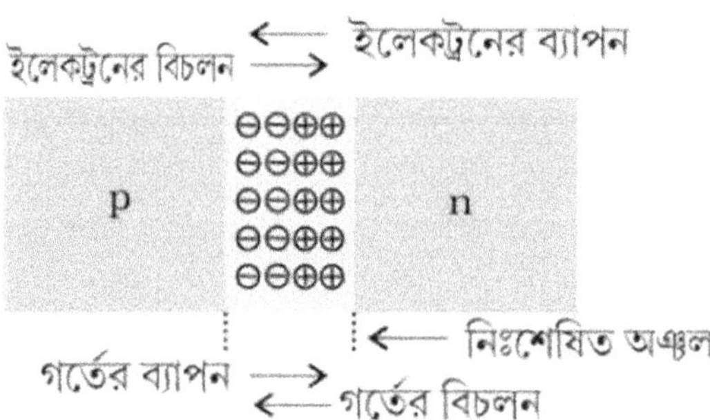

● **নিঃশেষিত স্তরের বেধ** (Width of the depletion region or width of the barrier) : p-n সংযোগ ডায়োডের সংযোগতলের দুই প্রান্তে যে নিশ্চল আয়নসম্বলিত ও বাহকশূন্য অঞ্চল থাকে (যাকে **নিঃশেষিত স্তর** বলা হয়) তার এক প্রান্ত থেকে অপর প্রান্তের দৈর্ঘ্যকে **নিঃশেষিত অঞ্চলের বেধ** বলে ।

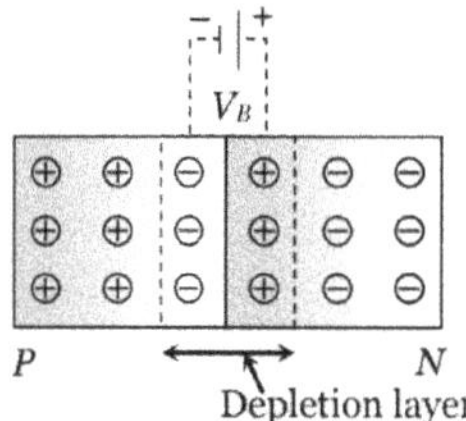

নিঃশেষিত অঞ্চলের বেধ 10^{-4} cm থেকে 10^{-6} cm হয়ে থাকে । এর মান p-n সংযোগের উষ্ণতা এবং অপমিশ্রণের গাঢ়ত্বের ওপর নির্ভর করে ।

● **বিভব প্রতিবন্ধক** (Potential Barrier or Height of the Barrier) :

p-n সংযোগ ডায়োডের সংযোগতলে যে নিশ্চল আয়নসম্বলিত ও বাহকশূন্য অঞ্চল থাকে (যাকে নিঃশেষিত স্তর বলা হয়) তার দুই প্রান্তের বিভব পার্থক্যকে **বিভব প্রতিবন্ধক** বলে ।

এর মান জার্মেনিয়াম (Ge) ডায়োডের ক্ষেত্রে প্রায় 0.3 V এবং সিলিকন (Si) ডায়োডের ক্ষেত্রে প্রায় 0.7 V ।

নিম্নে p-n সংযোগের গঠনচিত্র ও বিভব বন্টন চিত্র (potential distribution diagram) দেখানো হয়েছে -

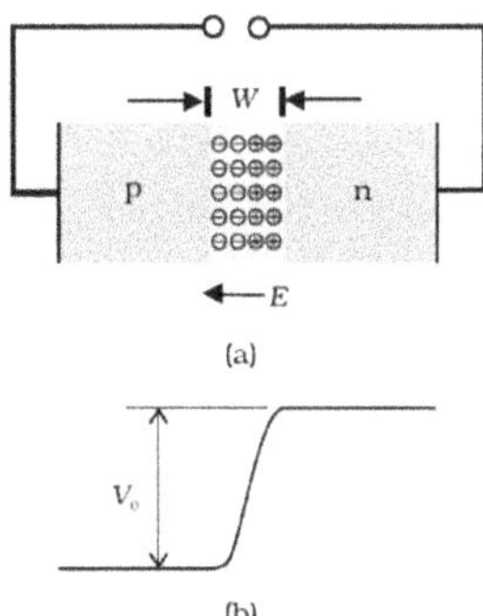

উল্লেখ্য বিভব প্রতিবন্ধক (potential barrier) কেবলমাত্র সংখ্যাগুরু আধান বাহকের (majority carriers) সঞ্চালনকে বাধা দেয় । উপযুক্ত গতিশক্তিসম্পন্ন কিছু সংখ্যালঘু আধানবাহক (minority carriers) এই নিঃশেষিত অঞ্চল অতিক্রম করতে পারে । নিঃশেষিত স্তরে বিভব প্রতিবন্ধকের মান এই রূপ হয় যে সংযোগস্থলে সংখ্যালঘু আধান বাহকের অনুপ্রবাহের জন্য সৃষ্ট প্রবাহমাত্রা এবং সংখ্যাগুরু আধান বাহকের ব্যাপনতার জন্য সৃষ্ট প্রবাহমাত্রার মান সমান হয় । অর্থাৎ সংযোগস্থলে মোট প্রবাহমাত্রা শূন্য হয় ।

(2.3) p-n সংযোগ ডায়োড বায়াসিং

● p-n সংযোগের প্রান্ত দুটিকে কোনো ব্যাটারির দুই প্রান্তের সঙ্গে যোগ করা হলে, প্রক্রিয়াটিকে p-n সংযোগের বায়াসিং (biasing of a p-n junction diode) বলে ।

● p-n সংযোগের বায়াস দুই প্রকার । যথা - (i) সম্মুখ বায়াস (forward bias)

(ii) বিপরীত বায়স (reverse bias)

	সম্মুখ বায়াস	বিপরীত বায়াস
সংজ্ঞা	p-n সংযোগের p প্রান্তকে ব্যাটারির ধনাত্মক মেরু (positive terminal) এবং n প্রান্তকে ব্যাটারির ঋণাত্মক মেরুর (negative terminal) সঙ্গে যুক্ত করা হলে p-n সংযোগের সম্মুখ বায়াস গঠিত হয় ।	p-n সংযোগের p প্রান্তকে ব্যাটারির ঋণাত্মক মেরু এবং n প্রান্তকে ব্যাটারির ধনাত্মক মেরুর সঙ্গে যুক্ত করা হলে p-n সংযোগের বিপরীত বায়াস (reverse bias) গঠিত হয় ।
বর্তনীচিত্র		
বিশেষত্ব	সম্মুখ বায়াসের ক্ষেত্রে - p-n সংযোগের রোধ নিম্নমানের হয় এবং p অংশ থেকে n অংশের দিকে তড়িৎপ্রবাহ (mA ক্রমের) পাওয়া যায় । ব্যাখ্যা : : সম্মুখ বায়াসের ক্ষেত্রে প্রযুক্ত তড়িৎক্ষেত্রের প্রভাবে, n প্রান্তের মুক্ত ইলেকট্রনগুলি সংযোগ তলের দিকে গতিশীল হয় এবং p প্রান্তে প্রবেশ করে; যেখানে ইলেকট্রন সংখ্যা লঘু বাহক । অনুরূপভাবে p প্রান্তের হোলগুলি সংযোগস্থলের কাছে এসে পৌঁছায় ; যেখানে তার সংখ্যালঘু বাহক । তাই সংযোগস্থলের দুই প্রান্তে সংখ্যালঘু বাহকের সংখ্যা ঘনত্ব দূর প্রান্তের তুলনায় বাড়তে থাকে । (এই ঘটনাকে minority carrier injection বলা হয় ।) এখন সংখ্যা ঘনত্বের পার্থক্যের কারণে সংযোগস্থল থেকে p প্রান্তের দিকে ইলেকট্রনের ব্যাপন ঘটে, আবার সংযোগস্থল থেকে n	বিপরীত বায়াসের ক্ষেত্রে -p-n সংযোগের রোধ উচ্চমানের হয় এবং n-অংশ থেকে p-অংশের দিকে সামান্য তড়িৎপ্রবাহ $(\mu A$ ক্রমের) পাওয়া যায় । ব্যাখ্যা : বিপরীত বায়াসের ক্ষেত্রে ব্যাটারি দ্বারা প্রযুক্ত তড়িৎক্ষেত্র p অঞ্চলের হোলকে ব্যাটারির ঋণাত্মক মেরুর দিকে আকর্ষণ করে এবং n অঞ্চলে ইলেকট্রনগুলিকে ব্যাটারির ধনাত্মক মেরুর দিকে আকর্ষণ করে বলে p-n সংযোগের নিঃশেষিত অঞ্চলের বেধ এবং বিভব প্রতিবন্ধকের মান বৃদ্ধি করে । ফলে সংখ্যাগুরু বাহকের কোনো রূপ ব্যাপন ঘটে না । সুতরাং বিপরীত বায়াসের ক্ষেত্রে p-n সংযোগের রোধ উচ্চমানের হয়। কিন্তু সংখ্যালঘু বাহক তাপীয় শক্তির জন্য এক অংশ থেকে অপর অংশে গমন করে এবং n-অংশ থেকে p-অংশের দিকে সামান্য তড়িৎপ্রবাহ পাওয়া যায় । কোনো একটি নির্দিষ্ট তাপমাত্রায় সংখ্যালঘু বাহকের উৎপন্ন হওয়ার হার ধ্রুবক হওয়ায়, প্রযুক্ত বিভবপ্রভেদের মান যাই হোক না কেন তড়িৎ

	প্রান্তের দিকে হোলের ব্যাপন ঘটে, যা তড়িৎপ্রবাহের সৃষ্টি করে । উল্লেখ্য n প্রান্তের সঙ্গে ব্যাটারির ঋণাত্মক মেরু যুক্ত থাকায় সেখান থেকে প্রচুর ইলেকট্রন তড়িৎচালক বল দ্বারা চালিত হয়ে n প্রান্তে প্রবেশ করে এবং p-n সংযোগ ডায়োডের বাম থেকে ইলেকট্রন ব্যাটারির ধনাত্মক মেরুতে প্রবেশ করে । অর্থাৎ p-n সংযোগ ডায়োডের সম্মুখ বায়াসের ক্ষেত্রে অর্ধপরিবাহীর মধ্যে ইলেকট্রন ও হোল উভয়ের গতির জন্য তড়িৎপ্রবাহমাত্রা পাওয়া গেলেও ব্যাটারির সঙ্গে সংযোগকারী পরিবাহীতে কেবলমাত্র মুক্ত ইলেকট্রনের জন্য প্রবাহমাত্রা পাওয়া যায় ।	প্রবাহমাত্রার মান ধ্রুবক । তাই এই প্রবাহমাত্রাকে বিপরীত বায়াসের ক্ষেত্রে সম্পৃক্ত মান বা বিপরীত সম্পৃক্ত প্রবাহ (reverse saturation current) বলে। সিলিকন ডায়োডের ক্ষেত্রে এই প্রবাহমাত্রার মান 10^{-9} A এবং জার্মেনিয়াম ডায়োডের ক্ষেত্রে এর মান 10^{-6} A এর কাছাকাছি।
বিভব বন্টন চিত্র	সম্মুখ বায়াসে p-n সংযোগের নিঃশেষিত স্তরের বেধ এবং বিভব প্রাচীরের মান হ্রাস পায় ।	p-n সংযোগের নিঃশেষিত স্তরের বেধ এবং বিভব প্রাচীরের মান বৃদ্ধি পায় ।

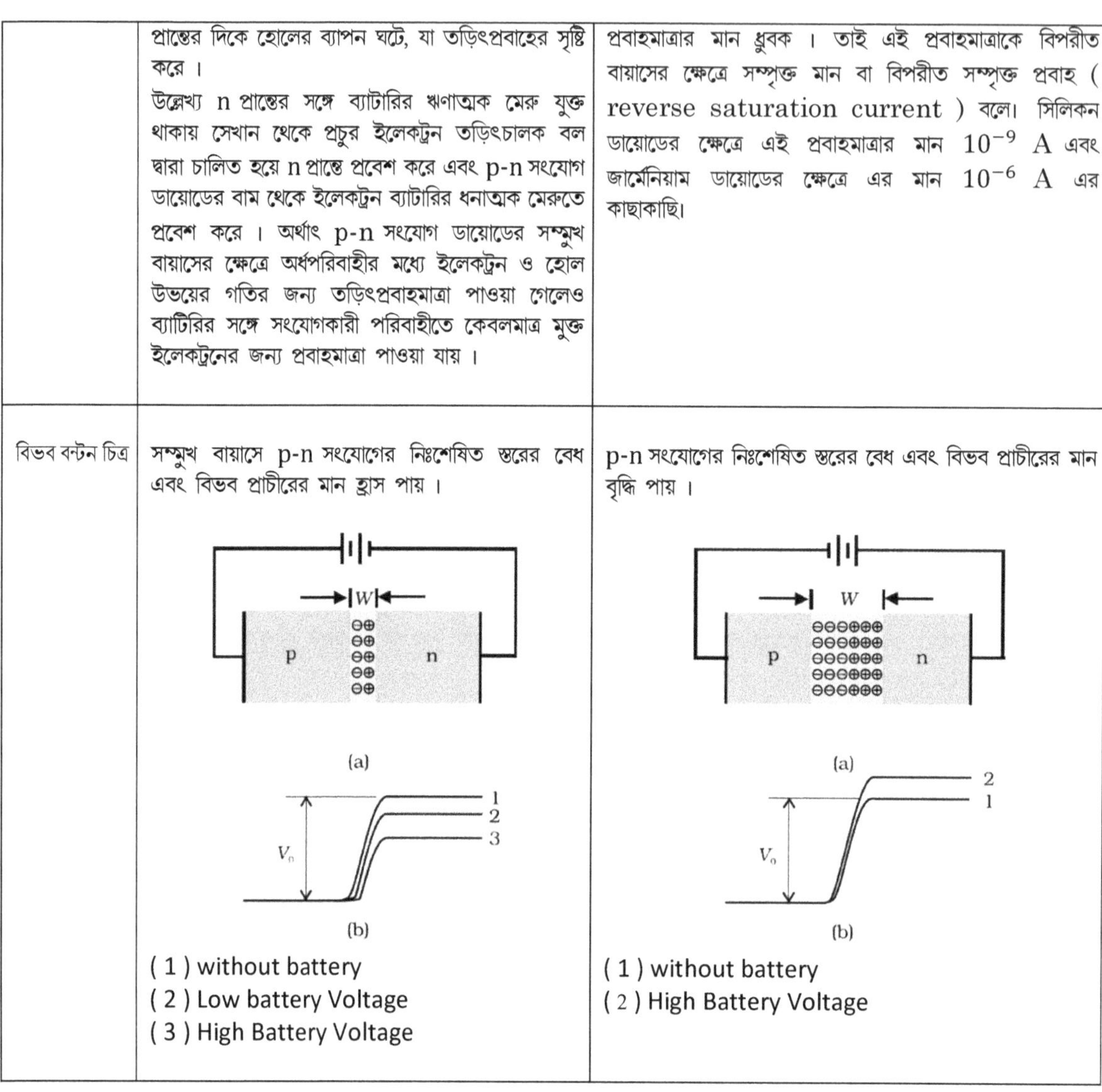

(v) প্রযুক্ত বিভবপ্রভেদের মান একটি নির্দিষ্ট নিরাপদ মান অপেক্ষা বেশি হলে তড়িৎপ্রবাহমাত্রার মান অনেক বেশি হয় । ফলে ডায়োডে অতিরিক্ত তাপশক্তি উৎপন্ন হয়, যা ডায়োডকে নষ্ট (damage) করে । Si ও Ge ডায়োডের ক্ষেত্রে নিরাপদ উষ্ণতার মান যথাক্রমে $170°C$ এবং $100°C$।

(2.4) p-n সংযোগ ডায়োডের বৈশিষ্ট্যলেখ (Characteristics Curve)

● **সম্মুখ বায়াসের ক্ষেত্রে বৈশিষ্ট্যলেখ** (Characteristics Curve of Forward Biased P-N Junction Diode)

সম্মুখ বিভবপ্রভেদকে (forward voltage) X অক্ষ বরাবর [স্বাধীন চলরাশি হওয়ায়] এবং সম্মুখ প্রবাহমাত্রাকে (forward current) Y অক্ষ বরাবর [নির্ভরশীল চলরাশি হওয়ায়] নিয়ে লেখচিত্র অঙ্কন করা হয়, যাকে সম্মুখ বৈশিষ্ট্যলেখ (forward characteristics curve) বলে।

p-n সংযোগ ডায়োডের সম্মুখ বায়াসের **বর্তনীচিত্র** নিম্নরূপ :

	B ⇒ ব্যাটারি (battery), যার ধনাত্মক মেরু p-n সংযোগের p প্রান্ত এবং ঋণাত্মক মেরু p-n সংযোগের n প্রান্তের সঙ্গে যুক্ত । ব্যবহৃত ব্যাটারির তড়িৎচালক বলের মান প্রায় 1.5 Volt ।

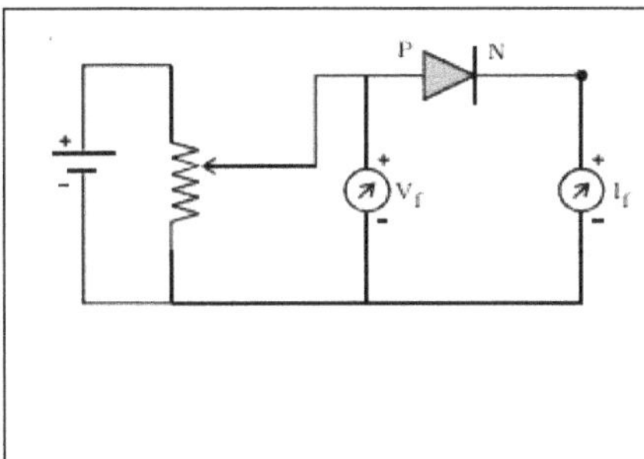

	$R_h \Rightarrow$ রিওস্ট্যাট (reheostat) বা পরিবর্তনশীল রোধ, যা p-n সংযোগের দুই প্রান্তে প্রযুক্ত বিভবপ্রভেদকে নিয়ন্ত্রণ করতে ব্যবহৃত হয়। $R \Rightarrow$ প্রবাহমাত্রা নিয়ন্ত্রণকারী রোধ (current-limiting resistance)। এই রোধ অতিরিক্ত প্রবাহমাত্রার জন্য ডায়োডের স্থায়ী ক্ষতির (permanent damage) সম্ভাবনা কমায়। $mA \Rightarrow$ একটি মিলিঅ্যামমিটার (milliammeter), যা প্রবাহমাত্রা পরিমাপ করতে p-n সংযোগ ডায়োডের সঙ্গে শ্রেণি সমবায়ে যুক্ত করা হয়। এরপর সম্মুখ বায়স বিভবের মান ধীরে ধীরে বৃদ্ধি করে প্রতিক্ষেত্রে সম্মুখ প্রবাহমাত্রার মান পরিমাপ করা হয়।

সম্মুখ বিভবপ্রভেদকে (forward voltage) X অক্ষ বরাবর [স্বাধীন চলরাশি হওয়ায়] এবং সম্মুখ প্রবাহমাত্রাকে (forward current) Y অক্ষ বরাবর [নির্ভরশীল চলরাশি হওয়ায়] নিয়ে লেখচিত্র অঙ্কন করা হয়, যাকে সম্মুখ বৈশিষ্ট্যলেখ (forward characteristics curve) বলে।

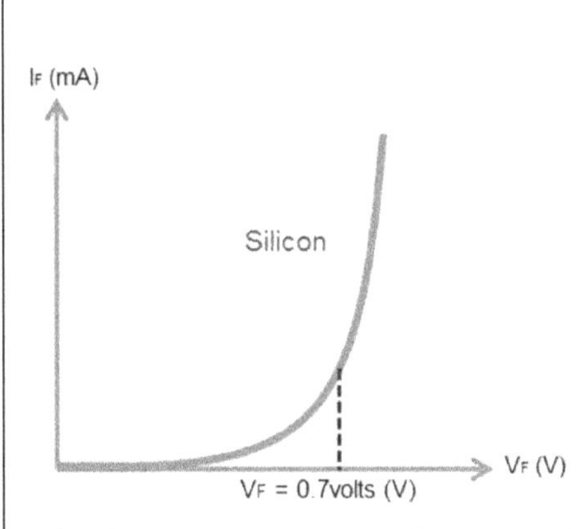

Fig: Forward characteristics of silicon diode

বিশেষত্ব : সম্মুখ বৈশিষ্ট্যলেখে লক্ষ করা যায়-

(i) অতি অল্প বিভবপ্রভেদ (0.7 V এর কম) প্রয়োগে প্রবাহমাত্রার মান খুব কম।[কারণ প্রযুক্ত বিভব প্রভেদের মান কম হলে তা বিভব প্রতিবন্ধকে সম্পূর্ণ অতিক্রম করতে পারে না। এই সময় বিভদপ্রভেদের সঙ্গে প্রবাহমাত্রার পরিবর্তন সরলরৈখিক নয়।]

(ii) প্রযুক্ত বিভবপ্রভেদের মান 0.7 V এর কাছাকাছি হলে প্রবাহমাত্রা দ্রুত বৃদ্ধি পায়।[কারণ $\Delta V > 0.7$ V (সিলিকন ডায়োডের ক্ষেত্রে) $\Delta V > 0.3$ V (জার্মেনিয়াম ডায়োডের ক্ষেত্রে) প্রচুর পরিমাণে ইলেকট্রন সংযোগস্থল অতিক্রম করতে শুরু করে। অর্থাৎ বিভব প্রভেদের এই ন্যূনতম মানকে **সূচনা বিভব** (cut-in or keen voltage of the diode) বলে।]

(iii) সূচনা বিভবের পর বিভবপ্রভেদের মান অতিঅল্প পরিমাণে বৃদ্ধি করলে প্রবাহমাত্রার মান অনেক বেশি বৃদ্ধি পায়। এই সময় বিভবপ্রভেদের সঙ্গে প্রবাহমাত্রার সম্পর্ক সরলরৈখিক (linear)।

● **বিপরীত বায়াসের ক্ষেত্রে বৈশিষ্ট্যলেখ** (Characteristics Curve of Reverse Biased P-N Junction Diode)

বিপরীত বিভবপ্রভেদকে (reverse voltage) $-$ X অক্ষ বরাবর এবং বিপরীত প্রবাহমাত্রাকে (reverse current) $-$ Y অক্ষ বরাবর নিয়ে লেখচিত্র অঙ্কন করা হলে তাকে বিপরীত বৈশিষ্ট্যলেখ (Reverse characteristics curve) বলে।

p-n সংযোগ ডায়োডের বিপরীত বায়াসের বর্তনীচিত্র নিম্নরূপ :

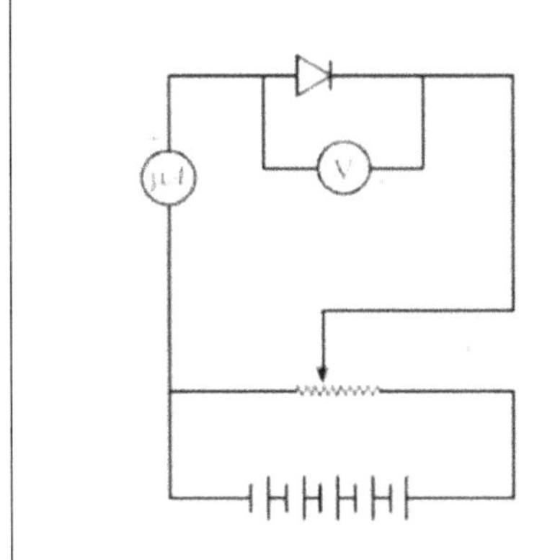

বিপরীত বায়াসের ক্ষেত্রে p-n সংযোগের p প্রান্ত ব্যাটারির ঋণাত্মক মেরু এবং n প্রান্ত ব্যাটারির ধনাত্মক মেরুর সঙ্গে যুক্ত। যেহেতু বিপরীত বায়াসের ক্ষেত্রে অতিঅল্প পরিমাণ তড়িৎ প্রবাহমাত্রা পাওয়া যায় তাই তড়িৎপ্রবাহ নিয়ন্ত্রণকারী রোধের (Current limiting resistance) প্রয়োজন হয় না। এছাড়াও এক্ষেত্রে তড়িৎপ্রবাহমাত্রা পরিমাপ করতে মাইক্রোঅ্যামমিটার (microammeter) ব্যবহার করা হয়।

এরপর বিপরীত বায়াস বিভবের মান ধীরে ধীরে বৃদ্ধি করে প্রতিক্ষেত্রে বিপরীত প্রবাহমাত্রার মান পরিমাপ করা হয়। এখন বিভবপ্রভেদ ও প্রবাহমাত্রার লেখচিত্র অঙ্কন করা হলে তা হল বিপরীত বৈশিষ্ট্যলেখ (reverse characteristics curve) ।

<table>
<tr>
<td>

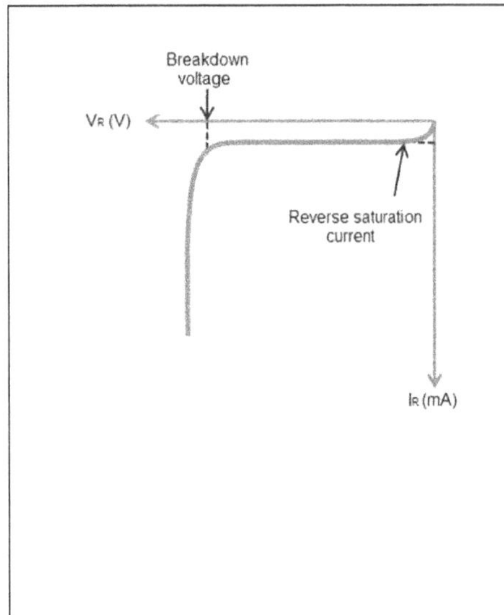

</td>
<td>

বিশেষত্ব : বিপরীত বৈশিষ্ট্যলেখে লক্ষ করা যায়-

(১) অতি অল্প বিপরীত বায়াস বিভবপ্রভেদ (0.7 V এর কম) প্রয়োগে প্রবাহমাত্রার মান খুব কম ।[কারণ p-n সংযোগের রোধ খুব বেশি হওয়ায় সংখ্যাগুরু বাহকের (majority carriers) কোনো রূপ ব্যাপন ঘটে না । এক্ষেত্রে যে অতিঅল্প পরিমাণে তড়িৎপ্রবাহ পাওয়া যায় তা সংখ্যালঘু বাহকের (minority carriers) জন্য ।]

(২) বিপরীত বায়াস বিভব (reverse bias voltage) বৃদ্ধি করা হলেও তড়িৎপ্রবাহের মান প্রায় ধ্রুবক থাকে । ধ্রুবকমানের এই বিপরীত প্রবাহকে **বিপরীত সম্পৃক্ত প্রবাহ** (revrse saturation current or leakage current) বলা হয় ।[সিলিকন ডায়োডের ক্ষেত্রে এই প্রবাহমাত্রার মান 10^{-9} A এবং জার্মেনিয়াম ডায়োডের ক্ষেত্রে এর মান 10^{-6} A এর কাছাকাছি ।]

(iii) বিপরীত বায়াস বিভব একটি নির্দিষ্ট মানের থেকে বৃদ্ধি করলে বিপরীত প্রবাহের মান প্রচুর পরিমাণে বৃদ্ধি পায় । এই ঘটনাকে ভঞ্জক ক্রিয়া (breakdown) বলে এবং বিপরীত বায়াসের এই মানকে ভঞ্জক বিভব (breakdown voltage) বলা হয় ।

</td>
</tr>
</table>

(2.5) p-n সংযোগ ডায়োডের প্রয়োগ (Application of Junction Diode)

● p-n সংযোগ ডায়োডকে একমুখীকারক (**Rectifier**) হিসেবে ব্যবহার করা হয়।

● **একমুখীকারকের সংজ্ঞা :** যে ব্যবস্থার সাহায্যে পরিবর্তী প্রবাহ বা বিভবকে সমপ্রবাহ বা বিভবে পরিণত করা যায়, তাকে একমুখীকারক (rectifier) বলে ।

● p-n সংযোগ ডায়োডকে একমুখীকারক হিসেবে ব্যবহার করার মূলনীতি : সম্মুখ বায়াসের ক্ষেত্রে p-n সংযোগের রোধ অনেক কম, কিন্তু বিপরীত বায়াসের ক্ষেত্রে p-n সংযোগের রোধ অনেক বেশি । p-n সংযোগের এই ধর্মকে কাজে লাগিয়ে p-n সংযোগকে একমুখীকারক হিসেবে ব্যবহার করা হয় ।

(A) অর্ধতরঙ্গ একমুখী কারক (Half Wave Rectifier) :

বর্তনী সংযোগ	ইনপুট পরিবর্তী বিভবকে অর্ধতরঙ্গ একমুখীকরণের জন্য একটি উপযুক্ত ট্রান্সফরমারের মুখ্য কুণ্ডলীতে প্রয়োগ করা হয় । গৌণ কুণ্ডলীর একটি প্রান্তকে p-n সংযোগের p প্রান্তে এবং অপর প্রান্তকে একটি লোড রোধের (R_L) মাধ্যমে n প্রান্তের সঙ্গে যুক্ত করা হয় ।লোড রোধের দুই প্রান্ত থেকে যে আউটপুট পাওয়া যায় তা একটি অর্ধতরঙ্গ একমুখী বিভব ।
বর্তনী চিত্র	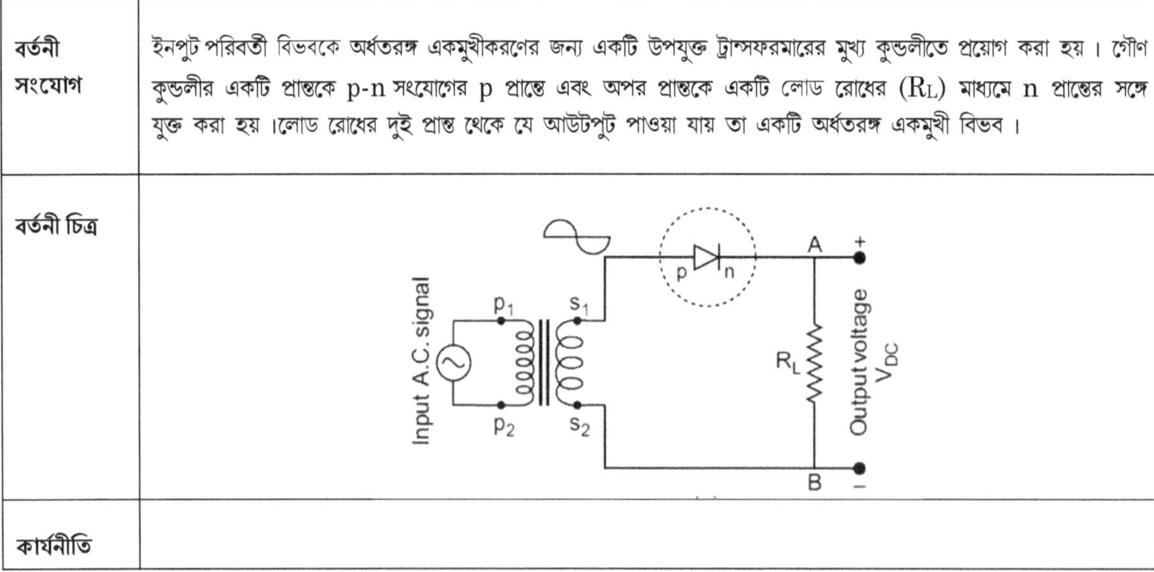
কার্যনীতি	

	ইনপুটের পরিবর্তী বিভব প্রথম অর্ধচক্রে S_1 ধনাত্মক ও S_2 ঋণাত্মক হলে ডায়োডটি সম্মুখ বায়াসে থাকে। এই অবস্থায় ডায়োডের রোধ অনেক কম হয় ও লোড রোধের মধ্য দিয়ে A বিন্দু থেকে B বিন্দুর দিকে তড়িৎ প্রবাহ হয়। তাই আউটপুট বিভব পাওয়া যায়। পরবর্তী অর্ধচক্রে S_1 ঋণাত্মক ও S_2 ধনাত্মক হলে ডায়োডটি বিপরীত বায়াসে থাকে। তাই R_L রোধের মধ্য দিয়ে খুব অল্প পরিমাণে তড়িৎ প্রবাহিত হয় (যা উপেক্ষণীয়)। তাই গ্রহণযোগ্য আউটপুট বিভব পাওয়া যায় না। সুতরাং, ইনপুট বিভবের যে অর্ধচক্রে ডায়োডটি সম্মুখ বায়াসে থাকে কেবলমাত্র সেই অর্ধচক্রে আউটপুট বিভব পাওয়া যায়। এইভাবে একটি পূর্ণতরঙ্গের ইনপুট পরিবর্তী বিভবের জন্য আউটপুটে একটি অর্ধতরঙ্গ একমুখী বিভব পাওয়া যায়।
তরঙ্গরূপ	

(B) পূর্ণ তরঙ্গ একমুখী কারক (Full Wave Rectifier):

বর্তনী সংযোগ	$D_1, D_2 \Rightarrow$ দুটি p-n সংযোগ ডায়োড (p-n junction diode) $R_L \Rightarrow$ লোড রোধ (load resistance), C হল গৌণ কুণ্ডলীর মধ্যবিন্দু।
বর্তনী চিত্র	
কার্যনীতি	ইনপুটে পরিবর্তি বিভব প্রয়োগের জন্য গৌণকুণ্ডলীর A ও B প্রান্ত দুটির প্রত্যেকটিই এক একটি অর্ধচক্রে পর্যায়ক্রমে বিভব পরিবর্তন করে। কিন্তু C বিন্দুর বিভব সর্বদাই শূন্য। অর্থাৎ D_1 ও D_2 উভয় ডায়োডের n প্রান্ত দুটি সর্বদা শূন্য বিভবে থাকে। এখন পরিবর্তী বিভবের প্রথম অর্ধচক্রে A প্রান্ত ধনাত্মক ও B প্রান্ত ঋণাত্মক হলে D_1 ডায়োডটি সম্মুখ বায়াসে থাকে। তাই লোড রোধের মধ্য দিয়ে M থেকে L বিন্দুর দিকে তড়িৎ প্রবাহমাত্রা হয় ও R_L রোধের দুই প্রান্তে একটি আউটপুট বিভব পাওয়া যায়। কিন্তু D_2 ডায়োডটি বিপরীত বায়াসে থাকায় কোনো তড়িৎ প্রবাহিত হয় না। পরবর্তী অর্ধচক্রে A প্রান্ত ঋণাত্মক ও B প্রান্ত ধনাত্মক হয় হলে D_1 ডায়োড বিপরীত বায়াসে এবং D_2 ডায়োডটি সম্মুখ বায়াসে থাকে। এই অবস্থাতেও R_L রোধের মধ্য দিয়ে M থেকে L বিন্দু অভিমুখে তড়িৎ প্রবাহিত হয়। তাই R_L রোধের দুই প্রান্তে আউটপুট বিভব পাওয়া যায়। অর্থাৎ, এই ব্যবস্থার মাধ্যমে ইনপুট বিভবে উভয় অর্ধকেই একমুখী করা যায়।
তরঙ্গরূপ	

	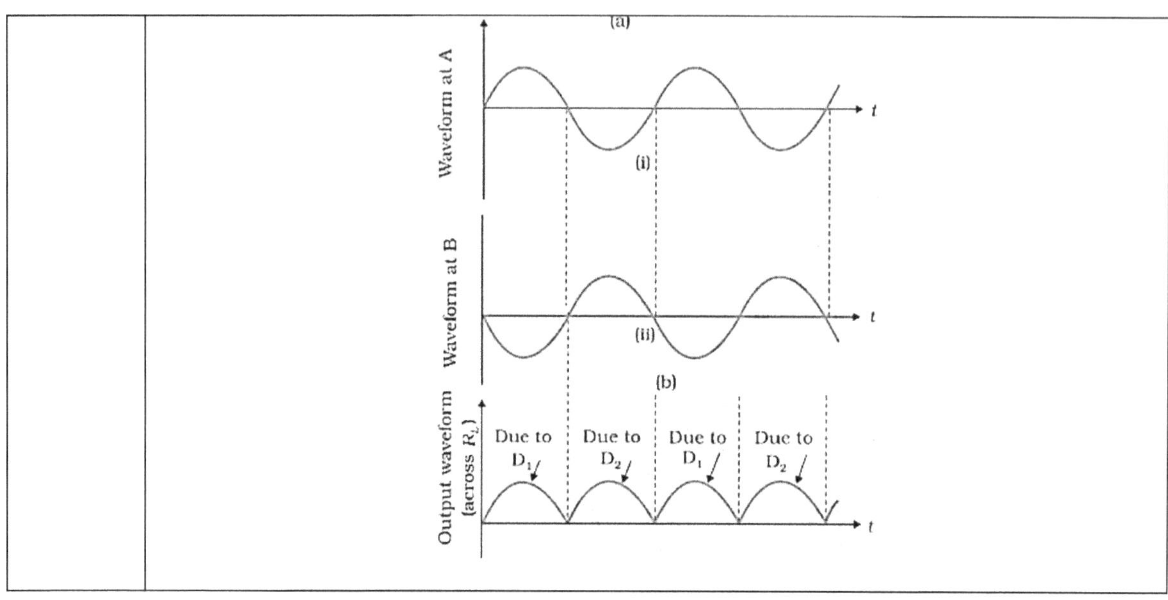

বিভিন্ন প্রকার অর্ধপরিবাহী ডায়োড

আলোক নিঃসারক ডায়োড :

সংজ্ঞা	আলোক নিঃসারক ডায়োড (Light emmiting diode or LED) হল সম্মুখ বায়াসে কার্যকরী উচ্চ ডোপিংযুক্ত একটি p-n সংযোগ ডায়োড যা তড়িৎশক্তিকে আলোক শক্তিতে রূপান্তরিত করে ।	প্রতীক	
কার্যনীতি	LED তে উপযুক্ত পরিমাণে সম্মুখ বায়াস প্রয়োগ করলে ইলেকট্রন যখন সংযোগস্থল অতিক্রম করে তখন ইলেকট্রন ও হোলের যুগ্মের পুণর্মিলন (recombination) হয় । এই পুণর্মিলন সময় সংযোগস্থল থেকে ফোটন কণা নির্গত হয় । এই ফোটনের তরঙ্গদৈর্ঘ্য দৃশ্যমান আলোর তরঙ্গদৈর্ঘ্যের পাল্লার মধ্যে থাকলে ঐ আলো চোখে দর্শন অনুভূতির সৃষ্টি করে ।	শক্তিপটির সাহায্যে কার্যনীতির ব্যাখ্যা	LED তে উপযুক্ত সম্মুখ বায়াস প্রয়োগ করলে ইলেকট্রন পরিবহণ পটি থেকে যোজ্যতা পটিতে স্থানান্তরিত হয় এবং band gap এর সমান শক্তি সম্পন্ন ফোটন নির্গত হয়। এই নির্গত ফোটনের কম্পাঙ্ক দৃশ্যমান আলোর ফোটনের কম্পাঙ্কের মধ্যে হলে দর্শন অনুভূতির সৃষ্টি হয়।
নির্গত আলোকরশ্মির তরঙ্গদৈর্ঘ্য ও তীব্রতা	● LED থেকে নির্গত আলোকরশ্মির তরঙ্গদৈর্ঘ্য বা বর্ণ নির্ভর করে LED তে ব্যবহৃত অর্ধপরিবাহী যৌগের band gap এর উপর। ● LED থেকে নির্গত আলোকরশ্মির তীব্রতা নির্ভর করে LED তে ব্যবহৃত অর্ধপরিবাহী যৌগের ডোপিং এর (অর্থাৎ অপদ্রব্যের গাঢ়ত্বের) উপর।	LED কার্যকরী হওয়ার বর্তনী চিত্র	
		উপাদান	

LED এর বৈশিষ্ট্যলেখ			দৃশ্যমান আলোকের তরঙ্গদৈর্ঘ্য $0.45\ \mu m$ থেকে $0.7\ \mu m$ হয় (অর্থাৎ শক্তি 2.8 eV থেকে 1.8 eV হয়) । LED প্রস্তুত করতে এমন পদার্থ নির্বাচন করা হয় যাদের band gap (E_g) কমপক্ষে 1.8 eV । LED প্রস্তুতকরতে ব্যবহারকারী উপাদানগুলি হল — গ্যালিয়াম আর্সেনাইড ফসফাইড (লাল ও হলুদ আলো) গ্যালিয়াম ফসফাইড (লাল, হলুদ, সবুজ আলো) গ্যালিয়াম নাইট্রাইড (নীল আলো।) গ্যালিয়াম আর্সেনাইড (GaAs) যৌগ ($E_g \sim 1.5$ eV) LED তে ব্যবহার করা হয় মূলত অবলোহিত বিকিরণের (infrared radiation) জন্য ।
LED প্রস্তুত করতে Si বা Ge ব্যবহার না করার কারণ	LED প্রস্তুত করতে এমন পদার্থ নির্বাচন করা হয় যাদের band gap (E_g) কমপক্ষে 1.8 eV। তাই LED প্রস্তুত করতে সিলিকন বা জার্মেনিয়াম ব্যবহার করা হয় না কারণ সিলিকনের band gap প্রায় 1.1 eV এবং জার্মেনিয়ামের band gap প্রায় 0.73 eV হয় ।	**LED প্রস্তুত করতে SiC বা GaP ব্যবহার করার কারণ**	LED প্রস্তুত করতে সিলিকন কার্বাইড (SiC), সামান্য ক্যাডমিয়ামযুক্ত গ্যালিয়াম ফসফাইড (GaP) ব্যবহার করা হয় । কারণ - (i) এদের band gap (E_g) 1.8 eV এর কাছাকাছি । [তাই ইলেকট্রন ও হোলের যুগের পুণর্মিলনে উৎপন্ন ফোটনের তরঙ্গদৈর্ঘ্য দৃশ্যমান আলোর তরঙ্গদৈর্ঘ্যের পাল্লার মধ্যে থাকে ।] (ii) যৌগগুলির প্রাচুর্য অনেক বেশি (iii) যৌগগুলি সস্তা ।
ব্যবহার	টর্চলাইট, কম ক্ষমতার বৈদ্যুতিক বাতি, ক্যালকুলেটর ও ডিজিট্যাল ঘড়ি, বিভিন্ন ইলেকট্রনিক বর্তনী, বিভিন্ন অ্যালার্ম ব্যবস্থা ইত্যাদিতে LED ব্যবহার করা হয় ।	**প্রচলিত স্বল্প ভাস্বর বাতিগুলির পরিবর্তে ব্যবহারের সুবিধা**	(i) LED কার্যকরী করতে কম বিভবের প্রয়োজন (low operational voltage) (ii) LED আকারে ছোট এবং ব্যায়িত ক্ষমতা খুব কম (iii) LED দ্রুত ক্রিয়াকরে (fast action) (iv) LED এর দাম কম এবং দীর্ঘদিন স্থায়ী হয় (iii) যৌগগুলি সস্তা ।

অনুশীলনী || বৈদ্যুতিক যন্ত্রাদি

অর্ধপরিবাহীর ধারণা

(1) শক্তিপটির সাহায্যে পরিবাহী, অন্তরক ও অর্ধপরিবাহীর পার্থক্য করো।[2]

অথবা, শক্তিপটি চিত্রের সাহায্যে একটি ধাতুর সঙ্গে একটি অন্তরকের পার্থক্য করো।[2]

(2) কোন্ উষ্ণতায় একটি অর্ধপরিবাহী একটি অন্তরকের মতো আচরণ করে ? (1)

(3) উষ্ণতা বৃদ্ধিতে একটি বিশুদ্ধ অর্ধ পরিবাহীর পরিবাহিতা বৃদ্ধি পায় কেন ? [2]
অথবা, উষ্ণতা বৃদ্ধিতে অর্ধপরিবাহীর রোধ কমে যায় কেন ? (2)

(4) ইলেকট্রন ও হোলের সচলতার সাপেক্ষে কোনো অর্ধপরিবাহীর উপাদানের তড়িৎ পরিবাহীতাঙ্কের রাশিমালাটি লেখো।

(5) ইলেকট্রন ও হোলের মধ্যে কার গতিময়তা বেশি ? (1)

(6) পরম শূন্য উষ্ণতায় অর্ধ পরিবাহীর পরিবাহীতাঙ্ক কত?

(7) ইলেকট্রন ও হোল কোন্ কোন্ শক্তিস্তরে গতিশীল হয়?

(8) বিশুদ্ধ ও অবিশুদ্ধ অর্ধপরিবাহীর মধ্যে পার্থক্য লেখো।

(9) n টাইপ অর্ধপরিবাহী তৈরী করতে হলে কী ধরনের অপদ্রব্য মেশাতে হবে ? [1]

(10) বিশুদ্ধ সিলিকন কেলাসে ফসফরাস ডোপ করলে কী ধরনের অর্ধপরিবাহী তৈরি হবে ? [1]

(11) একটি বিশুদ্ধ অর্ধপরিবাহীকে কীভাবে n-টাইপ অর্ধপরিবাহীতে রূপান্তরিত করা যায় তার চিত্রসহ ব্যাখ্যা দাও।

(12) n-টাইপ অর্ধপরিবাহীতে কারা মুখ্য বাহকের কাজ করে?

(13) n শ্রেণির অর্ধপরিবাহীর ক্ষেত্রে সংখ্যালঘু ও সংখ্যাগুরু আধান পরিবাহক কারা ?

(14) n টাইপ অর্ধপরিবাহীর শক্তি ব্যান্ড চিত্র আঁক এবং তাতে দাতা শক্তিস্তর দেখাও।

(15) একটি সহজাত অর্ধপরিবাহীকে কীরূপে p টাইপ অর্ধপরিবাহীতে রূপান্তরিত করা যায় ?

(16) বিশুদ্ধ সিলিকন কেলাসে Al ডোপ করলে কী ধরনের অর্ধপরিবাহী তৈরি হবে ? [1]

(17) p-টাইপ অর্ধপরিবাহীতে কারা আধান মুখ্য বাহকের কাজ করে ? [1]

(18) p শ্রেণির অর্ধপরিবাহীর ক্ষেত্রে সংখ্যালঘু পরিবাহক কারা?

(19) p টাইপ অর্ধপরিবাহীর কায়নীতি ব্যাখ্যা করো।

(20) p টাইপ অর্ধপরিবাহীর শক্তি ব্যান্ড চিত্র আঁক।

(21) দাতা ও গ্রহিতা স্তর কোন্ কোন্ শক্তিস্তরের খুব কাছাকাছি অবস্থান করে ? [1]

(22) p-শ্রেণি ও n-শ্রেণির অর্ধপরিবাহী প্রস্তুতিতে ডোপিং পদার্থ হিসেবে কী নেওয়া হয় ? একটি উদাহরণ সহযোগে ওই দুই শ্রেণির অর্ধপরিবাহীর দাতা ও গ্রহীতা পরমাণু কারা তা উল্লেখ করো।[2]

(23) N-type ও P-type অর্ধপরিবাহীর মধ্যে পার্থক্য উল্লেখ করো।[2]

(24) অর্ধপরিবাহীর শক্তিপটির ক্ষেত্রে ফার্মি শক্তিস্তর কী ?

অর্ধপরিবাহী ডায়োড

(25) p-n সংযোগ ডায়োড কী ? [2]

(26) p-n সংযোগ ডায়োড গঠন করতে একটি p-টাইপ ও একটি n-টাইপ অর্ধপরিবাহীকে সারসরি যুক্ত করা হয় না কেন ?

(27) p-n সংযোগ ডায়োডের নিঃশেষিত অঞ্চল বলতে কী বোঝ? [2]

(28) নিঃশেষিত অঞ্চল গঠনের ক্ষেত্রে মূল পদ্ধতি দুটি উল্লেখ করো। [1]

(29) p-n সংযোগের কোন্ অঞ্চলে গতিশীল ইলেকট্রন ও হোল নেই ?

(30) p-n সংযোগের নিঃশেষিত স্তরের ওপর ডোপিং-এর প্রভাব কী?

(31) p-n সংযোগ ডায়োডের সম্মুখ বায়াস ও বিপরীত বায়াস বলতে কী বোঝ ? [2]

(32) p-n সংযোগী ডায়োডের সম্মুখ বায়াস ও বিপরীত বায়াসের বর্তনীচিত্র অঙ্কন করো।[2]

(33) সম্মুখ বায়াসের দুটি বৈশিষ্ট্য লেখো।(2)

(34) সম্মুখ ও বিপরীত বায়াসের ক্ষেত্রে p-n সংযোগ ডায়োডের নিঃশেষিত অঞ্চলে কী ঘটে তা ব্যাখ্যা করো । [2/3]

(35) কীভাবে p-n সংযোগ ডায়োডের বিপরীত বায়াসে লেখচিত্র পাওয়া যায় তা আধান, নিঃশেষিত স্তরসহ বর্তনী অঙ্কন করে সংক্ষেপে লেখো। লেখচিত্রটি অঙ্কন করো। (2) [XII – 2022]

(36) বিপরীত বায়াসে সংকট বিভবের সীমা পর্যন্ত তড়িৎপ্রবাহের মান প্রযুক্ত বিভব নিরপেক্ষ কেন ? (2) [XII – 2022]

(37) p-n সংযোগ ডায়োডে কীভাবে স্বাভাবিক বিপরীত বায়াস তৈরি করা যায় তার ব্যাখ্যা দাও ।[2]

(38) p-n সংযোগী ডায়োডের নিঃশেষিত অঞ্চলের বেধ কীভাবে বৃদ্ধি করবে ? [2]

(39) সম্মুখ ও বিপরীত বায়াসের ক্ষেত্রে অর্ধপরিবাহী ডায়োডের / p-n সংযোগ ডায়োডের বৈশিষ্ট্য লেখ অঙ্কন করো ।[2]

(40) একমুখীকারক কাকে বলে ? [1]

(41) একটি p-n সংযোগ ডায়োডকে কীভাবে অর্ধ তরঙ্গ একমুখীকারক রূপে ব্যবহার করা হয় চিত্রসহ ব্যাখ্যা করো।[3]

(42) একটি p-n সংযোগ ডায়োডকে কীভাবে পূর্ণ তরঙ্গের একমুখীকারক হিসেবে ব্যবহার করা যায় তা বর্তনীচিত্রসহ ব্যাখ্যা করো এবং ইনপুট ও আউটপুট তরঙ্গ আকৃতির চিত্র অঙ্কন করো ।

অথবা, সংযোগ ডায়োড ব্যবহার করে একটি পূর্ণতরঙ্গ একমুখীকারকের (বর্তনীর) চিত্র অঙ্কন করো। ইনপুট ও আউটপুটের তরঙ্গরূপ দেখাও। (3)

(43) ডায়োড ও ট্রান্সফরমার ব্যবহার করে একটি পূর্ণতরঙ্গ একমুখীকারকের বর্তনীচিত্র অঙ্কন করো ।[2]

(44) একটি একমুখীকারক বর্তনীতে জার্মেনিয়াম ডায়োডের তুলনায় সিলিকন ডায়োড ভালো কেন ? (1)

বিভিন্ন প্রকার অর্ধপরিবাহী ডায়োড

---

[1] Light Emitting Diode

(45) LED কী ? [1]

(46) আলোক নিঃসারক ডায়োডের (LED) কার্যনীতি ব্যাখ্যা করো। [1/2] [H.S. – 2015]

(47) কোন্ বায়াসে আলোক নিঃসারক ডায়োড আলোক উৎপন্ন করে ? (1) [H.S. – 2023]

(48) LED প্রস্তুত করতে কী জাতীয় অর্ধপরিবাহী ব্যবহার করা হয় এবং কেন ? [2]

(49) একটি আলোক নিঃসারক ডায়োড (LED) এর I-V বৈশিষ্ট্য লেখচিত্র অঙ্কন করো [1] [H.S. – 2015]

(50) LED এর প্রধান ব্যবহারিক প্রয়োগ কী ? [1]

(51) প্রচলিত স্বল্প ভাস্কর বাতিগুলির পরিবর্তে LED ব্যবহারের দুটি সুবিধা লেখো ।[1]

(52) LED থেকে নির্গত আলোক রশ্মির বর্ণ এবং আলোর তীব্রতা কোন্ কোন্ বিষয়ের উপর নির্ভর করে ? [1]

[2] ফটোডায়োড (Photo Diode)

(53) ফোটোডায়োড কী ? এর প্রধান ব্যবহারিক প্রয়োগ কী?

(54) বর্তনীচিত্র অঙ্কন করে একটি ফোটোডায়োডের কার্যপ্রণালী সংক্ষেপে লেখো ।[2]

(55) ফোটোডায়োড কেন বিপরীত বায়াসে পরিচালনা করা হয় ? [1](XII – 2022)

(56) আপতিত আলোকরশ্মির তীব্রতার সঙ্গে ফোটোডায়োডের তড়িৎপ্রবাহমাত্রার কীরূপ পরিবর্তন হয় তা লেখচিত্রের সাহায্যে দেখাও ।

(57) ফোটোডায়োডের অন্ধকার প্রবাহ বলতে কীবোঝ ? [1]

(58) একটি আলোকিত ফোটোডায়োডের বায়াস বর্তনী ও বৈশিষ্ট্যমূলক লেখচিত্র অঙ্কন করো । (2) [XII – 2022]

(59) আপতিত আলোক রশ্মির দুটি ভিন্ন তীব্রতার জন্য ফোটোডায়োডের I-V বৈশিষ্ট্যলেখ অঙ্কন করো ।[1]

(60) ফোটোডায়োডের সাহায্যে কীভাবে আলোক রশ্মির তীব্রতা পরিমাপ করা যায় ? [1]

[3] Solar Diode or Solar cell

(61) সোলার ডায়োড কী ? [H.S. – 2019] এর প্রধান ব্যবহারিক প্রয়োগ কী ? [1+1]

(62) একটি সৌরকোশ (solar cell) এর কার্যপ্রণালী ব্যাখ্যা করো । [2]

(63) সৌরকোশ নির্মাণে Si এবং Ga As কে বেশি পছন্দ করা হয় কেন ? এর I-V বৈশিষ্ট্য লেখচিত্র অঙ্কন করো । [1] (H.S. – 2019)

(64) সৌরকোশ প্রস্তুত করতে সাধারণত Ga As ব্যবহার করা হয় কেন ? [1]

(65) সৌরকোশ নির্মাণে Si অপেক্ষা Ga As কে বেশি পছন্দ করা হয় কেন ? [1]

(66) একটি সৌরকোশ (solar cell) এর I-V বৈশিষ্ট্য লেখচিত্র অঙ্কন করো । [1]

(67) আলোক ভোল্টীয় ক্রিয়া বলতে কী বোঝ ? [1]

[4] Zener Diode

(68) জেনার ডায়োড বলতে কীবোঝ ? [1](H.S. – 2015, 2018)

(69) একটি জেনার ডায়োডের I-V বৈশিষ্ট্যলেখ অঙ্কন করো এবং সাধারণ অর্ধপরিবাহী ডায়োডের সাপেক্ষে জেনার ডায়োডের বিশেষত্ব কী তা ওই লেখ থেকে বুঝিয়ে দাও ।[1 + 1]

(70) জেনার বৈকল্য (Zener breakdown) বলতে কীবোঝ?

(71) অ্যাভলাঞ্জ ব্রেকডাইউন বা সম্পপাত বৈকল্য (Avlaanche breakdown) বলতে কীবোঝ ? [1]

(72) বিভব নিয়ন্ত্রক রূপে জেনার ডায়োডের ব্যবহার একটি (বর্তনীর) চিত্রের সাহায্যে দেখাও। [3](H.S. – 2023)

অথবা, জেনার ডায়োড কীভাবে রোধের প্রান্তে ভোল্টেজ নিয়ন্ত্রিত করে বর্তনীচিত্রসহ ব্যাখ্যা করো । (2) [H.S. – 2018]

অথবা, ভোল্টেজ রেগুলেটর হিসেবে ব্যবহৃত যন্ত্রটির নাম লেখো এবং উপযুক্ত বর্তনী চিত্র অঙ্কন করে এটির কার্যনীতি ব্যাখ্যা করো । [1+2]

ট্রানজিস্টার

(73) চিত্রসহ একটি p-n-p / n-p-n ট্রানজিস্টারের গঠন দেখাও।

(74) একটি p-n-p / n-p-n ট্রানজিস্টরের বর্তনী প্রতিক আঁকো। [1] [H.S. – 2010]

(75) একটি ট্রানজিস্টরের বেস, এমিটার ও কালেক্টরের মধ্যে কোন্টির বেধ সবচেয়ে বেশি ও কোন্টির বেধ সবচেয়ে কম ? [1][H.S.– 2011]

(76) একটি ট্রানজিস্টারের কোন অংশে বেশি ডোপিং করা হয় ? [1] [H.S. – 2012]

(77) একটি ট্রানজিস্টারের ভূমিকে খুব পাতলা ও হালকা মাত্রায় ডোপিং করা হয় কেন ?

(78) একটি ট্রানজিস্টরের ক্রিয়ার জন্য নিঃসারক ভূমি সংযোগ কোন্ বায়াসিং-এ রাখা হয় ?

(79) একটি p-n-p / n-p-n ট্রানজিস্টারের সাধারণ নিঃসারক বৈশিষ্ট্য লেখের জন্য উপযুক্ত বর্তনীটি অঙ্কন করো এবং লেখটি ব্যাখ্যা করো।

(80) ট্রানজিস্টারের CE মোডের বর্তনীচিত্র অঙ্কন করো ও পরিবৃত্তি বৈশিষ্ট্যলেখ অঙ্কন করো । এর নতি থেকে কী জানা যায় ?

(81) সাধারণ-নিঃসারক বিন্যাসে একটি ট্রানজিস্টারের ইনপুট ও আউটপুট বৈশিষ্ট্যলেখ আঁকো।[2] [H.S. – 2013]

অথবা, I_1 এবং I_2 ($I_1 > I_2$) এই দুই ভূমি প্রবাহমাত্রার জন্য সাধারণ-নিঃসারক বিন্যাসে একটি ট্রানজিস্টারের আউটপুট বৈশিষ্ট্য লেখগুলি আঁকো। [2] [H.S. – 2011]

অথবা, CE মোডের একটি n-p-n ট্রানজিস্টারের আউটপুট বৈশিষ্ট্যলেখ অঙ্কন করো এবং এর থেকে আউটপুট রোধ নির্ণয় করো। [H.S. – 2018]

(82) একটি অ্যামপ্লিফায়ারের ইনপুট ও আউটপুট সংকেতের মধ্যে দশার সম্পর্ক কী ? [1]

(83) সাধারণ ভূমি ট্রানজিস্টারের বিবর্ধক অপেক্ষা সাধারণ নিঃসারক ট্রানজিস্টারের বিবর্ধক বেশি পছন্দ করা হয় কেন ? [1]

(84) একটি ট্রানজিস্টারের α ও β এর সংজ্ঞা দাও । এদের মধ্যে সম্পর্ক কী ? [1+1+1]

(85) একটি ট্রানজিস্টার কীভাবে সুইচ-এর কাজ করে বর্তনীচিত্রসহ ব্যাখ্যা করো ।(2) [XII – 2018]

(86) স্পন্দক বা প্রকম্পক কাকে বলে ? [1]

(87) ট্রানজিস্টারে স্থায়ী স্পন্দক উৎপাদনের শর্ত কী ? [1]

(88) স্পন্দকের স্বাভাবিক কম্পাঙ্কের রাশিমালাটি লেখো ।[1]

(89) একটি বিবর্ধক ও একটি স্পন্দকের মধ্যে মূল পার্থক্য কী ?

সংখ্যা পদ্ধতি

(1) বাইনারি ও দশমিক সংখ্যা পদ্ধতির মধ্যে পার্থক্য কী ?

(2) দ্বিক পদ্ধতির সংখ্যাগুলি কি কি ? [1]

(3) 0.6789 সংখ্যাটির সবথেকে কম ও সবথেকে বেশি তাৎপর্যপূর্ণ অঙ্কগুলি কী কী ? (1)

(4) নিম্নলিখিত দশমিক সংখ্যাগুলিকে দ্বিক পদ্ধতিতে নির্ণয় করো।
(1) 17, 19, 25, 37
(2) 0.125, 0.250, 0.625
(3) 32.75, 31.25

(5)   দ্বিক্ সংখ্যাগুলিকে দশমিক সংখ্যা পদ্ধতিতে প্রকাশ করো।[1]

(1) 10001, 10011, 11001, 100101
(2) 0.001, 0.01, 0.101
(3) 100000.11, 11111.01

(6)   দ্বিক সংখ্যা-র যোগফল নির্ণয় করো ।[1]

(1) 101 এবং 110
(2) 1011 এবং 1001
(3) 10011 এবং 11010
(4) 111.11 এবং 101.10

(7)   দ্বিক সংখ্যা-র বিয়োগফল নির্ণয় করো ।[1]
(1) 101 এবং 110
(2) 10011 এবং 10001
(3) 10101 এবং 1011
(4) 11001 এবং 111

(8)   দ্বিক সংখ্যা 10001 এবং 1110 এর বিয়োগফল নির্ণয় করো এবং তাকে দশমিক সংখ্যায় প্রকাশ করো ।[1+1]

লজিক গেট

(9)   ডিজিটেল (digital) বর্তনী ও অ্যানলগ (analouge) বর্তনীর মধ্যে পার্থক্য কী ? [1]

(10)   লজিক গেট কী ? [1]

(11)   একটি দ্বি ইনপুট AND গেটে কতকগুলি আউটপুট অবস্থা পাওয়া যায় ? [1]

(12)   একটি 2 ইনপুট AND / OR / NOT গেটের লজিক প্রতিক ও টুথ টেবিলটি দেখাও ।[2]

(13)   ডায়োড ব্যবহার করে কীভাবে 2 ইনপুট OR গেট তৈরি করা হয় ? বর্তনী চিত্র এঁকে দেখাও । ইনপুট (1, 0) হলে কীভাবে আউটপুট 1 হয় তার ব্যাখ্যা দাও ।[2]

(14)   p-n সংযোগ ডায়োড ব্যবহার করে একটি AND গেটের বর্তনীচিত্র এঁকে দেখাও । এই গেটের সত্যসারণি লেখো ।

(15)   একটি GATE-এর একাধিক ইনপুট আছে । এই ইনপুটগুলির যে কোনো একটি ইনপুট নিম্নতর বিভব বা শূন্যবিভবে থাকলে আউটপুট বিভব শূন্য হয়ে যায় । GATE টির নাম কী?

(16)   NAND গেটের লজিক সংকেত এবং সত্য সারণীটি লেখো । এই গেট ব্যবহার করে কীভাবে OR গেট পাওয়া যায় ? (3) [H.S. – 2023]

(17)   NOR গেটের বর্তনীচিত্র অঙ্কন করো এবং সংশ্লিষ্ট সত্যসারনি লেখো ।[2]

(18)   NOR গেটের বুলিয়ান প্রকাশক সমীকরণটি লেখো। (1) [H.S. – 2023]

(19)   NOR গেট ব্যবহার করে AND গেট তৈরি কর । [XII – 2018]

(20)   NAND এবং NOR গেটকে সর্বজনীন গেট বলা হয় ? দ্বি ইনপুট NAND গেট অথবা দ্বি ইনপুট NOR গেট ব্যবহার করে AND, OR এবং NOT গেট গঠনপূর্বক উপরের উক্তিটির যথার্থতা প্রমাণ করো । [3]

(21)   NOT গেটের বর্তনী চিত্র আঁক । NOT গেটকে ইনভার্টার বলা হয় - ব্যাখ্যা করো । [1+1]

(22)   দ্য মরগান (De Morgan's theorem) উপপাদ্যটি বিবৃত ও প্রমাণ করো ।[3]

(23)   নিম্নে দেওয়া লজিক গেটের সমবায়টির সত্য সারণি লেখো।

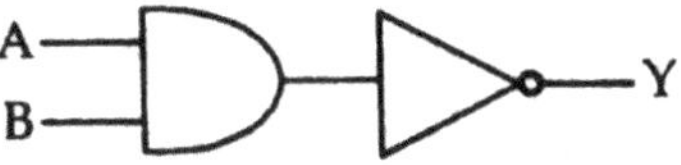

(24)   প্রদর্শিত বর্তনীতে Y এর মান কত ?

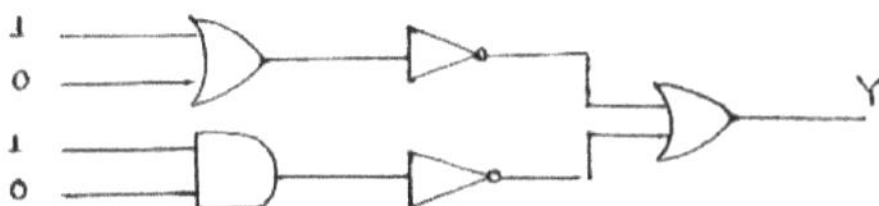

(25)   চিত্রে একটি বর্তনী দেওয়া আছে । এটির সত্যসারণি লেখো। বর্তনীটিতে যে লজিক ক্রিয়াটি ঘটছে সেটি শনাক্ত করো এবং এটি যে gate কে নির্দেশ করে তার লজিক প্রতীক দেখাও ।

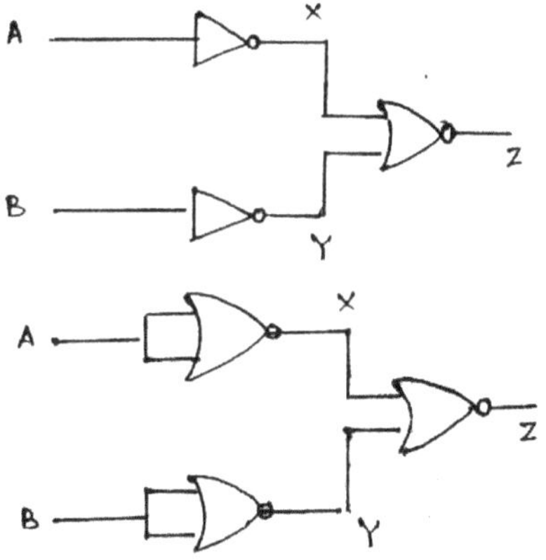

(26)   চিত্রে দেখানো বর্তনীর সমতুল গেটটি দেখাও ও এটির সত্যসারনি লেখো ।

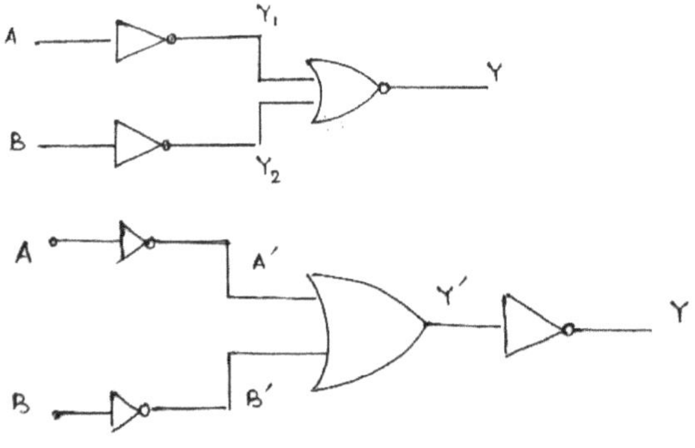

(27) প্রদত্ত লজিক গেটের আউটপুট কত হবে ?

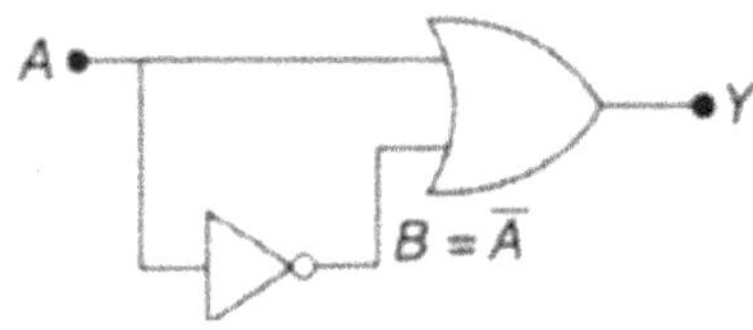

(28) লজিক গেটের প্রদত্ত সমবায়টি কোন্ লজিক গেটকে নির্দেশ করে ।

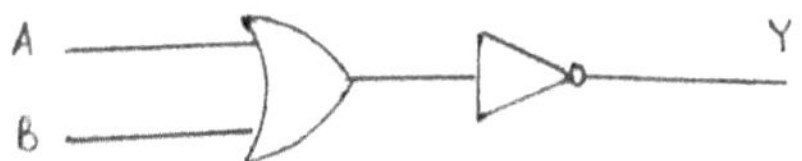

(29) প্রদত্ত লজিক বর্তনীর ক্ষেত্রে বুলিয়ান সম্পর্কটি নির্ণয় করো এবং সত্য সারণি তৈরি করো ।

(30) চিত্রে প্রদত্ত লজিক বর্তনীর ক্ষেত্রে বুলিয়ান সম্পর্কটি নির্ণয় করো এবং সংক্ষিপ্ত তুল্য বর্তনীটি এঁকে দেখাও।

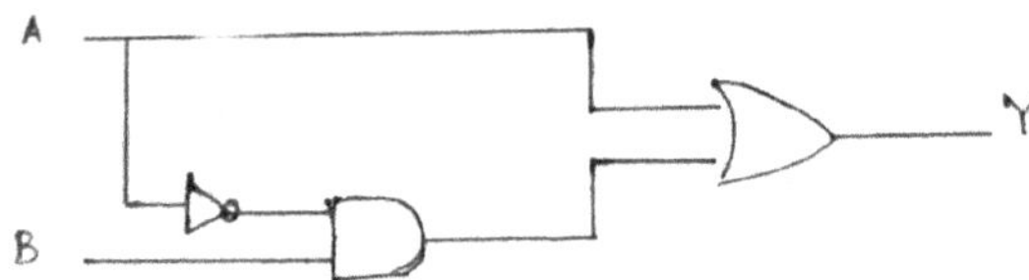

(31) দুটি ডিজিট্যাল সংকেত A ও B এর তরঙ্গরূপ দেখানো হয়েছে। এ দুটিকে ইনপুট হিসেবে একটি AND / OR / $NAND$ / NOR গেটে আরোপ করা হলে আউটপুটের তরঙ্গরূপটি কী হবে ?

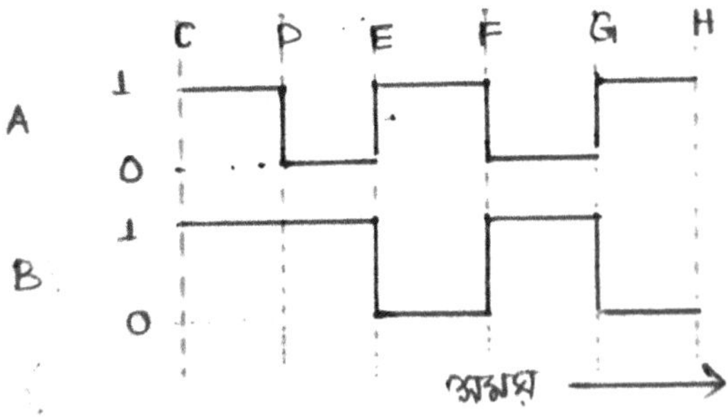

(32) দুটি ডিজিট্যাল সংকেত A ও B এর তরঙ্গরূপ দেখানো হয়েছে। এ দুটিকে ইনপুট হিসেবে একটি AND গেটে আরোপ করা হলে আউটপুটের তরঙ্গরূপটি কী হবে ?

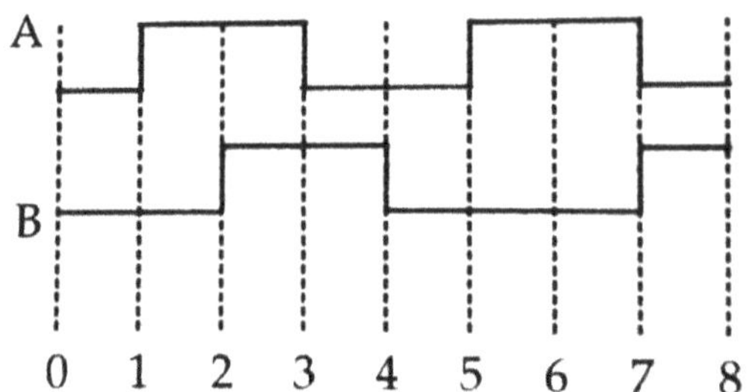

(33) চিত্রে দুটি ইনপুট সংকেত এবং উৎপন্ন আউটপুট সংকেত এর তরঙ্গরূপ দেখানো হয়েছে । সংশ্লিষ্ট গেটটির বুলিয়ান বীজগাণিতিক সমীকরণটি নির্ণয় করো । গেটটিকে শনাক্ত করো এবং তার লজিক প্রতীক ও সত্যসারণি লেখো ।

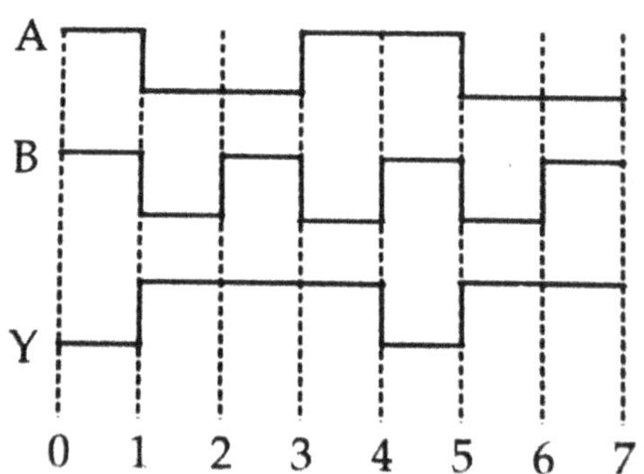

(34) প্রদত্ত লজিক বর্তনীর ক্ষেত্রে সত্য সারণি তৈরি করো এবং গেটটির লজিক প্রতিক দেখাও । ।

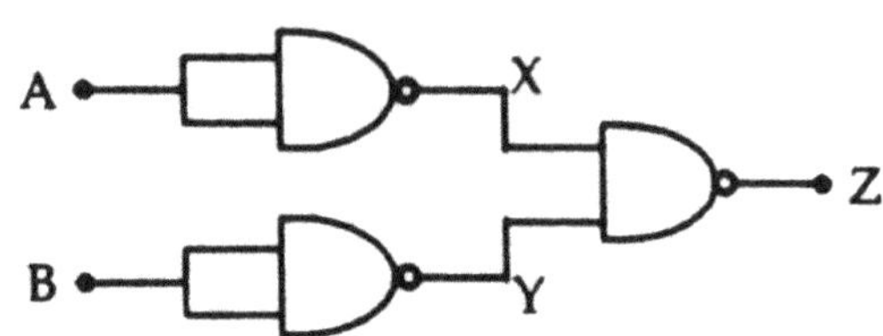

(35) প্রদত্ত সত্য সারণিটি কোন্ গেট প্রকাশ করে ।

A	B	Y
0	0	1
1	0	1
0	1	1
1	1	0

(36) প্রদত্ত সত্যসারণি থেকে বুলিয়ান সম্পর্ক নির্ণয় করো এবং সংক্ষিপ্তুতম লজিক বর্তনী এঁকে দেখাও ।

A	B	Y
0	0	1
1	0	0
0	1	0
1	1	0

(37) চিত্রে (a) ও (b) হল দুটি বর্তনী । দেখাও যে, (a) বর্তনীটি OR গেট ও (b) বর্তনীটি AND গেট হিসেবে কাজ করে ।

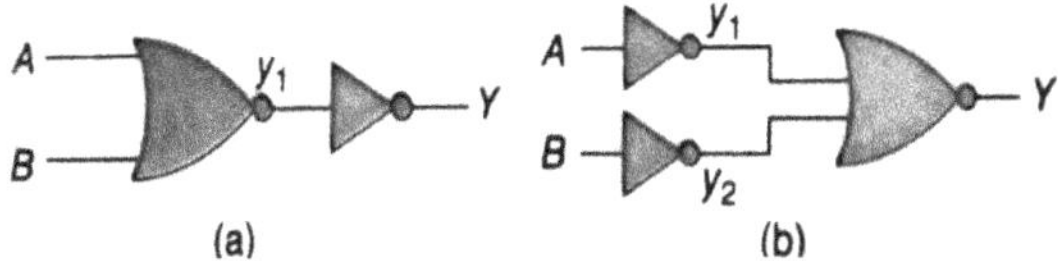

(38) প্রদত্ত লজিক বর্তনীর ক্ষেত্রে P ও Q চিহ্নিত গেটগুলি শনাক্ত করো । ইনপুট A = 0 ও B = 0 এবং A = 1 ও B = 1 হলে আউটপুট কী হবে লেখো ।

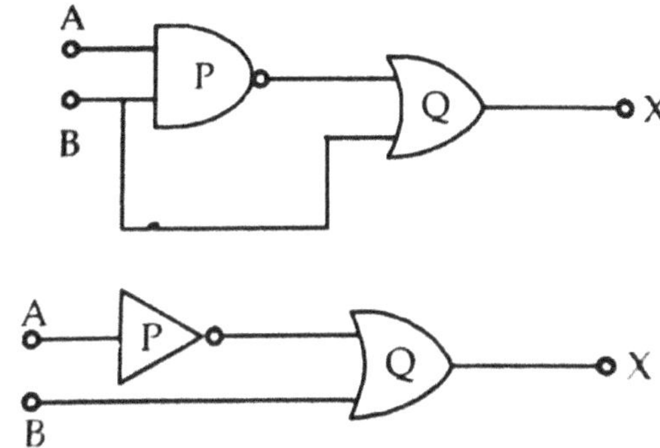

(39) IC বলতে কীবোঝ ? [1]

(40) ইলেকট্রনিক বর্তনীতে IC ব্যবহারের সুবিধা কী ? [1]

অ্যানালগ ও ডিজিটাল IC এর পার্থক্য কী ? এই ধরণের IC ব্যবহারের একটি করে উদাহরণ দাও । [1+ 1]

(41)

(6) Communication System
যোগাযোগ ব্যবস্থা

	যোগাযোগ ব্যবস্থা		
1	যোগাযোগ ব্যবস্থার মৌলিক ধারণা ও উপাদান	2	বিরূপণ
3	তড়িৎচুম্বকীয় তরঙ্গের সম্প্রচার		

যোগাযোগ ব্যবস্থার মৌলিক ধারণা ও উপাদান

[1] সঞ্চার ব্যবস্থার মৌলিক উপাদানসমূহ (Basic Elements of communication system)

● যোগাযোগ ব্যবস্থা বা সঞ্চার ব্যবস্থার মৌলিক উপাদানগুলি হল –

(a) প্রেরক (Transmitter)

(b) সঞ্চালন মাধ্যম বা সঞ্চার মাধ্যম (Transmission medium or channel)

(c) গ্রাহক বা সংগ্রাহক (Receiver)

● সঞ্চার ব্যবস্থার সাধারণ **block diagram** টি হল নিম্নরূপ :

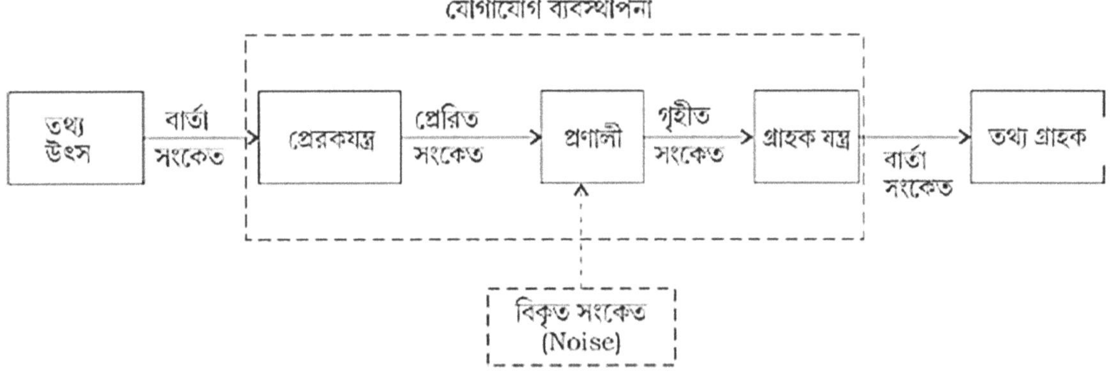

● **প্রেরক (Transmitter) :**

সংজ্ঞা	যে ব্যবস্থার সাহায্যে কোনো তথ্য সংকেত বা বার্তাকে সঞ্চারণ উপযোগী করে তোলা হয়, তাকে প্রেরক বলে ।
উদাহরণ	বেতার সংযোগ ব্যবস্থার রেডিও ট্রান্সমিটার
উপাদান	প্রেরক মূলত নিম্নলিখিত উপাদানগুলি নিয়ে গঠিত । যথা - (a) পরিবর্তক (transducer), (b) বিরূপক (modulator), (c) বিবর্ধক বা পরিবর্ধক (amplifier), (d) প্রেরক অ্যান্টেনা (transmitting antenna)
Block diagram	

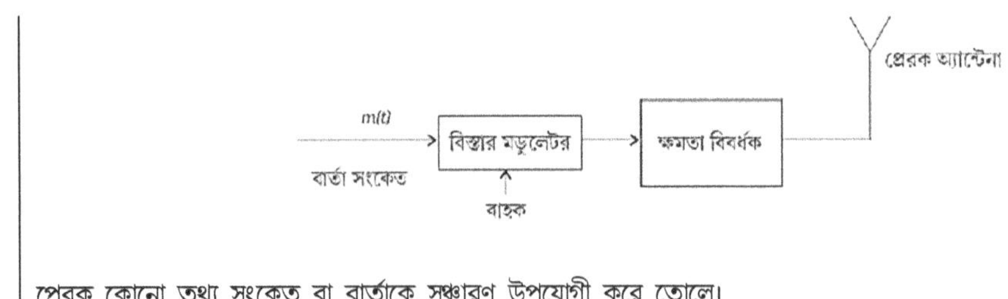

কাজ	প্রেরক কোনো তথ্য সংকেত বা বার্তাকে সঞ্চারণ উপযোগী করে তোলে।

● সঞ্চালন মাধ্যম বা সঞ্চার মাধ্যম (Transmission medium or channel)

সংজ্ঞা	যে মাধ্যমের মধ্য দিয়ে কোনো তথ্য সংকেতযুক্ত বাহক তরঙ্গকে প্রেরক প্রান্ত থেকে গ্রাহক প্রান্তে পৌঁছানো হয়, তাকে সঞ্চালন মাধ্যম বা সঞ্চার মাধ্যম বা সঞ্চালন সরণি বলে।
উদাহরণ	বায়ুমণ্ডল (সাধারণ কথোপকথোনের জন্য) বায়ুমণ্ডল ও শূন্যস্থান (রেডিও সংযোগ বা বেতার সংযোগের জন্য) সমাক্ষীয় তার (টেলিফোনির জন্য)
উপাদান	সঞ্চালন মাধ্যমকে অনেকসময় দুই ভাগে ভাগ করা হয়। যথা - (i) guided (point-to-point) [Ex : Telephone] (ii) Unguided [Ex : Broadcast]

● গ্রাহক বা সংগ্রাহক (Receiver) :

সংজ্ঞা	যে ব্যবস্থার সাহায্যে কোনো মাধ্যমে সঞ্চালিত তরঙ্গকে সংগ্রহ করে ওই তরঙ্গ থেকে তথ্য সংকেতকে পৃথক করা হয়, তাকে গ্রাহক বা সংগ্রাহক বলে।
উদাহরণ	রেডিও (Radio), টেলিভিশন (TV), কম্পিউটার (Computer), টেলিফোন (Telephone), Teleprinter, Telegraph, Fax and Internet
উপাদান	গ্রাহক মূলত নিম্নলিখিত উপাদানগুলি নিয়ে গঠিত। যথা - (i) গ্রাহক অ্যান্টেনা (Receiving Antenna) (ii) বিমোচক (demodulator), (iii) বিবর্ধক বা পরিবর্ধক (amplifier), (iv) পরিবর্তক (transducer)
Block diagram	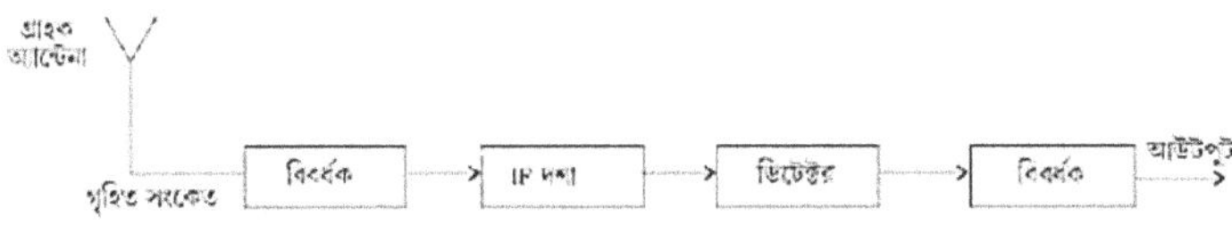
কাজ	গ্রাহক সঞ্চালন মাধ্যমে সঞ্চালিত তরঙ্গকে সংগ্রহ করে ওই তরঙ্গ থেকে তথ্য সংকেতকে পৃথক করে।

[2] সঞ্চালনের ধরণ (Modes of Communication)

সঞ্চার ব্যবস্থাপনার দুটি মৌলিক পদ্ধতি হল –

বিন্দু থেকে বিন্দু সঞ্চালন	এই প্রকার সংযোগ ব্যবস্থায় একটি প্রেরক ও একটি গ্রাহকের মধ্যে তথ্য আদান প্রদান হয় বা যোগাযোগ স্থাপিত হয়।

(Point – to – Point Communication or, Guided) :	যেমন – টেলিফোন ব্যবস্থাপনা
সম্প্রচার (Broadcast or, Un-guided) :	এই প্রকার সংযোগ ব্যবস্থায় প্রেরকের সংখ্যা একটি হলেও সংগ্রাহকের সংখ্যা অনেক বেশি । যেমন – টেলিভিশন সম্প্রচার ।

[3] রূপান্তরক বা পরিবর্তক বা ট্রান্সডিউসার (Transducer) :

সংজ্ঞা	যে ব্যবস্থার সাহায্যে শক্তিকে একরূপ থেকে অন্যরূপে রূপান্তরিত করা হয়, তাকে রূপান্তরক বা পরিবর্তক বলে ।
উদাহরণ	স্পিকার [বৈদ্যুতিক সংকেত → শ্রুতি (Speech) সংকেত]

● যে ব্যবস্থার সাহায্যে কোনো পরিবর্তনশীল ভৌতরাশিকে (যেমন - চাপ, বল, সরণ, উষ্ণতা ইত্যাদি) সদৃশ বৈদ্যুতিক সংকেতের পরিবর্তনে রূপান্তরিত করা হয়, তাকে বৈদ্যুতিক রূপান্তরক বা বৈদ্যুতিক পরিবর্তক (Electrical transducer) বলে ।

উদাহরণ : মাইক্রোফোন (Microphone) [শ্রুতি (Speech) সংকেত → বৈদ্যুতিক সংকেত]
ফটোডিটেক্টর (Photodetector) [আলোক (Light) সংকেত → বৈদ্যুতিক সংকেত]
পিয়েজো ইলেকট্রিক সেন্সর (Piezoelectric) [চাপের (Pressure) পরিবর্তন → বৈদ্যুতিক সংকেত]

[4] বিবর্ধন (Amplification) :

সংজ্ঞা	যে প্রক্রিয়ায় বৈদ্যুতিক বর্তনীর সাহায্যে সংকেতের (মৌলিক প্রকৃতি পরিবর্তন না করে) শক্তি বৃদ্ধি করা হয়, তাকে বিবর্ধন (amplification) বলে।
প্রয়োজনীয়তা	সঞ্চালনের সময় তথ্য সংকেতের যে শক্তি ক্ষয় হয় তা পূরণের জন্যই বিবর্ধনের প্রয়োজন । সমপ্রবাহ উৎস (DC source) থেকে সংকেতের প্রাবল্য বৃদ্ধির জন্য প্রয়োজনীয় শক্তি সংগ্রহ করা হয় ।
প্রয়োগ	ট্রান্সমিশনের আগে সংকেতের শক্তি বৃদ্ধি করতে ট্রান্সমিটারে এবং অ্যান্টেনা থেকে আগত দুর্বল সংকেতকে শক্তিশালী করার জন্য রিসিভারে অ্যামপ্লিফিকেশন করা হয় ।

● **বিবর্ধক (amplifier) :** যে ব্যবস্থার সাহায্যে সংকেতের বিস্তার তথা প্রাবল্য বৃদ্ধি করা হয়, তাকে বিবর্ধক (amplifier) বলে ।

[5] তথ্য সংকেত (Message Signal)

● **তথ্য (information or message) :** কোনো উৎস থেকে কৃত্রিমভাবে তৈরি কোনো বিষয় হল তথ্য ।

● **সংকেত (signal) :** সংকেত হল ট্রান্সডিউসারের সাহায্যে তৈরি সম্প্রচারের জন্য উপযুক্ত কোনো বৈদ্যুতিক তথ্য যে পেরক থেকে প্রাপকের কাছে পাঠানো হয় ।

● **প্রকারভেদ :** সংকেত দুই প্রকারের । যথা - (a) অ্যানালগ সংকেত (analog signal) এবং
(b) ডিজিটাল সংকেত (digital signal)

বিষয়	এনালগ সংকেত	ডিজিটাল সংকেত
সংজ্ঞা	যে সংকেতে প্রবাহমাত্রা বা ভোল্টেজ সময়ের সাথে নিরবিচ্ছিন্নভাবে পরিবর্তিত হয় তাকে অ্যানালগ সংকেত (analog signal or continuous signal) বলে ।	যে সংকেতে প্রবাহমাত্রা বা ভোল্টেজ সময়ের সঙ্গে নিরবিচ্ছিন্নভাবে পরিবর্তিত না হয়ে মাত্র দুটি অবস্থা বা স্তরে থাকে, তাকে ডিজিটাল সংকেত (digital signal or Pulse Signal) বলে ।
তরঙ্গরূপ	এটি একটি সাইন ওয়েভ তৈরি করে ।	এটি মূলত স্কয়ার ওয়েভ তৈরি করে ।

ব্যবহার	প্রথাগত রেডিও সংকেতে, টেলিফোন ইত্যাদি ক্ষেত্রে পাঠানো তথ্য এই প্রকৃতির।	কম্পিউটার, অপটিক্যাল ফাইবার, স্মার্টফোনের সিগন্যাল এবং ইন্টারনেটের মাধ্যমে পাঠানো তথ্য এই প্রকৃতির।
নির্ভূলতা	এনালগ তথ্যে নয়েজ বা অপ্রয়োজনীয় সংকেত সহজেই মিশে যায়, যা তথ্যের গুণগত মান কমিয়ে দিতে পারে।	ডিজিটাল সিগন্যালে নয়েজ কম থাকে এবং এটি অনেক দূর পর্যন্ত নির্ভুলভাবে পাঠানো যায়।

[6] তথ্য সংকেত সম্প্রচারের সময় বিভিন্ন অসুবিধা :

[a] অপস্বর বা অপরোল (Noise) : সঞ্চারিত সংকেতের মূল তরঙ্গরূপটির যে কোনো রূপ বিকৃতিকে অপস্বর বা অপরোল বলে। অপস্বর বা অপরোল মূলত দুই প্রকার। যেমন –

(i) নিয়ন্ত্রণ যোগ্য অপস্বর : ব্যবহৃত যন্ত্রাংশ বা উপাদানের প্রয়োজনীয় সংশোধন করে যে অপস্বরের মাত্রা অনেকাংশে কমানো যায়, তাকে নিয়ন্ত্রণযোগ্য অপস্বর বলে।

(ii) বিক্ষিপ্ত অপস্বর (random noise) : যে অপস্বরের মাত্রা নিয়ন্ত্রণ করা যায় না, তাকে বিক্ষিপ্ত অপস্বর বলে।

[b] তনুকরণ (Attenuation) : সঞ্চালন মাধ্যমের মধ্য দিয়ে তরঙ্গের সঞ্চালনের সময় তথ্য সংকেতের যে শক্তি ক্ষয় হয়, তাকে তনুকরণ (attenuation) বলে।

[7] অ্যান্টেনা (Antenna)

● অ্যান্টেনা এমন একটি অপরিহার্য বৈদ্যুতিক যন্ত্রাংশ যা তড়িৎচুম্বকীয় তরঙ্গ বিকিরণ করতে বা সংগ্রহ করতে ব্যবহৃত হয়।

অথবা, অ্যান্টেনা হলো একটি বিশেষ ধরণের ধাতব কাঠামো যা উচ্চ কম্পাঙ্কের প্রবাহমাত্রাকে তড়িৎচুম্বকীয় তরঙ্গে রূপান্তরিত করে শূন্য মাধ্যমে বিকিরণ করে অথবা শূন্য মাধ্যমে বিকিরিত তড়িৎচুম্বকীয় তরঙ্গকে শোষণ করে পুণরায় উচ্চ কম্পাঙ্কের প্রবাহমাত্রায় পরিণত করে।

● **বিভিন্ন প্রকার অ্যান্টেনা :**

(i) ডাইপোল অ্যান্টেনা (Dipole antenna) : এটি সবচেয়ে মৌলিক ও বহুল ব্যবহৃত অ্যান্টেনা। এই প্রকার অ্যান্টেনার সাহায্যে তড়িৎচুম্বকীয় তরঙ্গের সর্বমুখী সম্প্রচার সম্ভব। (এই কারণে এই প্রকার অ্যান্টেনাকে omni directional antenna বলা হয়) এটি সাধারণত রেডিও এবং টেলিভিশন সম্প্রচারের জন্য ব্যবহৃত হয়।

ডাইপোল অ্যান্টেনার ক্ষেত্রে, $L \geq \dfrac{\lambda}{2}$

(ii) Monopole Antenna বা, মারকনি অ্যান্টেনা (Marconi antenna) : যে সমস্ত অ্যান্টেনার দৈর্ঘ্য বিকিরিত বা সংগৃহীত তরঙ্গের তরঙ্গদৈর্ঘ্যের এক চতুর্থাংশ হয়, তাদের মারকনি অ্যান্টেনা বলে।
এই অ্যান্টেনার বিকিরণের ধরণ অনেকটা ডাইপোল অ্যান্টেনার মতো।

Monopole অ্যান্টেনার ক্ষেত্রে, $L \geq \dfrac{\lambda}{4}$

(iii) ডিস্ অ্যান্টেনা (Dish antenna) : এই প্রকার অ্যান্টেনার সাহায্যে কোনো নির্দিষ্ট অভিমুখে তড়িৎচুম্বকীয় তরঙ্গের সম্প্রচার বা ওই নির্দিষ্ট অভিমুখ থেকে আগত তরঙ্গের সংগ্রহ সম্ভব। (এই প্রকার অ্যান্টেনাকে directional antenna বলা হয়)
এটি মাইক্রোওয়েভ এবং স্যাটেলাইট যোগাযোগের জন্য ব্যবহৃত হয়।

[8] সংকেতের দূরত্ব সীমা (range) ও রিপিটার (Repeater) :

● সংকেতের উৎস ও সংকেতের গন্তব্যস্থানের মধ্যে যে সর্বোচ্চ দূরত্বের জন্য কোনো সংকেতকে যথেষ্ট শক্তিসম্পন্ন অবস্থায় গ্রহণ করা যায়, সেই সর্বোচ্চ দূরত্বকে সংকেতের দূরত্ব সীমা বলে ।

● রিপিটার হল গ্রাহক ও প্রেরকের সমন্বয়ে গঠিত একটি যান্ত্রিক ব্যবস্থা, যা প্রেরিত তথ্যসংকেতকে সংগ্রহ করে তা পরিবর্ধিত করে এবং পুনরায় সম্প্রচারিত করে । অনেকক্ষেত্রে রিপিটার গ্রাহক তরঙ্গের পরিবর্তন ঘটিয়ে দেয় ।

● রিপিটার ব্যবহার করার কারণ : একাধিক রিপিটার ব্যবহার করে বেতার তরঙ্গের পাল্লা বহুদূর পর্যন্ত বাড়ানো সম্ভব হয় ।

[9] Coding Schemes Used for Digital Communication :

● Binary Coded Decimal (BCD) : এই Coding Scheme এ কোনো অঙ্ককে দুটি বাইনারি অঙ্ক 0 ও 1 দ্বারা প্রকাশ করা হয় ।

● American Standard Code for Information Exchange (ASCIE) : এই Coding Scheme এ সাধারণত সংখ্যা, অক্ষর ও প্রতীককে রূপান্তরিত করা হয় ।

[10] মোডেম (Modem) :

● যে কোনো ডিজিট্যাল তথ্যকে অ্যানালগ তথ্যে এবং অ্যানালগ তথ্যকে ডিজিট্যাল তথ্যে রূপান্তরকের যন্ত্র হল মোডেম ।

● মোডেম হল একটি বৈদ্যুতিক সংযুক্তি যা একসঙ্গে বিরূপক ও বিমোচক হিসেবে কাজ করে । কোনো সংকেত পাঠানোর সময় এটি বিরূপক হিসেবে কাজ করে আবার সংকেত গ্রহণ কালে এটি বিমোচক হিসেবে কাজ করে ।
এছাড়াও মোডেম ডিজিট্যাল সংকেতকে অ্যানালগ সংকেতে এবং অ্যানালগ সংকেতকে ডিজিট্যাল সংকেতে রূপান্তরিত করতে পারে ।

[11] পটিবিস্তার (Bandwidth) :

■ কোনো একটি যন্ত্র যে কম্পাঙ্ক সীমার মধ্যে ক্রিয়া করে সেটি হল ওই যন্ত্রের পটি বিস্তার ।
■ সংকেত বার্তা কোনো একটি বর্ণালীর যে অংশ জুড়ে অবস্থান করে, তাকে ওই সংকেত বার্তার পটিবিস্তার বলে ।

বিরূপণ

---

1.   বিরূপণ :

যে প্রক্রিয়ায় তথ্য সংকেতকে দূরবর্তী স্থানে প্রেরণ করতে অপর একটি উচ্চ কম্পাঙ্কের তরঙ্গের (যাকে বাহক তরঙ্গ বলা হয়) কোনো একটি রাশিকে (বিস্তার, কম্পাঙ্ক বা দশা) তথ্য সংকেত অনুযায়ী পরিবর্তিত করে সম্প্রচারের উপযোগী করা হয়, তাকে বিরূপণ (modulation) বলে ।

অথবা, সুনির্দিষ্ট বিস্তার ও উচ্চ কম্পাঙ্কের বাহক তরঙ্গের ওপর তথ্য সংকেতের আরোপ করার পদ্ধতি বিরূপণ বা স্বরারোপণ বলে ।

2.   বিরূপণের কারণ বা প্রয়োজনীয়তা :

অ্যান্টেনার দৈর্ঘ্য	অপেক্ষাকৃত কম কম্পাঙ্কের সংকেত বা বার্তা তরঙ্গকে সম্প্রচারিত করতে খুবই বড়ো আকারের প্রেরক অ্যান্টেনার প্রয়োজন হয়, যা তৈরি করা কারিগরি দিক থেকে প্রায় অসম্ভব তাছাড়াও ব্যবহারিক ক্ষেত্রেও

	প্রবল অসুবিধাজনক । অন্যদিকে বেশী কম্পাঙ্কের বাহক তরঙ্গ অনেক ছোট্টো অ্যান্টানা ব্যবহার করেই সম্প্রচার সম্ভব হয় ।
বিভিন্ন তথ্য সংকেতের মিশে যাওয়া	বিরূপণ না ঘটিয়ে তথ্য সংকেতকে সম্প্রচারিত করা হলে বিভিন্ন প্রেরক থেকে নির্গত তরঙ্গের মিশে যাওয়ার সম্ভাবনা থাকে এবং গ্রাহকের পক্ষে তাদের পৃথক করা অসুবিধা হয় । এখন তথ্য সংকেতকে ভিন্ন বাহক তরঙ্গের সঙ্গে বিরূপিত করলে তারা ভিন্ন কম্পাঙ্ক পাল্লা পায় ও তরঙ্গের মিশ্রিত হওয়ার সম্ভাবনা কমে ।
তরঙ্গসীমার পাল্লা বৃদ্ধি	কম কম্পাঙ্কের তথ্য সংকেত সম্প্রচারিত করা হলে তার তণুকরণ বেশি হয় এবং তথ্য সংকেতের দূরত্ব সীমা কম হয় । এখন তথ্য সংকেতকে উচ্চ কম্পাঙ্কের বাহক তরঙ্গের ওপর আরোপ করলে রিরূপিত তরঙ্গের দূরত্বসীমা বৃদ্ধি পায় ।

3. বিরূপণের প্রকারভেদ :

১	বিস্তার বিরূপণ	যে বিরূপণ প্রক্রিয়ায় বাহক তরঙ্গের বিস্তার তথ্য সংকেত বা সংকেত তরঙ্গের বিস্তারের সঙ্গে পরিবর্তিত হয় কিন্তু বাহক তরঙ্গ ও বিরূপিত তরঙ্গের কম্পাঙ্ক ও দশা একই থাকে, তাকে বিস্তার বিরূপণ (Amplitude Modulation or AM) বলে ।
২	কম্পাঙ্ক বিরূপণ	যে বিরূপণ প্রক্রিয়ায় বাহক তরঙ্গের কম্পাঙ্ক তথ্য সংকেত বা তরঙ্গের বিস্তারের সঙ্গে পরিবর্তিত হয় কিন্তু বাহক তরঙ্গ ও বিরূপিত তরঙ্গের বিস্তার ও দশা একই থাকে, তাকে কম্পাঙ্ক বিরূপণ (frequency modulation)।
৩	দশা বিরূপণ	যে বিরূপণ প্রক্রিয়ায় বাহক তরঙ্গের দশা তথ্য সংকেত বা তরঙ্গের বিস্তারের সঙ্গে পরিবর্তিত হয় কিন্তু বাহক তরঙ্গ ও বিরূপিত তরঙ্গের বিস্তার ও কম্পাঙ্ক একই থাকে, তাকে দশা বিরূপণ (Phase modulation)।

4. বিস্তার বিরূপণ :

● বিস্তার বিরূপণের সংজ্ঞা : যে বিরূপণ প্রক্রিয়ায় বাহক তরঙ্গের বিস্তার তথ্য সংকেত বা তরঙ্গের বিস্তারের সঙ্গে পরিবর্তিত হয় কিন্তু বাহক তরঙ্গ ও বিরূপিত তরঙ্গের কম্পাঙ্ক ও দশা একই থাকে, তাকে বিস্তার বিরূপণ ।

● তরঙ্গরূপের সাহায্যে বিস্তার বিরূপণ :

Amplitude Modulation

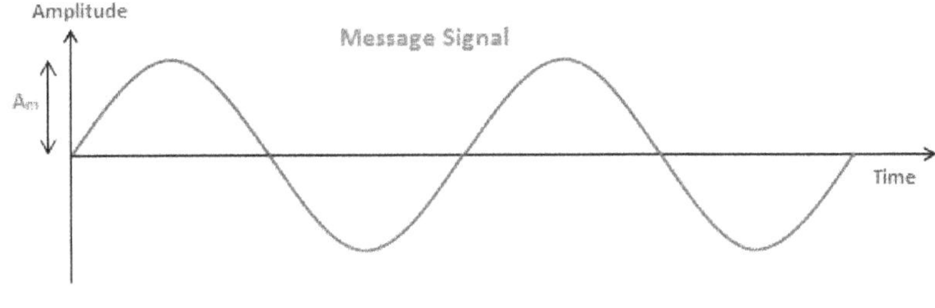

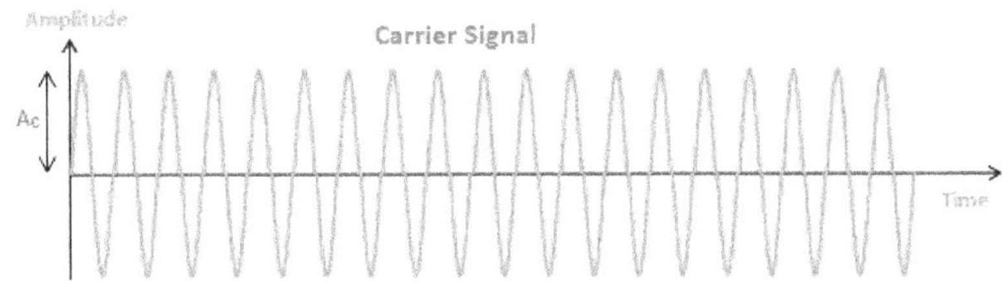

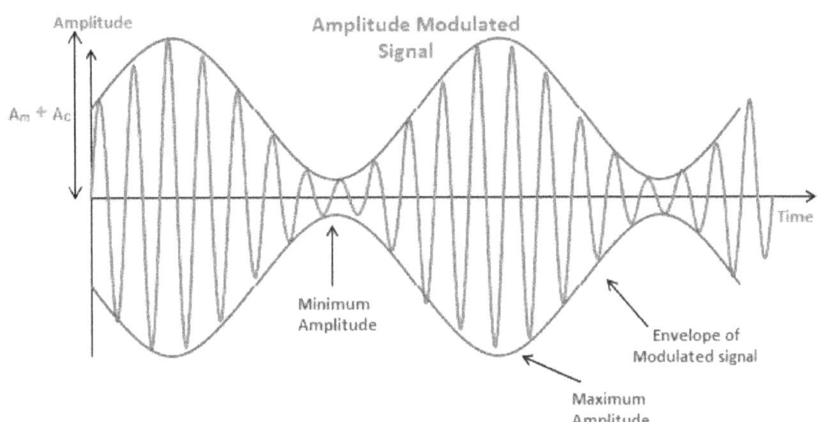

● **বিস্তার বিরূপিত তরঙ্গের প্রকাশ বা, বিস্তার বিরূপিত তরঙ্গের বিভব সমীকরণ :**

মনে করি, বাহক তরঙ্গ ও তথ্য সংকেতের সমীকরণ যথাক্রমে $V_c = V_{0c} \sin \omega_c t$ ও $V_s = V_{0s} \sin \omega_s t$

যেখানে, $V_{0c} = $ বাহক তরঙ্গের শীর্ষমান বা বিস্তার

ও $V_{0s} = $ তথ্য সংকেতের শীর্ষমান বা বিস্তার

তথ্য সংকেতের তাৎক্ষণিক মান অনুযায়ী বিস্তার বিরূপিত তরঙ্গের শীর্ষমান পরিবর্তিত হয় এবং বিস্তার বিরূপিত তরঙ্গের শীর্ষমান হল:

$$V_{0m} = V_{0c} + V_s$$

অর্থাৎ বিস্তার বিরূপিত তরঙ্গের শীর্ষমান সময়ের সঙ্গে পরিবর্তিত হয় । এখন বিরূপিত তরঙ্গের সমীকরণ হল

$$V_m = V_{0m} \sin \omega_c t$$
$$= (V_{0c} + V_s) \sin \omega_c t$$
$$= V_{0c} \sin \omega_c t + V_{0s} \sin \omega_s t \sin \omega_c t$$
$$= V_{0c} \sin \omega_c t + \frac{V_{0s}}{V_{0c}} V_{0c} \sin \omega_s t \sin \omega_c t$$
$$= V_{0c} (1 + M_a \sin \omega_s t) \sin \omega_c t \Rightarrow \text{বিস্তার বিরূপিত তরঙ্গের সমীকরণ}$$

যেখানে, $M_a = \dfrac{V_{0s}}{V_{0c}} = $ বিস্তার বিরূপণাঙ্ক বা মড্যুলেশন সূচক

● **বিস্তার বিরূপণের ক্ষেত্রে পার্শ্বপট্টি (Side band frequency) :**

বিস্তার বিরূপিত তরঙ্গের সমীকরণ : $V_m = V_{0c} (1 + M_a \sin \omega_s t) \sin \omega_c t$

$$= V_{0c} \sin \omega_c t + V_{0c} M_a \sin \omega_s t \sin \omega_c t$$
$$= V_{0c} \sin \omega_c t + \frac{1}{2} V_{0c} M_a \sin(\omega_c - \omega_s)t - \frac{1}{2} V_{0c} M_a \sin(\omega_c + \omega_s)t$$

বিস্তার বিরূপিত তরঙ্গে বাহক তরঙ্গ ছাড়াও আরোও যে দুটি তরঙ্গ থাকে (যাদের প্রত্যেকটির কৌণিক কম্পাঙ্ক অল্প পরিমাণে পৃথক), তাদের (কৌণিক) কম্পাঙ্ককে [$(\omega_c + \omega_s)$ ও $(\omega_c - \omega_s)$] **পার্শ্বপটি বা সাইডব্যান্ড কম্পাঙ্ক** বলে ।

বাহক কম্পাঙ্কের থেকে বড়ো যে পার্শ্বপটি থাকে, তাকে উচ্চ পার্শ্বপটি (upper side band or USB) বলে ।

$\therefore$ USB $= \omega_c + \omega_s$

বাহক কম্পাঙ্কের থেকে ছোটো যে পার্শ্বপটি থাকে, তাকে নিম্ন পার্শ্বপটি (Lower side band or LSB) বলে ।

$\therefore$ LSB $= \omega_c - \omega_s$

বিস্তার বিরূপিত তরঙ্গের উচ্চ পার্শ্বপটি এবং নিম্ন পার্শ্বপটির ব্যবধান বা পার্থক্যকে বিরূপিত তরঙ্গটির পটিবেধ (Bandwidth) বলা হয় ।

$\therefore$ বিরূপিত তরঙ্গটির পটিবেধ : $\Delta\omega =$ USB $-$ LSB
$$= (\omega_c + \omega_s) - (\omega_c - \omega_s)$$
$$= 2\,\omega_s$$

● **বিস্তার বিরূপণাঙ্ক বা মডুলেশন সূচক (** Amplitude modulation index or, modulation constant or, modulation factor or, modulation coefficient **):**

সংজ্ঞা : বিস্তার বিরূপণের ক্ষেত্রে সংকেত তরঙ্গের বিস্তার (V_{0s}) এবং বাহক তরঙ্গের বিস্তারের (V_{0C}) অনুপাতকে বলা হয় বিস্তার বিরূপণাঙ্ক।
$$\therefore M_a = \frac{V_{0s}}{V_{0c}}$$

মান : $0 < M_a < 1$ অর্থাৎ, মডুলন সূচকের মান 0 থেকে 1 এর মধ্যে হয় ।

তাৎপর্য বা গুরুত্ব : সম্প্রচারিত সংকেতের তীব্রতা বা গুণ নির্ভর করে বিস্তার বিরূপণাঙ্কের উপর । বিস্তার বিরূপণাঙ্কের মান কম হলে সম্প্রচারিত সংকেত তত তীব্র হয় না । আবার বিস্তার বিরূপণাঙ্কের মান 1 অপেক্ষা বেশি হলে তরঙ্গটি অতি বিরূপিত হয় এবং সেক্ষেত্রে সহগৃহীত সংকেতের একটি বিকৃতি লক্ষ করা যায়, যা ভালো গুণমানসম্পন্ন শ্রাব্য সংকেতের জন্য কাম্য নয় ।

● **বিস্তার বিরূপণের সুবিধা :**

(i) বিস্তার বিরূপণে চ্যানেলের পটিবেধের মান কম হয় ।

(ii) বিস্তার বিরূপিত তরঙ্গ উৎপাদন, প্রেরণ ও গ্রহণ করার জন্য প্রয়োজনীয় বর্তনী অপেক্ষাকৃত অনেক সহজ ও কম ব্যয়বহুল ।

(iii) বিস্তার বিরূপিত তরঙ্গ অনেক দূর পর্যন্ত ও অনেক বিস্তৃত এলাকা জুড়ে সম্প্রচার করা সম্ভব ।

● **বিস্তার বিরূপণের অসুবিধা :**

(i) বিস্তার বিরূপণাঙ্কের মান 1 অপেক্ষা কম হলে মোট ক্ষমতার খুব সামান্য অংশে সাইডব্যান্ড দুটি বহন করে । কিন্তু বিস্তার বিরূপণাঙ্কের মান 1 হলে সাইড ব্যান্ডদুটি মোট ক্ষমতার প্রায় 33.3% বহন করে । তাই বিস্তার বিরূপণে শ্রাব্য তরঙ্গের শক্তি ও তীব্রতা খুব কম হয় ।

(ii) বায়ুমণ্ডল বা অন্যান্য কোনো বৈদ্যুতিক গোলযোগের কারণে বিস্তার বিরূপিত তরঙ্গে একটি বৈদ্যুতিক অপস্বর উৎপন্ন হয় ।

● **বিস্তার বিরূপণকে কম্পাঙ্কে বিরূপণ অপেক্ষা অগ্রাধিকার দেওয়ার কারণ :**

(i) কম্পাঙ্ক বিরূপণের পটিবেধের মান অনেক বেশি হয় ।

(ii) কম্পাঙ্ক বিরূপণে শ্রাব্য তরঙ্গের তীব্রতা অনেক বেশি হয়।

(iii) কম্পাঙ্ক বিরূপিত তরঙ্গে বৈদ্যুতিক অপস্বর প্রায় থাকেই না ।

(iv) কম্পাঙ্ক বিরূপিত তরঙ্গের গুণমান অনেক ভালো হয় ।

অনুশীলনী || যোগাযোগ ব্যবস্থা

Sub unit – 1 : Basic Concept of Communication System

Subjective Questions

(1) সঞ্চার ব্যবস্থার মূল তিনটি উপাদান কী কী ?

(2) সঞ্চার ব্যবস্থার রেখাচিত্ররূপটি (block diagram) দেখাও।

অথবা, যোগাযোগ ব্যবস্থাকে প্রকাশ করার জন্য, একটি চিহ্নিত ব্লক-চিত্র অঙ্কন করো। (2) [H.S. – 2023]

(3) নিম্নে দেওয়া সঞ্চার ব্যবস্থার সাধারণ block diagram-এ X, Y ও Z কে শনাক্ত করো এবং উপাদানগুলির কাজ লেখো ।

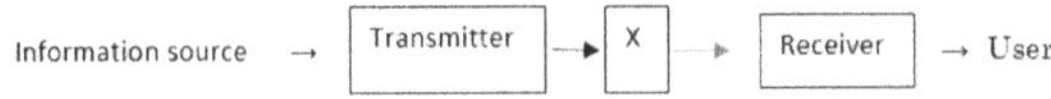

(4) নিম্নে দেওয়া সঞ্চার ব্যবস্থার block diagram এ X ও Y কে শনাক্ত করো ।

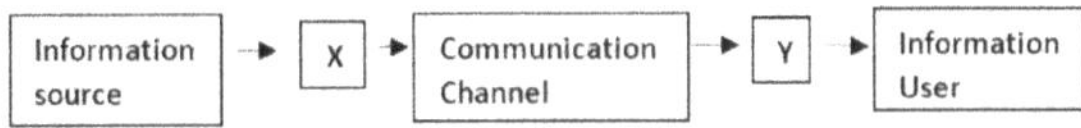

(5) সঞ্চার মাধ্যমে ব্যবহৃত নীচের পদগুলি সংক্ষেপে ব্যাখ্যা করো:
(1) ট্রান্সডিউসার (transducer) (2) রিপিটার (repeater) (3) বিবর্ধন (amplification) (4) গ্রাহক (receiver) (5) প্রেরক (transmitter)

(6) সঞ্চার ব্যবস্থায় নিম্নলিখিত উপাদানগুলির কাজ লেখো : মোডেম (modem), ট্রান্সডিউসার (transducer), রিপিটার (repeater), গ্রাহক (receiver)

(7) নিম্নে প্রেরকের block diagram অঙ্কন করা হয়েছে। (1) X ও Y শনাক্ত করো । (2) এদের কাজ উল্লেখ করো ।

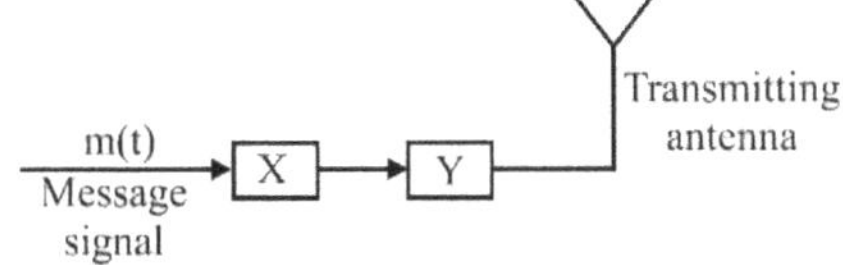

(8) নিম্নে গ্রাহকের block diagram অঙ্কন করা হয়েছে। (1) X ও Y শনাক্ত করো । (2) এদের কাজ উল্লেখ করো ।

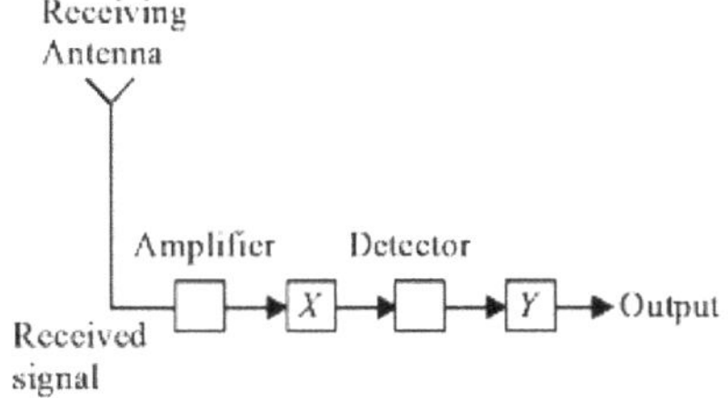

(9) যোগাযোগ ব্যবস্থার ক্ষেত্রে তনুকরণ (attenuation) বলতে কীবোঝ ?

(10) অ্যানালগ ও ডিজিট্যাল সংকেত বলতে কী বোঝ ?

অথবা, অ্যানালগ ও ডিজিট্যাল সংকেতের পার্থক্য লেখো ।

(11) ডিজিট্যাল সংকেত ব্যবহারের দুটি সুবিধা উল্লেখ করো।

(12) ইন্টারনেট ব্যবস্থায় সঞ্চারিত তথ্য সংকেত কী প্রকৃতির?

(13) অ্যানালগ ও ডিজিট্যাল তথ্যের পারস্পরিক রূপান্তরের যন্ত্রকে কী বলা হয় ?

(14) কোনো অ্যান্টেনা দ্বারা বিকিরিত তরঙ্গের ক্ষমতা তার তরঙ্গদৈর্ঘ্যের সঙ্গে কীভাবে সম্পর্কিত ?

(15) নিম্নলিখিত ক্ষেত্রগুলিতে ব্যবহৃত তরঙ্গের পাল্লা উল্লেখ করো : টেলিভিশন সম্প্রচার, কৃত্রিম উপগ্রহের মারফত সঞ্চার।

(16) টেলিভিশন সম্প্রচারের জন্য ব্যবহৃত তরঙ্গের কম্পাঙ্কের পাল্লা উল্লেখ করো । এর সঙ্গে আলোক তরঙ্গের সাদৃশ্য কোথায় ?

(17) অ্যান্টেনা কী ?

Numerical Problems

(18) 6×10^8 Hz কম্পাঙ্কের বাহক তরঙ্গ সঞ্চালনের জন্য ডাইপোল অ্যান্টেনার দৈর্ঘ্য নির্ণয় করো ।

(19) একটি বাহক তরঙ্গের কম্পাঙ্ক 3×10^8 Hz হলে দ্বিমেরু অ্যান্টেনার দৈর্ঘ্য নির্ণয় করো।

Sub unit – 2 : Electromagnetic Wave Propagation

Subjective Questions

(1) ভিন্ন ভিন্ন কোন্ পদ্ধতিতে প্রেরক অ্যান্টেনা থেকে গ্রাহক অ্যান্টেনার দিকে তড়িৎচুম্বকীয় তরঙ্গ প্রবাহিত হয় ?

(2) ভূমি তরঙ্গ সঞ্চার (ground wave propagation) বলতে কীবোঝ ? এই জাতীয় সঞ্চারের সর্বোচ্চ সীমা কোন্ কোন্ বিষয়ের ওপর নির্ভর করে ?

(3) ভূমি তরঙ্গ সঞ্চারের জন্য উপযুক্ত কম্পাঙ্ক সীমাটি লেখো।

(4) কেবলমাত্র স্বল্প কম্পাঙ্কসম্পন্ন তরঙ্গগুলিই ভূমি তরঙ্গ হিসেবে সঞ্চারিত হয় কেন ?

(5) পৃষ্ঠ তরঙ্গ সহযোগে বেশি দূরত্ব পর্যন্ত সম্প্রচার সম্ভব হয় না কেন ?

(6) নভোতরঙ্গ সঞ্চার (sky wave propagation) বলতে কীবোঝ ? এই জাতীয় সঞ্চারের জন্য উপযুক্ত কম্পাঙ্ক সীমাটি লেখো।

(7) কেবলমাত্র স্বল্প কম্পাঙ্কসম্পন্ন তরঙ্গগুলিই নভোতরঙ্গ হিসেবে সঞ্চারিত হয় কেন ?

(8) টেলিভিশন সংকেত (TV signal) সম্প্রচার আকাশ তরঙ্গ সঞ্চালনের মাধ্যমে সম্ভব নয় কেন ?

(9) টেলিভিশন সম্প্রচার ও কৃত্রিম উপগ্রহের মারফত যোগাযোগের ক্ষেত্রে কোন প্রকার সঞ্চার প্রক্রিয়া ব্যবহার করা হয় এবং কেন ? এই প্রকার সঞ্চার ব্যবস্থার একটি পরিষ্কার চিত্র অঙ্কন করো ।

(10) দেশ তরঙ্গ সঞ্চার (space wave propagation) বলতে কীবোঝ ? এই জাতীয় সঞ্চারের জন্য উপযুক্ত কম্পাঙ্ক সীমাটি লেখো।

(11) বেতারতরঙ্গ প্রবাহের ক্ষেত্রে মুখ্য তিনটি পদ্ধতির পার্থক্য উল্লেখ করো । এদের মধ্যে কোন্ পদ্ধতির সাহায্যে 'মাইক্রোওয়েভ'র প্রবাহ ঘটে থাকে ?

(12) Line of sight (LOS) যোগাযোগের ক্ষেত্রে কোন্ ধরনের তরঙ্গ ব্যবহার করা হয় ? এর কম্পাঙ্কের সীমা উল্লেখ করো ।

(13) নভোতরঙ্গ সঞ্চার (sky wave propagation) ও দেশ তরঙ্গ সঞ্চার (space wave propagation) এর মধ্যে পার্থক্য কী?

(14) যে তরঙ্গ সঞ্চালন ব্যবস্থায় রেডিও তরঙ্গ প্রেরক অ্যান্টেনা থেকে সরাসরি গ্রাহক অ্যান্টেনায় পৌঁছায় তার নাম লেখো।

(15) h উচ্চতায় একটি TV অ্যান্টেনা আছে । জ্যামিতিক উপায়ে প্রমাণ করো যে, $d = \sqrt{2R\,h}$ দূরত্ব পর্যন্ত সংকেতকে গ্রহণ করা যাবে ।

Numerical Problems

(16) একটি টেলিভিশন টাওয়ারের উচ্চতা $300\ \text{m}$ । এক্ষেত্রে কত দূরত্ব পর্যন্ত টেলিভিশনের সম্প্রচার সম্ভব হবে ? প্রদত্ত পৃথিবীর ব্যাসার্ধ $= 6400\ \text{km}$ ।
[Ans : 61.96 km]

(17) একটি TV টাওয়ারের উচ্চতা $80\ \text{m}$ । পৃথিবীর ব্যাসার্ধ $6400\ \text{km}$ ধরে নিয়ে এই টাওয়ার থেকে সম্প্রচারিত সংকেত সর্বাধিক কত দূরত্ব থেকে গ্রহণ করা যাবে ?
[Ans : 32 km]

(18) একটি স্তম্ভের শীর্ষে থাকা প্রেরক অ্যান্টেনা ও গ্রাহক অ্যান্টেনার দৈর্ঘ্য যথাক্রমে $20\ \text{m}$ এবং $45\ \text{m}$ হলে দিগন্ত সঞ্চারের জন্য অ্যান্টেনা দুটির মধ্যে সর্বাধিক দূরত্ব নির্ণয় করো ।
[Ans : 40 km]

(19) একটি TV টাওয়ারের উচ্চতা $100\ \text{m}$ । যদি ওই টাওয়ারের কাছাকাছি অঞ্চলে জনঘনত্ব $1000\ \text{km}^{-2}$ হয়, তাহলে ওই TV র সঞ্চালিত অনুষ্ঠান কত মানুষের কাছে পৌঁছাবে ?

(20) একটি TV টাওয়ারের উচ্চতা $120\ \text{m}$ । যদি সেটির পাল্লার সীমানা দ্বিগুণ করতে হয় তবে টাওয়ারের উচ্চতা কত বাড়াতে হবে?

Sub unit – 3 : Modulation

Subjective Questions

(1) মডুলেশন (modulation) ও ডিমডুলেশন (demodulation) বলতে কীবোঝ ? (2)

অথবা, সংকেত তরঙ্গের সম্প্রচারের জন্য মডুলেশনের প্রয়োজন হয় কেন ?

(2) বেশি দূরবর্তী স্থানে সম্প্রচারে উপগ্রহ ব্যবহার করা হয় কেন?

(3) মডুলনাঙ্কের সংজ্ঞা দাও । একটি বিস্তার মডুলন তরঙ্গের এর সঙ্গে বিস্তারের পরিবর্তনের লেখচিত্র এঁকে দেখাও । (2)

(4) বিস্তার বিরূপণ (amplitude modulation) কাকে বলে ? (1)

(5) একটি বিস্তার বিরূপণের block diagram অঙ্কন করো।

(6) AM সংকেত পাওয়ার জন্য ব্যবহৃত একটি সাধারণ বিরূপকের রেখাচিত্রটি নীচে দেওয়া আছে । A ও B শনাক্ত করো এবং এদের কাজ লেখো । (2)

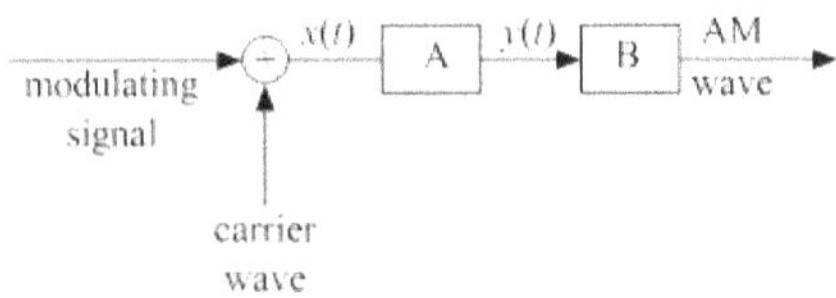

(7) AM তরঙ্গে কোন্‌ রাশিটি অপরিবর্তিত থাকে ? (1)

(8) এ্যামপ্লিচিউড মড্যুলেটেড তরঙ্গের একটি পরিষ্কার তরঙ্গচিত্র অঙ্কন করো । (1)

(9) সাইনধর্মী সংকেতকে বিরূপিত সংকেত (modulating signal) হিসেবে করে উপযুক্ত চিত্র সহযোগে বিস্তার বিরূপণ দেখাও।(2)

(10) মড্যুলেশন সূচক এর রাশিমালা লেখো এবং ব্যবহৃত প্রতিটি রাশি উক্ত চিত্রে দেখাও । (1)

(11) বিস্তার বিরূপণের ক্ষেত্রে মডুলাঙ্কের মান 1 এর থেকে বেশী হলে কী কী অসুবিধা হতে পারে ? (2)

(12) সংক্ষেপে প্রত্যেকটি উপাদানের কাজ উল্লেখ করে একটি বিস্তার বিরূপিত সংকেতের বিমোচনের block diagram অঙ্কন করো ।(2)

(13) বিস্তার বিরূপণ ও কম্পাঙ্ক বিরূপণের পার্থক্য কী ? (2)

Numerical Problems

(14) 12 V শীর্ষ ভোল্টেজ-এর একটি বাহক তরঙ্গ বার্তা সংকেত সম্প্রচারের জন্য ব্যবহার করা হচ্ছে । বিরূপক সংকেতের শীর্ষ ভোল্টেজ কত হবে যদি বিরূপাঙ্ক 75 % হয় ?

(15) একটি বিস্তার বিরূপিত তরঙ্গের সর্বোচ্চ ও সর্বনিম্ন বিস্তার যথাক্রমে 10 V ও 2 V । বিরূপাঙ্ক (μ) নির্ণয় করো । সর্বনিম্ন বিস্তার শূন্য হলে μ-এর মান কত হবে ?

(16) বিস্তার মড্যুলেশনে সর্বোচ্চ বিস্তার 25 V ও সর্বনিম্ন বিস্তার 5 V হলে মড্যুলেশন সূচক কত হবে?